国际政治前沿译丛编辑委员会

俞可平	中央编译局
蔡　拓	中国政法大学
张世鹏	北京大学
张小劲	中国人民大学
巫永平	清华大学
张振江	暨南大学
吴志成	南开大学
杨雪冬	中央编译局
Barry Buzan	伦敦经济学院
Tony Saich	哈佛大学
Adam Roberts	牛津大学
Thomas Heberer	杜伊斯堡大学

【国际政治前沿译丛】

丛书主编：俞可平

马基雅维利以来的现实主义国际关系思想

〖英〗乔纳森·哈斯拉姆（Jonathan Haslam）／著
张振江 卢明华／译

中央编译出版社
CCTP Central Compilation & Translation Press

编者说明

改革开放过程,也是中国加入国际社会,并在其中发挥越来越大作用的过程。胡锦涛在总结改革开放30年经验的时候,把中国参与全球化作为改革开放取得巨大成就的经验之一。他说:"当代中国的前途命运已日益紧密地同世界的前途命运联系在一起。中国的发展离不开世界,世界的发展也需要中国。"中国要为促进人类和平发展的崇高事业作出贡献。

编选这套"国际政治前沿译丛"的初衷就是,希望能为日益国际化、全球化的中国提供更加多样的国际政治知识的支持和参考。这个想法产生于2004年初夏俞可平教授与一位在剑桥大学留学的中国学者的谈话。双方谈到了国内对于国外的国际政治著作的引介工作,都认为不应该只把目光集中在个别国家,特别是美国,应该注意到其他国家中关于国际政治的著作,这样才能了解到更多的观点、思想,才能有所比较,并且汲取百家之长。这位中国学者回到剑桥后,就联系了一些英国学者为我们推荐了一批他们认为富有价值的著作。当然,其中多部是"英国学派"的代表性著作。我们又根据当时国内已经翻译的国际政治著作的情况,从这些著作中挑选出一些。现在,这些著作将陆续与读者见面。

尽管这些著作的论题不同，但有三个共同特点：首先，这些著作都具有很强的理论性。有学者认为，英国学派最大的理论特色是他们主张用历史、法律、哲学的方法来"阐释"国际政治，而不是用需求对国际政治进行"解释"。从这些著作中，我们可以清晰地感受到，国际政治不仅仅是实力政治，也是价值政治。其次，这些著作所讨论的核心问题是如何建构国际体系、国际社会以及世界社会。围绕这些核心问题，不同学者分别从逻辑推演、历史分析角度进行了论证。这些都是大问题，需要大视野、大答案。这对于我们思考目前日益全球化的世界，非常具有启发意义。最后，这些著作在国外学术界乃至教学中，都具有良好的声誉。有的书已经再版多次，并且成为所在领域的权威性著作。借助这些书，我们可以更及时地了解到国外国际政治理论的发展。

迻译是一件痛苦而充满期待的工作。本套书从组织翻译到校译统稿，历经四年之久。译者有的已经离开北京到外地工作，有的到海外留学深造。翻译过程中也经历了多次反复，一些译者用很多时间与作者就具体的问题进行沟通交流，丛书编辑为了统稿校对花费了大量精力。令人欣慰的是，这些努力终于换来了沁人的书香。

随着世界格局的变化，特别是包括中国在内的新兴大国的崛起，国际政治正在经历着深刻的变革。"历史是过去的政治，政治则是现在的历史"。我们希望这些著作能为我们理解当前的国际政治提供历史和理论的借鉴，也希望我国的国际政治研究也能为人类文明作出自己的贡献。

我们根本不会去爬上自己的"罗西南多"①，不会去纠正所有的错行，不会去碰世界上所有的风车。

——威廉·福克斯：《关涉法国战争的英国利益》

尽管有些人公开声言反对我的著作，但他们还是会理解我的。

——马洛：《马耳他的犹太人》

---

① Rozinante 是唐吉诃德给他的马起的名字。——译者注

目录

致 谢	/1
导 论	/1
第一章 国家利益观	/23
第二章 均势观	/124
第三章 贸易平衡论	/176
第四章 地缘政治观	/222
第五章 从现实政治到新现实主义	/250
结 语 现实主义的重要性	/337

致　谢

一部像这样内容广博的著作不可避免地是依赖于先前走过这条道路的其他学者多年来所奠定的基础。但本书目的不在于追逐时髦和对他人的综合研究进行一种不实用和非原创性的注解，作者旨在尽可能地到处挖掘原始材料。

所以，在此特别高兴表达我对那些慷慨分享他们对该话题的高见和那些花费时间去阅读和批评手稿内容者的感谢之情：罗伯特·W.塔克（Robert Tuker）（约翰斯·霍普金斯大学国际法与国际制度爱德华·伯苓讲座名誉教授）、昆廷·斯金纳（Quentin Skinner）（剑桥基督学院近现代史里基斯讲座教授）、亚当·罗伯茨（Adam Roberts）（牛津贝利奥尔学院国际关系蒙塔古·伯顿讲座教授）、恩斯特·哈斯（Ernst Haas）（加州大学伯克利政府学罗宾逊研究讲座名誉教授）、肯尼思·华尔兹（Kenneth Waltz）（加州大学伯克利政治科学福特讲座名誉教授）、罗伯特·杰维斯（Robert Jervis）（哥伦比亚大学国际关系阿德莱·斯蒂文森讲座教授）、德里克·比尔斯（Derek Beales）（剑桥西德尼·苏塞克斯学院近现代欧洲史名誉教授）、斯蒂芬·沃尔特（Stephen Walt）（哈佛大学约翰·肯尼迪政府学院国际事务伊夫朗和简妮·柯克帕特里克讲座教授)、吉乌利亚诺·普罗卡西（Giuliano Procacci）（剑桥圣体学院法学教授)、迈克尔·S.索南舍尔（Micheal Sonenscher）（剑桥国王学院历史研究员）和安德鲁·赫里尔（Andrew Hurrel）（牛津纳菲尔德学院讲师与研究员）。

这里也一并感谢那些在我一个接一个的富有成效的学术休假期间安排我担任访问教授的人，本研究的大部分和最终手稿都是在此期间完成的，他们包括：（1994 年斯坦福）国际史雷蒙德 A. 斯普朗斯讲座教授戴维·洛劳维（David Holloway）、（1996 年耶鲁）历史学 J. 理查德·森迪尔沃斯讲座教授保罗·肯尼迪（Paul Kennedy）以及（2001 年哈佛）安德鲁·莫拉维斯克（Andrew Moravcsik）教授，还有 1998 年在普林斯顿高级研究院的研究人员，尤其是热情宽宏的杰克·马特洛克（Jack Matlock）教授。

乔纳森·哈斯拉姆
剑桥大学圣体学院

导 论

> 实际上，在关乎国家事务方面，根本没有必要去利用学术著作，因为它们太过繁琐，很可能成事不足，败事有余。
>
> ——教皇克莱门特八世谏言，1595 年 8 月 26 日①

指出国际关系学术著作与政治家的实际需要之间没有什么相干并不令人吃惊，原因是双重的：一是实质问题，二是形式问题。

就实质而言，拒绝承认国家是国际关系问题的一个不间断的关键单位，使得很多研究显得多余。此外，坚持国与国之间的行为应当靠个人行为的道德准则加以制约，则更有力地削弱了学术成果的可信性。总之，就是因为缺乏一种较为宏大的现实主义，作为学术性学科的国际关系学被决策者丢弃了。

就形式而言，就是那种按照自然科学的模式把国际关系学转变成

---

① *La Legazione di Roma di Paolo Paruta*（1592—1595），ed. G. de Leva（Venice 1887），Vol. 1, p. 268. 克莱门特八世是个出色的政治家。作为 1592—1605 年的教皇，他在西班牙和法国之间达成了和平，与此同时也拓展了罗马天主教的领地。

一门科学的努力使得国际关系学,从最坏处说,变得神秘而不可理解;从最好处说,导致抽象教条的泛化,有意无视思想的本源及其历史与文化特性。各种概念都得在它们产生与演化的具体情形中进行重新引介,以便剔除与我们时代和背景不相关的那些成分与联想。

因此,我们的目的也是双重的:重申现实主义方法的价值,但以一种激起我们意识到现实主义概念出现的语境的方式来付诸实施。只有这样,国际关系作为一门学科才能言之有物,才能在国家的最高层找到听众。对于反对现实主义的人而言,这不会有什么结果,因为如果国家不是主要行为体,那么国务活动家也就不是需要进言的最重要对象。

昆廷·斯金纳(Quentin Skinner)的现代政治思想史的锋芒或许可以恰当地描述为是对自由的研究。① 相比之下,下文也许可以同样称为对权势的研究,它针对三种截然不同的读者:决策者、政治思想爱好者以及国际关系学者。

研究国际关系的学者与负责对外政策操作的决策者之间的关系一直是问题丛生,或多或少是因为这是一个没有实际经验的人以据信的权威身份发表评论的少数几个领域之一。意大利人鲁道维科·朱科洛(Ludovico Zuccolo)在很久以前就发出抱怨:"没有出过海的人不会认为自己了解航海技术;不致力于音乐的人不会宣称自己懂得曲调和乐符。但是却有这样一些为数不多的人,尽管自己从来没有从政治国,却宣称知道如何评判国家与帝国的施政当局。"② 实际上,这就是当今外交事务大臣在听完内阁冗长且常常谬误百出的讨论后所发出的典型牢骚,尽管有人指出这是为民主所付出的必要代价。

为了满足教育这些重要事务决策者的显而易见的迫切需要,近代

---

① Q. Skinner, *The Foundations of Modern Political Thought*, vol. 1 (Cambridge 1978).
② L. Zuccolo, *Della Ragione di State* (1621), p. 1; reprinted in ed. B. Croce and S. caramella, *Scrittori d'Italia*: *Politici e Moralisti del Seicento* (Bari 1930), p. 25.

早期的欧洲涌现了来自塔西陀（Tacitus）① 一类古典大历史学家著作的政治格言录。吉罗拉摩·弗拉凯塔（Girolamo Frachetta, 1558—1620）是意大利反宗教改革时期一位有相当政治经验的人物，他先为吕吉·德·埃斯（Luigi d'Este）和斯奇比昂·冈扎加（Scipione Gonzaga）两位红衣主教工作，之后作为西班牙大使出使罗马教廷，后逃离该都（原因不明）并在那不勒斯定居，接着又成为厄毕诺公爵（Duke of Urbino）的代表。② 在一本格言录的前言中，他提出一件对君主来讲再重要不过的事情：了解怎样治理国民以使其和平相处。"事关国家政府是处于和平还是战争状态的方法或技巧，"他说，"君主常常通过三个渠道获得：通过倾听熟悉此类事务者的口头传授；通过阅读历史和关于国家与军事事务的著作；以及通过实践的磨炼。"③

尽管弗拉凯塔成功地大规模编纂了格言，但他却公开承认通过这种方式来教授治国方略有局限性。首先，他认为从我们赋予这个术语的意义上说，这不是科学。正如亚里士多德所言，社会科学不可能像数学一样加以精确说明。④ 弗拉凯塔所说的"社会科学"这个词汇只不过是关于政治的知识或学问。第二，无论进行什么样的培训，人类心智的易犯错误性导致人们犯错。第三，情绪常常胜过理性的判断；最后，上天总会让事情变得始料不及：

> 读者一定不能把它们［这些格言］视为必然，不能将之等同于亘古不变的数学等式或天体运动，而应当随时发现其错误，因

---

① 对该问题的一个简单介绍，参见 R. Mellor, *Tacitus* (New York 1993), Chap. 6, 进一步的详情见以下，pp. 37–38。

② T. Bozza, *Scritori Politici Italiani dal 1550 al 1650: Saggio di bibliografia* (Rome 1949), p. 80.

③ G. Frachetta, *Il Seminario de' Governi di Stato et di Guerra* (Venice 1613), "Proemio".

④ Aristotle, "Nicomachean Ethics", Book 1: *Complete Works of Aristotle*, ed. J. Barnes, Vol. 2 (Princeton 1984), p. 1728.

为人类的无能心智常常在国家与战争的事务上产生错误意见，因为情绪常常蒙蔽判断，因为上帝的旨意，无论是由于人类的失误而惩罚一些人或者出于其他什么目的，常会让事情走向人类所希望的相反方向。①

在评价通过国家格言的教育给统治者提供的好处方面，弗拉凯塔认为，"对统治国家和从事战争而言，构成政治科学和战争艺术的准则与规则是必需的。对于那些不依靠它们而有时治理不错的人"。他接着说："人们会说这只不过是纯属偶然，或者他在一开始就从那些已经接受了这些科学与艺术的人那里得到了这些，或者他已经通过长期的经验形成了类似于科学的习惯。"②

在提出了证明政治科学有用的理由之后，弗拉凯塔又对仅靠政治科学的训练就能产生称职的政治家持有怀疑：

> 实际上，君主和将军们不学科学，而是凭经验治国带兵或听从别人谏言进行统治……远比依靠跟治国理政没有关系的科学或者由第三方提供的统治与战争之术要好得多，因为学习与治国理政没有关系的学科无异于浪费时间。而通过第三方所传达给君主与将军们的信息只会徒增疑虑而非解决方案，在国事与战争当中，没有比缺乏果断更糟糕的事情了。除此之外，学到国事零星皮毛的君主又觉得他们已经全面了解了这些东西……③

我们的目的不是要解决这种困境，也不是宣称学术著作一定会对事件的进程产生重大影响，不管它们已经多多少少产生了这样的影响；

---

① Frachetta, *Il Semonario*, p. 993.
② Ibid., p. 794.
③ Ibid.

任何试图测量其影响程度的努力都会变得极端复杂，当然从其自身来讲是值得的。然而，这里存在着一种联系，这就是观念的力量。批评美国对外扩张的自由主义者威廉·萨姆纳（William Sumner）在上个世纪之交写道："让一种教条随意地存在于听众之中是危险的，并且这种危险会带来重大的影响……你们现在只是在你们对它的设想这一模糊限度内同意这一教条说法；明天人们用同一称谓来涵盖某些你们从未听到或想到过的内涵时，你们就会不得不同意它。如果你任由一个政治时髦话流传与发展，你会发现有一天在你醒来之时，它已经高高在上并成了你命运的裁定者，而你却对此毫无还手之力，就像人们面对幻觉时一样无力应对。"① 萨姆纳指的是一定程度的意识。在《就业、利息和货币通论》中，凯恩斯（John Maynard Keynes）有一段被广泛引用但又多遭缩减的文字谈到了无意识的力量："无论正确与否，经济学家和政治哲学家的观念都比人们通常理解的要强大得多。实际上，世界是被少数人统治的。注重实用的人自以为他们自己不受任何思想的影响，而实际上他们却常常是某个过世经济学家的奴隶。那些捕风捉影的掌权疯子们正在从几年前某个拙劣学术家那里摄取致使他们癫狂的精气。我肯定，相比观念的这种渐进式蚕食，既得利益集团的权力一定被大大夸张。诚然，不是马上，但在一定的时段之后；那些公务员、政治家甚至是鼓动者应用于实践的观念都不大可能是最新的，因为经济与政治哲学领域内超过 25 岁或 30 岁之后还受新理论影响的人并不多见，但是，不论怎样，最危险的迟早都是观念而不是既得利益。"②

这种重观念而轻物质环境的古典自由主义论点未必具有值得认真对待的充分说服力。再者，影响也不是只分不同的时间，还有不同的

---

① W. Sumner, "War", 1903: *War and Other Essays* (New Haven 1919), p. 38.
② J. M. Keynes, *The General Theory of Employment, Interest, and Money* (London 1964 edition), pp. 383 – 4.

形式。直接影响容易识别但却不多见，间接影响第一眼看上去似真但也可能太微妙而无法测定。一些学者认为自己即使不在知识方面也至少在判断方面是独立的，但仔细去读一下他们的著作并完整了解他们所处的时代，就会对他们自视当然的思想独立产生重大怀疑。换句话说，情况很可能是，决策者反映的是从学术界学来的东西。一位从事国际关系研究的美国教授坚持"世界的形态将取决于我们认为真的理论，我们所想所作会使之成真。"① 无论对错，确定无疑的是，超乎学人自己所愿意承认的，学术研究常常反映着当权者的态度与假定。本书的写作正是基于认为上述这两个命题往往是正确的这种信念。

决策者必须要了解不成文前提假设的本源，这样才能避免被这些假设推向损害所求利益的境地。自然，头脑清醒是走向控制的第一步。这对大家都一样。只有认识到观念、当权者的利益以及主要的国际环境三者之间可能的相互依存，才能使我们在接受这些最纯粹形式的观念之前排除可能的偏向。那么，这些埋藏在知名大学图书馆稀有书库中的观念与指导我们当代对外政策的观念到底有多大程度的关联？先贤们似乎对这一问题相当肯定。古希腊将军修昔底德（Thucydides）在他的《伯罗奔尼撒战争史》中写道："如果那些认为我的话有用的人是想清楚地了解那些发生在过去、且会以同样方式在不同时间的未来在很大程度上以同样方式再次重演（人性使然）"，那么他一定认为过去对现在有所教益，其基本原因在于不变的人性。② 有人怀疑历史事件能否程度完全一致地重复。我们同时代的人艾伯特·赫希曼（Albert Hirschman）告诫不要"炫耀早期提出过的思想，无视它已经和现实之间发生的遭遇，这种遭遇常常不尽如人意……如果忘记了早先的

---

① 布鲁斯·拉塞特写给《国际安全》杂志的信，参见 *International Security*, Vol. 15, No. 3, Winter 1990/91, p. 217.

② I, 22.4: Thucydides, *History of the Peloponnesian War*, ed. M. Finley (London 1972), p. 48.

思想事件,那么,两种不同或时间相距甚远的**模糊雷同的**环境就很可能导致**相同或同样错误的**思想与回应"。①

弗拉凯塔提出了古代权威是否比近现代权威更值得尊重的问题。很多人认为近现代权威有更大的分量,因为他们"离我们更近,所以也有更大的说服力",而古代的国事,无论政府还是战争,"整体上讲都不同于当代"。② 而且,近现代权威也更容易说服民众,因为民众"对古代不了解";实际上,贵族之所知也好不了多少。但另一方面,他又提出,"无论政府形式还是从事战争的方式,今天的形势可能在某些方面与古代不同,这无关紧要,因为这些不同实际上微乎其微或者子虚乌有"。③ 这才是我们在继续行文前需要考虑的问题。我们能够认定是切合的吗?我们只能认定部分切合?对我们来说,弗拉凯塔时代以来的对外政策行为是否比从塔西佗到弗拉凯塔时代有了更加实质性的变化?

为什么我们要认定重新发现国际关系思想的根源只对决策者和世界事务学者有价值?这个学科至少把两个主要的领域联系在了一起:国际关系理论和政治思想史。长期以来,这两个领域一直存在着鸿沟,直至今天在某种程度上依然如此。朱塞普·费拉里(Giuseppe Ferrari)在他 1862 年《意大利的政治作家》(*Corso sugli Scrittori Politici Italiani*)中就发出抱怨:"意大利学派的错误,从远古时代到洛克(Locke)、孟德斯鸠(Montesquieu)直至当代的政治人物的所有学派的错误都是把这个学科局限于一个孤立的国家观,就好像这个国家在地球上只此一家。柏拉图(Plato)将他的理想国当成是孤立单一体,就像马基雅维利(Machiavelli)认为他的国家就是世界,康帕内拉

---

① A. Hirschman, *The Passion and the Interests: Political Arguments for Capitalism before Its Triumph* (Princeton 1981), p. 133.
② Frachetta, *Il Seminario*, p. 993.
③ Ibid.

(Campanella) 的普世太阳城和孟德斯鸠的世俗君主国也都一概如此。"①

实际上，或多或少在过去的20年里，从事政治思想史教学与写作的人也是一样。② 在研究国内政治与致力于国际关系研究之间进行某种分工是必要的，因为它促进了更大程度的专业化。这样做也可以更深入地开发知识。但是，由此产生的危险是曲解，由于概念上的划分，这个学科被切割成两半，尽管它们原本是有机联系的。现在该是那些教授政治思想史的人关注国际关系的时候了，反之亦然。

主导政治思想史的老权威们的确提到了国际关系，即使绝非全面。他们给我们留下了零散的片段、不全的主张以及初始的概念。我们的目的，就是要从这些散论片言中探寻一种模式，对几个世纪以来的"现实主义传统"的著作进一步发掘，追寻国际关系思想的渊源，以便最终使近期流行的学理与争论置于选定的语境中。我们的发现是有趣的。我们发现一些特定的现实主义概念并不是一代接一代、一个世纪接一个世纪地衔接进展，而是间断性的起与伏、有时成为时代主导、有时让位于其竞争对手普世主义的兴衰沉浮。因而，很难断定后代人究竟在多大程度上重新创造了或者重新发现了那些历史悠久的思想。

维多利亚时代的政治经济学家麦卡洛克（MacCulloch）认为这种情况发生在经济学作为一门科学发展的最早几个阶段：

> 那些在科学或文学各科里收集大量文献的人，或者那些下苦功夫追寻其历史的人，对于见诸早期开拓者的正确原则和学理几

---

① G. Ferrari, *Corso sugli Scrittori Politici Italiani* (Milan 1862), p. 792. 但后来的哈佛的卡尔·弗里德里克（Carl Friedrich）的观点却十分不同："内部安全与外部安全被无望地搅在了一起，这是……所有老一代学人的倾向，而且通常对事实没有任何明确的认识。" *Constitutional Reason of State: The Survival of the Constitutional Order* (Providence 1957), p. 2.

② 当然，理查德·塔克（Richard Tuck）是个可敬的例外，特别参见 *The Rights of War and Peace: Political Thought and the International Order from Grotius to Kant* (Oxford 1999)。

乎无不为之动容,这是一方面;另一方面,他们也不能不为已经破除的错误和荒谬一再复活所震惊。

……不管是一位作家还是一位演讲人,在阐明原则,赋予新意或更加惊人的见解,或者建议将之用于实践时,他得了解前人已经做了什么、完成了什么以及还有什么有待发现与阐释的。这本著作提供了因缺乏这种信息而带来诸多不便的种种例子,展示了那些能人是如何调研那些先前已经确立的原则和追溯法则的发展,并提出早已公之于众的思辨。①

话虽如此,事情不应言过其实:把我们直接关注的著述者称为"理论家"几乎肯定是不准确的,"理论家"这个词意味着他们的作品具有比现有程度更高的连贯性与全面性。② 实际上,他们的观念在很大程度上"来源于国家间政治行为者的原本直觉,并被那些先前的或后来的、暂时或永久性地脱离实际事务的行为者发展成为学说"。③ 所以说,他们是带有污点的商品,"其倡导者的动机在于从思想上重建指导政治行为的基本原则,以便利别人的行为并给理论制造者自己提供一种指导行为和权威的替代品。"④ 他们的这种实用性恰是我们感兴趣的,但他们的这种实用性也具一定的危险。"譬如,无需深究就明白均势的概念被运用于不同的场合并被赋予不同的含义,对此持批评

---

① J. MacCulloch, *The Literature of Political Economy: A Classified Catalogue of select publications in the different departments of that science, with historical, critical, and bibliographical notice* (London 1845), pp. v – vii.

② 就我们将要进行研究的思想家而言,对"理论家"这个词汇的不幸错用,参见 T. Knutson, *A History of International Relations Theory* (Manchester/New York 1992)。但这本著作的价值依然在于它提供了对政治思想史中的一些要素的折衷介绍,而这些东西是值得国际关系学者加以注意的。

③ G. Liska, "Continuity and Change in International Systems", *World Politics*, XVI, No. 1, October 1963, p. 134. 值得注意的是,里斯卡(Liska)很年轻时就是捷克斯洛伐克外长简·马萨里克(Jan Masaryk)(1886—1948)自杀或被杀前的秘书。

④ Ibid.

态度的人士一定怀疑体系的参与者们会理解这种一词多义,在他们看来,描述上的模糊性在很多场合恰恰构成了该概念的主要优点,当然,除了那些力求化解模糊并代之以明确规定的场合,这种明确规定的运用充满实用上的困难,却没有理论上的困难。"① 因此,要抵制从当今角度去要求过去著作中所没有的那种虚妄的统一词义的倾向。但是,我们也不能因为提取其可能还包含的价值存在的问题,而无视那些治国策略的基本原则。

大约 30 年前英语世界的政治哲学领域被颠覆了,因为人们认识到历史语境是理解巨著文本的关键,不能将这些文本视为独立存在的实体,它们只是当时整个思想洪流的一部分。这一研究方法的领衔先驱斯金纳写道:"我尽力避免只注意那些主要的理论家,而是聚焦于这些著作所赖以产生的更广泛的社会与思想环境……我以为,是政治生活本身为政治理论家设置了主要问题,使得一些特定的话题看上去有问题,也使得一系列相应的问题成为争论的主要对象。"他心里想的是"一种真正具有历史特质的政治理论史"。② 该方法尽管源于英美国家,但在意大利的史学中却是常识;所以,我们思维的革命不仅仅代表认知的黎明破晓,也许还是及时地避免孤立地看问题的习惯狭隘与孤立。早在 1929 年,卡洛·莫兰迪(Carlo Morandi)在严厉抨击研究博丹(Bodin)或霍布斯(Hobbes)的外国同代人"他们脱离了具体的历史背景"时,也提出过同样的主张。莫兰迪急于不想被人误会他相信政治思想家只能纯粹作为他所处时代的产物加以研究。此外,他更提醒人们不要把思辨原则简化成实际的动机。"一种政治学说的历史,"他写道,"如同思潮的历史一样都必须从其自身加以研究,然后

---

① G. Liska, "Continuity and Change in International Systems", *World Politics*, XVI, No. 1, October 1963, p. 135. 值得注意的是,里斯卡(Liska)很年轻时就是捷克斯洛伐克外长简·马萨里克(Jan Masaryk)(1886—1948)自杀或被杀前的秘书。

② Skinner, *The Foundations*, pp. x – xi.

才能辩证地理解其普遍价值。但也就是在那微妙的瞬间，意识形态才与历史本身结合起来，所以必须注意到其动机的复杂性，它不能简化成为思想标准……"① 后来，费德洛克·查伯德（Federico Chabod）为鲁道夫·冯·阿尔贝蒂尼（Rudolf von Albertini）出版于1955年的经典名著《从共和走向公国进程中弗罗伦萨人的国家意识》（*Das florentinische Staatsbewusstsein im Ubergang von der Republik zum Prinzipat*）的一个版本题写过一篇序言。阿尔贝蒂尼"以能够使人们全面而具体地捕捉政治思想的唯一方法，那就是把政治思想与那个产生这种思想的时代的政治与社会经济条件紧密而持久地联系在一起，密切注意时时出现的政治问题与理论探讨两者间的内在联系的方法"这样展开其论述。② 这种方法并非全然新颖，不仅有本尼迪托·克罗齐（Benedetto Croce）的著作，还有关于治国策略方面的最主要的思想史学家鲁道尔福·德·马泰（Rodolfo de Mattei）的著作均可以为证，马泰的主要研究成果我们下面还会提到。毫无疑问，这正是我们的起点。

国际关系的思想研究有点接近于20世纪60年代英语世界中的政治思想研究。很多研究文本、甚至那些最近以及最博学的研究成果都显示出对思想起源的不经意忽视或无视。此外，尽管从卡尔（Carr）1939年《20年危机》以及摩根索（Morgenthau）1948年《国家间政治》开始的国际关系现实主义传统的讨论产生了一种奇怪扭曲：那就是对从现实主义中可以正常地预期什么和不可以预期什么的问题上存在争论。

这方面的一个例子是1977年出现的一篇文章《两种现实主义神话：扩展机制辩论》。作者施韦勒（Schweller）和普里斯（Priess）提出了一个带有倾向性的话题："传统现实主义对国际机制之起源与影

---

① "Lo Studio delle dottrine politiche e la storia", *Rivista internazionale di filospfia del diritto*, 1929; reprinted in C. Morandi, *Scritti Storici*, ed. A. Saitta, Vol. 1 (Rome 1980), pp. 5 – 14.

② *Frienze dalla republica al princepatto: Storia e coscienza politica* (Turin 1970), p. xi.

响的关注。"① 所传递的传统现实主义意味也严重不足。作者还下了不少定论。其中一个是"传统现实主义根植于社会学与历史学（多多少少也关注心理学、神学和经济学）。"② 这一说法有点莫名其妙，因为作为国际关系思想的先驱与描述者，政治科学本身要早于社会学，甚至也有人认为同样早于历史学［就兰克（Ranke）史学而言］。同样令人迷惑不解的还有"传统现实主义"最早立基于人性说，人性说明显（但当时没有这样承认）是有关心理学的假设。此外，关于"传统现实主义者把强权当成是目的本身"的说法在摩根索之前当然并不总是对的。实际上，绝大多数传统现实主义者认为国家是天生扩张，而不是具体地追求强权。他们实际上像今天的新现实主义者，认为安全才是最重要的关注点。就此而言，尽管可以说肯尼思·华尔兹（Kenneth Waltz）在他的《国际政治理论》中为新现实主义提供隐喻式框架时"大量地借用了微观经济学"，但他的核心思想却是渊源于遥远的过去：或多或少在他关于国际体系决定其行为的断言方面是如此。这与虽非罕见但错位的"传统现实主义者认为国家的强权与利益驱动行为"而"新现实主义者只考察无政府状态以及能力分配"③ 等定论肯定不能调和。诸如传统现实主义者只注重"具体国家或国家联盟间的能力相对分布（平衡或失衡），而不着眼于体系层次的能力分布或体系的极化"④ 的结论显然也是不对的。如果有人觉得这种区分过于吹毛求疵，快速浏览一下博林布鲁克勋爵（Lord Bolingbroke）的作品就会从这种不愉快的说法中感到释然。错误地归咎于现实主义的另一个说法是"人类主要不是作为个体、而是作为要求其忠诚的一个群体的

---

① R. Schweller and D. Priess, "A Tale of Two Realisms: Expanding the Institutions Debate", *Mershon International Studies Review* (1977) 41, p. 1.
② Ibid., p. 7.
③ Ibid.
④ Ibid.

成员才相互对立的。"① 就国际关系中只有国家才发挥作用（根据现实主义者的说法）这一点说法似乎很有道理了。但是作者接着将之与自由主义关于"自主的个体与私人团体"② 才是真正行为体的假设相比较。这一区别有点莫名其妙，因为还有其他人都是从个人而不是集体的角度谈问题的，华尔兹在其《人、国家与战争》中将之归为国际关系的第一意象。马基雅维利是最明显的例子。只有那些归入第二意象的人才是以集体行为为基础进行推理的。就连这些人也考虑到了"私人团体的影响"。从普利策大奖获得者的名记者托马斯·弗里德曼（Thomas Friedman）那里，我们还看到了如下的奇怪论调："我不是一名认为可以用追逐强权和地缘政治优势就可以解释外交事务中的任何现象、而市场是无关紧要的现实主义者。"③ 这种对思想源流的无知，我们将在下面第三章将要展开论述。

为防止读者认为这种集体健忘症只是美国的一种特殊现象，看看下面的两位英国学者，他们谈到现实主义者"认为民族国家构成国际体系而体系决定其行为"是20世纪的特殊现象，这显然是完全没有认识到（尽管更像是漫不经心地漠然置之）这种用法实际上已经存在了近400年的事实。④ 从制定政策并力图设计政策来使既定目标（权势、安全、财富等）最大化这一意义上说，理性说在大西洋两岸几乎无处不在。实际上，这种假设跨越了自由主义者与现实主义的战场，且存在大多数无人的土地上。然而，要提醒读者的是，这仅仅是一个假定，阐述国家利益观（Reasons of State）的早期现实主义的主要目的是要引进和实施理性决策的命令。因此，这本身是一个目标，一个自成的

---

① R. Schweller and D. Priess, "A Tale of Two Realisms: Expanding the Institutions Debate", *Mershon International Studies Review* (1977) 41, p. 6.

② Ibid.

③ T. Friedman, *The Lexus and the Olive Tree* (New York 2000), p. 23.

④ M. Hollis and S. Smith, *Explaining and Understanding International Relations* (Oxford 1991), p. 92. d.

目标，又是一个常遭毁损的目标，而不是可以安心认定的东西，特别是在公共舆论（包括派别利益）为对外政策定调的时代（最主要是在美国，具有讽刺意味的是，美国同时也是理性学说的发源地），任何这样的臆说必将受到质疑。

另一些人逐渐认识到需要探究思想的起源，出现了好几个可追溯至遥远过去的理论文本。但这些回溯性的浏览所展示的东西太少，比如说最近所争论的威斯特伐利亚和平（Peace of Westphalia）。① 历史被当成一种给定的、静止的（如果不是衰变的）源泉，人们可以从中找到一点偶尔光彩夺目的琐事，但这只是为了说明目的而增添色彩装饰，并不为了界定这一争论。在提到以往思想家的地方，通常是同样的连篇累牍，几乎都来自第二手资料，而且一成不变地出自英语文献等，他们的著作很少被全面重读。此外，那些相对于这些名家而不太出名的同代人的著作，则被完全打入冷宫而无人问津。即使是那些采取更加追根究底的方法的人，譬如相差40年的华尔兹和迈克尔·多伊尔（Michael Doyle），其态度（受当代政治科学所左右），就其一心专注的问题而言，严格说来是当下主义者，就其宗旨而言，严格说来是工具主义者。仔细考察就会发现，这些作者与其说是因为他们自己而受到重视，不如说是因为对当前的理论关注的阐释而受到重视。当然，这种努力完全可以理解与接受，然而，这种简单化的过程却是要付出代价的；因为语义对于语境是具体的，而语境本身易于剧变。

政治思想流派的教益有助于我们对国际关系的理解。但我们不应仅仅以纯粹编年顺序罗列一个个思想家来研究课题，按具体的思想领域分门别类加以更深入的语境化也许更能说明问题。我们的焦点是现实主义思想，现实主义思想主要区别于道德主义思想，不在于有人认为现实主义思想是没有价值观的，而在于它主张国际关系行为本身不

---

① 例如，参见 S. Krasner, *Sovereignty: Organized Hypocrisy* (Princeton 1999)。

受道德观念的束缚。正是这种标榜才使得马基雅维利不同于他的前辈,实际上也不同于政治科学领域内的所有他的直接后继者。但是,宣称现实主义思想本身不具规范性(也就是说,它不追求价值观念而只反映现实)则肯定是站不住脚的。

最显著的例证就是充分发展的均势(the Balance of Power)概念。20世纪末期,年轻的恩斯特·哈斯(Ernst Haas)对之进行了犀利与很有说服力的批判,他在博士论文中不仅彻底地指出了均势概念在不同历史时期和不同语境中存在着令人困惑的伸缩性,也指明它既用来描述结构,也意味着一种主动选择的从而具有一定价值观的政策目标:"任何外交文献所使用的这个词汇[均势],"哈斯写道,"都不能反映作者的精确动机。要了解这些动机就得对当时国内外政治环境的整体进行细致分析,只有这样,才能斗胆对每一位全权外交大使所使用的这个词汇的真正含义进行概括(如果他真的有所指)。"① 这样的批评值得每一位无视根源、妄称追求具有普适性的永恒概念的人们注意。我们必须响应以下论点:此类的概念的含义因时空而异,因此它们丧失了绝对地位。

面对这一有力指控,唯一的应对方式、也是补救的唯一希望,就是借用邻近政治思想学科所使用的方法:对具体的历史环境进行仔细考察,把这些概念看成是具体的历史产物。这样,至少我们可以沿着今天所处位置的轨迹,更多地了解久远时代的国际体系本质,以避免并警惕将那些似曾相识的旧日概念生硬地移植到可能很不适宜的当代现实处境。实际上,它还可以促进我们进一步改进这些概念,使之符合当今以及未来的需要。不管哪种办法,进步的必要任务就是取其精华和弃其糟粕。

---

① E. Haas, *Belgium and the Balance of Power: A Critical Examination of some Balance of Power Theories in the Light of the Policy Motivations of the Major European States toward Belgium* 1830–1839 (Columbia University PhD 1953), p. 85.

为了防止任何误解，让我们更详尽地弄清"现实主义者"到底意味着什么。就本文的目的而言，它可以用一个伊丽莎白时代的词汇加以总结："国家主义者"，它意味着国际关系的焦点是国家的行为，国家的安全和利益在政治生活中享有最高的优先权。它还有其他的界定：汉斯·摩根索（Hans Morgenthau）认为追逐强权是所有国家的终极目标，华尔兹强调的是安全；罗伯特·塔克（Robert W. Tucker）则谈论一个自助体系，他们都假定是一种无政府的国际体系。正如我们所知，不是只存在一个理论，而是强调不同侧重点的各种理论的集合，但它们都聚拢在一个共同的中心点上。① 现实主义者通常都对人或社会或二者同时在国际关系中的行为持一种悲观或"奥古斯丁式的"（Augustinian）态度。上述界定避免了这样的偏见：即认为"现实主义者"一定是那些最接近现实的人，在很多情况下，这可能不错，但也有一些时候显然不对。现实主义的特征还包括一些有问题的假定，其中最显著的是认为国家是"理性"和"单一"的行为体，追求不变与可以确定的利益。② 苏格兰哲人亚当·弗格森（Adam Ferguson，1723—1816）说得好，我们借以判定行为的环境会影响我们解释该行为的动因："我们把人的行为动机，归因于它们在引退和冷静反思情况下的考虑。在这种心情下，除了慎重的利益期盼之外，我们会常常觉得一切都不重要"。③ 在那种氛围中，思考者很少会把情感看成是行动的一种动机。过去的现实主义者肯定没有预想理性，理性是一种目标，是政治家前进的一种理想。我们要理解华尔兹的一个大胆断言："无论是互动的国家，还是这些国家行为的结果，现实主义者认为原因都顺

---

① 参见 B. Frankel, ed., Roots of Realism (London 1996), p. ix.
② J. Grieco, "Realist International Theory and the Study of World Politics", *New Thinking in International Relations Theory*, ed. M. Doyle and G. Ikenberry (Boulder, Colorado 1997), p. 165.
③ A. Ferguson, *An Essay on the History of Civil Society* (Edinburgh 1767), p. 17.

着一个方向；"他们没有看到国家体系对国家行为的影响吗？① 相反，他说，"新现实主义认为，只有给传统现实主义的单位层次分析加上结构效应，才能理解国际政治。"② 但是，正如我们将要在《均势观》一章所见，传统现实主义理论绝非如此狭隘，它既不受理性假设的捆绑，也不完全局限于单位层次的分析。

现实主义者通常意味着对人性持有悲观态度，即便采用这种对"现实主义者"最为宽泛的定义，也没有多少人会质疑如下断言：绝大多数历史中的国际关系都是沿着现实主义而非乌托邦或者法理主义者的路线来处理的。实际上，现实主义思想的谱系久远绵长，现有的文字记载把我们限定在古希腊、古代印度和古代中国。对古希腊外交（或者以我们当今对该词汇的定义应说是缺乏外交）的研究突出了古希腊社会中的合作精神的缺乏以及对成功的极大强调。战争是最常见的，希腊外交官说话像所有的希腊人一样：直言不讳；这或多或少是因为这类做法都是公开的。③ 好战与威胁成为家常便饭；出言温和不为人所知。对公元前395年底比斯人（Theban）求助雅典帮助以对抗斯巴达时，色诺芬（Xenophon，公元前435—前354）的描述如下："我们都知道你们想恢复昔日的帝国，不必因为斯巴达有很多属民而害怕，然而要……以此鼓起勇气来，反思一下：当你拥有最多的属民时便会有最多的敌人。但只要没有人支持他们的反抗时，他们就会隐忍对你们的仇恨，但一旦斯巴达人出面充当它们的斗士，他们就会表现出对你们的这种情绪。"④

这就是修昔底德所记载的盛气凌人的雅典人和受害的弥罗斯人之

---

① K. Waltz, "Realist Theory and Neorealist Theory", C. Kegley, ed. *Controversies in International Relations Theory: Realism and the Neoliberal Challenge* (New York 1995), pp. 74 and 80.
② Ibid., p. 78.
③ J. Grant, "A Note on the tone of Greek diplomacy", *The Classical Quarterly*, LIX (XV), 1965, pp. 261-6.
④ Ibid., p. 263.

间的一场臭名昭著的对话所处的语境。其中说到实际上"强者能够做他们有权势做的一切,弱者只能接受他们必须接受的一切。"① 其中还提到了"一条普遍与必然的自然法则就是去统治所能统治的一切"②,以及谴责斯巴达人,说"最明显的是他们相信自己所喜欢做的事情就是光荣的,符合自己的利益就是正义的"③。同样,在柏拉图的《高尔吉亚篇》(Gorgias) 中,卡利克利斯 (Callicles) 告诉苏格拉底 (Socrates),"构成人类大多数并制定规则的是弱者",因为在制定规则的过程中,"他们关心自身和自己的利益,这也是他们给人褒贬时使用的标准","像人类社会与国家一样,其他物种也显示权利会以如下方式确定:优者主宰劣者并拥有更多。"哲学家"完全没有触及人性"。④ 在柏拉图的《法典》之中,坎迪人克里尼尔斯 (Clinias the Candian) 大胆断言:"根据天性,每个城邦与其余的所有城邦常常存在着不宣而战的战争。"⑤

大约在柏拉图写作的同时代(公元前 5 世纪至公元前 4 世纪),印度出现了《政事论》(Arthashastra),它是由考底利耶 (Kautilya) 写成的一部关于政治和经济原则的综合性著作。作者姓名是否源于梵语的"精明"、"狡猾"以及"不道德"(kutila) 不得而知⑥,但该书的内容却明明白白地反映了这些东西。考底利耶所描述的印度半岛的国家体系听起来与中世纪和近代早期的欧洲有不少相似之处:国家由家族统治,无论好坏,他们个人的关系影响着国家间关系。考底利耶主要考察了潜在征服者的立场,他总是以别国为代价来加强自己的权势,将自己树为所有国家的核心。他还提出了外交政策的六种办法,但不

---

① Thucydides, *History of the Peloponnesian War*, ed. M. Finley (London 1972) 5, p. 89.
② Ibid., 5, p. 105.
③ Ibid.
④ Plato, *Gorgias*, ed. R. Waterfidd (Oxford/New York, 1998), pp. 65 – 7.
⑤ Plato, *Laws*, 626A.
⑥ 参见 Blarasingha Prosad Sil, *Kautilya's Arthashastra* (London 1985)。

是我们这里所关注的主题。只消说其中包括这样的规劝就足够了：国王必须"与那些和自己一样强大或更强大的国王缔结和平；他应对弱小的国王发动战争。"① 国王应当避免对弱小国王发动战争的唯一时机是"如果采取这种行动既不能增加自己的权势，也不能削弱对方的权势。"② 类似未来马基雅维利的主张，这里还能找到很多别的作品，公元前359年至公元前338年在秦国担任高官的商鞅（也被称为商君）的著作也表达了同样的情况，尽管它的程度没有那么强。在此，又一次令人不安地看到了这位意大利先贤的影子，商鞅写道："力生强，威生德，圣君独有之，故能述仁义于天下。"③

我们不从这些思想家入手开始我们的研究，或多或少是因为他们的著作与现在相距太远，在某种情况下也是因为文化与空间之差别太大。即便是对修昔底德进行重新发掘，也只有在国际关系思想恢复大部分，如果不是全部，其在黑暗时代（中世纪）失去的地盘后才显见其可识别的影响。

但是，历史上居支配地位的现实主义实践与理念在很大程度上得到了人们的认可，其中甚至包括那些宣称现实主义不能解决当今问题的人。实际上，对很多人来讲，他们寻求取代现实主义的结果只不过是对几个世纪以来现实主义绵延不绝的一种道德反感。两位根本反对现实主义的主要国际关系理论家证明了这一点：罗伯特·基欧汉（Robert Keohane）告诉我们："2000多年以来，被汉斯·摩根索冠名为'政治现实主义'的东西构成了欧洲及其新世界④支脉的国际关系

---

① Kautilya, *The Arthashastra*, ed. L. Rangarajan (London 1992), p. 566.
② Ibid., p. 567.
③ *The Book of Lord Shang*, ed. J. Duyvendak (London 1963), p. 259. 译文根据《商君书》原作"勒令第十三"篇译出。英文将"力"译做 force，将"天下"译做 empire，与商君原意有出入。商君所说的"力"指"农战"（农业生产等）非指武力。——译者注
④ 指美国。——译者注

分析的主要传统。"① 迈克·多伊尔（Michael Doyle）也认为现实主义不仅是"我们时代的主导理论"，也是"我们最古老的理论"。② 另一方面，国际关系思想从来没有将现实主义看做是不可避免的东西。一种观点由来已久，它相信国家仅仅是匆匆过客而已，是莫名其妙地被装入国际关系碗里的一付灌肠剂。基于对人或社会或两者兼而有之的悲观看法，国际关系中的现实主义行为早已有之，就像亚当一样古老。因此，千真万确的是，如果现实主义是无所不在的既定法则，那么当今国际关系行为的现实主义批评者也就没有什么可批评的了。实际上，正如我们在下文中所见，可能的情况是普世主义（universalist）和理想主义的思想要比现实主义思想早得多。而且，明摆的事实是偏离现实主义的道路。就像股票的市场价与其发行价的错位一样，政府难以经受长期偏离准则，否则就会丧权于对手的说法，并不能告诉我们在最终的校正发生前它们还能沿着此路走多久。它们能够偏离而且确实偏离的事实是不可否认的。所以，这就要求我们必须慎重对待其他可选的路径及其理论依据。而且，现实主义的行为长期以来就是发自本能的、不受限制的和不受挑战的，这一事实意味着它随时会被滥用，使得现实主义的最终意图——保护和推进国家利益——在不受限制的情感（用当代语言来说就是"激情"）的强有力影响下，变得晦暗不明。

本书聚焦于现实主义思想从公共辩论的起点到当代讨论的流行语这一演变过程中的若干核心概念。

国家利益观的出现是为了阐明国家重于中世纪的普世帝国残余而居于首位，是为了论证无论是道德的还是世俗的，没有什么价值观应该高于国家的安全。这种理念直接意味着适于个人的道德准则不能移

---

① R. Keohane, ed., *Neorealism and its Critics* (New York 1986), p. 158.
② M. Doyle, *Ways of War and Peace: Realism, Liberalism, and Socialism* (New York/London, 1997), p. 41.

植到国家对其公民与其他国家的行为中,它也标志着国家事务的运作走出了仅仅根据统治者个人情绪与兴致的一个重大进步。由此,它把国家事务从属于理性的标准,在这里是指共同体安全的有效性,实际上是把国家事务提升到了所有事务的最高点。

同样,均势概念主张国家的安全而反对普世主义或帝国主义对其他国家的权利要求,实际上它也是对无知的短期利益应绝对占据统治地位这一观念的一个重要矫正。因为均势基于如下观念:共同利益源自国家利益,因为每个国家生存取决于整个国际体系的保持而免受任何一国的霸权,或者说,实际上是防止体系的内部破裂。从这个至关重要的意义上说,国家利益决定均势,但两者都是限制、同时也是解放国家行为的要素。有趣的是,尽管对国家利益观出现了强烈的反弹(显著的是来自反宗教改革的教会),但均势观念却被作为一种环境力量加以欣然接受,而且人们都不认为均势可以不用战争来实施。它突出了如下一个事实:国家利益观与均势观两者都有人或社会有统治别人的倾向之假设。

这些概念逐渐在政治学中盛行起来。但它们在经济学里也有对应的概念。贸易平衡的概念,又称贸易保护主义,更形象的名称为"重商马基雅维利主义",它补充了国家利益观与均势观。理由是商业能力支撑政治权势,还有,制造业能力远优于初级产品的交换价值,因此这种能力必须由国家加以开发与控制。不能让经济自行其是。因此,贸易平衡概念抗拒自由贸易理论的普世主义或个人主义的主张,因为自由贸易理论实际上追求最终消灭国家,一如马克思主义之主张。正是以这种方式,贸易平衡观凸显了针对自由普世主义(liberal universalism)的现实主义,自由普世主义是基督教王国(*corpus christianum*)帝国高于国家和超越国家的中世纪理念的世俗继承者。不久以后,这种自由普世主义又开始挑战均势概念。

具有讽刺意味的是,被李嘉图理论从19世纪贸易平衡观锁链下解放出来的市场资本主义的不受限制的扩展，却同时目睹了自罗马以来的世界最大帝国在英国的出现，随之发生的领土扩张过程加剧了国际关系中的空间问题：空间与地形。均势看来要依靠海外扩张，而帝国的扩展反过来又要担忧公海上的交通线的易受攻击性和大陆块之间的惊人跨距。与此同时，生物学兴起，其物竞天择的观念本身来自国际关系，加之同一时期德国民族主义的出现，这些事件加在一起完全铲除了自由主义的幻想。由此产生了一种理念，认为空间对国家的存在至为关键，生存空间对国家作为一种生命形式是一个生存问题。这两种进程（生物学的和机械论的）聚合，在迈入20世纪的北欧激发了地缘政治概念的出现。

　　这些相互依存的概念的集合构成了20世纪现实主义思想的核心。在19世纪德国现实政治（Realpolitik）的名义下，国家利益的概念在此重生，并适时地传播到大西洋两边。饱受威尔逊自由主义鞭挞的均势，在应对纳粹德国和日本帝国的第二次世界大战中强硬复出。贸易平衡观成为美国、德国、日本与俄罗斯工业化以及之后绝大多数第三世界国家的聚焦点。在确保美国作为全球大国反对斯大林的苏联扩张方面，地缘政治的概念得到了大大的提升。

第一章　国家利益观

> 这个术语的名气在政治里鲜有出其右者。大臣们把它列为国家机密，小心翼翼地将之锁藏在他们的办公室里。教授们和文人雅士则煞费苦心地去界定和解释它。
>
> ——比埃尔菲尔德男爵[①]

所有现实主义者的共同之处，不论有意无意，是国家利益观：即一种信念，认为就国际关系而言，国家利益主导所有其他的利益和价值。有些现实主义者认为，这些利益根据"需要"而自任主导——由此出现另一种说法，即"国家需要"，然而，这种说法站不住脚。故而，国家利益可以更确切地表述为如下信念：就国际关系而言，国家的利益应当主导所有其他的利益和价值。因为一目了然的是——一如下文所表明的——另一种不同的观点周期性地盛行起来，这至少是在我们的那些反思国家对外政策行为的前辈们的思想中是如此。

纵观马基雅维利以来国家利益观的演变，产生了如下一些命题：

[①] Baron de Bielfeld, *Institutions Politiques* (Paris 1762) Vol. 3, pp. 277–8.

国家利益观的出现，使一种新的社会结构即国家合法化，它反对普世主义替代物：起初是神圣罗马帝国和普世教会。

国家合法性的核心诉求在于它在确保国境以内群体安全方面的作用。

在实践上，国家利益观也是一种试图制定政策以应对某种普世主义的冲突倾向的尝试。

因此，国家利益观发挥了双重作用：合法性作用和确保有效地实现国家所设定的目标的作用。

有关国家利益的讨论多半依赖于驱动战争之根源说：因为国家利益观旨在约束那些强大的破坏性力量——通常是指"七情六欲"——其缘由必须弄清，他们的具体做法及其同意图的关系也要搞明白。

以上这些设定在较近时期逐渐被认同于肯尼思·华尔兹的三个意象——有关人的本性、社会的本性或国际体系的本性，或三者之间的任何组合。

然而，前两个意象本质上是可以互换的，因为人们普遍公认，推动人发生冲突的"七情六欲"也促使社会去进行战争。第三个意象，我们将在讨论权势的下一章里详尽考量，不过就此刻的目的而论，可以把它看做头两个意象的历史产物——在一旦行动和反应适当的情况下，对行动的预期就会决定行为；行为似乎就是在体系层次上被驱动的。

按照国家利益的理性标准强行安排决策，有意排除个人利益或派别利益，以及服从更高的道德价值观或权威，这种情况提醒我们，外交决策中的理性并不是（如有些人想象的那样）既定的目标。即使作为一个目标取得成功，它也同任何政治原则一样只是近似于实现，因而是不完全地实现——那是克劳塞维茨谓之引起不和的结果——在许多人眼里有损于它诉求的合法性的。

但是，普世主义原则同样可以有合法性诉求。它们作为一种正统力量的身份地位不可避免地使得对它们的接受成为实行普遍君主制的特定诉求的便利借口。

可以认为，早在维多利亚时代，普世主义替代物就起了变化，这肯定同格劳秀斯有关，那时它从明确无误的宗教基础或回溯至罗马帝国的光荣与安全，转变为早期世界主义——自由主义的纯粹世俗无派性基础。这个问题在论述贸易平衡的第三章里彻底探究。

可以说，正是自由主义的世界主义挑战国家利益到如今，甚至比复活的伊斯兰普世主义有过之而无不及。但是，它脱离各个国家的特殊利益，这是很成问题的。人们可能会争辩说，国家利益观至少在国家目标的自私性这个问题上比较诚实——但即使本国国内允许对外政策行为正直也只是实际上承认自私而不明言。

不过，还是多谈谈以下说法：国际关系行为其实是由相同的、柏拉图式的力量支配的，这在国家利益观第一次产生时就是如此。世界真的变得更好一些了吗？

以下是从下文概述的历史记载中浮现出来的主要脉络。

在拉丁语中，最接近于国家利益这个术语的是 ratio rei pwblicae；在 15 世纪的意大利语中是 ragion（or ragione）di stato；在近代早期的英格兰是 statism，后来是 reason or reasons of state；在德国是 staatsrason，而在法国是 raison detat. 这个法文术语渐居支配地位，因为法语取代拉丁语成为近代晚些时候欧洲的外交语言。但是，不论用哪国语言来表述，它表示为了群体的利益，通常适用于个人行为的那些道德原则不再指导政府行为：无论那个群体—如我们现在所知道的那样是一个"民族国家"，抑或其他权威当局，如中世纪的城邦，这其实无所谓。但是，国家利益这个术语作为政治生活中的一个明确且表达有力的概念出现是很有意义的，因为它标志着认可国家是确保群体安全和繁荣的一个持久的机制。并非偶然的是，这个概念的问世恰好与中世纪晚期和近代早期即大约从 1300 年至 1600 年间近代国家的兴起相吻合。

这个术语起源于近代早期的意大利，与古典世界的重新发现同时兴起，古典世界在罗马帝国覆亡后的黑暗时代从人们视野中消失。因此，我们听到说至少有一位意大利知识分子（Secando Lancellotto）(1583—1643)说过如下的话就丝毫不感到惊奇了，他嚷道："你想说什么就说什么，不过我始终相信国家利益［Ragione di Stato］之说不是时新的，而是很古老的。"① 的确，几个世纪以后，有关这个主题的一流专家（Radolfo de Mattei）论证道："古代世界……十分了解它并讲授它，用字遣词五花八门。"②

这些话又对又不对。看似符合需要的引文是可以找到的，但是仔细观察分析，这种语言表明，在古代希腊罗马，这个概念只是用十分粗浅的形式来表达的。例如欧里庇得斯《腓尼基少女》（Euripides, Phoeniciovn Virgins）中的厄忒俄克勒斯（Etiocles）说道："如果一个人必定会做坏事，那么，为了权威当局之故，做坏事就是合适的，要不然的话就该行事得当。"③ 在西塞罗（Cicero）的作品中，可以找到的最接近的词语意谓"国家的利益"（the interests of the state）或"公共事务"（public affairs）。④ 摘要作者弗洛拉斯，作为一位可信赖的检验者，并不怎么看重 ratio rei publicae 这个术语，这就意味着这个概念

---

① S. Lancellotto, *L'hoggidi overo Il mondo non peggiore, népiùcalamitoso del passato*（Venice 1627 – 36），转引自 R. de Mattei, *Il problema della "Ragion di Stato" nell'età della Controriforma*（Milan 1979），p. 48.

② R. de Mattei, *Il problema*, p. 40.

③ F. Meineck, *Machiavellism: The Doctrine of Raisom d'Etat And Its Place in Modern History*（London 1957），p. 25. 此书肯定是本专业领域的一部经典之作，无非是因为作者学识渊博，评判粗鲁率直。

④ Cicero, *Ep. ad Fam.* 10.16.2, and *Pro Sestio* 103, *Pro Sulla* 10, 在此感谢 Dr. C. Kelly 提供的这些和另一些参考资料。

可能尚未广为传播。① 某种要素存在于这个理念的根源之中：代表群体免除人们遵守习惯道德法规的义务。但是，凯撒（Caesar）、塞勒斯特（Sallust）、李维（Livy）或塔西陀似乎并未使用这个概念。像弗里德里希·梅涅克（Friedrich Meinecke）这样的一位权威坚持说，由于一切明显的相似性，在古代世界，这个概念"似乎从来没有上升（或者说至少根本不是一以贯之地上升）到超个人的独立的国家人格的概念，国家人格是与当时的实际统治者对立的概念"。②

同样引人注目的是，中文、俄文乃至阿拉伯文中都没有这样的术语。它几乎完完全全是近代西欧的发明、产品和用法。这说明了一个重要问题。为什么这个术语应地应时而生，而不在有史记载的别处出现？

我们必须区别语言与惯例。其他语言和文化中没有这个术语并不意味着这个术语所标示的惯例根本不存在。相反，其他社会中没有这个术语很有可能表明，没有其他替代物出来挑战惯例——惯例至高至上，被视为理所当然。就中国、斯拉夫文化和伊斯兰文化而言，情况似乎就是这样。在某种意义上说，这个术语只不过是将部分隐含在外交惯例中的含义明确说出来而已。"没有人担心这个术语法典化：外交作为一项艺术、一种传统，作为大使馆的秘密，是永久的"③，沙皇亚历山大一世（Tsar Alexander I）的对外政策顾问萨尔托里斯基（Adam Czartoryski）亲王指出："自从世界上有了国家以来，国与国之间的关系赖以建立的准则是一种历史悠久的口头传统，是一种公意，或者更确切地说是人们在未经充分透彻研究的情况下让最初的启示消失以后所遵循的一种不假思索的惯例。"④ 正是这话使人明白了为什么国家

---

① Lucius Florus, *Epitome of Roman History*, 1.2.8.
② Meinecke, *Machiavellism*, p. 26.
③ Maude-La-Clavière, *La Diplomatie au temps de Machiavel*, Vol. 1 (Paris 1892), p. 6.
④ Le Prince Czartoryski, *Essai sur La Diplomatie* (Paris 1864).

利益这个术语出现在近代早期欧洲的原因：它为应对下述被人们顽固坚持的看法而生，这种看法认为，某个高于国家的价值制约政治行为，不仅决定最终的政治目标，而且决定追逐这些目标所选择的手段。正如若干年以前塔克谈到国家利益观时指出："论证问题本来就无需提出。凡是人们没有意识到要有一种秩序来强加义务于个人、独立于乃至潜在对立于集体秩序的独立人士，就不发生这样的问题。凡是人们完全把自己认同于他们所属的集体，凡是人们相信集体的"兴旺和实力"不但是最高命令而且是唯一的道德命令的地方，国家利益这个问题就不会出现，也不可能出现。"① 未遇到挑战的正统说教无需论证。这只是一个前提条件。毕竟，伊斯兰箴言不是挑战这种理念了吗？第二个前提条件是出版自由，这样，世界观方面的争论就可以加入到宫廷或政府禁地以外的人们的公开讨论中去。

这些价值观究竟是些什么？它们是怎样取得主导地位的呢？

在中世纪欧洲，有着一种有机的整体感，它超越领土疆界。对于有文化的人来说，混合语（lingua franca）是拉丁语。罗马帝国也留下了一份相信基督教一统之下的共同文化、共同权威——或者是教皇（精神权威），或者说神圣罗马皇帝（法律权威）——和共同命运的信念遗产。罗马帝国覆亡（公元476年）后组成西欧的各国，各自领土独立自主意识微弱。在一个层次上，法律凭借下述支配性原则而削弱领土司法管辖权，这个支配性原则称：一个人只应由他自己的人民来审判而不得由他方人的法院来审判，即他触犯了东道方社会的法律。在另一个层次上，罗马法（节本）诸原则的维护延续了超越一切特定权威的普世帝国神话。例如，塞维尔·圣伊西多罗（Sevelle St Isidoro, 560—636）主教声称，古罗马昔日诸领地的蛮族继承国仍然只是一个

---

① R. W. Tucker, "Peace and War"（对 R. Aron, *Paix et Guerre entre les nations* 一书的评论）, *World Politics*, January 1965, XVII, No 2, p. 322.

帝国［Imperium（empire）］境内的王国［Regma（kingdoms）］。① 自那时以来，法兰克人（Francs）的统治者查理曼（Charlemagne，742—814）被教皇利奥三世加冕为罗马帝国总督奥古斯都皇帝（imperator augustus romanum gubernans imperium）：罗马皇帝的继位者。② 他所建立的庞大帝国因此需要合法地位，教会同样需要军队的支持。

罗马法（民法大全）［Roman Law（Corpus Juris Civilis）］是以统治拜占庭的皇帝查士丁尼（Justinian，482—565）的《法典》和《学说汇纂》汇成的，它后来成为经院研究的聚焦点。这些经院学者及罗马法阐释家和后来的评注家，他们在论证帝国中央权威和毁损帝国中央权威这两方面都越来越起关键作用。正是为回应来自德意志皇帝、来自教皇的诉求——他们诉求带有政治后果的精神统治——当然还有来自国内对手的诉求③，主权原则才开始出现，并定形为以下短语：本王国的国王即本王国之皇帝［Rex in regno est Imperator regnisui（the King in his own Kingdom is emperor of his own Kingdom）］。主权原则似乎起源于法国。1202 年的教皇训令 *Per venerabilem* 规定，"尽管国王自己一点也没认识到在世俗事务上的至高权，但在不伤及围绕该问题其他权利的情况下，他能够而且已经接受了我们的裁决。"（*Quum rex ipse superiorem in temporalibus minime recognoscat, sine juris alterius lesione in eo se juridictioni nostrae subjiceri potui et subjecit*）。④ 法国宫廷摘取了承认国王在世俗事务上的最高权力的第一个短语，但略去限制其权威的后半句。正如历史学家厄尔曼（Ullmann）所指出，英诺森三世

---

① J. Morrall, *Political Thought in Medieval Times*（Toronto 1980），p. 18.

② 关于政治思想的内容：H. -X. Arquillière, *L'Augustinisme Politique*：*Essai sur la formation des theories politiques du droit moyen-age*（Paris 1934），Chapter 4。

③ 参见 Olivier-Martin, *History du droit francais*（Paris 1948），p. 235；转引自 A. Bossuat, "La Formule 'Le Roi est empereur en son royaume'：Son emploi au XVe siècle devant le parlement de Paris", *Revue historique de droit francais et étranger*, Vol. 39, 1961, No 3, p. 371。

④ Bossuat, "La Formule...", p. 373.

(1160—1216) 的敕令含有"主权理念的原菌"。① 因此，到 13 世纪末，法学家古利埃尔姆·杜兰德（Gulielmus Durandus，1237—1296）带有某种权威的口吻指出，法兰西国王"不承认在世俗事务上有个主上。"② 法国人于是通过让·德·布朗诺（Jenn de Blanot，1255 年）和吉约姆·德·普拉辛（Guillaume de Plasions，1303）的进一步评注强化了对这个原则的曲解。

类似的过程发生在意大利，特别是在那不勒斯和西西里王国的问题上，安茹王朝（Angevin dynasty）将该王国同巴黎联结在一起。意大利人在这个问题上引证马里诺·达·卡拉曼尼柯（Marino da Caramanico）的著作。③ 他争辩说，罗马人纯粹凭借武力不正当地获得了他们的帝国。④ 安德里亚斯·德·伊塞尼亚（Andreas de Isernia）也提出了这种论辩。由于那不勒斯和西西里王国原初是在教皇管辖之下而非由帝国管辖，教皇克莱门特五世必然不由自主地支持主权而反对皇帝亨利七世。⑤ 法国的罗马法注释家谈到国王就是他本国的皇帝并谋求承认其事实上的独立而非法律上的独立，从而断言罗马帝国的延续性，而马里诺却更为激烈地断言国际法（ius gentium）的存在，它先于罗马帝国，因此也先于罗马法。根据国际法，存在着多个王国。因此，

---

① W. Ullmann, "The Development of the Medieval Idea of Sovereignty", *The English Historical Review*, Vol. LXIV, No CCL, January 1949, p. 8.

② 转引自 F. Ercole, *Da Bartolo all'Althusio: Saggi sulla storia del pensiero pubblicistico del rinascimento italiano* (Firenze 1932), p. 181. 这种情在可能最具代表性的法学家 Thomas of Pouilly 那里最为明显，composed in 1296 - 7: ibid., p. 185。

③ F. Calasso, "origini italliani della formula 'Rex in regno sou est imperator'", *Rivista Storica di diritto italiano*, III, 1930, p. 213; and, in greater detail and with a repay to critics: *I Glossatori e la Teoria della Sovranità: studio di diritto commune pubblico* (third edition, Milan, 1957). Calasso 论辩道，那不勒斯人是第一个提出反对神圣罗马皇帝的主权理论的人。人们普遍认为此论未经证实。但人们接受以下观点：法国人不可能是唯一的第一个。参见 Ullmann, "The Development.", p. 20, footnote1。

④ Ullmann, "The Development", p. 19.

⑤ Ibid., p. 26.

那不勒斯人要求不仅仅是事实上的独立，而且要法律上的主权。① 据说克莱门特五世（Clement V）曾咨询一流法学家奥尔德拉·德·庞特（Oldradus de Ponte）之后才发布他的训令。在另一次咨商中，奥尔德拉德概述了他对那不勒斯的罗伯特与亨利七世之间争执的看法。正是在这次咨商中，他对帝国的权力和权限开始了彻底的调查，在这个过程中，他把法国的理念与那不勒斯的理念混合在一起，一劳永逸地打发了那个皇帝可以统治天下（dominus mundi）的理念。② 法国人效仿那不勒斯人要求法律上的权利只是个时间问题。萨索费拉托的巴尔托拉（Bartolus of Sassoferrafo，1317—1357）分清了法律上的和事实上的这两个词语之间的真正区别，从而为此铺平了道路，他争辩到，事实上的权力也是合法的权威。③ 这反映了帝廷实际权威大大地不可逆转地衰落了，虽然它并没有阻止帝国要恢复它认为非法失去的权力的一而再、再而三的企图。国王的利益［utilitas regis（expediency of the king）］或王国的利益［utilitas regni（expediency of the Kingdom）］概念传遍四方，并设法进入了当时的政治小册子，这些小册子论证美男子腓力（Philip the Fair，1268—1314 年）反对教皇司法管辖权是有道理的。④ 在 1418 年巴黎大学与新教皇马丁五世（Martin V）单独接触时，议会被要求解释它的行为。在议会，国王的顾问纪尧姆·勒蒂尔（Guillanme le Tur）一开头就论辩道："国王就是他的王国的皇上，他的王国是他独自受命于上帝的，不承认任何世俗主上（temporal superi-

---

① 一篇优秀的总结参见：J. Canning, "Ideas of the state in thirteenth and fourteenth-century commentators on the Roman law", *Transactions of the Royal Historical Society*, Fifth Series, Vol. 33 (London 1983), p. 7。

② Ullmann, "The Development", pp. 28–33。

③ C. Woolf, *Bartolus of Sassoferrato* (Cambridge, 1913) and Q. Skinner, *The Foundations*, pp. 9–11。

④ Presidential Address, F. Powicke, "Reflections on the Medieval State", *Transactions of the Royal Historical Sociey*, 4th series, Vol. XIX (London 1936), pp. 5–6。

or [seigneur terrien])①。如果说神圣罗马帝国日渐衰微,那么,教皇的权力也是如此。说不定,教皇在这几个世纪里通过征服以巩固其世俗权力的努力加速了、而不是减弱了各国政治独立化的过程。教皇卜尼法八世(Boniface VIII)和法王腓力之间的冲突一开始就是相互竞争的两种法律制度之间的对抗——(法国的)世俗法律制度与(教皇的)基督教会法律制度之争——以梵蒂冈的失败并导致14世纪大半个世纪教皇座宫寓居阿维尼翁而达到高潮。

鉴于法国国王与英国国王之间又有亲密关系又明争暗斗,因此毫不奇怪,到16世纪,这些事态发展的影响在英吉利海峡两岸无不引人注目。18岁的即将加冕的亨利八世着手修改他的加冕典礼誓词草稿时,只是调整行文以合乎主旨。原稿让国王"在加冕典礼上宣誓他将保留和维护正直的基督徒历代英国国王赐予旧时教会的权利和自由"。这里他亲手修改为"……维护正直的基督徒历代英国国王赐予英国教会的合法权利和自由无损于他的司法管辖权和王室尊严"。他还把"他将授予执掌王国的法律和惯例并授权保持之"这一句改为"他将授予执掌王国的法律和已允准的惯例并授权合法地和无损于他的王权和最高司法管辖权地保持之"。② 这样,在他最终与罗马决裂时,亨利坚持不懈地本着他长期持有的信念和很可能也是公认的信条行事。

一场关于欧洲未来政治结构的辩论已经展开,这场辩论之触发不仅是由于新生态国家主权要求的高涨,而且也是由于亚里士多德(公元前384—前322年)政治和社会学著作的重新发现。从这时起,有关国际关系性质的论据便维系于人性说;自18世纪初起,则维系于社会本性说。在20世纪,战后时期一位英国一流外交官尼古拉斯(尼科)·亨德森爵士[Sir Nicholas (Nicko) Henderson]反映了一个久

---

① Quoted in Bossuat, "La Formule", p. 374.
② Quoted in W. Ullmann, "This Realm of England in an Empire", *Journal of Ecclesiastical History*, Vol. 30, No2, April 1979, p. 183.

已存在的信念，他写道："外交实践的专门研究对象是人，是理解和调和人性中的某些最深层的本能；由于这些本能是不变的，因此，一个大使的职责范围，与其说易受现代科学力量的制约，不如说易受许多其他职业例如军队的视野和方法的影响。"①

亚里士多德的著作对正统神学所提出的挑战，和他把有关人性的较为乐观的见解及他赋予国家权力的合法性同更加强调《新约全书》的人道主义而反对《旧约全书》的天罚报应论调和起来的做法相映成趣，亚里士多德争辩说，人天生是喜欢社交的："凡是不能生活在社会里，或者是以自顾自而没有任何需要者，一定是野兽或是上帝：他不是一个国家的一员。社会本能植入所有人的本性之中"。② 在中世纪欧洲采纳这种理念意味着抛弃那种对人及其活动包括政治活动的坚决否定的观点，这充分体现在希波的圣奥古斯丁（St. Augustine of Hippo, 354—430）的著作里。尽管奥古斯丁承认上帝选定的某些人可以免于被罚入地狱，但除了宗教生活以外，人所从事的人世间生活的各方面都令人绝望地被原罪玷污。《反异教徒的上帝之城》（The city of God against the Pagans）对人持有偏见的看法。人由七情六欲所驱使，势必造成冲突，即使他天生喜欢社交："人类总是分裂自身，到处都一样，若人类的一部分强大了，它就压迫另一部分人。"③ 这同样适用于群体和个人："世人之城……在它谋求统治时，它自身就被统治的欲望所统治。"④ 奥古斯丁争辩说："由于它规模较大，就尤其充满危险。"⑤ 他发表了惊人的意见，说没有正义，"王国若不是名副其实的强盗团

---

① N. Henderson, *Mandarin: The Diaries of an Ambassordor, 1969 – 1982* (London 1994), p. 3.

② *Politics*, I, ii, 28 – 30: ed. J. Barnes, *The Complete Works of Aristotle*, Vol. 2 (Princeton 1984), p. 1988.

③ *The City of God against the Pangans*, ed. R. Dyson (Cambridge 1998), p. 822.

④ Ibid., p. 3.

⑤ Ibid., p. 928.

伙又是什么？"① 他这样的说法削弱了国家合法性的基础。他援引了一名被俘海盗回答亚历山大大帝的话。亚历山大大帝问这个海盗寄生于大海是什么意思，海盗回答："同你寄生于世界时的含义一模一样，不过因为我用一条小船寄生，我便被叫做海盗，因为你凭借一支大舰队寄生，所以你是皇帝。"② 因此，人人都卷入了冲突，不论其是自找或不是自找的："对方的不义迫使圣贤之士承担起发动战争的责任。"③ 因此，冲突从结构上说是注定的。

这些论点是用来针对权力控制的必要而很少为了争取那些想用权力谋求更高目的的人，亚里士多德就表达了这种想法，后来是斯多噶学派和西塞罗（公元前106—前43年）传统，他们坚决拒绝支持"权宜之计与正确之间的区别"。④ 这些论点在以后的几个世纪里以不同的方式乘风破浪重新出现在地平线上，最终完全脱离了它们的宗教系泊地。圣托马斯·阿奎那（St Thomas Aquinas，1225—1274）把亚里士多德的《政治学》改造成当时的中世纪基督教语言，他关注合法性甚于关注权力，关注公共利益甚于关注可疑手段。他在他的《神学要义》（Summa Theologica）中指出："人有行善的自然倾向。"⑤ 在他看来，人在本性上是理性的而不是为贪欲所驱使的，"天生是社会和政治动物"。⑥ 但是，阿奎那用合法性这个面纱掩盖政治秩序的同时，却刺激了各国政治独立主义（particularism）的发展，这种各国政治独立主义如今已成为西欧当代的秩序："政府越完善，它就越是普世主义

---

① *The City of God against the Pangans*, ed. R. Dyson (Cambridge 1998), p. 147.
② Ibid., p. 148.
③ Ibid., p. 929.
④ Cicero, *De Officiis*: III, 28.101.
⑤ *Aquinas: Selected Political Writings*, ed. A. D'Entrèves (Oxford 1965), p. 127.
⑥ Ibid., p. 3. 这是他的论文"On Princely Government to the king of Cyprus"。

的，它越是进一步扩展，其目的就越高尚。"① 在他看来，"世俗权力从属于宗教权力，犹如肉体从属于灵魂一样。"② 这样，教会握有一切事务包括世俗事务和宗教事务的终极权力。一位一流评注家指出，在阿奎那看来，"教会总揽公共事务"（"The ecclesia includes the res publica"）。③ 这并不意味着教皇行使这两种权力。但是的确意味着政治行为必须符合上帝在人世间的代表所界定的道义框架，尽管阿奎那承认国家，他的见解也意味着，那些在中世纪条件下信奉亚里士多德的人把更为崇高的人道主义同对普世主义的明确承诺结合起来了。这在诗人但丁（Dante Alighieri, 1265—1321）的作品中尤为彰显。

但丁在他的诗作《帝制论》（*Monarchia*）中力主普世帝国。正如一位博学的评注家所指出，"这是经过修正以适合基督教需要并合乎亚里士多德学说的斯多噶学派的古代世界主义。"④ 在斯多噶学派看来，宇宙是由种子理性［seminal reason（spermatikos logos）制约的，种子理性不仅普遍存在于宇宙之中，而且存在于人自身之中。正是这个种子理性赋予生活和整个大千世界以方向。人负有责任去追求合乎逻各斯的"正确理性"，虽然在个人层次上，他行使选择权；但"一旦受到外部刺激，它就会凭借其自身的力和本能自行运行下去。"⑤ 这就势必需要一种超越城邦或帝国范围而涵盖一个世界的政治观。但丁遵循亚里士多德，相信人的理性能力，他又遵循斯多噶学派，相信人天生属于普世社会，即文明人类（humana civilitas）；有他的评论为

---

① *Aquinas: Selected Political Writings*, ed. A. D'Entrèves (Oxford 1965), p. 163. 这是他的论文"On Princely Government to the king of Cyprus"。
② 转引自 D. Bigongiari, "The Political Ideas of St. Thomas Aquinas", in ibid., *Essays on Dante and Medieval Culture* (Florence 1964), p. 131。
③ Ibid., p. 132.
④ "The Political Doctrine of Dante", Ibid., p. 21.
⑤ Chrysippus, 转引自 A. Long, "Freedom and Determinism in the Stoic Theroy of Human Action", Long (ed.), *Problems in Stocism* (London 1971), p. 182。

证,"人类的目的是达到普遍人性的终极目的的必要手段。"①

但丁的模型是罗马帝国。米尔顿(Milton)写道,"时光会倒流,并请来黄金时代"。但丁的答案既是权威主义的,又是普世主义的:对困扰意大利的自相残杀的内讧的一种极端反应。他在卡森蒂诺的波佩(Poppi in the Casentino)写道,上帝"信托神圣罗马帝国治理人类事务,以便人类可以在这样一种保护所提供的朗朗晴空下和平生活"。因此,"当奥古斯都御座空位时,整个世界就迷了路,圣徒彼得船上的舵手和桨手尽皆昏昏长睡,不幸的和被遗弃的意大利被抛向秘密的奇思怪想,被剥夺所有的公共指导。在这样一种难以言表的风吹浪打中漂泊,就连苦难深重的意大利人自己也只能用他们的眼泪来衡量其苦难"②——国内冲突让一位有识之士转而鼓吹权威主义解决,就这个例子而言,是鼓吹普世主义解决办法,这不是第一次,也不是最后一次。要让国家利益原则为人们普遍接受的基本必要条件是驱除那种认为统治者的权宜行为也应是道德行为的理念;不然的话,某种崇高的价值观就会凌驾于国家的需要之上。托马斯主义者把道德原则提升到高于政治之上。直到15世纪和在意大利,托马斯主义关于在政治行为中原则高于权宜的理论才失去立足之地。

帕多瓦的马西利亚斯(Marsilius of Padua,1275—1342)引领前进的方向,他提出了社会作为生命有机体受不以更高道德命令为转移的人类法律制约的概念。③ 这就是说,宗教的王国不得支配世俗的王国。从一个意义上说,奥古斯丁的权威就此被打破了。然而,从另一个意义上说,它经历了一次文艺复兴。早期基督教的原罪被吸纳入奥古斯

---

① 转引自 Bigonigiari, in ibid., p. 27。
② Letter VI: *Dante, Monarchy and Three Political Letters*, ed. D. Nicholl (London 1954), p. 103.
③ 关于这方面的讨论,参见 L. Rothkrug, *Opposition to Louis XIV: The Political and Social Origins of the French Enlightenment* (Princeton 1965), pp. 7–8。

丁的教理成为建构马基雅维利政治思想的基本前提，马基雅维利的政治思想则彻底粉碎了政治的脆弱道德基础。人按本性倾向于恶，国家组织机构应考虑到这一点。有趣的是，在14世纪的伊斯兰世界，也有人持这种观点——后来叫做霍布斯主义的（Hobbist）的人性观。正是在伊斯兰世界而不是在意大利，首次出现了"君主的楷模"（mirror of princes）文献。正是在这里，压倒一切的宗教需求首次遇到了以世俗优先为名义的挑战。尽管主要的权威们聚焦于按宗教法律建立国家，托尔托什（al-Tortushi①，1059—1126/30）却专注于国家本身的需要。② 托尔托什生于托尔托萨，就读于萨拉戈萨（Zaragoza Seville）、塞维利亚等地，之后于1083年离开西班牙前往巴格达、巴士拉、麦加和大马士革，后定居于埃及。他于1122年完成的著作《王子的明灯》（*Sirach Almoluc*）③ 使他声名卓著。Sirach 意谓明灯（lamp）或火炬（torch）。因此，书名可译为"君主的明灯"（Lamp of Princes），或者，后来家喻户晓的"君主的楷模"（Mirror Of Princes）。此书奉献给他的保护人埃及大臣阿尔马穆姆·本·阿尔巴泰希（Almamum ben Al-bathaihi）。④

托尔托什目睹他的出生地安达卢西亚（Andalucia）在内讧影响下解体，他认为，由于政治权力之深奥玄妙性质，给政治家提忠告具有压倒一切的重要性。他声言，服从上级权威是必不可少的，这不仅是

---

① 他的全名是 Abū Bekr Muhammad B. al-Walid B. Muhammad B. Khalaf B. Sulaimān B. Aiyub al-Fihrí, 也以 Ibn AbíRandaka 闻名，参见 *Encyclopaedia of Islam*, ed. M. Houtsma et al., Vol. 2 (London 1927), pp. 355–6。

② 有关背景，参见 R. Khalidi, *Arab Historical Thought in the Classical Period* (Cambridge 1994), pp. 193–7。

③ 书名全称是 "A book of the lamp of princes and caliphs, the patj of governors and emirs; histories of the prophets, upon whom there is peace; news of Arab and foreign kings, and the rule or government of kingdoms and empires", 参见 F. Pons Boigues, *Ensayo Bio-Bibliográfico sobre los Historiadores y Geógrafes Arábigo-Españoles* (Madrid 1898), pp. 181–4。

④ Ibid.

因为这可以避免人们怀疑其忠信,而且是因为"统治者之于人民即灵魂之于肉体"。① 在一本大量引用从印度和古代希腊(亚里士多德)广泛收集到的资料引文的著作里,托尔托什坚持统治者躬行正义的重要性。但是这是出于实用而非出于道德的理由。凡当正义的需要与国家的生存相抵触时,他就坚定地将后者置于前者之上:

> 因此,人们可以说,一个按照常规政策的需要办事的无信义的统治者,较之躬行正直、服从先知的正义政策的有信义统治者,统治更持久些,也更强一些……②

托尔托什最重要的接班人是伊本·哈尔顿(Ibn Khaldun,1332—1406),他在政府上层供职多年后写的一本史学导论中抒发了他的反思。哈尔顿把政治分为两部分:一部分是一般性问题,这些问题归伊斯兰法律制约;另一部分,是"关乎统治者的利益"的问题,以及统治者怎样通过强有力地行使权力来维持其统治。在这个问题上,他坚称人民"不能一直处于无政府状态而没有一个使他们免于分裂的统治者。因此,他们需要一个人来约束他们。这个人就是他们的统治者。正如人性所要求,他必须是一位强有力的统治者"。③ 伊本·哈尔顿相信提忠告。伊斯兰世界的其他著述家认为这没有必要。例如,君主(Prince of Gurgan)凯·卡乌斯·伊本·伊斯坎达尔(Kai Ka us Ibn Iskandar)写于大约 1082 年的《供君主效法的楷模》(*A Mirror for Princes:The Qabus Nama*)说道:"君主就像水禽,因为幼小的水禽从

---

① M. Alarcon (ed.),*Lámpara de los principes por Abubéquer de Tortosa* (Madrid 1930),Vol. 1,p. 240.

② 转引自 Khalidi,*Arab Historical Thought*,p. 194。它在文中的位置见 *Lámpara*,p. 204。

③ Ibn Khaldun,*An Introduction to History-The Muqaddimah*,edited by N. Dawood (London 1967),pp. 257 and 152.

来不需要教它游水。"①

还有一种观点至少直到17世纪后半期在英国盛行，这种观点认为："君主的利益不是凡夫俗子笔杆子的合适议题"。②假如这种观点在近代早期的意大利占了上风，那么，国家利益观的主要和最激进的拥护者尼科洛·马基雅维利（1469—1527）恐怕就永远出不了书。尽管他没有使用国家利益（ragion di stato）这个词语，但他让人毫不怀疑他思想的本质正是国家利益观。马基雅维利花费了异乎寻常的大量时间聚焦于迄此为止几乎被认为理所当然的习惯做法。他尽心尽责地供职于佛罗伦萨城邦。正是这种身份地位使他摄取了经世治国之道的精华。在被迫离职时，他对"远离［国家的］机密和事务"深感遗憾。③但他花时间埋头思考此类问题，成为弗朗西斯科·圭奇阿尔迪尼描述于他的"新鲜和不寻常事物的创造者"。④

1513年4月4日，马基雅维利写信给朋友和外交官弗朗西斯科·维托里（Francesco Vettori）："命中注定不懂如何缫丝织绸、纺毛制呢，也不懂赚钱亏本，思考国家的事就落到了我头上。"⑤马基雅维利这位从前的实际操作者把"通过处理近代事务的长期经验和对古代历史的不断研究所学到的关于伟大人物行为的知识"⑥转化为理论形态，

---

① Kai Ka'us Ibn Iskandar, *Prince of Gurgan*, *A Mirror for Pinces*: *The Qabus Nama*, R. Levy trans. (London 1951), p. 214.

② 一位英国人应答一篇荷兰人的论文，题为"论荷兰联省的现状"。为对荷兰联省的现战争辩护，其中为英王陛下的宣言辩护，说战争证明是正义的、光荣的和必要的；制海权（the Dominion of the Sea）解释了这一类，英王陛下对它的权利表明了这一点；荷兰人对英国的义务，以及他们一再的忘恩负义都说明了这一点。重印于 *The Harleian Miscellany*: *A Collection of Scarce, Curious, and Entertaining Pamphlets and Tracts, as well as in manuscript as in print. Selected from the Library of Edward Harley, Second Earl of Oxford*. Ed. W. Oldys and T. Park, Vol. 8（London 1811），p. 129。

③ Quoted in J. Macek, *Machiavelli e il Machiavellismo* (Firenze 1980), p. 55.

④ Ibid.

⑤ *Opere* di Niccolò Machiavelli, Vol. 3, ed. F. Gaeta (Torino 1984) doc. 208.

⑥ Dedicatory letter prefacing Machiavelli, *The Prince*, ed. Q. Skinner and R. Price (Cambridge 1998), p. 3.

试图以此博取高位而未达目的，却附带地启蒙了迄今为止一直被人蓄意隔绝在这个神秘世界之外的普通人。

其实，马基雅维利撰写《君主论》时是以个人野心为动因的。在一封致维托里的续信中，他公开承认他入不敷出，他还希望美第奇（Medici）"雇佣"他，哪怕开始时做点平凡而劳累的工作。按他的看法，他通过研究这些事务的经验所获得的知识使他很容易得到雇佣。①但事情并不那么简单，马基雅维利将他所知道的文明世界毁于入侵者之手归咎于不重视权力。1494年，法王查理八世率领的法军摧毁了意大利城邦之间微妙的均势：

> 我们意大利的君主在他们尝到了来自山那边的战争的打击之苦之前相信，只要有一个君主办公，知道如何想出退敌妙计，写一封婉约示好的信，用大话和谚语以示才智和敏捷，知道如何弄虚作假，用珠宝和黄金装饰自己，寝食比别人富丽堂皇，淫邪好色作恶一方，用卑劣手段和颐指气使统治自己的臣民，游手好闲，腐败成风，军人因得宠而升迁，若有人指明正大光明之路则不屑一顾，唯愿他们的话是求卜问卦得来的；他们也不去通知那些只配成为某些袭击者之牺牲品的不幸的人们，他们以为这些就足够了。正是这种情况后来在1494年造成了大恐慌，出乎意料的溃退和巨大的损失：意大利曾经存在过的三个最强盛国家因此几经劫掠，几遭踩躏。②

此外，在《君主论》结尾，他力主把意大利从"野蛮人手里"拯

---

① Machiavelli to Vettori, 10 December 1513: Opere, Vol. 3, ed. F. Gaeta. doc. 224. 这封信的部分译文见 Machiavelli, *The Prince*, ed. cit. , pp. 93 – 5。

② N. Machiavelli, *Arte della Guerra e scritti politici minori*, ed. S. Bertelli（Milan 1961），p. 518.

救出来。① 因此，驱动他写《君主论》的还有他对那些为此轻易屈从入侵者的城邦政治生活中的不负责任行为而导致的不必要损失的激愤之情。

当时的情势在很大程度上解释了作为马基雅维利著作之标识的特有强调。例如，入侵造成的创伤和此后的混乱使许多人倾心于宿命论，相信"世事在某种程度上受命运摆布，由上帝支配"②，如果这些悲惨事件是命中注定的，那就什么也补救不了。"这种看法在我们时代越来越有人信。因为巨变已经在望，每天都看得见，超出了任何人的想象。有时一想到这，我本人在一定程度也倾向于他们的看法。"③ 而且，当佛罗伦萨人被策动起来采取行动时，他们更倾向于依仗思想敏捷而不是靠武力去保护他们自己；理性（ragione）是他们的优先选取的武力。一如当时人所说，他们可以"凭武力抵抗或靠机智拒敌。而我们看来不大可能顶住依靠武力的整个意大利。我们必须换个办法：机智"。④

对于马基雅维利来说，宿命论是个该死的东西。命运"只在领导才能没有调整好去抵御它的地方才显示其威力"。因此，在马基雅维利看来，尽管命运起作用，但一切都不是命中注定的；人的能动作用才是成败的中枢。由此，他代表了以人为事物中心的文艺复兴思想，无论其善恶。邪恶对于马基雅维利来说是司空见惯的现实。这种信念加深了他对完全依赖理性和智谋［inqegno（ingenuity）］的厌恶，也加强了他对力量至关紧要的认识。他不相信人性说，在一个上帝不一以贯之进行干预以确保良善的世界上，人必须加以组织起来以导入行善

---

① Machiavelli, *Il Principe* (Milan 1950 edition), p. 190.
② Ibid., p. 186.
③ Ibid.
④ Quoted in F. Gilbert, *Machiavelli and Guicciardini: Politics and History in Sixteenth Century Florence* (Princeton 1965), p. 34. 这是一篇经典之作，因为 Gilbert 对城市档案进行了广泛的研究。

之境。

马基雅维利有关人性的评论散见于多处，但与奥古斯丁的悲观主义完全一致。强有力的政府是必要的，因为人基本上是不可信赖的："……每一个倡武者昌，但弃武者亡。因为说到底，人的本性可移。说服他们相信一件事易，但要让他们永远坚信不疑则难。因此有必要作出如下安排，一旦他们不再相信，就凭借武力强迫他们相信。"① 同样地，人是"忘恩负义、反复无常的招摇撞骗者和伪君子、胆小鬼、贪得无厌之徒"。② 因此，他是在回答被人爱是否好于被人惧的问题，"因为难以做到二者兼而有之。如果必须丢掉其中的一个，那么，安全得多的是宁愿被人惧，不要被人爱。"③ 道理很简单："人们不大在乎去冒犯一个招人爱的人而在乎冒犯令人畏惧的人；因为爱是用一堆约定的义务来维持的，而鉴于人们是坏的，必要时随时随地可以毁约背义；而畏惧是靠惩罚的威吓来维持的，这是永不离身的。"④ 这种对功利实效的关注意味着，对于马基雅维利来说，实际上对于所有献身于国家利益的人来说，深谋远虑和自制是有效统治的必要机制。畏惧是有用的，而招人恨则不利于己。

马基雅维利并不反对立宪统治；远非如此。但是，权力是要考虑的头号问题。"所有国家无论新老或半新半老，其主要基础是要有好的法律和好的军队。由于在没有好军队的国家就不可能有好的法律，而有好军队就必定有好法律，所以我不去讨论法律而只谈军队。"⑤ 马基雅维利特别把那个溃败归因于军事实力不足和缺智少谋。他批评他的同胞们过多依靠机智过少依仗武力。但他同样意识到机智本身并没

---

① *Il Principe*, p. 106.
② Ibid., p. 153.
③ Ibid., p. 152.
④ Ibid., p. 153.
⑤ Ibid., pp. 132–3.

有成功施展。"这……两件宝［军事实力和智谋］是所有政府的神经［signorie］"。领土沦丧，城市失陷，政府倒台，在他看来全是由于"缺武器，乏谋断。"① 锡耶纳（Siena）统治者彭多尔福·彼得拉奇（Pandolfo Petrcci）在答复马基雅维利关于为对付佛罗伦萨而施展"阴谋诡计"的质询时说了如下一番话："我一天一天地指导我的政府，逐时逐刻地安排我的事务，希望尽量少犯错误；因为时间比我们的脑袋强。"② 还有其他榜样教员提供的其他教训；最恶名昭著的是残酷无情。切萨雷·博尔吉亚（瓦兰蒂诺）Cesare Borgia（Valentino）警觉到下属盟友策划的一起阴谋，便把他们召来开会，把他们杀了。马基雅维利"闻听此事惊得出了神"。③

他很中意的形容词之一是"有用的"［"useful"（utite）］。这是他衡量一切的尺度。其他的人曾写过谏君手册。马基雅维利的不同之处是他的谏议完全超脱于道德——他的真正的道德定义是能力和实效，他把能力和实效提升到道德品质的高度，而不用伦理道德这类词语。他写到"残酷的贬义用法或褒义用法。人们可以说褒义的残酷（如果可以把坏说成好的话）。若为了使自己更安全而突然施行残酷的话。……贬义的残酷是那种即使在这个小公国里微不足道但随着时间的推移会严重起来的残酷"。④ 因此，好或坏被归结为需要和功效。就连虔诚也是个功效问题，正是在这个问题上，马基雅维利在他自己与天主教复兴之间树起了不可移易的壁垒，对他的著作的命运产生了严重的后果。

如所指出，马基雅维利的立场基于他与许多"现实主义者"共同

---

① "Parole da dirle sopra la provisione del danaio, fatto un poco di proemio e di scusa", Machiavelli, *Artedella guera e scritti politici minori*, ed. S. Bertelli, Vol. 2 (Milan 1961), p. 57.
② Q. Skinner, "Machiavelli", in *Great Political Thinkers* (Oxford 1992), p. 24.
③ Ibid., p. 26.
④ *Il Principe*, pp. 120-1.

持有的关于人性的关键假设。他写道：大多数人"并不是好的"。由此推论，如果君主坚持"以做好人为己任"，那他就成不了"大事"，"一定会毁了自己"。"必须懂得，一个统治者，尤其是一个新统治者，不能总是做被认为好的事，因为，为了维护他的权力，他常常不得不行事背信弃义、冷酷无情、不讲人道，不遵宗教戒律。"① 一个当政统治者"总是鼓吹和平与信任，尽管他实际对二者十分敌视；假如他实践这二者，那他大概会毁誉丢权好几次。"② 只有这样才能确保必要的策略灵活性使他始终能使自己适应时代变化中的情况："……假如有可能改变其个性以适应时代和情势，那他就无往而不胜。"③

我们因此而明白如何管理对外事务，即使马基雅维利得出的关于人性的体验多半是外交上的体验。对外交政策实践中行为的敏锐观察似乎已经变成了对国内政策领域的反思。尽管没有什么这方面的直接迹象，但他的供职生涯足以为证：任职12年有余，出使法国、罗马和好多个城邦。在他对毁诺和欺骗的讨论中还列举了外国条约的例子。"我们可以列举无数这方面的新近例子，揭示许多和约和许诺是怎样由于统治者毫无信义而化为乌有的；那些最能仿效狐狸的统治者最得逞。"但"此人必须是个大骗子和伪君子。人们是那样幼稚，那样地在很大程度被眼前的需要所支配，以致一个机灵善变的骗子总能找到许许多多的人并让他们上当受骗。"④ 早在1503年，马基雅维利就写道，"在普通市民（uomini privati）之间，法律、合同和协议是靠信任来实施的，但是统治者之间唯一的实施手段是武器。"⑤ 他驳斥那些不断找理由避免重整军备的一成不变的乐天派："每个城市、每个国家

---

① *Great Political Thinkers*, p. 62.
② Ibid., p. 63.
③ Ibid., p. 86.
④ Ibid., p. 62.
⑤ Machiavelli, "Parole.": loc. cit.

都必须把所有可能希望占领它而又防不胜防的国家视为敌国。从来没有一个政府或一个共和国希望听命于别国以维护自己国家,维护被视为保卫它的安全。"① 他劝告他的雇主们:"离开屋子,看看谁在你的周围:你会发现你处在两到三个想要你死而不愿你活的城市之间。再往前走,走出托斯坎尼(Tuscany),看看整个意大利:你会看到它先后在法国国王、威尼斯人、教皇和瓦兰蒂诺统治下摇摇晃晃、晕头转向。"②

《君主论》认为这种情况是既定的,并聚焦于统治者如何加强他在国内的权力,由于城邦的羸弱和分裂所造成的最明显问题使外国入侵相当容易。③ 马基雅维利解释道:"统治者们应有两大担忧,一是国内的,担心他的臣民;另一个是国外的,担心外部列强。对付后一种威胁,精良的军队和可靠的盟邦就是有效的防卫;拥有精良的军队总会导致拥有可靠的盟邦。如果外部关系基础牢固,国内事务就不会出问题,除非已经受到阴谋的扰乱。"④ 我们也明白了一个实实在在的道理:"想兼并领土其实是很自然的和正常的"。⑤ 但是,马基雅维利的这本书通篇都是谈国内事务的复杂性。很明显,他的主要忧烦可以浓缩成他的评述:"当派争纷扰的城市受到敌军威胁时总是很快就陷落。"⑥ 如果国内混乱失序,任凭多少对外政策也毫无用处。

尽管马基雅维利从未用过国家利益这个词语,但他的确谈到过思考国家的问题,这个词语在他有生之年肯定有人使用了。在他去世的那些年代里已见诸印刷品的种种词语有 Ragion di Stato(乔万尼·德

---

① Machiavelli, *Arte*, ed. Bertelli, p. 61.
② Ibid., p. 62.
③ 关于国内分裂削弱佛罗伦萨对外政策的详尽研究,S. Bertelli, "Machiavelli e la politica", *Studies on Machiavelli*, ed. M. Gilmore (Florence 1972), pp. 31 – 72。
④ Ibid., p. 64.
⑤ Skinner, "Machiavelli", p. 13.
⑥ Ibid., p. 73.

拉·卡萨，Giovanni Della Casa）和 Ragione dei Governi（帕拉佐，Palazzo）。① 尽管措辞不同，但其含义是毋庸置疑的。弗朗西斯科·圭奇阿尔迪尼写于 1521—1526 年间的《与佛罗伦萨统治者对话录》（*Dialogo del reqgimento di Firenze*）使用了 Raqione e uso degi Stati 这个词语，那时马基雅维利还活着。② 圭奇阿尔迪尼也在政府任职，任驻西班牙大使。他也许不像马基雅维利而更像我们大家，在究竟是要看事实的"本来面目"还是看它"应该是什么样子"二者之间狐疑不定③，但同时又不愿在人性问题上持这种基本否定的立场。④ 他发现马基雅维利认为"人的行为并不好，除非出于需要"这一立场太极端了。按他自己的观点，包括那些有能力干坏事在内的许多人，行为都很好，并非所有人都是坏的。⑤ 的确，他在他的回忆录里写道："对于每个人来说，若作恶不带来快乐或无助于某种需要，则人们宁善勿恶，从这个意义上说，人们天生向善。但因为他们的本性脆弱，而诱使他们作恶的机会无限，故他们的确很容易从他们自身利益出发偏离自然倾向。"⑥ 然而，圭奇阿尔迪尼还写道："这么说也许显得恶意或可疑……上帝，但愿这不是真的：世上坏人多而好人少；这是指导财产利益和国家利益的箴言"。⑦

有关人性的这种"现实主义"观点在圭奇阿尔迪尼的《对话录》中以伯纳多（Bernardo）的名义说了出来。伯纳多断言："事实是，在

---

① R. de Mattei, "Il problema della Ragion di Stato'nei suoi primi affioramenti", *Rivista Internazionale di Filosofia del Diritto*, XLI, Nov. – Dec. 1964, pp. 712 – 13.
② F. Guicciardini, *Dialogo del reggimento di Firenze*, reprinted in Opere di Francesco Guicciardini, ed. E. Scarono, Vol. 1（Turin1970）, p. 465.
③ F. Guicciardini, *Ricordi Politici e Civili*, reprinted ibid., No. 179, p. 780.
④ 人们竭力试图弄清怎么会判定圭奇阿尔迪尼是冷酷的、精于算计的和残酷无情的，参见 B. Brunello, *Machiavelli e il pensirero politico del Rinascimento*（Bologna 1964）p. 121，这是一本有益的著作。
⑤ "Considerazioni sui Discorsi di Machiavelli", *Opere di Guicciardini*, Vol. 1, p. 613.
⑥ Ibid., No. 3, p. 798.
⑦ Ibid., No. 201, p. 787.

人类事务的自然进程中,武力而不是理性或人的智慧往往更好些。"①往后一些,在同一篇讨论中,他认为武力不仅本身是且自行成为一种价值观②,而且也是以下事实的一种结果:"人有一种腐败的癖好;他们不认为真正的荣誉是权力以外的什么东西构成的"。③ 他进而讨论顽固不化的比萨城邦(Pisa)对佛罗伦萨构成的威胁:"人们始终要杀掉每一个参战的比萨人,减损敌人的数量,使别的人更加害怕"。④ 当然,这会给人带来残酷无情和没有良心的名声。伯纳多对此的回答是:"凡希望今天保有有其土地和国家的人只要有可能就应当行虔敬示善意,若别样行事不可能,则有必要施行残酷,不讲什么良心。"他以他的对话者的曾祖父吉诺·卡彼尼(Gino Capponi)为例写道:"想要按照基督教法的戒律以他们今日所为的方式是不可能理政治国的……一个有良心的人怎么能出于扩张其版图的贪婪而发动战争并在战争中大肆杀戮、奸淫妇女、焚烧房舍和教堂、恶行累累?不过,若在某个元老院里,不论是谁竟因这个良心缘故而非其他原因拒绝去做一件既有可能又有好处的事,那他就会遭到每个人的驳斥。但是我们在这里要说的还不止这些:你怎么能凭良心去进行一场哪怕是保卫你所拥有的土地的战争?而且,即使没有战争,也没有人需要战争,你又怎样才能保持你的领土呢?在你的领土内,如果你好好想一想,也许没有一样东西是你自己的,你依凭武力或通过购买从那些别无选择的人手中占有了全部或大部分东西。同样的事情也发生在所有其他国家身上,因为所有国家,无论是谁只要细究其起源,都是暴力起家"。⑤ 共和国并不比其他政体好多少。"你看得到那些想要凭良心约束治国的人是

---

① "Dialogo del reggimento di Firenze", *Opere de Guicciardini*, Vol. 1, p. 382.
② Ibid., p. 390.
③ Ibid., p. 443.
④ Ibid., p. 463.
⑤ Ibid., p. 464.

什么下场。不过,当我说要杀戮或俘获比萨人时,我也许不是作为一个基督徒说这话,而是按照国家利益和各国惯例说话的 [secondo la ragione e uso degli stati]"。①

有一种看法认为,受这种非道德习俗制约的国际关系是不容易改变的、难以驾驭的、持久的——或者,如果你愿意这样的话,结构性的——因素在起作用,这种看法显见于16世纪出现的描绘理想国的尝试之中。1529—1532年间的英国大臣托马斯·莫尔爵士(Sir Thomas More,1477/8—1535)后来设计出在一个十分肯定不是乌托邦的国际体系中运作的乌托邦。他是一位难以笃信宗教原则的人。他自己的偏好,和他虚构的乌托邦居民的偏好是靠"机智和理性"而不是凭借武力行事。② 然而,对于乌托邦居民来说,战争却是必要的,虽然"他们赴战只是为了一些好理由:保护他们自己的土地,把入侵军队赶出他们友邦的领土,或者以同情和人道的名义,把被压迫的人民从暴政和奴役之下解放出来。"③

从观点上讲,莫尔是亚里士多德的信徒,他相信人们因此也相信群体是由社会或自然纽带联结在一起的。问题在于,他们并不如想象的那样行事。莫尔对国际关系现状的悲观主义评价的一个标识是他对条约的评估。有人可能会相信联盟是友好和睦的标志,而莫尔对联盟的看法正好相反;的确,出乱子的起因同乱子的后果一样多:"尽管其他国家不断地签约、毁约和续约,而乌托邦人根本不同任何一个国家签约。"④ 一个条约意味着被小如山丘、窄如溪流的天然障壁分割开的一族人民由毫无自然联系的纽带联结在一起;它假设人们生而为对

---

① "Dialogo del reggimento di Firenze", *Opere de Guicciardini*, Vol. 1, p. 465.
② T. More, *Utopia*, ed. G. Logan et al. (Cambridge 1995), p. 205.
③ Ibid., pp. 202–3.
④ Ibid., p. 197.

手和敌人，有权设法摧毁对手，除非有一个条约来限制他们。"① 作为一位有经验的外交官和政治家，莫尔有理由弄清他所说的意思。那些反对马基雅维利及其思想的人因此陷入困境，而无法让别人相信在当时条件下经世治国之道能以他所建议之方式以外的其他方式有效地运筹。设计一个国内的乌托邦总是比设计一个国际乌托邦要容易些。这就是说，那些想设计乌托邦的人往往不是把普世君主国的昔日帝国理想化为乌托邦，便是把现有帝国野心的君主国（通常就是他们自己的国家）理想化为长期谋求的普世帝国。借用罗伯特·康奎斯特（Robert Conquest）的话说：由于没有能力实现理想，他们就改而诉诸把现实理想化的办法，就像许多社会主义者在20世纪的所作所为一样。

  国家利益这个词语作为一个没有受到认真反对的时兴套话早以令人不知所措的速度传播开来。威尼斯大使安德里亚·古索尼（Andrea Gussoni）在1576年写道："国家利益及人们各自的效用，它是君主们心目中可资利用的唯一论据"。三年以后，塔索（Tasso，1493—1569）致书西比昂·贡扎加（Scipione Gonzaga），提到"那些为了他们所说的国家利益（per ragion, com'essi dicevano, di stato）的人，其信仰摇摆不定"。② 然而，圭奇阿尔迪尼对舆论的影响不如马基雅维利。

  起初，马基雅维利是受欢迎的。阿克顿勋爵指出："即使在罗马，马基雅维利也享有一个众望所归的时期。美第奇氏主子们拒绝正式雇用一个反政府智士；但他们鼓励他写作，且不因他为他们所写的东西生气。利奥（Leo）亲身同佩鲁贾的暴君（tyrant of Perugia）的交往被法学家们列举为对那些有敌人要摆脱的人有启发的一种典范。克莱门特向康塔里尼（Contarini）坦承，诚实诚可取，但老实人最吃亏……他讲这话的两年以后，这位精明的佛罗伦萨人授权在罗马出版《君

---

① T. More, *Utopia*, ed. G. Logan et al. (Cambridge 1995), p. 201.
② 引自 de Mattei, *Il Problema*, p. 28。

主论》。"① 然而，1550 年，马基雅维利被告上宗教裁判所。7 年以后制定了禁书目录，马基雅维利名列榜首。但是，令人震惊和该受谴责的与其说是所描述的国家行为，不如说是这种描述竟被广为流传成准则。

一直有人说，《君主论》的力量不是来自它对知识的理论贡献，而是来自它对事务的现实主义描绘。② 然而，吸引注意力的是它的惊人的非道德说。马基雅维利后来被历史学家托马斯·马考莱（Thomas Macaulay, 1800—1859）说成是"一个不可思议的人"，他的"道德敏感性"似乎一下子"病态地愚钝和病态地锐利。"③ 这是在一个比较超然的时代的一种评价。在马基雅维利著书立说的时代，他那不加掩饰、残酷无情、直截了当的谈吐势必听起来令人震惊。它早已激起了政治传统中的道德主义的复苏。但是，这种复苏和与此有关的马基雅维利思想的责难不仅仅是自发的道德回应。更确切地说，它们反映了为反对 1517 年开始的新教改革、恢复神权统治的教会斗争中的协调一致的反扑。这种反扑不仅体现了道德传统的复活，而且反映了反对聚焦于国家和国家利益的普世主义理想的复苏。

普世主义冲动包含了种种不同的实际动机。它部分是对一个帝国范围内的和平世界的一种虚妄的怀旧情绪，部分是对世俗的人类救星的一种乌托邦求索，部分是要把世界拉回到普世教会的世俗控制权的一种神权动机的尝试。但所有这些动向都指望国家利益观归于灭亡。乔万尼·巴蒂斯塔·皮尼亚（Giovanni Battista Pigna, 1530—1575）写

---

① Acton's "Introduction to Burd's Edition of Il Principe by Machiavelli", *Selected Writings of Lord Action*, Vol. II: *Essays in the study and Writing of History*, ed. J. Fears (Indianapolis 1985) pp. 480 – 1.

② A. Sorel, *L'Europe et la Révolution Francaise*, part 1 (Paris 1908), p. 17. 除了梅内克，这肯定是关于国家利益观话题的最好论述之一。

③ "Machiavelli" (March 1827): Lord Macaulay, *Critical and Historical Essays*, Vol. 1 (London 1903), p. 65.

到一位英雄王子成为"这个世界万民之王。"① 普世帝国的最著名鼓吹者却是托马索·康帕内拉（Tommaso Campanella，1568—1639）。康帕内拉是一位基督教徒（Dominican），因其狂热的独立思想而吃了大苦。他遭到罗马教廷的迫害，严刑拷打、两次被控异端邪说，被处以无期徒刑，总共服刑27年，最终死于在巴黎的流亡生活。② 只有在他拒纳马基雅维利思想这一点上，他才坚定地站在教会一边。康帕内拉精心地将"谨慎"（Prudence）和"治术"（craft）加以区别。前者来自上帝，因此是好的，而后者——有人称之为 Ratio Statuum regendorum，即理性（the Reason）或国家—政府的统治（Rule of State-Government）——是坏的。③ 康帕内拉明确地否定亚里士多德关于一个人不可能统治世界这一格言，坚持说将由西班牙国王来完成这个任务，其最终目的是要把整个世界带回到罗马教廷的统治之下。他的道理很简单："世界所有的麻烦都是战争或疾病或饥荒或反本地宗教的舆论产生的。"④ 当然，讽刺意味在于这种对普世君主国的乌托邦企望很容易被转而服务于国家利益观。正如 E. H. 卡尔（参见第254—259页）有一次指出，一切都是对外政策的工具。⑤ 使争夺欧洲帝国霸权的最佳手段是诉求普世君主国而不是主张国家利益作为其真正动机。几乎没有谁能免于这种巨大的诱惑。因此，即使是明显超凡脱俗的法国哲学家纪尧姆·波斯特尔（Guillaume Postel，1510—1581）也将法国想象为普世帝国。⑥

实际上，批评马基雅维利的急先锋们最惊人的特征是其伪善程度，

---

① 转引自 Rodolfo de Mattei, *Il Pensiero politico italiano nell'Età della Controriforma* Vol. 1 (Milan 1982), p. 222。
② T. Bozza, *Scrittori politici italiani dal 1550 al 1650* (Rome 1949), pp. 135 - 6。
③ T. Campanella, *A Discourse touching The Spanish Monarchy* (London 1654), p. 16。
④ 转引自 de Mattei, loc. cit., p. 225, note 13。
⑤ 致作者，在讨论题为"Disarmament as an Instrument of Foreign Policy"的一章中。
⑥ 转引自 de Mattei, p. 226。

不论其意识到与否，这在他们反对《君主论》非道德说的公开声言与他们自己的行为之间的巨大差距中暴露无遗。乔万尼·德拉·卡萨阁下（Mons Giovanni Della Casa，1503—1556）在他的《反查理五世的诏书》（Orazione a Carlo V）中对国家利益观发起攻击，他是一个典型。德拉·卡萨不仅仅是一名教士或学者。他也是一名外交官，深谙国家事务。教皇保罗三世曾派他出任驻威尼斯的教皇使节，他是红衣主教卡洛·卡拉法（Carlo Carafa）的亲信，教皇保罗四世的秘书处首脑。① 在《诏书》中，德拉·卡萨力辩反对掩盖"以理性为名的欺诈和暴力活动。"他否认可能有两种类型的理性，即：私人理性是简单而纯粹的，国家理性"不仅根本不是基督教的，而且……根本不是人的理性。"② 但是，一如已述，正是这同一位德拉·卡萨在他担当教皇使节的角色时，不论其是否心甘情愿，他事实上是在两种道德层面上运作。在为激励威尼斯人结盟反查理五世而写的两份诏书里，德拉·卡萨并未使用国家利益（ragion di stato）这个词语，但他默许了国家利益的训令。他写道，"按照事物的本性，帝国与……国家之间的关系就像狼与羊群之间的关系一样，一点不多，一点也不少，纷争不已，永远敌对，根据准确无误的永久的法则，这是命中注定的。"他又说："皇帝的顺昌就是我们的逆境；陛下愈兴愈强，我们就愈衰愈亡。"③ 尤其令人惊讶的是他的下述评论：如果统治者不正当地占有领土，那么他们就不该指望"其他人会以纯粹合法和正当的方式进行干预；因为在这种问题上根本没有称职的法官，不会有辩护状也不会有请愿书；只有武器、武力和奋斗加在一起既是法官又是刽子手"。④

对于那些没有经世治国实践经验的人来说，很容易站在道德高度

---

① De Mattei, "Il problema ...", pp. 720 – 2.
② Ibid., p. 723.
③ Ibid., p. 730.
④ Ibid., p. 731.

反对马基雅维利，在反宗教改革的年代里，这样的作家颇有影响。因此，为避免公开的羞辱，马基雅维利的追随者感到有责任转而求助于古代罗马的先例即科内利乌·塔西陀（Cornelius Tacitus，约55—120）的著作为权威。《年鉴》（*The Annals*）于1515年出版。但直到1580年左右，塔西陀主义才广为传播。尤其是西庇昂·阿米拉托（Scipione Ammirato）的肤浅但深受欢迎的《论科内利乌·塔西陀》（*Discorsi Sopra Cornelio Tacito*）于1594年在佛罗伦萨出版引领各种译本问世，把这些思想传播到意大利境外。① 有些用词的例子据称是塔西陀的用词，实际上更接近于马基雅维利，虽然此言确凿无疑的程度现在有所争议。② 其实是用法的转变，即从支持专制主义转变到为了公众更大规模的参与的利益而揭露政府的秘密（arcana imperii），这诱发了深深的不安。当局的不可避免的反应是压制论述塔西陀的作品。

1627年，特雷亚诺·博卡利尼（Traiano Boccalini）的遗作《评科内利乌·塔西陀》就这样被威尼斯十人会议（Council of Ten）裁定不宜出版，其反对的理由是，好政府会由于公众之间公开讨论经世治国之道的秘密而受到危害。③ 威尼斯高层的观点甚至语带双关："假如塔西陀保持安静，那就更好。"["Sarebbe stato meglio che Tacito aresse Tacito"（it were better had Tacitus kept quiet）]④ 但是，这绝对是正统观念的一种徒劳姿态。他们刚一关上一扇门，另一扇门随后就打开了。鲁道维科·朱科洛（Ludovico Zuccolo，1568—约1631）于1621年出

---

① In France a translation by Baudoin appears in 1618: Maspétiol, "Les deux aspects...", p. 212.

② 参见 J. Freund in *Staatsräson: Studien zur Geschichte eines politischen Begriffs*, ed. R. Schnur (Berlin 1975), pp. 78 – 9; 一篇更悲观的评论见 P. Burke, "Tacitism", in *Tacitus*, ed. T. Dorey (London 1969), pp. 149 – 171。

③ D. Wootton, *Paolo Sarpi: Between Renaissance and Enlightenment* (Cambridge 1983), p. 73.

④ Quoted in F. Ramorino, *Cornelio Tacito nella Storia della Coltura* (Milan 1898), p. 101.

版了《国家利益》(Della ragion di stato) 一书,他开玩笑说,国家利益"不仅由宫廷大臣们和由学术界,而且由理发师和作坊最低的工匠"来讨论。① 1634 年朱利奥·卡帕乔(Giulio Capaccio, 约 1560—1651)的《陌生人》(IL forestiero)有以下启迪性评论:"世界已重新发现了[国家利益观],目的是要使之发狂,因为世界交织着每一项人的活动和每一个事件,无论是轻浮的或是严肃的,有益的或是有害的,认真的或是消遣的,它都不知道如何不去理会人们的嘴巴;厨房里面评道理,窑子里面听哭叫,贵族们有自己的庆典场所,普通人则利用它来呐喊呼号[ci si fan grandi],在占星术家之中,他们看到上天因国家利益而感动。"② 同样地,在安东尼奥·桑塔克罗齐(Antonio Santacroce)问世于 1653 年的讽刺作品《阿波罗的秘密》(La secretaria d'Apollo)中,塔西陀抗议把"把连做梦也从未梦见过的事情"归咎于他从而贬低了他。③

压制从未充分见效。然而,更为精巧而持久的策略是接受某些经过稀释的主张而挫其论点的非道德锋芒从而中和马基雅维利的影响;也就是说,保留其形式而有效地毁坏其内容。乔万尼·博特罗(Giovanni Botero, 1533/4—1617)是一位聪明的学者,但又是一个贪杯酒徒。他受过作为耶稣(Jesuit)会会士的培训(包括在巴黎学过启蒙符咒),但觉得这清规戒律简直难以容忍。他找不到任何实现向上爬的野心的正当出路,很快就博得了一个搞阴谋诡计的名声。的确,他的上司们于 1579 年 9 月申斥他是一个"更乐于做俗人逍遥自在而不愿同圣贤智士在一起的人[che saccomoda piu presto per prudenza umana che divina]。"④ 因此,

---

① 引自 B. Croce, *Storia della Età Barocca in Italia* (Bari 1929), p. 77。
② Ibid., p. 76.
③ Ibid., p. 84.
④ L. Firpo, "Givanni Botero", *Dizionario biografico degli italiani* (Rome 1971), p. 354 passim.

经过 22 年的难熬日子以后，他于 1580 年 12 月离开了耶稣会，这让各方面都松了一口气。在米兰，他短暂受雇于大主教圣卡洛·波罗米奥（Sam Carlo Borromeo），他以前曾为之做过一些事（后因在耶稣被钉死在十字架的圣像前说了一句否定基督世俗权威的考虑不当的话而同波罗米奥闹翻）。证明是一个转折点的事情是在他的手稿《论智慧之宫》（*De regia sapientia*）中对马基雅维利的抨击。他早已被任命为这位大主教的秘书和伙伴。波罗米奥氏是米兰的领导家族：波特罗终于在一个他有很多东西要师从学习的人之下得到了一个有影响的职位。然而，天有不测风云，1584 年 11 月，这位大主教去世。波特罗的政治经验此后因 1585 年代表萨伏伊的卡洛·伊曼纽埃尔（Carlo Emanuele of Savoy）出任驻巴黎的外交使节而无可估量地大增。法国的危机和随之而来的思想骚动使深刻反思暂时告停。回到米兰，他被任命为圣卡洛的年轻侄子费德里科（Federico，1564—1631）的导师，于 1586 年 9 月陪伴后者赴罗马，引领后者淌过罗马宫廷这潭恶水。他取得了成功，仅仅过了一年多，费德里科便升任红衣主教之职。但是波特罗的背景几乎没有什么可以表明他会成为反宗教改革时期最有影响的政治思想家之一。不过，罗马展现的机遇就大不相同了。波特罗在《论智慧之宫》（*De regia sapientia*）草稿的基础上加以扩充，开始捍卫反宗教改革中教会的价值观，恢复了先验的宗教价值观昔日对政治行为的主宰地位。他给马基雅维利添加了水分，使国家利益观变成一种能为那些比较轻信或天真烂漫的人更容易接受而不那么激烈的混合物。他于 1589 年出版的《国家利益》（*Della Ragion di stato*）书名最好被译做"关于政府的思考"（Thinking about Government）而不译做国家利益。

尽管在意大利和在国外取得了无可否认的成功，这种巧妙的删改尝试并非没有遇到挑战。热那亚共和国驻罗马代表、尖酸刻薄的戈弗里多·洛梅利尼阁下（Monsignor Goffredo Lomellini）是一个享有文学声誉的人，又是谈判艺术方面的专家，他惯于每周在罗马的一所房子里会见别人。这所房子被该城最强有力的人物之一、教皇克莱门特八世的侄子、红衣主教辛西奥·阿尔多布朗迪尼（Cardinal Cinzio Aldobrandini）称为国家事务学院 [the Accademic di cose di Stato（the Academy of Affairs of State）]。正是在那里，洛梅利尼于1594年6月20日发表讲话对波特罗的著作进行抨击，讥讽他的书里"除了书名以外没有任何有关国家利益的东西。"① 这种尖刻的非难在学院的大墙之外引起了共鸣。1594年3月间吉罗拉摩·弗拉凯塔不无贬毁之词。② 因此，波特罗在7月间奋起写信给阿尔多布朗迪尼和其他红衣主教抗议道：洛梅利尼的攻击是毫无道理的。③ 不能说这产生了多大的影响，因为若干年以后，在博卡利尼著作集中，阿波罗抱怨说，该书只研究"一般政治"，丝毫没有提到"书名所承诺的本该论述的国家利益"。④

说波特罗发表的东西在很大程度上是政治机会主义的一种自我服务之举的话，少不了是由于以下事实：他的前言里含有给那位大主教和萨尔茨堡亲王（Prince of Salzburg）的献辞，而那位大主教和萨尔茨堡亲王并无值得钦佩的声誉。因此，波特罗对以下事实的明显义愤要放在它的语境中加以分析，这个事实是："马基雅维利的国家利益观立基于没有良心"，提比留（Tiberius）[塔西陀著作的聚焦点] 用非人道的皇权法案（lex maiestatis）来为他的残忍和暴政辩护"。对于他"发现这种野蛮的治理方式已赢得人们的认可以至于它厚颜无耻地反对神法，从而允许人们根据国家利益谈一些事，同时根据良心谈另一

---

① 引自 the Vatican archives；R. de Mattei, *Il problema della "Ragion di Stato" nell'età della Controriforma*（Milan 1979），p. 66。另见 E. Baldini, "Le guerre di religione francesi nella trattatistica della ragion di stato：Botero e Frachetta", *Il Pensiero Politico*. XXII, No 2, 1989, p. 309。论文的精确时间和评论来自 Baldini。

② 引自 Luigi Firpo, "Lettere inedite di Giovanni Botero", *Atti delle Accademai delle Scienze di Torino* Vol. 89（1954-5），p. 213。

③ Letter of July 1594：Ibid., pp. 239-40.

④ Published in 1613：Ibid., p. 212.

些事"而明显表示"惊讶"这种事①,也应当置于它的语境中去分析。

然而,波特罗在这方面决不是独一无二的。弗拉凯塔在1592年出版的《国家政府与战争的观念书》(*L'Idea del libro de'governi di stato e di Guerra*)中已经将"善的国家利益"[buona ragione di stato (good reason of state)]和"恶的国家利益"[Cattiva ragione di stato (evil reason of state)]加以区别:

> 国家利益有两种,一种是真的,就是我们……所说的国民智慧,它离不开道德情操,也不脱离宗教,因此是真正的理性,也是真正的治国理政。另一种是仿真的,只考虑利用者的权宜利便,不考虑上帝,也不考虑责任。我现在想要说的正是这第二种而不是第一种,因为正是这第二种……盗用了国家利益的名义。②

弗拉凯塔往下说:

> 人们无法公正地称这是国家利益艺术,因为艺术(一如亚里士多德在《伦理学》第六篇里所教导的)适用于可以被创造的事物[delle cose fattibili],而国家利益适用达到目的之手段[delle cose agibili]或人们喜欢说的偏好……因此我们可以说国家利益是一种训练[training (pedia)]或技巧[skill (peritia)]或修炼(discipline),也就是说,部分源于别人的传授,部分在于阅读史书和政治书籍,部分来自阅读外交通信[diplomatic correspondence (Relationi)],部分是一个直觉[intuition (del seso)],部分是一

---

① Dedication, 10 may 1589: G. Botero, *The Reason of State* (London 1956), pp. xiii – xiv.
② G. Frachetta, *L'Idea del libro de'governi di stato et di Guerra* (Venice 1592), pp. 37 – 8.

个世界事务中的实验问题。①

弗拉凯塔也将国家利益与战争利益（Reasons of War）加以区别，其方式颇似那些后来反对霍布斯的现实主义者将自然状态与战争状态所进行的区分（参见第73—80页）。尽管弗拉凯塔依附于塔西陀，却对马基雅维利和那些追随"这样一个在美好的法兰西王国竟有那么多人抱住不放的可恶作者……"②的人表示轻蔑和愤慨。

的确，正是在法国出了这位追随马基维利的最重要的现实主义者。在法国，国家利益这个词语直到16世纪末才见诸印刷品。③但是，这种理念的锋芒早在让·博丹（1530—1596）的著作里就显露出来。《共和国论六卷》（Six Livres de la Re'Publique）出版于1576年。同有着类似思想倾向的人一样，博丹强调他与往日大师不同而在实际上却有许多共同之处。仅仅在十多年前，他还就赞扬过马基雅维利——虽然决不是不加鉴别的——是"野蛮压倒一切之后大约1200年来……第一个"长篇著述政治的人。④ 1572年的圣马托罗缪节大屠杀（St. Bartholomew's Day Massacre of 1572）结束了这种宽容。那一天，年轻国王的母亲玛丽亚·美第奇（Maria de Medici）企图使王室摆脱呼格诺（Huguenot）教派的影响，让人在一次行动中将该派领袖、海军上将科利尼（Admiral Coligny）杀害，这次行动引发了全国各地对呼

---

① Ibid., p. 39. 关于亚里士多德的相关部分："Nicomachean Ethics", book 1, in *The Complete Works of Aristotle*, ed. J. Barnes, Vol. 2 (Princeton 1984), p. 1728。

② Frachetta, *L'Idea*, p. 45.

③ 它的第一次出现是在1593年5月的一篇新教论文，题为"对国王的一个警告，他看来是因为不能改变宗权，所以才弄出了国家利益观"。转引自 R. Maspétiol, "Les deux aspects de la 'raison d'Etat' et son apologie au debut du XVIIe siècle", *Archives de Philosopthie du Droit* No 10, 1965, p. 209。

④ *Methodus ad facilem historiarum cognitum*: 转引自 quoted in E. Beame, "The Use and Abuse of Machiavelli: The Sixteenth-Century French Adaptation", *Journal of the History of Ideas*, Vol. XLIII, No 1, 1982, p. 39.

格诺派教徒的一系列大屠杀。内战旋即爆发。

马基雅维利之遭到否弃应不至于令人惊奇。任何同他的思想有明显联系的人都有可能受到责难乃至更糟的风险。然而，产生马基雅维利的精心杰作（tour de force）的那种情势在别的地方也存在，不可避免地导致其他人对可比问题提出相似的解决办法。因为正如意大利秩序的崩溃危及马基雅维利谋求保护的那个中世纪城邦的前途一样，残酷的宗教战争期间法国的大解体造成了巴黎对采取强有力措施重新统一王国的必要性的特别觉醒。因此，《共和国论六卷》一心想着要"维护各王国和帝国及各族人民"，源出于对"颠簸我们共和国航船"的"急风暴雨"的担忧。① 博丹与马基雅维利之间出现了明显的差别。不过，此二人持有共同立场的程度是由于他们对相似情势作出了类似的反应：国内的混乱无序和来自国外的入侵威胁。

因此，毫不奇怪，博丹从中发现了建立国家的缘由：不是由于不可抗力或碰巧，也不是什么虚构的社会契约的产物。恰恰相反，他直率言明前提："武力和暴力提供了共和国的根源。"② 共和国的发展是顺应危险环境加诸它们的要求的一种基本反应。他写道："共和国一经形成，若基础稳固，就能确保自身对付外部势力，对付国内病弱：一点一点地发展壮大"。③ 把权力增大到完全主权形态的绝对高度对于内外政策至为重要。他断言："首先，国家事务的需要是一国必须是最强大的或最强者之一：这项规则几无例外，不论是共和国本身的内部，抑或各君主之间概莫能外。"④

博丹使我们毫不怀疑在一个凭借暴力运作的欧洲国际体系中，实力之于保国是必不可少的。照旧依托于经历严重经济拮据的各国社会

---

① J. Bodin, *Les Six Livres de la République* (Paris 1576; 1594 edition).
② Ibid.
③ Ibid., Vol. 4, pp. 7–8.
④ J. Bodin, *Les Six Livres de la République* (Paris 1576; 1594 edition), Vol. 5, p. 179.

之上的体系结构迫使各国政府采取一种行为方式，总是剥夺选择的多样性。他写道："一个富饶国家、为饥饿的敌人所包围的人民必须作好战争准备。"① 因此，在他看来，国际关系行为——这决不是他主要关注的问题——在很大程度上是一种零和游戏。他指出，"乍看起来，似乎要保持一国强大的手段莫过于看着它的邻国相互毁灭。一句话，一个君主的强大就是他的邻邦的毁灭或削弱：他的强就是其余君主的弱。"②

这种冷酷无情的犬儒哲学引申为把国际威胁看做确保国家内部凝聚力的方便手段："维护国家并保障其不发生叛乱、煽动叛乱和内战以及使它的臣民彼此和睦相处的最佳手段，就是树一个它可以全力加以反对的敌人。"③ 这堪称是马基雅维利的一个信徒的忠告。但若把博丹看做完全倾心于非道德的国家利益律令，那就错了，虽然近期的事件差一点把他完全推入那个阵营。他效法圣·奥古斯丁，建议道，不论一国君主可能变得多么强盛，他都只能从"需要"出发诉诸战争。④ 尽管博丹对国际关系中强权要素压倒一切的重要性之敏感促使他警告弱者与强者之间联盟的危险——"最强大的外国人把自己变成求助于他们的那些人的主人"⑤——他却因订立和加强契约义务的必要性而困惑，后来霍布斯没有认识到这种必要性，但在托马斯主义者（牢固扎根于巴黎大学）及其继承者的著作里态度明朗的：格劳秀斯、普芬道夫（Pufendorf）、洛克和卢梭。博丹写道："在整个国家事务中，给君主添麻烦的事莫过于捍卫其同别国签订的条约：不论其是友邦之间的条约，敌人之间的条约，同中立国之间的条约，及至同自己的臣

---

① J. Bodin, *Les Six Livres de la République* (Paris 1576; 1594 edition), Vol. 5, p. 163.
② Ibid., p. 179.
③ Ibid., p. 137.
④ Ibid., pp. 149–150.
⑤ Ibid., p. 160.

民签订的条约。"① 因此，条约的遵守不仅是关乎强权的问题，也是一个诚信问题。他写道，"诚信是所有共和国、联盟和人类各社会赖以为根本的正义的唯一基础和依托……"。②

博丹的欧洲体系观是修订版的冲突观，在某种程度上受伦理道德的制约。他思想中的这个因素是由一些更倾向于乌托邦的神学家们阐发的，这些乌托邦神学家最终创立了国际法学派。在法国对马基雅维利的回应只是在紧锣密鼓的宗教战争之后才出现，而在西班牙的反应从一开始就很极端。③ 反宗教改革时期的西班牙出现了最玩世不恭的国家"推论"（"reasoning" of state）和最强有力、最投入地重申的普世主义，包括基督教普世主义和世俗普世主义。1595年耶稣会神学家佩德罗·德·里瓦德内拉（Pedro de Rivadeneiro）在他的《宗教的条约》(*Tratado de la Religion*) 里点名斥责为非道德国家主义的危险辩护士的人中有马基雅维利，法国加尔文派教徒拉努韦（La Noue）、迪普莱西－莫尔内（Duplessis-Mornay）、博丹，最后但并非最不起眼的一个是西班牙加尔文派教徒安东尼奥·佩雷斯（Antanio Perez，约1540—1611）。

佩雷斯的机智多谋起初为他出任国王菲利普二世（Philip II）的国务秘书（Secretary of State）帮了大忙，最终因陷入对手埃斯科贝多（Escobedo）谋杀案直接同谋的漩涡而出逃流亡，先是到法国，后去英国。在巴黎，他出版了他的《关系》（*Relaciones*）一书，他告诫道，该书"同宗教毫无关系"。那是些"为传授君主们一直隐而不宣的秘事「Privados de Principes」而作的剖析。"该书充满个人经验："这里同历史长河中的别处一样，最危险的事就是知道君主们最秘密的秘密。

---

① J. Bodin, *Les Six Livres de la République* (Paris 1576; 1594 edition), p. 165.
② Ibid., p. 189.
③ Ganzalo Fernandez de la Mora, "Maquiavelo visto por los tratadistas españoles de la contrarreforma", *Arbor*, XII, 1949, pp. 417–49, 后来修正这个方面的尝试只有很少表明情况不是这样：D. Bleznik, "Spanish Reaction to Machiavelli in the Sixteenth and Seventeenth Centuries", *Journal of the History of Ideas*, Vol. XIX, June 1958, No. 3, pp. 542–50.

这比要君主实施大恩惠更加危险。"① 该书之后,他的书信集继之出版,人们从中提取了一系列警句格言,同16世纪早些时候对待塔西陀一样。这些警句录分别出版。警句录没有多少直接涉及国际关系行为的内容;多半是关乎马基雅维利时代意大利流行的那种机智劝君之类的警句。正是佩雷斯的声名狼藉使他的这些警句带有一定的辛酸味。②

一种比较有效的替代思想再次在西班牙出于基督教士之手,基督教士们明智地从策略观点出发接受了国家这个事实,但不接受那种认为国家因此就是问题的终结这一言外之意。两位神学家以不如说是斯多噶派的方式重申人类必不可少的统一性,反对马基雅维利和博丹极力主张的国家主义的政治独立论。不过,这场辩论日趋世俗主义的一个标识不是力挺以基督教的一体(Corpus Christionum)观为基础的传统的普世君主国诉求,相反,他们选择在一个不以宗教信念为转移的前提上构建他们的理论,虽然他们的论点同这类信念完全共鸣。而且,他们也不想在遏制国家在国际关系行为中的过分行径时把它破除太多。

首先,萨拉曼卡大学(University of Salamanca)的知名学者弗朗西斯科·德·维多里亚(Francisco de Vitoria,1480—1546)坚持国际自然交往(societas naturalis of nations)和贸易自由。③ 维多里亚曾在托马斯主义复兴影响下的巴黎接受培训,重返故乡后在运用托马斯主义原理于当时问题方面很快就出了名,其名气超过他那一代的任何人。他的思想在一系列《反思集》(relecciones)中勾勒出来——这是他作

---

① *Relaciones de Antonio Pérez, Secretario de Estado, que fue, del Rey de España Don Phelippe II. Destenombre* (Paris 1598), pp. 11 – 12. 关于佩雷斯名下问世的各种作品的原作者身份的争论见诸莫德斯托·桑·托斯(Modesto Santos)为一本原初众所周知为佩雷斯作品的一本书 Pérez's 所写的争论;该书署名作者是巴尔塔萨·阿拉莫斯·德·巴里恩托斯(Battasar Alamos de Barrientos),但各地其他人提出的争论似乎完全不能令人信服。

② *Aphorismos de las Cartas Españolas, y Latinas de Antonio Pérez* (Paris 1605)。

③ 参见 J. Barthelemy, "de Vitoria", in *Les Fondateurs du Droit International*, ed. A. Pillet (Paris 1904), pp. 8 – 9。

为在萨拉曼卡大学任教授的部分任务必须开设的两小时课程时的讲课。在维多里亚的著作里，有着明显的不协调，一方面是正在出现的国家利益观共识，另一方面是所谓战争利益（Reasons of War）和托马斯主义的普世主义思想。第一，他认为国家不仅是合法的而且是天生的："国家和联邦（commonwealth）在人类的发明创造中没有它们的根和源，也不是任何人工方式的产物，而似乎可以说是来自大自然，大自然产生了这种保护和维护生灵的方法。"① 第二，他争辩说，"如果说各国和各社会是按照神意或自然法则建立的，那么，权力也是如此，没有权力，国家就不可能存在。"② 第三，他评述道，"一个君主必须使和平与战争服从于他的国家的公共福利。不花费国家岁入去追求个人的荣耀或利益，更不要为了那种荣耀或利益而使他的臣民面临危险。"③ 最后，他宣称，"在战争中，一切都是合法的，是保卫公共福利所需要的，"因为战争的目的是"保卫和维护国家。"④ 当然，这只适用于正义战争，不适用于非正义战争。

维多里亚因此承认国家是扎了根的，战争与之相随。他的目的是要构建一个从国家利益观退后一步的框架——国家利益明显是非道德的——并再一次将国家置于有着道德目的的更大的哲学范围内加以约束。在一篇《反思公民权力》（relección De potestate civili）中，他设定"整个地球……在一定意义上组成一个国家［republica］。"⑤ 这就表明

---

① "De Potestate Civili", in J. Scott, *The Spanish Origin of International Law: Francisco de Vitoria and His Law of Nations* (London 1934), pp. lxxv – lxxvi.

② Ibid., p. lxxvi.

③ "De Jure Belli", ibid., p. liv.

④ "De Jure Belli", ibid., p. lv.

⑤ 转引自 F. Castilla Urbano, *El pensiamento de Franciso de Vitoria: Filosofia politica e indio americano* (Barcelona 1992), p. 170. 更多关于维多里亚的：R. Naszalyi, *El estado segun Francisco de Vitoria* (Madrid 1948). 此外，英语世界中的一份重要研究是 J. Fernandez Santamaria, *The state, war and peace, Spanish Political Thought in the Renaissance*, 1516 – 1559 (Cambridge 1977)。还有 Scott, *The Spanish Origin*, pp. lxxxii 和 xc.

了他对国际法的普遍适用性的信念。然而他对重建旧帝国不感兴趣。在他的论述新世界印第安人地位的一些反思篇中，他尽管生活在查理五世的司法管辖范围内，却公开拒绝普世君主国："皇帝并不是整个地球的主人。"① 他还申述印第安人有被平等对待的权利。他驳斥了那种认为可以把印第安人比作动物的看法，他坚持认为，尽管他们不是基督徒，但他们拥有财产权利；"在西班牙人到达之前，印第安人是真正的主人。"② 维多里亚坚持世界组成一个整体但不在一个主人的统治之下，这个整体是平等共享的，平等共享未必是基督徒，由此他为整体各部分之间的关系按照一定的道德戒律实行更系统的规范有效地提供了基础。奥古斯丁曾含蓄地提到尚未命名的"战争的法律和惯例"③——据信西塞罗指出过这些④——他追随奥古斯丁，允许各国有权为自己的利益打一场正义战争，因为在没有更高权威的情况下，"各国君主是他们各自事业的仲裁者，因为他们没有顶头上司。"⑤ 但是，他也谋求用法律限制他们的行为。

耶稣会修士弗朗西斯科·苏亚雷斯（Francisco Suarez, 1548—1614），是托马斯主义信奉者，原先也是萨拉曼卡大学的人，他进一步发挥了维多里亚的国际自然交往概念，使之成为国际法（jus gentium）的必要条件：

> 该法存在的理由（raison d'etre）在于以下事实：人类，尽管分为人民与国王，但无论如何维持着一定的统一体，不仅是物种上的统一体，而且几乎是政治上道德上的统一体，惠及所有人包

---

① 参见 *Relecciones sobre los indios y el derecho de Guerra*（Buenos Aires 1946）的第二部分，p. 68。
② *Relecciones* 的第一部分，p. 63。
③ 一点也不清楚这些 "laws and customs" 指的是什么：*The City of God*, p. 52。
④ 参见 Cicero, *De Officiis*, I, 11. 36。
⑤ 转引自 Naszalyi, *El estado*, p. 149。

括外国人和无论哪个国家的人的团结互助这一天然训诲就表明了这一点。

因此，尽管一个国家——君主国或共和国——从本性上讲是一个绝对主权的共同体，有它自己的构成要素。然而，这些国家中的任何一个国家在某种意义上和在涉及人类时，也是这个普世共同体的一员。因为这些国家，若孤立地加以考察，绝不享有那么绝对的自主权以致它们在谋取福利、进步和发展时，在也要从真正的道德需要出发时和在缺少手段时，都不需要任何帮助、联谊和相互交流，经验本身表明了这一点。

这就是为什么各国都需要一种法律体系：以便此类交流和相互联谊可有目的地加以指导和组织。而且，如果我们承认这一点，那多半是按照自然原因加以考虑的。然而，在涉及所有事务和情况时，情况就不是直接如此或完全如此了。因此可以凭借同一些国家的惯例制订一些专门的法律。因为惯例是一国或一个地区法律的源泉，同样地，也有可能凭借人类共同体的惯例来制订国际法。①

尽管苏亚雷斯同维多里亚一样信奉人类道德统一性，但若把他看做某种早期的自由主义者，那就错了。而且，他不是一个和平主义者。他也没有设想任何种类的世界政府。他承认战争是一国得以确保正义的唯一手段。② 而且，苏亚雷斯、维多里亚和同胞神学家多明戈·德·索托（Domingo de Soto, 1459—1560）和路易斯·德·莫利纳（Luis de Molina, 1535—1600）③ 全都接受现实主义的下述主要假设：

---

① F. Suárez, *De Legibus: De Iure Gentium*, ed. L. Perena et al., Vol. 4（Madrid 1973），pp. 135 - 6.

② L. Rolland, "F. Suárez", in *Les Fondateurs*, pp. 107 - 10 and 122.

③ R. Tuck, *The Rights of War and Peace*, p. 9. 错误地把莫利纳说成是葡萄牙人。莫利纳生于昆卡（Cuenca）（西班牙城市——译者注），但在他开始修道见习期后迁往科莫布拉（Coimbra）（葡萄牙城市。——译者注）。*Enciclopedia Universal Illustrada*, Vol. XXXV, pp. 1464 - 5.

必须区别什么是道德上允许于个人的和什么是国家可接受的。另外，国家是它发动战争权利的唯一仲裁者，因为没有更高权威凌驾于其上——正如苏亚雷斯所承认的："从人的角度来说，在自然秩序中找不到更好的办法"。①

我们在这里见证的是对国家作为世俗事务中的最高权威所作的一种必不可少的调整；但同时又重申存在着更大的共同体，国家在这个共同体内行事，这个共同体以某种深奥的方式通过更高价值的实施来遏制其耍花招的自由。这反映托马斯主义的一种大胆复兴，尽管是通过后门来实现的。功利观，从而是利益观支持了托马斯主义的社会性论点。作出那种必不可少的调整的人物之一是西班牙教士胡安·德·马里亚纳（Juan de Mariana，1536—1624），他同里瓦德内拉（Rivadeneira）一样是耶稣会会士。不过，他要独立得多，才智也大大高出一筹，也许是由于他大无畏地捍卫推翻暴政的权利而声名卓著。他在1599年的著作《国王及国王的教育》（De Rege et Regis Institutione）里申述了这一主张。他的第一章开头的副标题直接取自亚里士多德：人是一种天生的社会动物。② 但是，马里亚纳认为这种社会性并不像亚里士多德和他的追随者所认为的那样是人的本能和天生的，而是紧迫需要的直接产物。人出生来到这个世界上相对说来是没有保护的。"我们一张口呼吸、一睁眼落泪就开始了这种可悲的生活，某种不祥的悲苦将压迫我们，不祥的灾祸将威胁我们"。③ 为了包括安全在内的一切，人们必须相互依靠。马里亚纳追随奥古斯丁，也相信正义战争，他写下了雄辩有力的警句："人们必须谋求的不是和平中的战争，而

---

① 总结性记录参见 B. Hamilton, *Political Thought in Sixteenth-Century Spain: A Study of the political ideas of Vitoria, De Soto, Suárez, and Molina* (Oxford 1963), chapter vii.

② J. de Mariana, *Del Rey y De la Institucion Real: Obras de Padre Juan de Mariana* (Madrid 1854), p. 467.

③ Ibid.

是战争中的和平。"① 这就是说，战争的目的是要赢得适当的和平。但是，他的见解始终是讲求实际的。假如国王"懦弱且痛恨武器，他就会开始被人瞧不起，首先是被军队瞧不起，而后是全体市民瞧不起，而且你们是知道的，蔑视之后是伤害，因为国王陛下与其说依赖权力和武力，不如说依靠舆论和人们的敬重。"② 他还写道，"在和平时期，要准备战争"，这包括组建联盟。③ 而且，尽管他坚称君主不应撒谎，但他们可以佯装不知。④ 马里亚纳不仅提出了现实哲学，而且提出了明确的功利标准。他强调说："无论对于国王抑或对于个人，没有哪一种动机堪与实际功利相比拟，决不要相信牢不可破的联盟或友谊，从中得不到任何好处。"⑤

对于荷兰法学家雨果·格劳秀斯（Hugo Grotius，1583—1645）来说，利益的威力同样是不言而喻的，格劳秀斯的亚里士多德主义只不过是有条件的。从他本人同商业的私人联系和他对荷兰新兴商业巨头的支持可以看得很清楚，格劳秀斯根据国家在自身利益上的主权和来自强烈私有财产意识的自身利益感指出了普世主义的局限性。⑥ 他把这种立场作了合理的解释使之完全符合亚里士多德的原则，这些原则产生了"古代哲学家特别是斯多噶学派如此频繁如此热情地向我们推荐的人人皆兄弟以及世界国"。⑦ 他在他的第一篇专论中解释了个人私利与更大共同体利益之间看似自相矛盾的和谐，该专论是为论证荷兰人从西班牙对手那里夺取战利品有理而写。收入《关于战利品法的评

---

① J. de Mariana, *Del Rey y De la Institucion Real*: *Obras de Padre Juan de Mariana* (Madrid 1854), p. 543.

② Ibid., p. 545.

③ Ibid., p. 569.

④ Ibid., p. 568.

⑤ Ibid., p. 567.

⑥ 推翻有关格老秀斯思想纯系亚里斯多德轨迹这一先前存在之假设是理查德·塔克（Richard Tuck），他的最容易为读者理解的说法见 *The Rights of War and Peace*, chapter 3.

⑦ 转引自 ibid., p. 87。

论》(De Iure Praedae commentarius)一书的有关这个问题的绪论第一次确认了维多里亚和苏亚雷斯所申述的普世社会——但没有提到他们的名字——那只是为了展示国家单边主义的一个理由:

> 当……下列事情发生时:许多个人(这样的人是由于某些人的腐化本性所产生的恶人!)未能履行他们的义务,甚至袭击他人的财产和生命而多半没有受到惩罚——由于意料未及者受到有备而来之人的攻击,或单个的个人受到大队人马的攻击——这就有了寻求新的营救办法的需要,以免人类社会的法律被废弃在一边。鉴于人的数目愈来愈多,膨胀至好几倍以致人们四散分布,彼此相隔遥远,被剥夺了相互为援的机会,这种需要就尤为紧迫。因此,较小的社会单位开始把个人聚焦一方,不是意在废除那个把所有人联成一个整体的社会,而是为了以更为可靠的保护手段加强那个普世社会,同时也是旨在更方便地安排好许多人的劳动所生产的供人类生活之用所必需的许多不同产品。①

格劳秀斯的普世价值观意识,就这种重要的形态而言,不仅是世俗的,而且也是原始资本主义的。因此,认为格劳秀斯与后来的自由主义之间有着某种松散的近亲关系,这种看法没有错。

同他的西班牙先驱们一样,格劳秀斯决心降低16世纪战争行为的凶暴和野蛮程度。他的论著《战争与和平法》(De Iure Belli ac Pacis)出版于1625年。但只是在1631年的第二版里,他才毫不含糊地强调他和亚里士多德传统的联系。他为什么在后阶段这么做一直是个辩论的问题。他坚定地秉持亚里士多德的传统,论证道:"人的官能之一

---

① H. Grotius, *De Iure Praedae Commentarius: Commentary on the law of Prize and Booty*, Vol. 1 (Oxford 1950), p. 19.

是他的社会愿望（Desire of Society），即共同体愿望，这不是什么仁慈的愿望，而是要太太平平过日子的愿望"。① 同苏亚雷斯一样，格劳秀斯争辩说，自然法为国际法提供了依据，对于国际法，"很少有人论及，迄今没有人普遍地和有条理地加以研究；虽然为了人类的利益是应当这样做的。"② 在格劳秀斯看来，"自然法之母乃是人性本身，即使我们处境危急时可能不需要国际法，但它自行在我们中间建立了社会的共同愿望"。③

由于只是有条件地信奉亚里士多德价值观，所以，发现格劳秀斯坚持相互依存的不可避免性和从完全实际的理由出发对这种相互依存作适当调节的必要性，就毫不奇怪了。另一些人可能反驳说，公民显然是相互依存的，但依凭自给自足的作为共同体的整个城市或国家则无需按照正义原则作这种调节；道德无法恰当地运用于国际关系行为。因此格劳秀斯断言可持续的闭关自守是不可能的：

> 但是，在私人公民中许多人需要正义，而在整个国家或它的统治者眼里却丝毫不重视它；这一错误的原因在于，第一，他们轻法而只看到由此产生的利，这种事在涉及私人公民时明显可见，私人公民在单个地看是没有能力保卫自己的。但是，那些大城市似乎自身拥有保卫自己和谋取福利必不可少的一切，它们似乎不需要那种尊重他人利益和被称为正义的道德。
>
> 但是，无需重复早已说过的话，即法律不是仅仅为利而制订的；没有哪一个城市如此强大或者什么都齐备，而是有时可能需

---

① H. Grotius, *Of the Rights of War and Peace, in Tree Volumes; In which are explain'd The Laws and Claims of Nature Nations, and the Principal Points that relate either to Publik Government, or the Conduct of Private Life* (London, 1715), p. 10.

② Ibid., p. 7.

③ Ibid., p. 17.

要外来援助，或在商务上，或是为击退反对它的几个外国之同盟的联军。正因为这个理由我们看到，联盟是最强国家和君主所希望的，整个联盟的军队被那些将法律限于仅仅一个城市范围的国家所摧毁。千真万确的是，由于撤离了法律，一切事情都落到不确定的动荡状态。①

因此，法律提供了一种更加有序从而可预测的国际环境，在这样的国际环境中，各国可以彼此达成协议。这个论点建立在以需要为后盾的意志上；道德可以被看做方便合用的固定剂：

> 如果说没有哪一个共同体无需法律就能保住……那么可以肯定，把人类联合起来或把几个国家联合在一起的情况同样需要法律；遵守该法律的人会说，不应干卑鄙勾当，即便是为了自己的国家。②

对于来自新建立的富裕移民国家的格劳秀斯来说，根据人性和人的需要，就出现了国际社会（international society）这样的现象；而且，正义可以也应当支配国际关系中的利益。但是，格劳秀斯多半是为各种不同的硬性要求所驱使，通过谋求规范战争行为，从一个考虑周到的距离对战争的野蛮性（至少在白种民族中是如此）作出了反应，而追随他的其他人，最著名的是托马斯·霍布斯（Thomas Hobbes，1588—1679），他的生涯横跨那蹂躏北欧的三十年战争和打破英国旧秩序的内战，这些人与其说是被正义的需要所打动——例如宗教战争期

---

① H. Grotius, *Of the Rights of War and Peace, in Tree Volumes; In which are explain'd The Laws and Claims of Nature Nations, and the Principal Points that relate either to Publik Government, or the Conduct of Private Life* (London, 1715), pp. 19–20.

② Ibid.

间和其后的博丹——不如说是被国内秩序的需要和国外冲突的不可避免性所打动,促进了对真正人性的大不相同的解读。于是,强权和利益较之道德和正义更具有决定性。这就是最彻底的现实主义。马基雅维利、博丹和霍布斯在可比条件下作出类似的反应,这不可能是偶然的。

至今已成为现实主义思想家家常便饭的是向道德点头示好,同时证明他们坚持国家利益第一,但是,通过把"理性"提高到决定性原则,现实主义认为他们是在纯粹动物的行为与由压倒一切的道德考虑所规定的政策之间划出一道更为讲求实际和更具约束性的界线,即使所有人都一目了然,这条线更接近于前者而不是后者。基督教统一体(Corpus Christianum)的终结和世俗国家的兴起就此与正统的由神灵感悟的道德之式微及其逐渐被人道主义替代物的合法化的理性力量所取代并行不悖。臭名昭著的红衣主教黎塞留(Cardinal de Richelieu,1585—1642)在以冷酷无情的效率统治法国时没有显示出有什么宗教顾忌的迹象,他在他的《政治十诫》(Testament Politique)中写道,在政府行为中,"理性"应当主导情绪,因为允许情绪放纵就使人与动物无从区别。另一方面,黎塞留坚持说"在所有能推动一国的原则中,恐惧……有着最大的影响","如果说这个原则在各国内部具有最大效验,那么在国内亦不亚于兹,本国臣民和外国人以同样的眼光看待令人敬畏的强权,前者和后者都避免去冒犯一个他们认识到若他想伤害他们就能伤害他们的君主。"① 他进一步说下去。"强者往往在国家事务中拥有权利,弱者会在大多数人的评判中难逃受责。"② 这种对索然无味的理性之主导地位的关注同样显见于黎塞留的秘书之一让·西尔昂(Jean Silhon)的著作。③ 究竟是谁从谁那里借鉴准则一点也不

---

① Cardinal de Rechelieu, *Testament Politique*, ed. L. André (Paris 1947), p. 326.
② Ibid., p. 380.
③ *Le Ministre d'Estat, avec le veritable usage de la politique moderne par le Sieur de Silhon* (Amsterdam 1644), p. 18.

明显。

霍布斯同马基雅维利和博丹相似而与格劳秀斯有别,他主要关注国内的既定秩序,即国内的事;他认为人少不了为恐惧所驱动。① 托马斯·霍布斯于西班牙无敌舰队时代的1588年4月5日生于威尔特郡马姆斯伯里附近的韦斯特波特(Westport near Malmesbury in Wiltshire)。② 他的父亲抛弃了他,但一位富有的叔叔抚养了他,他十四岁上了牛津大学。毕业时为时任哈德威克男爵(后来的德文希尔伯爵)的威廉·卡文迪什(William Cavendich, then Baron of Hardwicke (later Earl of Devonshire))的儿子做秘书和侍从。这使霍布斯有机会出游并准入最好的图书馆。1614年,他跟随小卡文迪什出访法国和意大利,时值科学的进步(伽利略和开普勒)令文明欧洲触目惊心的时代。此后同巴黎的联系,包括专业的和私人的联系比他在英国的阅历更为密切。在他的这位年轻旅伴夭亡之后,从1629到1631年的第二次充当导游的旅行,包括在法国逗留了大约十八个月。这一次,霍布斯目睹了黎塞留为路易十三的君主权力中央集体化的奇观,并得到了一份欧几里德几何学演绎定数的偶然性导论;前者无疑坚定了他对王室权力的信念,后者使他对公理的推理有了明显的兴趣。他应德文希尔伯爵夫人(Dowager Countess of Devonshire)的请求回到英国去照看前伯爵的儿子。但只过了三年以后,他再次出现在欧陆,陪伴他照管的小伯爵走遍法国和意大利。

回到英国时正好碰上国王和国民之间在君主制权利问题上危机日甚。德文希尔家族是坚定的保皇派,一如人们可以合理地预料的那样。

---

① 这方面的最佳研究可参见 H. Trevor-Roper, "Thomas Hobbes", published in 1945 and reprinted in J. Gross, *The Oxford Book of Essays* (Oxford 1992), pp. 566–71。

② 关于霍布斯生平和著作的概要,参见 G. Sortais, *La Philosophie Moderne depuis Bacon jusqu'á Leibniz* (Paris 1922), article Ⅲ, Chapter 1. 该书虽然在每一个细节上不完全准确,但把霍布斯置于他的更大的欧洲语境中来考察则有着不可估量的长处,从不同的角度虽具在更多思辨的研究是:R. Tuck, *Philosophy and Government 1572–1651* (Cambridge 1993), Chapter 7。

1628年查理一世和议会第一次重大冲突时，德文希尔伯爵是检察总长。他正是以这个角色大力捍卫英国政府业已表明的"国家利益"。① 他的理由是，"如果臣民都要自由，他就丢掉了那个国家政府的利益，没有国家政府，君主国恐怕很快就会变成无政府状态"。② 他论证说这是一个"国家需要"的问题。③ 在议会被停闭以后，就由卡文迪什在星院法庭（Court of Star Chamber）起诉那些发言反对国王的下院议员。卡文迪什的起诉理由后来由这个家庭的教师拟成学说就不足为奇了。霍布斯一回到英国就写了一本册子为查理一世辩护，反对议会重新发起更强力的挑战——"该权力和权利不可分割地附属于主权"。尽管这本小册子没有出版，但广为传阅，声名狼藉。他后来追述道，"假如国王陛下不解散议会，那就使他［霍布斯］处于生命危险的境地。"他又说当新国会于1640年11月开会时，它是由"绝大多数是人民只因厌恶国王的利益才选举他们出来的人"组成的这些人"一上来就猛烈指控那些为那种权力的任何部分进行辩护而写作或祈祷的人……以致霍布斯怀疑他们怎么会利用他，因而再次前往法国，这是他逃亡生涯的第一次"。④

论文《自然法和政治法律诸要素》（The Elements of Law Natural and Politic）从人的行为出发刻画了冲突意象。后来在《利维坦》（Leviathan）中，霍布斯也从国际关系领域得出了他的意象：这个问题似乎至今未引起注意。如上所示，这篇论文是对在法国和在英国的政治争斗的终极原因的深刻反思所促发的，这种政治争夺最终奠定了社会秩序的基础。在这篇论文里，霍布斯避而不谈细节。在别处，他以英

---

① 确切日期不详：*The Parliamentary History of England*, Vol. Ⅱ (London 1807) col. 306。
② Ibid., col. 318。
③ Ibid., col. 317.
④ T. Hobbes, "Considerations upon the reputation, loyalty, manners and religion of Thomas Hobbes written by himself by way of letter to a learned person", *Works*, vol. IV, p. 414.

国的国难和三十年战争为念,指出:"神权与世俗权力孰先孰后的争论近来已成为基督教世界各地内战的原因,较之世上任何其他因素有过之而无不及。"① 他改而在对人性的阴冷估价的基础上构建了一幅社会图景,其特征与讽刺作家吕西安(Lucian,117—180)所描述的导致冲突的贪得无厌的愿望这一特征不无相似之处:

> 考虑到人与人之间由于七情六欲殊异因而差别很大,有些人是多么虚荣,想高高凌驾于其同侪之上,不仅在他们势均力敌时如此,而且在他们处于劣势时也是如此;我们一定要认识到,事情的结果必定是,那些中庸平和、但求人人天生平等的人会讨厌他人的压力试图征服他们。由此会造成人类普遍缺乏自信,彼此相互惧怕。
>
> ……更进一步而言,因为人天生有七情六欲,相互间具有进攻性,人人都想要自己好,看不得别人好,他们一定要用言词、其他侮辱和仇恨相互挑衅,这些事怎么比较都是小事,直到最后凭实力拼体力以定优劣。
>
> ……再说,考虑到许多人的欲望把他们引向同一个目标;该目标物往往既不能共享也不能分享,结果,强者必定要独享,那就由战斗来决定谁是强者。于是,大多数人在并无胜算把握的情况下,由于虚荣、或攀比、或贪欲,还是要去向其余人寻衅也不肯满足于平分。②

霍布斯概述他的立场如下:

---

① Letter to the Earl of Devonshire, 2 August 1641: N. Malcolm (ed.), *Correspondence of Thomas Hobbes*, Vol. I, p. 120.
② T. Hobbes, *Human Nature and De Corpore Politico* (Oxford 1994), p. 78.

再来看一下人的本性相互冒犯，还有每个人对每件事都有权利，一个人有权侵犯，另一个人就有权抵抗，因此人活着永远战战兢兢，要研究如何盯住对方；在这种自然自由中，人的一生就是战争一生。因为战争不是别的，只不过是武力较量的意志和意图或用言词或以行动加以充分宣示的时候；不是战争的时候就是和平。①

《利维坦》完成于 1651 年，正好是英国内战甫告结束之后，是在他的流亡地完成的，在《利维坦》中，霍布斯大大地强化了他的立场，尽管他试图返回故土，此志在次年得以实现。他告诉我们，"因为他不相信同法国僧侣在一起是安全的"②，这就促成了他离开法国的必要性。他的目的，一如他亲笔所写，就是要让"所有人明白，在基督教世界里要建立和平是不可能的，除非接受［国王在神权和世俗权力两方面的权利］这个学说，除非相当大的一支军队能迫使各城市和各国来维持这种和平友好。"③ 他坚持说，存在着"一种全人类的普遍倾向，一种追逐强权永无休止的愿望，止死方休……若不多多获取，就不能确保强权和它已展示的美好生活的手段"，"富足、荣耀和需求或其他强权的竞争容易引起争斗、敌对和战争"。④ 在他的一段被引述最多的文字中，他说道：

> 人生在世，若无公共权力使之敬畏，他们就处在那种谓之战争的状况之中，这种战争就像人人反对人人的战争。因为战争并

---

① T. Hobbes, *Human Nature and De Corpore Politico* (Oxford 1994), p. 81.
② "Considerations . . .": *Works*, p. 415.
③ Memoir in *Human Nature*, p. 248.
④ T. Hobbes, *Leviathan with selected variants from the Latin edition of 1668*, ed. E. Curley (Indianapolis/Cambridge 1994), p. 58.

不只在于打仗或战斗行为，而是存在于以战争意志凸显的一段时间里。

　　因此，不论在人人都是人人的敌人的战争时期的后果是什么，它同人活着而没有其他安全保障只凭他们自身的实力和自己的发明创造的时期的后果是一样的。在这种情况下，勤劳无用武之地，因为收成靠不住，因此，没有耕稼，没有航海，也不使用可由海路进口的商品，没有宽敞的建筑，没有需要大力量的交通运输工具，没有地形地貌知识，没有时间计算，没有艺术，没有文学，没有社会，而最糟的是，持续暴死的恐惧和危险有增无减，还有独居、贫穷、粗野、短暂的人生。①

　　批语者可能而且显然已经指出："从未存在过这样的战争时期和状况"。霍布斯乐于承认"一般说来在整个世界上从未如此。"② 但是，他往下转向国际关系来佐证他的论点，"虽然从来没有哪一个时候特定的人们处在相互对垒的战争状态，但主权当局的国王和个人，由于他们的独立自主，却时时刻刻处在无休止的嫉妒之中，始终处在格斗状态，摆出格斗士的架势，手执兵器直指对方，双眼死死盯住对方，即各自王国边境线上的要塞、守军和枪炮，不停地针对邻国搞间谍活动，这些就是战争态势。"③

　　这幅每个人孤身同所有人作战或可能作战的图景并没有由于霍布斯认识到人——凭借理性的帮助——能够在不涉及主权的情况下相互达成协议以实现某些目标而有重大的改变。国际舞台再一次提供了例子。此类协议是可能的，但不是可持续的。举联盟为例："虽然它们

---

① T. Hobbes, *Leviathan with selected variants from the Latin edition of 1668*, ed. E. Curley (Indianapolis/Cambridge 1994), p. 76.
② Ibid., p. 77.
③ Ibid., p. 78.

[各国] 通过对外敌的一致努力取得了胜利，但在这之后，或者它们没有了共同敌人，或者一国的一部分人亲敌而另一部分人则亲友，他们就一定要解决他们的利益分歧，就会在他们自己中间再次打起来。"① 在霍布斯看来，这种自然状态顾名思义排除了正义以及——尽管不明说——十分肯定也排除任何国际法的理念："没有共同权力，就没有法律；没有法律，就无所谓非正义"。② 令人惊奇的是，霍布斯要的不是"社会"而是更为冰冷和机械的术语"体系"，却不愿提及"任何数目的人们可以合为一种利益或合做一件事。"③

直至霍布斯的《利维坦》在 17 世纪的英国面世，没有哪一位国际法学家愿意那么坚定地公开蔑视人性，因而也显得那么残忍地鼓吹国家利益至上。在 15、16 世纪的意大利和法国，生命安全崩溃，使人们分别理解了马基雅维利和博丹如实观世和如实治世而不是按想象观世治世的重要性，这也是 17 世纪英国这个时期的特征，霍布斯正是在那里写下他的骇世奇文，这难道是纯粹巧合吗？在不安分的国会向君主权力发起挑战后国内秩序的崩溃导致了一场血腥的内战，接着是共和专政。如前所述，霍布斯告诉我们，由于内战爆发，"出于担心自身的安全，他回到法国。"④ 对于这位保皇派分子来说，世界，一如克里斯托弗·希尔（Christopher Hill）所指出，已被"弄得乱七八糟"。霍布斯希望秩序得以恢复——"一支相当大的军队"来"迫使各城市和各国保持"和平友好⑤——就像马基雅维利和博丹在差不多相同情况下所说的那样。

霍布斯似乎并不总是坚持这样极端的观点。传记作家约翰·奥布

---

① T. Hobbes, *Leviathan with selected variants from the Latin edition of* 1668, ed. E. Curley (Indianapolis/Cambridge 1994), pp. 107 – 8.
② Ibid., p. 78.
③ Ibid., p. 146.
④ Hobbes 自己的略传：Hobbes, *Human Nature*, p. 247。
⑤ Ibid., p. 248.

雷（John Aubrey，1626—1697）告诉我们，霍布斯一度当过维罗兰勋爵（Lord Verulam）弗朗西斯·培根（Francis Bacon，1561—1626）的秘书，勋爵明显敬重他，从这位勋爵那里，他一定领略到国内国际政治生活的某种现实感。① 经过了一段一点不讲原则的争权之路后，培根短暂地出任掌玺大臣，后因腐败而丢官。他从未完全接受柏拉图关于战争在国与国之间天经地义的观点，但若正当的恐惧存在则他不厌弃预防性战争，他尤其对"某些经院派学者（在其他方面他们是可敬之士，但更适合于操刀削铅笔，还适合于仗剑谈兵论战）"坚持说人们必须等待对方先发动攻击的观点大不为然。② 培根争辩说，柏拉图正确之处不仅在于他说"每个国家都应当常备不懈，先下手为强，迟下手遭殃。"而且在于"它含有很多真理，即如果产生了这种普遍恶意和倾向于战争的情势（其实他〔柏拉图〕并没有真的认为所有国家都这样）并导致对自身受制的正当担心，那就不再是真正的和平，而只是和平其名而已。"③ 实际上，这后一种情况才是霍布斯试图强调的一点。

证据表明，霍布斯是在事变的影响下而不是通过读书才愈来愈幻想破灭的。1628—1629 年间，他在为他翻译的修昔底德的《伯罗奔尼撒战争史》所写的前言里所作的评论表明他已不抱幻想，而且表达了强烈道德主义的论调。他论证了研究历史的价值，特别是修昔底德的贡献，霍布斯指出，"在《伯罗奔尼撒战争史》中，体面行为和不体面行为都显得明明白白，截然分明，体面就是体面，不体面就是不体面；但在现今时代，这些行为都被掩盖得很好，简直什么也看不见，

---

① J. Aubrey, "The Brief Life", in Hobbes, *Human Nature*, p. 234. 许多或者太多内容都来自 R. Tuck 的 *The Rights of War and Peace* (pp. 126 - 7)，这本书对了解霍布斯也有帮助。

② "Considerations touching a War with Spain. To the prince" (1624): *The Works of Francis Bacon*, ed. J. Spedding et al., Vol. XIV (London 1874), p. 476.

③ Ibid.

就是那些十分精细的人也会大体上看错它们。"① 但是，看来不是他对修昔底德的精心研究促成了这一转变——在霍布斯的《伯罗奔尼撒战争八卷》的前言里肯定没有这种迹象。他的回忆录只是说"修昔底德是他特别高兴的缘由"，并说在历史上"雅典民主派的羸弱和最终失败，加上他们城邦的羸弱和失败已一目了然。"② 在他的以诗体写成的传记中，霍布斯详述了这一点：

没有人像修昔底德使我欣喜。
他说民主是一个愚蠢的游戏，
一王统治之明智非共和可比。③

他论述修昔底德的著作由此看来同他对国际关系的理解没有什么关系；相反，它强化了他的君主主义。因此我们可以断言，他解读世界和人性二者方面的决定性变化伴随事变本身而至。

霍布斯对"体系"这个词语的使用绝非偶然。他以唯物主义和个人主义观点来构想世界。在17世纪的英国的条件下，这使他变激进了，但他的解决办法是对人民的绝对主权政体——利维坦——这最终使他成为一个保守派分子。因为他的分析剥夺了基督教设定的人的义务和特征，他就不得不把社会秩序的基础建立在人的自然（最坏）特征之上。他的人性残酷无情说被荷兰犹太人本尼迪克·斯宾诺莎（Benedict Spinoza，1632—1677）进一步传到欧陆。一位访客指出，同

---

① *Eight Books Of the Peloponnesian Warre* (2nd edition, London 1634).
② "The Prose Life", in Hobbes, *Human Nature*, p. 246.
③ "The Prose Life", Ibid., p. 256. 另参见他的内战研究之作——《巨兽》(*Behemoth*)，书中不止一次提到经典对年轻人的有害影响："为数特多的、素质好的人受过良好教育、年轻时就度过古代希腊和罗马共和时代名人关注他们政体和伟大行动的著作；在这些书里，平民政府受到自由美名的赞扬，君主制得到暴政之名的贬辱"。参见 *Behemoth*: *The English Works of Thomas Hobbes*, Vol. VI, ed. W. Molesworth (London 1840), p. 168；另见 p. 218。

英国相比，在荷兰"似乎在他们［荷兰人］当中，对宗教事务太冷漠、太漠然。"① 复辟时期的英国大使威廉·坦普尔爵士（Sir William Temple，1628—1699）评述道："宗教在别的地方也许有可能做较多好事，但在这里它却较少祸害"。② 斯宾诺莎不因社会敏感性而需要降低他的看法的激烈程度而背上包袱，他——虽然是一个信徒——却揭示了霍布斯的著作势必要被套上的宗教外框的同一些要素但不受这个框框的束缚。

斯宾诺莎与霍布斯不无相似之处，他"根据人的本性……根据人人都要保护自己这一普遍的强烈要求演绎出这些学理。"③ 他对这些问题的最完整的探讨见诸《政治学论》（*Tractatus Politicus*）一开头就对乌托邦思想进行的强烈攻击，说他们"不以人的本来面目想象人，而是以同他们一样的面目去想象。"在斯宾诺莎看来，理论家和哲学家是远不如实干家有说服力的政治问题评论家。

> 政治家们……据信是要策划叫人非礼勿动而不是筹划他们的福利，他们是因狡猾而非因睿智而大名鼎鼎。经验无疑教导他们，只要有人就会有坏事。因此他们没法抢先制止人们为恶；但因为他们这么做靠的是从长期的政治经历中学得的阴谋诡计，而人们通常是出于担心而非出于理性动机才施展诡计，故而政治家被认为，尤其被神学家认为是宗教反对者，神学家们认为一国之主应当按照与约束普遍个人一样的道德规则来处理公共事务。然而毫

---

① 这是 1664 年：*Bishop Burnet's History of His Own Time*（Oxford 1823 edtion），Vol. 1，p. 357。

② *Observations upon the United Provinces of the Netherlands*（1672）：*The Works of Sir William Temple*. Vol. 1（London 1740），p. 59。

③ B. De Spinoza，*The Political Works*：*The Tractatus Theologico-Politicus in part and the Tractatus Politicus in full*，ed. A. Wernham（Oxford 1958），p. 299. 关于斯宾诺莎哲学最新的研究：S. Smith，*Spinoza*，*Liberalism and Jewish Identity*（New Haven 1996）。

无疑问，政治家们写政治，要比哲学家们成功得多；因为经验是他们的指南，经验教导他们，没有什么事情是不能付诸实践的。①

为什么一国之主不能以同普通个人一样的道德标准来评判其行动的原因是因为代表这个国家的一国之主是在同人人在自然状态下一样的非道德环境中行事的："两个国家的相互联系如同自然状态下两个人的关系一样。"② 在这里，马基雅维利的核心理念——"机敏的观察家"，"英明的政治家"③——同霍布斯的思想精华汇合。实质上，对行动自由的唯一限制是权力和意志。这适用于自然，同样适用于人："人的天赋权利不是由健全的理性，而是由他的愿望和他的权力决定的。"④ 实际上，"人人都同等地服从最高权力"。⑤ 斯宾诺莎又往下说：

> 国家的权利，或一国之主的权利，就是天赋权利本身，也就是权力决定的权利，但不是由单个个人的权力，而是宛如一个头脑指导的人民的权力。换句话说，很明显，适用于自然状态下的每个人的也同样适用于整个国家的实体和思想——权力和实力有多大，权利就有多大。⑥

斯宾诺莎同霍布斯一样认为，"两个共和体天生为敌"，因为这是

---

① B. De Spinoza, *The Political Works: The Tractatus Theologico-Politicus in part and the Tractatus Politicus in full*, ed. A. Wernham (Oxford 1958), p. 299. 关于斯宾诺莎哲学最新的研究：S. Smith, *Spinoza, Liberalism and Jewish Identity* (New Haven 1996), p. 261。
② Ibid., p. 295.
③ Ibid., p. 313.
④ From the *Tractatus Theologico-Politicus*: ibid., p. 127.
⑤ From the *Tractatus Politicus*: ibid., p. 265.
⑥ Ibid., p. 285.

当时强权即公理的适例：

> 如果……一个共和体想要进攻另一个共和体并使用极端手段以便使之臣服，那么它有权尝试这么做，因为它有权发动战争所需要的全部就是发动战争的意志。

同霍布斯一样，他也允许结成联盟，但他也同霍布斯一样断言，"只要签订联盟条约的动机即害怕失去或希望得益仍然适用，该联盟条约就继续生效；但任何一个共和体一旦不再担心或失去希望，那就由他自己了……把两个共和体联结在一起的纽带就自行破裂。"① 政治家无权对此提抗议，因为合约是在特定条件达成的，"一旦条件变了，整个安排的原委也就变了。"这就意味着政治家没有任何理由信赖暂时的盟友："如果一个共和体抱怨说它上当受骗了，它当然不能怪它的盟友不守信，只能怪它自己愚蠢地把自身的安全信托给一个有权自己做主、没有什么能高于他自己国家安全之铁律的外国统治者。"以下考虑可以部分缓解上述惨淡前景：联盟越大，对别国发动战争的威慑就越大："签订和平条约团结在一起的共和体树木越大，每个国家悲泣与国家害怕的程度就越小，或者，如果你愿意的话，每个国家发动战争的权力就越小；每个国家愈是严格地下决心遵守和平条件……他的自主酌夺权就越小，于是就有责任遵从盟国的共同意志。"② 为避免有人把斯宾诺莎诠释成是在设想未来世界政府或某个联合国的可能性，必须明白，这只不过是承认霸权联盟支配邻国的可能性。没有迹象表明，这种体系的目标必定会有利于不参加该体系的那些国家。对

---

① B. De Spinoza, *The Political Works: The Tractatus Theologico-Politicus in part and the Tractatus Politicus in full*, ed. A. Wernham (Oxford 1958), p. 299. 关于斯宾诺莎哲学最新的研究：S. Smith, *Spinoza, Liberalism and Jewish Identity* (New Haven 1996), p. 295。

② Ibid., p. 297.

它们发动战争的能力但不针对整个联盟的抑制，只不过是限制了它们的行动自由但却未必也给它们提供保护。

斯宾诺莎关于这些问题的思想的核心要素是他同霍布斯一样相信"人……是由情绪不是由理性引导的。"① 因此，不论政治决定基于何种考虑都只是应"情绪"发作之急而已。不必全盘采纳这个观点以推翻完整理性说。而且，有关情绪力量的意识不是因英国或荷兰特有的。其实法国德里兹红衣主教让·保罗·德·冈迪（Jean Paul de Gondi, Cardinal de Retz, 1614—1679）本人虽不是卑劣的政治操盘手却也持这种观点，尽管是从他自己较为狭隘的视角出发。他写道：

> 准确评估人的意图的最正确格言是细查他们的利益，利益是他们行动的最共同的动机。但是真正敏锐的政治家并不全盘否弃人们可能根据情绪作出的推测，因为情绪时常乃至公开介入且几乎总是试图无意识地影响那些推动最重要国家事务的动机。②

德里兹把情绪看做是干预政治的渊薮，但又是一种可加以利用的源泉。反之，斯宾诺莎坚决拒绝责难情绪，因为他认为情绪完全是天然的。这种看问题的方法移置于国际体系就产生了一种丝毫不亚于霍布斯所见所述的无政府状态行为观。霍布斯之坚持专制主义维系于他对人性的特别阴冷的解读：人是一种天生非社会的掠夺性动物。抨击《利维坦》的一个途径是要打破这个前提。剑桥麦格达伦学院研究员、后任彼得巴勒大主教（Lord Bishop of Peterborough）的理查德·坎伯兰

---

① B. De Spinoza, *The Political Works*: *The Tractatus Theologico-Politicus in part and the Tractatus Politicus in full*, ed. A. Wernham（Oxford 1958），p. 299. 关于斯宾诺莎哲学最新的研究：S. Smith, *Spinoza, Liberalism and Jewish Identity*（New Haven 1996），p. 315。

② 转引自主教的传记：A. Hirschman, *The Passions and the Interests*: *Political Arguments for Capitalism before Its Triumph*（Princeton 1977），p. 45。

（Richard Cumberland，1631—1718）争辩道，人天生是善的、社会的、相对说来息事宁人的。他的目标是要"连根拔起包含在他的《同胞》（*De Cive*）一书和他的《利维坦》里的学理基本点；这些基本点，按坎伯兰的看法，是邪恶的破坏性舆论。"① 为此，他发表了《对自然法的哲理探究》（*A Philosophical Enquiry into the Laws Nature*）。抨击的锋芒是道德的锋芒，但这不应自行取消其在正确评价现实主义方面作出认真鉴定的资格，因为坎伯兰取笑了霍布斯著作中与事实不符之处。正是他的抨击突显了激进霍布斯的理念是怎么产生的。而且，他的批判有意无意地被洛克和普芬道夫所吸取，再后，影响了博林布鲁克和卢梭，尽管他们当中其实没有人远离现实主义圈子。

同霍布斯相反，坎伯兰指出，"第一印象（真正虔敬和健全道德的印象）可以在我们自身中产生，并逐渐深深地铭刻在我们的心坎里和脑海里，这不是不可能的。"② 他认为，"不变真理的某些实用命题（勤学苦练，用于促进、保护和维护全体理性人类集体享有的幸福和利益）必然会在我们的脑海里留下深刻印象"。③ 他不仅坚持说人本性善，而且争辩说，人之需要合作乃第一位的强烈欲望和要求，实际上，没有这种合作，霍布斯的利维坦是建立不起来的：

> 人人都可以而且应当预见到（这一点正是霍布斯先生随便地放弃的一点），相互的社会援助必定证明是有用的、方便的和有利的，人的大脑向着这种社会状态的自然倾向是能够凭借适当的迹象、标识和记号加以充分发现的。因为就连霍布斯先生本人也

---

① R. Cumberland, *A Philosophical Enquiry into the Laws of Nature Wherein The Essence, the Principal Heads, the Order, the Publication, and the Obligation of these LAWS are deduced from the NATURE of THINGS. Wherein also, The Principles of Mr. Hobbes' Philosophy, both in a state of Nature, and of Civil Society, are examined into, and confuted* (Dublin 1701), p. lxxv.
② Ibid., p. xvi.
③ Ibid., p. xvi – xvii.

为按此目的和宗旨而建立的亦即像一个互助国家那样的整个社会奠定了基础。①

即使有人认为合作的愿望不是第一位的,坎伯兰也展开了论点:人通过行为来学习,不仅可以学到合作的艺术,而且也可以学到威慑的原则:

> 致力于伤害的权力完全可以由致力于相同目的的其他权力制衡:而这,既可以依托防御原则,也可以依托报复原则。为什么对于一个深谋远虑考量自身防卫与安全的人来说这种权力不能证明任何一种论点,为什么他竟然选择去伤害别人而不选择不去伤害别人。②

此外还有三个进一步的论点:(1) 援助别人和受别人援助的可能性始终存在;(2) 任何个人都可以被一大群个人所压倒;(3) 群众大规模援助总是比个人援助更可贵。因此:

> 其实,不可能靠理性的任何表示或亮相进入人的大脑去想象,在霍布斯所设计的这种普遍的战争状态下,人的力量和权力是那样独特、那样明显互不相干,因而只能是一个单个个人同另一个单个个人遭遇和格斗。③

---

① R. Cumberland, *A Philosophical Enquiry into the Laws of Nature Wherein The Essence, the Principal Heads, the Order, the Publication, and the Obligation of these LAWS are deduced from the NATURE of THINGS. Wherein also, The Principles of Mr. Hobbes' Philosophy, both in a state of Nature, and of Civil Society, are examined into, and confuted* (Dublin 1701), p. 56.
② Ibid., p. 244.
③ Ibid., p. 247.

没有什么人竟会接受坎伯兰的结论,以致为了取代霍布斯的"战争状态"这个对现实的意象,人们竟然饰上它的对偶"和平状态"。① 但是,坎伯兰——洛克继之——确实提醒我们大家,人性有矛盾心理,人基本上是社会的,亚里士多德、阿奎那、维多里亚和格劳秀斯全都坚持此说。尽管几乎从来直接说出来,但坎伯兰显然认为这些格言也适用于国家的行为,因为他在一处提到相邻王国之间订立协议互惠互利的证据。

1690年,约翰·洛克(John Locke,1632—1704)把自然状态描述为"自由状态"("a state of liberty")但"不是放肆状态"("not a state of licence")②。洛克1632年8月29日生于萨默塞特郡靠近布里斯托尔布的灵顿(Wrington),他同霍布斯一样,发现牛津的呆板教育不合他的口味。但他仍然"被看做是该学院最有独创性的年轻人"③,仍然依属于基督教会很长时间直到1684年被国王逐出教会。他是一名内科医生,为第一任沙夫茨伯里伯爵(Earl of Shaftesbury)动过手术后便同这位伯爵拉近了关系,并开始同他的这位朋友一样有志于哲学。正是这改变了他的一生,最终使他成为自由主义之父。在似乎表明坎伯兰之影响方面,他争辩说,自然状态有着"支配它的自然法则,自然法则惠及每个人……每个人都要维护自身,不得任性放弃自己的岗位,因此根据同样的理由,在他的自保没有遇到竞争的情况下,他应该尽可能地维护其余人类,除非要适当处理冒犯之敌,否则他不会取

---

① R. Cumberland, *A Philosophical Enquiry into the Laws of Nature Wherein The Essence, the Principal Heads, the Order, the Publication, and the Obligation of these LAWS are deduced from the NATURE of THINGS. Wherein also, The Principles of Mr. Hobbes'Philosophy, both in a state of Nature, and of Civil Society, are examined into, and confuted* (Dublin 1701), p. 397.

② J. Locke, *Second Treatise of Government*, ed. C. Macpherson (Indianapolis/Cambridge 1980), p. 9.

③ J. Le Clerc, *The Life and Character of Mr. John Locke, Author of the Eassay concerning Humane Understanding* (English edition, London 1706), p. 2. Le Clerc(见 p. 67)是"洛克先生的密友之一"(*The Life* 前言)。洛克在 Shaftesbury 后1683年去荷兰时他们见了面。

人性命或伤害生命，或者留意于维护他人的生命、自由、健康、肢体和物品。"① 因此，在他看来，"在自然状态与战争状态之间"有着"明显的区别，""某些人（即霍布斯）混淆了这种区别。"他依照坎伯兰写道，这类区别，"犹如和平状态、善意、互助和相互维护与敌对状态、恶意、暴力和相互毁灭之间的区别一样相去甚远。"② 对于洛克来说，犹如对于坎伯兰来说，自然状态并不意味着人单枪匹马地处于同其他人的永久战争之中。在战争的压迫下，"相互援助"是可能的。自然状态仍然是"不安全和令人不安的"。③ 因此，人们不得不通过协议建立"市民社会"（civil society），实施约法在人与人之间进行公断。

这个"市民社会"是国际舞台所缺乏的；因而也正是战争的喧嚣缔造了如此伟大的人类历史的一部分。"④ 不过，这不是人人对人人的持续战争："全世界所有君主和独立政府的统治者……都处在自然状态，"⑤ 根据洛克的定义，这就意味着各国政府可以随时签订协议："不是每一项合约都结束自然状态……人们可以相互作出其他保证和合约，但仍处于自然状态……因为真理和守信属于作为人而非作为社会成员的人们。"⑥ 所以洛克保留了"社会"这个词语以说明"市民社会"建立和使人脱离自然状态的环境。他仍然把人看做基本上是社会的。其他一些人继续论证说这就意味着某种形态的社会先于建立的市民社会而存在，从而模糊了自然状态与市民社会之下的生活之间的原始差别。

坎伯兰勉强地承认了情绪的力量；但他的著作饱含十分坚定的信念即相信理性主导情绪，而霍布斯断言恰好相反。具有讽刺意味的是，

---

① Locke. *Second Treatise*, p. 9.
② Ibid., p. 15.
③ Ibid., p. 68.
④ Ibid., p. 91.
⑤ Ibid., p. 13.
⑥ Ibid.

坎伯兰观点的危险在于当移置于国家事务行为时，它设定了可预测的理性并排除冲突之引发是人的错误行动的无意后果，或者实际上是排除了霍布斯或斯宾诺莎关于不服从理性命令的纯粹原始的和情绪的反应。对于真正的现实主义者来说，理性是一个目标，不是行为的前提条件。在这方面，塞缪尔·普芬道夫（Samuel Pufendorf，1632—1694）——无疑是从他作为实践家的经验出发——比坎伯兰更接近于现实。普芬道夫从他作为前外交官以及通读历史的视角，不仅强调人和国家的重要性，而且强调人管理国家的重要性。

普芬道夫 1632 年 1 月 8 日生于萨克森的多夫赫姆尼茨－贝伊－塔尔海姆（Dorfchemnitz-bei-Thalheim）。在莱比锡（Leipzig）和耶拿（Jena）上大学（在那里接触了霍布斯的著作）以后，通过他的兄弟——一名外交官——的斡旋，前去为瑞典驻哥本哈根公使皮埃尔·朱利厄斯·考耶特（Pierre Julius Coyet）伯爵工作，在那里他涉嫌搞阴谋而入狱八个月。他移居荷兰而后于 1661 年被选帝候（Elector）任命为海德尔堡学院教授：鉴于普芬道夫还年轻（当时刚 30 岁），鉴于他是一个新教徒而在一个传统天主教院校里获得一个职位这个事实，这是一项异乎寻常的决定。很明显，该学院需要革新这一事实解释了这项任命。普芬道夫并不像他的同事那样教罗马法，相反他开始按格劳秀斯的著作教自然法。他对选帝候颇有影响，因而被邀请担任选帝候的私人顾问。但是，他对自由思考和论战的爱好早就使他的继续任职成了问题。在 1667 年发表的《德意志帝国》（De Status Imperii Germanici）里抨击了神圣罗马帝国的腐败以后，他在书发表后的次年应瑞典查理十一世之邀迁往伦德（Lund）。在伦德，查理要他撰写王室家史。尽管瑞典史占去了他以后 29 年的大部分精力，但正是在这里普芬道夫于 1672 年完成并出版了他最著名的著作，出书直接从他在海德堡（Heidelberg）教课发展而成：《自然法和国际法》（De jure naturae at gentium [Of the Law of Nature and Nations]）。然而，他在瑞典的这段逗留期在1686年被勃兰登堡大选帝侯（Grand Elector of Brandenburg）要他前来做顾问的提议打断了。两年以后，普芬道夫担任了此职直至命归黄泉，这位选帝侯之子腓特烈最终成为普鲁士的腓特烈一世，腓特烈大帝的父亲。正是在他接受瑞典查理十一世授予的自由男爵（Free Baron）封号返回途中的1694年，普芬道夫去世。① 普芬道夫的一生突显了他在他的强有力崇拜者中激起的炽烈的学说信仰，但同样也说明了贬损他的人们对待他的尖刻性。哲学家戈特弗里德·莱布尼茨（Gottfried Leibnite，1646—1716）蔑视地说他是一个平常的法律顾问和小小的哲学家（Parum juris consultus et minime philosophus [an average legal adviser and a minimal philosopher]）。②

普芬道夫骑墙于亚里士多德立场和霍布斯立场之间。在他看来，存在着"人与人之间的天然联系。"③ 另一方面，他还争辩说，"在自然状态下共同生活的人们中间近乎不断的猜疑和互不信任与日俱增，尤其是如果他们的境遇使他们有机会相互伤害时更是如此。他们中的许多人显示出要破坏和阻止他人实力增长的愿望，以加强他们自己的实力使之免于毁灭，一旦机会最终到来便抢在他们之前打击和粉碎他们。"④ 同样，在他最著名的小册子《自然法和国际法》中，他承认，比如，"大多数帝国名噪一时，头角峥嵘，即使不是全部如此，它们都是靠战争而发展和进步的。"但他写道，"我们没有理由要选择战争作为治国理政的源泉，"⑤ 这时他就和霍布斯分道扬镳了。他认为"那

---

① S. Goyard-Fabré, *Pufendorf et le droit naturel* (Paris 1994).
② Letter to Kastner, 21 August 1709: ibid., p. 18. 另见 J. Schneewind, "Barbeyrac and Leibniz on Pufendorf", *Samuel Pufendorf und die europaische Fruhaufklarung: Werk und Einfluss eines deutschen Burgers der Gelehrtenrepublik nach 300 Jahren* (1694 – 1994) (Berlin 1996), pp. 181 – 189。
③ *Samuel Pufendorf's On the Natural State of Men: The 1678 Latin Edition and English Translation*, ed. M. Seidler (New York 1990), p. 130.
④ Ibid., p. 128.
⑤ S. Pufendorf, *Of the Law of Nature Nations* (London 1712), Book VII, p. 488.

些宣称自然状态就是一种战争,其实,人人反对人人的战争或者任何人反对任何人的战争共存于这种状态中的人所坚持的主张"① 是有害的。他的异议是从实际出发而不是从伦理出发的:尤其重要的,"因为没有人能无需他人援助而有所作为……对人们自保的关注使每一个人都没有能力也不愿意把所有其他人当作敌人来对待。"② 普芬道夫虽然同意人"本性恶"之说,但仍然相信"由于可能促使人们彼此不和的原因既不是普遍存在的,也不一定会爆发为持续不断的敌对行动,因此,这些不和原因当然不应被认为是简单地宣布自然状态即战争状态的充分依据。"③ 而且,他同那种认为不应当"被看做朋友而非敌人"这种理念进行了争论,哪里有友谊就意味着"哪里没有伤害的意志或权力。"④ "同样地,"他写道,"我们也不应宽容那样一些人,这些人不分青红皂白就硬说某个有能力伤害我们的人也是想伤害我们,如果有了伤害他的机会,我们就不该放弃机会而一无所获,因为如果他有机会的话,他一定不会不毁了我们。"⑤

在某些方面,普芬道夫因此显得是在修正霍布斯的阴冷哲学,但他却同坎伯兰乃至洛克所想象的那幅较为令人放心的图景离得远远的。而在另一个至关重要的方面,他似乎根本不同。霍布斯和斯宾诺沙认为人受情绪支配,而普芬道夫同坎伯兰一样认为人受理性制约。在普芬道夫看来,理性是仲裁者。霍布斯认为实力均等促使人们出于本能相互打起来,而普芬道夫争辩论这种均等会"抑制而不是……煽起要伤害的愿望。因为没有哪一个聪明才智之士特别喜欢去同势均力敌的对手遭遇,除非他或者出于需要,或者顺风顺水有成功希望而被驱使

---

① Samuel Pufendorf's, p. 128.
② Ibid., p. 129.
③ Ibid.
④ Pufendorf. Of the Law, p. 112.
⑤ Samuel Pufendorf's, pp. 129 – 30.

这样做。"① 在另一处，他又说，"可以肯定，理性不会使我们对未来的不确定的恐惧作为预示他人的确定的、现存的邪恶的借口。因此，全面接受霍布斯的立场同相信理性的压倒一切的命令相抵触。

于是乎，他赞成"某种中间道路"：

> 因为人与人之间由于本性相似所产生的联系，他们的相互需要，和自然法的命令都强烈要求和平，因而自然状态严格说来不能认为是一种战争状态。但是由于人恶的本性、他们的欲望以及同正确理性激烈抗争的情绪，这种和平也是以相当不稳定和靠不住为特征的。②

由此作出的推论同样是不偏不倚的：

> 我们应当假定任何人都是我们的朋友，并准备履行和平义务，如果他愿意接受的话。同样地，我们也应当急切关心时刻确保我们自身的安全，就像是他人的友谊小得不能依靠一样，决不要因相信他人诚实正直或天真无邪而听任我们自己陷于消极玩忽境地。③

这种显然关于自然状态下的人的学术讨论表明普芬道夫对政治家们的规劝："关于自然状态的确切了解对于国家领导人来说，可以意味着有关一国内外事务的许多事情，对这些事务的观察是极其必要的。"④ 这里十分明显，虽在探讨人的本性的两个极端之间搞平衡，但

---

① *Samuel Pufendorf's*, pp. 129 – 30.
② Ibid.
③ Ibid.
④ Ibid., p. 131.

转向国家在国际关系中的实践时，普芬道夫的天平便决定性地倾斜到赞成谨慎，这无非是因为"领导人的首要义务是要谋求维护他们自己的国家。"① 第一，"自然状态下的和平十分不可靠，没有什么可信赖的。"② 第二，也是这个命题的逻辑引申，在把"人们共同的亲缘联系"转变为国与国的联盟时，问题就产生了。没有什么设定的有关所有国家共同福利的普遍利益，只有特定利益才会确保一国的安全免于外部威胁。"天生的自私自怜使每个人都最关心他们自己的福利——大多数人都宁取自己的福利而舍他人之安全。"③ 这就意味着，"我们应当谋求自己与那些尤其是那些由共同利益把我们联系在一起的和关乎我们安全的国家结成联盟。"诉诸"仁慈的诉求，怜悯，体面和荣誉"只会引来"全然徒劳无益的口惠而实不至的同情或扯皮的援助"。④ "利益的一致是援助的绝对必要的条件。""能打动读史者的事莫过在时过境迁和利益改变后自动终止条约。"⑤ 第三，因此可以说，"重视自保的人应当殚精竭虑阻止任何其他人过度地不必要地增强其实力以致能够压倒自己，并维其邻国实力之间的均衡。"⑥ 但是，普芬道夫仿效奥古斯丁，不同意用先发制人的战争来限制邻国的强力。只有在那个国家挑起别国进行战争时，联合行动才是正当的，如果那个国家自己准备进攻，才有正当理由不予援助。⑦ 第四，"领导人应当竭尽最大努力使他们自己的国家尽可能地强大，"无非是因为"那些在漫长而懒散的和平时期日益衰弱后突遭敌人进攻的国家处在最大的危

---

① *Samuel Pufendorf's*, p. 131.
② Ibid., p. 132.
③ Ibid., p. 133.
④ Ibid., p. 131.
⑤ Ibid.
⑥ Ibid., p. 132.
⑦ Ibid. p. 133.

险之中。"这也需要私人获取财富以支付未来的军费。①

然而,普芬道夫并没有天真地认为,因为人受理性而不是受情绪支配,就可以纯粹根据理性的命令不受其他非理性因素干扰地追逐国家利益。在这个问题上,他离红衣主教德里兹并不太远。在《欧洲主要王国及国家史》(the History of the Principal Kingdoms & States) 的导论中,普芬道夫联系利益探讨了国家利益观。他把这些利益分为"想象的"利益和"现实的"利益。说想象的利益是指类似普世君主国之类的霸权主义目标和帝国主义目标,这明显会令其他列强不安,促使它们反抗:"有了燃料,整个世界可能被推入一片火海"。"现实的利益"又可下分为"永久的"和"暂时的"。"永久的"利益是由"国家的处境和素质以及人民的自然意向决定的。""暂时的"利益取决于"条件,即邻国的强弱:因为由于这些情况不同,利益也必须不同。"在一段即使在今天也可以用来提醒当代国际关系理论家的备受欢迎的醒世恒言里,他写道:

> 由此,经常发生这样的事,尽管我们为了我们自身的安全有时答应援助一个有可能为一个更强之敌所迫的邻国;而我们在另一些时候却不得不反对我们以前援助的那些国家的图谋;当我们发现它们已经恢复元气到对我们来说可能是可怕和麻烦程度时。但是看清这种利益对于熟谙国家事务来说是如此昭昭,因而他们不可能熟视无睹,人们可能会问怎么常有这样的事发生,即犯下违背利益这样的大错误。对这个问题也许可以这样回答,那些对国家事务拥有最高行政管理权的人往往尚未充分懂得他们自己国家的利益,也不懂得他们邻国的利益;而且由于自己的情绪而执迷不悟,他们不会听从那些聪明和忠实的大臣们的忠告。有时他

---

① *Samuel Pufendorf's*, p. 134.

们为自己的情绪所误导或者被趋炎附势的大臣和宠信所误导。凡是把政府行政权交托给国家的大臣们去管，就会出事，这些人是没有能力觉察的，或者分裂成宗派，他们与其说关心遵从理性的命令，不如说更关心毁灭自己的对头。①

腓特烈大帝抨击"那些把大臣之间的误解看成维护其利益所必需的君主们：他们自以为他们并没有身处被那些为相互仇恨所迫监视着他方行动的人们所强加的危险之中。"② 这当然是许多人处理国家事务的方式，它势必扭曲理性决策。但是正如决策可能因个人犯错误或自私的利益集团而被弄糟，并因此而削弱国家在对外事务中的效能，同样，杰出的判断也可以弥补物质力量之不足：普芬道夫写道，"经常发生这样的事，一个自己认为很弱的国家可以因治国理政者良好行为和英勇顽强而变得十分了不起；而一个强大国家由于执掌政权者管理不善而大受其害。"③

在18世纪，国家利益观依然是主导性准绳。但对政府达到这个标准的期望值却下降了而不是上升了，在启蒙时期的思想家中产生了一定程度的玩世不恭的风气。由于统治者用理想语言来掩盖他们的政策，反应是可想而知的。提到法律或宗教被看做趋炎附势，正如自由主义哲学家和神学家让·勒克莱尔（Jean Le Cherc, 1657—1736）所指出：

> 那些没有强大到足以入侵他国领地的国家只谈论和平并振振

---

① Pufendorf, *An Introduction to the History of the Principal Kingdoms & States of Europe* (2nd edition, London, 1697), preface.

② *Anti-Machiavel: or, an Examination of Machiavel's Prince with Notes Historical and Political* (London 1741), pp. 249–50. 该书最初以伏尔泰的名义出版。腓特烈后来在实践上背叛了他即王位之前在该书里庄严宣告的大部分原则。

③ Pufendorf, *An Introduction to the History of the Principal Kingdoms & States of Europe* (2nd edtition, London, 1697), preface.

有词地坚持认为，它们的邻国应听任它们安享它们拥有的一切。它们无不引证理性或宗教去为攫取别国根据权利所拥有的东西进行辩护。但是，那些在实力上优于或自以为优于近邻的国家，机会一到，几乎不会不去入侵它们邻邦的领土并根据弱肉强食法则（the Law of The Strongest）据为己有；它们有时用拙劣的借口来平息此事，说弱肉引眼馋。我们完全可以想象，假如最强者变成了最弱者而最弱者成了最强者，人们马上就会听到他们变换腔调、转换角色。在需要和平时只谈正义和宗教的人一定已开始寻找无聊的借口继而粉碎他的邻国。反之，另一方面就会，比方说，拾拢它的敌人扔下的武器，振振有词地争辩反对那个他可能抵挡不住的国家的暴力和野心。就这样，人类交替使用善与恶达到目的。①

这种玩世不恭与那些永久和平的提议相呼应。但是，在我们跳进另一个思想火池之前，让我们先想一想几位思想家，这些思想在霍布斯和坎伯兰之间找到了某种中间道路，因为他们强调尽管人按本性的确是社会的——这就是说需要同他人交往——他成为这个社会的一员，其行为就像霍布斯所描述的个人一样坏，但这与其归咎于人坏，不如归咎于社会本性。

第一个打开穿过这个障壁之路的似乎是威廉·坦普尔爵士（Sir William Temple），他对乔纳森·斯威夫特（Jonathan Swift）影响极大。斯威夫特在坦普尔人生的最后十年里出任他的秘书。坦布尔在1668年是驻海牙的大使，谈判三国同盟，当这一谈判破裂，他于1674年谈判结束了荷兰战争。由于同查理二世治下的腐败政权步调不一致，他于

---

① *Negociations secretes touchant la paix de Munster et d'Osnabrug; ou Recueil General des Preliminaires, Instructions, Lettres, Memoires & c. concernant ces Negociations, depuis leur commencement en 1642. jusqu'a leur conclusion en 1648. Avec les Depeches de Mr. de Vautorte, & autres Pieces au sufet du meme Traite jusqu'eu 1654. inclusivement*, ed. J. Le Clerc (Amsterdam, 1724), Vol. 1, p. i.

1681年重返政坛。坦普尔也许是因为他的《荷兰联合省评述》(Observation upon The Uniteed Province of the Netherlands) 而名声大噪,该书出版于1672年,是对邻国作为一个大国之兴亡所作的才气纵横的评估(参见本书第169—191页)。尤其与此直接相关的是他的《论政府的起源与性质》(Essay Upon the Original and Nature of Goverment),该书也出版于1672年。其他一些人,尤其是霍布斯和坎伯兰,抓住了人性的一个方面作为人的本质特征,并在此基础上创立了一种政治学说,而坦普尔在很大程度上是政治实干家,他发现了人的两重性,其行为最终是由环境决定的。他也来不及去研讨契约论国家说。这类契约的签订是为了避免暴力(霍布斯语)或者是为了避免混乱(坎伯兰语)。坦普尔对这两种说法都不同意。他争辩说,"如果一定要把人类划分为几类中的一类,我可不大知道会是哪一类:鉴于不同的人习惯和意向不大相同,甚至同一个人在不同的时间里习惯和意向也大不相同,我非常怀疑它们必须被分成几类。我也不知道,假如人们都像绵羊,那他们为什么还需要什么政府;或者,如果他们都像狼,他们又怎么会受苦受难。"① 麦考莱(Macaulay)后来指出,坦普尔的在两个极端之间搞这种折中之禀性,像哈利法克斯勋爵("骑墙派")[Lord Halifax ("the Trimmer")] 的禀性一样,是他那个时代特有的,在那个时代,人们对革命暴力记忆犹新,承受了它的重演。因此,随着这些记忆的淡去,谋求妥协的倾向也会淡出,这只不过是顺其自然罢了。

到目前为止关于国际关系中冲突原因的探讨都以人性为中心。聚焦于是社会动物(追随亚里士多德和阿奎那)的人必定认为他比那些认为人天生反社会的人更少地倾向于冲突。那位曾经(私下里)认为霍布斯归咎于人性的那些特征其实毕竟是由于社会的性质所致的唯一著名人物是莱布尼茨,他是德国哲学家和数学家,还是一位饱学之士。

---

① *Works*, Vol. 1, p. 99.

他对政治事务的兴趣，显见于他同非正统神职人士托马斯·布尔内特（Thomas Burnet）的通信中，在一封未署日期的信中，莱布尼茨评述道，关于政府起源问题，他与其说站在霍布斯一边，不如说站在亚里士多德一边。在他看来，所发生的事情在于，"腐败与暴力确保人与自然状态完全分离，不得不屈服于混乱无序状态。"① 其意是说，社会使人腐败。莱布尼茨由此私下里先于卢梭发生了见解的改变；虽然对社会的强调出现在荷兰医生伯纳德·曼德维尔（Bernard Mandeville, 1670—1733）的著作里，他是《嗡嗡作响的蜂箱》（The Grumbling Hive）一书的作者。曼德维尔甚至（托名）在1728年出版了一本乍看起来是抨击他自己著作的书：《道德探源》（An Enquiry into the Original of Moral Virtue）。作者据信是一位神职人员，被曼德维尔提出的非道德的社会现象扰得深自不安。曼德维尔曾争辩说，私生活恶习——即奢侈靡费——创造了公益，因为它产生百业和就业：

小区处处尽靡奢
大地却成伊甸园
欣于和，忧于战
外人景仰齐观瞻
不吝钱财与精力
万方承和共婵娟

曼德维尔相信人身上"各种情绪混杂，各种情绪一旦被刺激起来，气冲牛斗，就反过来控制了人，不论他愿意与否。"② 他所作出的讽刺式批评，穿过一个方向捉摸不定的理性迷宫使自私自爱、利益和

---

① Letters to Thomas Burnet, VIII: Leibnitz, *Opera Ominia*, Vol. 6 (Geneva 1768), p. 268.
② B. Mandeville, *The Fable of the Bees: or, Private Vices, Public Benefits* (1924 edition, Oxford), p. 39.

享乐作为有效行为（不是道德）的真正动机的观念合法化，从而逐渐赢得信任并很快成为叛逆读物。《探源》特别争辩说，"政治家和君主们的最大目的和图谋一般说来就是要积聚钱财，扩充富源，拓展征服，扩大领地，鱼肉弱者或掠夺邻国的必需品；简言之，无所顾忌用什么方式能满足他们的野心、目的和宗旨。"① 怎么会这样的问题部分地用人的社会性加以说明："一个人对现在叫做生活必需品和舒适品以及人们要把利益和幸福包括在内的需要或愿望，明显来自他与其他人之交往，在他们中间发生竞赛。"②

曼德维尔设法把人的社会性与社会内部的自私自利统一起来。下一步要由后来人来做，就是——如同莱布尼茨一样——不把国际关系中冲突的原因归咎于人而要归咎于社会本身。按照逻辑，就要更加注意于人作为一个集团而不是注意人之作为个人，还要看看人与蝼蚁之间或人与蜜蜂之间相似之处的再现，即古典世界所熟悉的那样。也许不无巧合的是，接着而来的是集体——英国的有产者阶级——在两次革命（1640—1646 和 1688 年）反对孤家寡人君主说。因为国主不再是受命执行国家利益为群体服务的个人；国主现在就是群体自身——或者至少是有产者，他们将自己集体认同于该群体。这个集体的行为不再被仅仅解释为个人愿望与需要的总和，而是这个集体的建立和存在规定的某些行为方式和实际上是同一个模子塑造的模型人的现实化。换句话说，国家利益是一种脱离人的意志的存在，它与社会不可分割而成为一个社会整体。这是某种自然法赋予的。在国际关系方面注意到这种现象的第一人是博林布鲁克勋爵，他与坦普尔不同，可以十分

---

① Alexander Innes, *An Enquiry into the Original of Moral Virtue; wherein The False Notions of Machiavel, Hobbes, Spinoza, and Mr. Bayle, as they are Collected and Digested by the Author of The Fable of the Bees, are Examin'd and Confuted; and the Eternal and Unalterable Nature and Obligation of MORAL VIRTUE is Stated and Vindicated* (London 1728), p. xvii.

② Ibid., p. 6.

肯定地说，他从来不是本能地选择中庸之道的人。

坦普尔在解释政府起源时遵循古典思想，认为答案在于家庭中的父权向外有机延伸到各社群、最终延伸至国家。博林布鲁克子爵亨利·圣约翰（Henry St John, Lord Viscount Bolingbroke, 1678—1751）极其崇拜坦普尔，也是斯威夫特的朋友。他把坦普尔的解释作为自己的解释并进一步发掘了它，大大地超越了坦普尔的合理期望。博林布鲁克作为英国的外交大臣——用斯威夫特的话说，"最精明的谈判家"①——辉煌卓越地而又残酷无情地以1713年的《乌得勒支和约》结束了西班牙继承战争，而不顾国内的强烈抵制。在致诗人和讽刺作家亚历山大·波普（Alexander Pope, 1688—1744）的一系列书信中，他奉献出一种哲学，其在同时代的影响要比此后的时代大得多，这无非是因为继他之后的人们在各方面是更有成就的哲学家。虽然，它们说不定是建立在博林布鲁克对国家事务的直觉的基础上，它带有丰富的个人经验的显著标志。至少可以说，颇具讽刺意味的是，激进乌托邦居然在一位英国政治家、君主主义者和笃信的托利党人的著作里为他们的信念找到了早已准备好的基础。但另一方面，这却是我们把他们划为国际关系问题上的现实主义者的依据。

博林布鲁克在揭示想象的国家起源时，同坦普尔和古典思想一样，不是从个人入手，而是从基本的社会单位家庭入手，家庭历经世世代代一旦扩大，自身就脱离了单一的秩序。因此，社会总是某种形态存在，人决不是"互不交往的独处动物"或"到处觅食的野兽。"② 这些基本社群与国家之间的区别在于，前者是"自然社会"；后者是"政治社会"。博林布鲁克对人的看法同霍布斯提出的观点并无多大的不同。人们天生是友善好交往的，但只限于社会能满足他们的基本需要

---

① "Characters", *Annual Register For the Year* 1765, pp. 12–13.
② "Fragments or Minutes of Essays", *The Works of the late Right Honorable Henry St. John, Lord Viscount Bolingbroke*, Vol. V (London 1754), p. 131.

这个地步；也就是说，毫无疑问人们本行善，因此是可以友善交往的，但只是因为有需要才是可交往的——仅此而已。而且，社群——它满足这些基本需要——在与其他的社群的关系中并非天生友善可交往的，而是好战的。他强调说，战争状态不是社会形成的原因而是其结果。正是在这里，博林布鲁克以其最原始的形式先于让·雅克·卢梭（Jean Jacques Ronsseau，1712—1778）实际上也先于后来的伊曼纽尔·康德（Immanuel Kant，1724—1804）论述了这一点：

> 个体属于群体，不属于个人。家庭可以认为是个体，可不是自然状态中的人；在政治国家中市民社会更是如此。理由简单明了。我们具有天生的社会性，就是说，我们具有在社会里寻求我们的享乐和我们的功利的自私自爱心所决定的，一如常言所云；但当这些目的已得到充分满足，天生的社会性就式微，天生的非社会性遂开始。自私自爱心的影响戛然而止。社会在各方面都成为个体，也就是说，我们根本不关心他人，相对说来只关心他们自己；自私自爱心曾经促进人们联合，现在却促使人们不和，如同马姆斯伯里的哲学家（即霍布斯）笔下的激进分子一样，他们行事好像他们有权凭欺骗或武力得到他们能够得到的一切：战争状态决不是形成不同社会的原因，而是它的结果。虽然人类的繁殖使形成社会成为必要。这就是我们的自相矛盾之处，这种矛盾统一在人的性格之中。①

博林布鲁克声称，这种性格是由于情绪与理性之间的互动而形成的，这二者同样是生存与成功必不可少的。因此，他找到了霍布斯与

---

① "Fragments or Minutes of Essays", *The Works of the late Right Honorable Henry St. John, Lord Viscount Bolingbroke*, Vol. V (London 1754), p. 115.

坎柏兰之间的折中办法，这点在某些方面不同于普芬道夫。人与蚂蚁和蜜蜂不同，人不可能美满地成为顺民，因为"理性动物无视他们的理性，或在智力系统中贬低理性，并使之成为贪欲和情绪的可鄙工具。情况就是这样"，博林布鲁克继续往下说，"假若神的智慧没有让人们一出世便成为由本能形成、由理性加以改善的那些社会的成员，那么人本该是霍布斯所以认定的那个样子的。理性靠自身是无能为力的，她在某种程度上是靠经验使自己得到外来帮助、是靠人人都愿意控制情绪并抑制他人的过激情绪，不论他自己是多么任性，我说的是在某种程度上；因为即使有外来帮助，理性也不是平等地维护人类各社会，而是通过永久的冲突来维护；而本能则以一种一成不变的进程来维护蜜蜂的本能，什么冲突全无。"①

一旦这些政治社会形成，某些的行为便成为所有人的行为模式：

> 不论各国国民在倾向和方式上多么不相同，但所有国家，哪怕是最弱国家，都要寻求现实的或想象的优势而损害他国的优势。因此，人类各文明社会之间的互动来自它们的原始习俗；因为如果有人树立了榜样，其他人很快就会效法。尽管每一个特定国家已历经各种不同的政体和财富革命，但人类的普遍状态仍几乎等于永久无政府状态。家庭使人置身于霍布斯乃至洛克所想的个体状态之外。但是，政治社会却始终都是个体。②

博林布鲁克的保守本能已成定论之处——他内心不同于卢梭和康德的论证之处——是他相信这种情况不可能改善；人别无选择，这一处境可以用一句话概括："我们仰望的高度大大高于我们能够站立起

---

① "Fragments or Minutes of Essays", *The Works of the late Right Honorable Henry St. John, Lord Viscount Bolingbroke*, Vol. V (London 1754), p. 116.
② Ibid., p. 137.

来的高度。"① 能期望什么呢？不多：博林布鲁克关于国家行为的阴沉观点被装进更大的"地球运行之中的宇宙"观之中。② 物质世界的几个组成部分，就像戏院里的器械装置一样，不是为演员设计的，而是为情节设计的：如果在戏剧的顺序和体系中作任何改变，那么整个剧就会乱套和搞糟。"③ "事物的进程通过千变万化的偶发事件滚滚向前，为此，要按照对推动事件发展的第一印象并在万能天意指引下，我们才能理解它们。"④ 国际关系的行为符合这种更大的框架：

> 虽然市民社会最初的建立和此后的维护，按照天意的安排，引起了永久的战争和非正义与暴力给世界带来的诸多苦难……而建立和维护这些市民社会的必然性源于人性的构造，因此是必不可少的。人类的大联邦不可能归于一个政府统治之下，也不可能凭空生存。⑤

博林布鲁克虽然是上帝和天意的坚信者，然而，他仍洋洋自得于无情地透过现象看现实，这突出地表明，就现实主义这个词的更一般意义上说，他是一位典型的现实主义者。因此，他用道德与法的伪善来形容对待殖民化人民的态度带有近乎当代激进派的色彩。"当西班牙人出海征服美洲时，金银是他们的目标，而传播福音则是他们的借口"，他写道。⑥ 他以一种堪与继后一个但并非知之更多的世纪里的 E. H. 卡尔相匹配的语调进一步写道：

---

① "Fragments or Minutes of Essays", *The Works of the late Right Honorable Henry St. John, Lord Viscount Bolingbroke*, Vol. V (London 1754), p. 150.

② Ibid., p. 326.

③ Ibid., p. 377.

④ Ibid., p. 379.

⑤ Ibid., p. 149.

⑥ Ibid., p. 266.

我们对自然法的违法行为有一种庄严的政策文饰，甚至还有宗教的文饰，这是法律诡辩家和福音诡辩家们扔给他们的文饰，这类文饰总是掩饰违法行为，尽管往往藏不住。未开化的文盲民族没有这样的文饰可用，他们的法律和惯例在除了他们自己以外的每个人看来都是非自然的和可恶的，实际情况正是如此。对此还可以补充一句，在所有这种情况下，能写的人对不能书写的人有着极大的优势。他们可能掩饰事实也可能夸大事实，在这点上，他们从没失败过，因为他们为了让他们的谬论通过，除了必要的事实之外，他们从不提及别的。假若我们研究一个迦南人写过的迦南文书记载，一个迦太基人写的迦太基文书记载，或者一个墨西哥人或秘鲁人分别写的墨西哥文书的记载，试想象一下所有这些人的好客、忠实、天真、简朴的举止怎样用各种各样的例子来举证，又拿什么证据去证明古以色列人、罗马人和西班牙人，特别是这一头一尾两种人的凶暴、背信、不义和残忍呢。①

博林布鲁克的远见卓识实质上预示了卢梭思想的核心。尽管直到1756 年，即卢梭的两部论著分别于 1750 年和 1752 年问世以后，才作为博林布鲁克的遗著出版，但仍早于卢梭关于国际关系的零散的评论。但这些思想理念可能早已超前传播，因为接受这些理念的教皇的厚爱，他甚至未经征得许可就出版了此类的其他作品，这使博林布鲁克大为恼火。② 博林布鲁克著作影响很大，这是由于他的巨大声望，不因 19 世纪对此类作品、激进派和肆无忌惮的策士的道德主义鄙视而稍逊

---

① "Fragments or Minutes of Essays", *The Works of the late Right Honorable Henry St. John, Lord Viscount Bolingbroke*, Vol. V (London 1754), p. 152.

② 尽管如此，教皇仍以为博林布鲁克是"世界上最伟大的人物，无论是在他那个时代，还是在后世"。——Pope to Jonathan Swift, 25 March 1736: Swift, *Works*, Vol. VII (Dublin 1770) Letter LXXVI, p. 322。

风骚。

1756年，雄心勃勃的年轻人，天性非正统的爱尔兰辉格党人爱德蒙·伯克（Edmund Burke，1729—1797）对博林布鲁克的理念发起了决然的攻击，这一攻击使他一举成名。他发表了《自然社会辩说：或关于人为社会种种给人类带来的苦难和弊端的一种观点》（*A Vindication of Natural Society: or, a View of The Miseries and Evils Arising to Mankind from every species of Artificial Society*）一书，其文体模仿博林布鲁克风格，是博林布鲁克理念的逻辑延伸，"该设计是要表明，若不施加任何可观的力量，则被用来毁灭宗教的同一些动力可能同样成功地用来颠覆政府……"。① 该书作为一部讽刺作品，使伯克成名，虽然正如一位无名氏书评作者所指出，"关于展现在我们面前的这本小书，我们理解，这位天才作家更倾向展示他作为一名作家的作用与能力，而不是展示他作为哲学家的判断力与原则。然而，我们不能不公正地否定他作为一名好演员，他的角色演得很好，很像他所饰演的人物。"②

这位书评作者的意思显然是想说，这位作者在哲学上并不比博林布鲁克强。但是，所说的话也许比想要的意思更符合事实。我们是否认为在这部讽刺作品的背后没有伯克理念的踪迹可寻？伯克的一位坚定捍卫者坚持说他的主人公在《辩说》中写到对待穷人不公时并非虚情假意的嘲弄而是"十分认真的。"③ 还有什么别的可以归入这一范畴呢？《辩说》也展延了博林布鲁克的国际关系观，该书论述这个问题

---

① 第二版前言，参见 *A Vindication of Natural Society; or, a view of The Miseries and Evils Arising to Mankind from every species of Artificial Society*（London 1757），p. vii。

② *Critical Review*，June 1756，Article III，p. 426。

③ J. Cressman, *Burke's Satire on Bolingbroke in a Vindication of Natural Society*（Michigan PhD, 1957），p. 281。这是对该主题的最详尽的调查研究。其弱点是作者给伯克加上了动机，对此我们没有什么依据可证。有一种论点说，尽管伯克不承认，但他事实上在人格上和理念上大大地倚重博林布鲁克。W. Sichel., *Bolingbroke and His Times*, Vol. 2 (London 1902), Chapter XI 有力地提出了这一论点。

有一定篇幅，其方式同他的《世界大事年纪》(Annual Kegister of World Events) 中所体现的伯克的历史观完全一致，① 在该书里，伯克似乎将历史大事与战争的发生划了等号。

不论事实真相如何，《辩说》一书自有其值得考量之处。伯克争辩说，在自然状态中，人们面临"联合的需要，互助的，诉诸共同仲裁者以解决他们之间分歧的需要，"他接下去说："人发现许多个人合组一个家庭很有好处；因此他断定他将发现他的说法完全适合于许多家庭联合成一个政治体(one body politik)。当自然界形成了没有契约的联合把人们团结在一起时，它就用法律来弥补这一不足之处。这就是"政治社会"，由此成为现在通常谓之国家(states)、市民社会(civil societies) 或政府的源泉；全人类逐渐地归入某种形式的或大或小的国家、市民社会或政府之下。"②

卢梭把一切罪过都归咎于社会对人的影响，但《辩说》则将罪证的大部分归咎于社会，这是一种温和得多的激进主义精神的明显迹象："政治社会应对这种危害人类的罪过负有很大的责任。"他承认，"为了最公平地对待这个问题的各个方面，你会承认人性中有着傲慢和凶残的一面，引起无数吵骂，使人们置身于难以名状的境地；不过尽管承认这一点，我仍然坚持这些如此频繁、如此凶狠、随之而来的后果是如此可悲可叹的吵骂归咎于政治控制。在自然状态中，不可能找到许多人足以供这种屠杀、本着同一些血腥目的达成协议；或者认为他们可以达成这样的协议，（一个不可能的设想）还有单纯的天性向他们提供的手段决不足以达到这样的目的。……已经给我们带来这些毁

---

① 关于伯克的作者身份，详见 T. Macknight, *History of The Life and Times of Edmund Burke*, Vol. 1 (London 1858), pp. 90–95 and 115。

② "A Vindication of Natural Society: or, a view of The Miseries and Evils Arising to Mankind from every species of Artificial Society" (1756): *The Works of The Right Honourable Edmund Burke*, Vol. 1 (1803), p. 11.

灭性景象的社会和政治，也会给我们带来消除这些景象的手段。从最早的策略端倪到今天，人的聪明才智磨砺和改进了杀人行当，从最初粗制滥造的棍棒和石块到今天臻于完善的枪挑、炮击、轰炸、布雷以及种种人造的、习得的和精巧的残酷手段，我们现在在这方面都很擅长，这成了政治家们要我们相信是吾等无上光荣的教导的主要部分。"①

伯克的著作写于七年战争爆发之际，这次战争无非是英法之间为争夺北美领地而战，伯克先于卢梭对国际关系做出评估。他追随博林布鲁克，写道："同样值得注意的是，人类的这种人为分裂成分散社会是导致他们相互间仇恨与纷争的永久根源。"②

有关所有各国，它们作为朋友的关系之外部景象的第一部分只不过是微不足道的历史小画面，故而我要十分遗憾地说，它没有提供多少素材可据以详述。一国为它的邻国进行斡旋；提供支持以济危扶困；提供救济以消灾弭祸；危情紧急时给予保护；互致友爱，礼尚往来，这些都将为写史提供十分丰富的、非常有趣的题材。但是，哎呀！所有有关各国各个时代的历史所提供的素材不足以写满10页篇幅，虽然它可能已往被圭奇阿尔迪尼本人琐碎赘述而拉长。显眼之处是关于敌对的部分。战争问题充斥整个历史，因此是我们能够看到的政治社会外部的唯一或几乎唯一的景象，这是一种敌对的景象；我们始终注意而且还要注意其意图的唯一行动，是容易导致相互毁灭的那些行动。战争一如马基雅维利所云，应当是君主唯一的研究对象；他所说的君主，意指各

---

① "A Vindication of Natural Society: or, a view of The Miseries and Evils Arising to Mankind from every species of Artificial Society" (1756): *The Works of The Right Honourable Edmund Burke*, pp. 30 – 1.

② Ibid., Vol. 1 (1803), p. 32.

种类型的国家,不论它是怎样构建的。这位伟大的政治医生说,君主只应在喘息时间才考虑和平,喘息时间使他有闲暇继续增强能力以实施军事计划。对政治社会行为的沉思促使老霍布斯想象,战争是一种自然状态;的确,如果一个人根据我们人类的个人在联合起来组成国家或王国时的行为去评判他们,那么他一定会想象,种种道德都是非自然的和外在于人之头脑的。

我们已有的有关人类的最初一批述作只不过是同一数目的有关人类屠宰场的述作而已。所有的帝国就是鲜血凝成的;在早期人类开始首先组成党派和联合体时,这种联合第一后果,甚至可以说似乎是特意组成联合的、精密算计的目的,就是它们的相互毁灭。[1]

而且,关于国家利益,伯克写道:"所有政策学著述家都是一致的,他们凭经验一致认为所有的政府都须违反正义规则以支撑它们自身;真相必须让位于假象;诚实必须让位于权宜;仁爱本身必须让位于最高利益。这种不义伎俩的总称就叫做国家利益。"[2] 他继续往下说:"有一段时间,我怀着敬畏之情看待这些政策伎俩;但年龄、经验和哲学撕开了这层面纱;我观察这个密室至少再无任何热烈赞美之情。我实际上承认在这种规制中有这样程序的必要性;但我还是对不可缺少这种程序的规制持一种十分鄙弃之感。"[3]

社会在国际关系冲突中所起的作用与集体情绪和集体利益的重要性密切相关,而不仅仅是和统治阶级的作用密切相关。在这方面的一

---

[1] "A Vindication of Natural Society: or, a view of The Miseries and Evils Arising to Mankind from every species of Artificial Society" (1756): *The Works of The Right Honourable Edmund Burke*, Vol. 1 (1803), pp. 15 – 16.

[2] Ibid., p. 34.

[3] Ibid., p. 35.

位主要思想家是亚当·弗格森（Adam Ferguson，1723—1816），他著述《论市民社会史》时是爱丁堡大学道德哲学教授。在爱丁堡大学，他从事的最有兴趣的事是接受亚里士多德关于人基本上是社会的这句名言，但同他之前的胡安·德·马里亚纳（Juan de Mariana）一样，拒绝这个前提出发得出有关其对政治行为的意涵的习惯性结论。他以一种令人喜闻乐见的难忘的用语写道，"身处社会之中乃人类的自然状态，不是任何特定人的道德特性。"① 正如他所强调的，"人身在社会，这是毋庸置疑的；他凭其友善倾向是否就属于友善之人那就存疑和有争议的了。"② 社会"不只是和衷者的状态，亦是争吵者的状态。疏远并不总是恶，联谊亦不老是善。个人不只为和而集合，亦可为斗而集合。"③ 人"永远倾向于择伴，既可以拥抱熟人也可以规避熟人"。④ 因此，社会性不仅是有条件的，也可以强化反社会行为，因为社会性在范围上是可选择的。正如他所概述的，"人类虽然倾向于合，但也倾向于离。"⑤

弗格森受到苏格拉底认为人喜欢合作也同样喜欢冲突之观点的启发。⑥ 但弗格森坚持不懈地针对亚里士多德传统进行抨击。同霍布斯相呼应，他写道：

> 为什么在大多数和平社会里行政长官是戎装佩剑的；象征权威的徽章是一柄国剑、或一件暴力工具和一种恐怖物体？各国何以需要做那么多准备以维护国内和平或击退外敌入侵？……何以在每一条边界上，要塞的构筑，兵站的选址都那么慎而又慎？难

---

① A. Ferguson, *Principles of Moral and Political Sciences*, Vol. 1 (Edinburgh 1792), p. 24.
② A. Ferguson, *Principles of Moral and Political Sciences*, p. 22.
③ Ibid., Vol. 1 (Edinburgh 1792), p. 24.
④ Ibid., p. 32.
⑤ Ferguson, *Principles*, Vol. 2, p. 293.
⑥ A. Ferguson, *An Essay on the History of Civil Society* (Edinburgh 1767), p. 29.

道这些准备工作是为了接待外国友人而做?难道它们不会反而暴露一种信念,即:除了人们已经获得某些保平安的矫揉造作的手段以外,他们一无所期,唯有敌对和战争。

为了解答上述这些疑问,我们应当承认,和平社会在许多情况显然是靠种种人为手段强制和维持的。①

同样,他争辩说,"把最长期的和平看做只不过是一种长期的休战和备战的时间是……明智的。这就是人类事务,没有那种永远无法达到的条件,即整体的同意,无论哪个单独的一方都无法改善这种状况。"② 这就是说,所有国家的行为决定行为,国际体系本身阻碍了较为开明的关系行为。弗格森不是一个夸大一国对另一国之仇恨的人,他对共同的文明水平和共同持有的公共正义观有点儿自鸣得意。他毕竟有很长一段时间是主张本着有限的目的、用有限的手段打有限战争的人——"没有多大的国恨,战争却打起来了,对卷入战争者没有任何私怨,战斗却打响了。"③ 但是,弗格森并不因此而倾向于过高估计理性主导的程度。他的观点不完全具有霍布斯的斗争性,但仍是一位满腹狐疑的竞争者:

各国……差不多在每一种情况下都互不信任和互为嫉妒的目标;一定认为自己只是暂且安然无恙,因为它们分别处于要维护它们各自权利的境地。它们必须对从外部滋扰他们所凭借的强权保持警惕,同样要注意它们在国内装备自己的防御手段。一旦受到任何外国强权的摆布,它们的独立必不复存在,因此,一个邻

---

① Ferguson, *Principles*, Vol. 1, p. 23.
② Letter to Henry Dundas, 18 January 1802: *The Correspondence of Adam Ferguson*, Vol. 2, ed. V. Merolle (London 1995), No. 365, p. 472.
③ Ferguson, *Principles*, Vol. 2, p. 295.

国即将有所得，对它们来说是一个警告，无异于它们自己即将有所失；一国可以正当地进行战争以制止另一国的危险进展；同样也要采取任何其他的为自保所必需的防备措施。①

尽管就一般意义上说规则是由国际体系决定的，但非理性因素使纯粹的算计以及预测性成为不可能。因此，国家利益的实践维系于对意图、更不消说能力的约略估计：他写道："鉴于是纯属小心还是出于不信任的问题存疑，很难确定一国究竟可以在多大程度上反对另一国的进展。并在如此作为时据信是根据纯粹防御的原则行事的……"。② 这必然成为决策的因素，但弗格森决不是那种老是谋求先发制人进攻的人。他审慎地得出结论说："在国际争吵中，被允许做的许多事情是各方的错误或误解造成的"。③

然而，弗格森也在冲突和情绪的根源中发现有善的存在。他写道："人类不仅在他们境遇中找到了歧见与纷争的源头；而且他们的头脑里似乎就有着敌对的种子，并欣欣然乐滋滋地抓住时机相互对立。"④ 迄今为止，尚无人提到过社会大众在国际关系冲突根源中的作用。但是，如同博林布鲁克一样，弗格森也认为群体好冲突，这是人性的一个方面所致。在一个社会内部和各社会之间，弗格森认为冲突的根源天生起始于大众，而且不仅仅与自私自利有关；同情绪亦有关；这就为按照国家利益奉行对外政策造成了一个大问题：

> 如果社会和个人都有义务照料自保，如果我们理解二者的利

---

① Ferguson, *Principles*, Vol. 2, pp. 300 – 1.
② Ibid., p. 301.
③ Ibid., p. 302. 这个提法后来由罗伯特·杰维斯（Robert Jervis）大大加以发挥参见 *The Logic of Images in International Relations*（Princeton 1970）和 *Perception and Misperception in International Relations*（Princeton 1976）。
④ Ferguson, *Essay*, p. 30.

益是分离的,这种利益的分离产生了嫉妒和竞争,那么,我们发现由此引发的敌对行动就不足为奇了。

听听阿尔卑斯山和比利牛斯山两侧、莱茵河或英吉利海峡两岸的农民喷发出他们的偏见和民族情绪吧;正是在他们当中,我们发现了战争与纠纷之源没有政府指引而存在,随时准备点燃烽火,而政治家往往倾向于熄灭烽火。火并不总是在他的国家利益之处点着,也不会止于利益一致产生联盟。一位西班牙农民说道:"我父亲若能预见到同法国的战争,他就会从坟墓里一跃而起。"他或他父亲的遗骨在君主们的争吵中有什么利益?①

弗格森显然造成国家利益的主导地位,但他也认为冲突本身有积极意义。"和平和一致通常被认为是公众幸福的主要基础;但不同群体的对抗和自由人民的激愤也是政治生活的原则,和对人们的磨炼。"② 这里提醒一件事,英国不战而功成,只获得北美东海岸——当然,佛罗里达除外——作为它的专属殖民地。弗格森见解在很大程度上反映了他那个时代和庇护他的国家利益。不仅男子气概是由战争造就的,而且,社会作为一个有凝聚力的实体的存在本身也是由于永远存在的外部冲突的危险:"没有国际对抗和战争实践,文明社会本身恐怕就找不到目标或形态。"③ 此说无懈可击,因为霍布斯和普芬道夫两人都承认这个前提。正是在这个前提的基础上他们创立了有关的学说,弗格森往下说:"就任何国家而言,假如我们能立刻制止由国外激起的竞赛,或许我们就能中断或削弱国内的社会联系并关闭国内各行各业和各显所长的最繁忙的舞台。"④ 他并不认为这种情况有可能

---

① Ferguson, *Essay*, pp. 34 – 5.
② Ibid., p. 93.
③ Ibid., p. 36.
④ Ibid., p. 37.

告终：

> 要证实任何国家的倾向是反对征服的,这是白费力气。各国的真正利益其实最常见的是征服,但每个准备保卫自己并夺取胜利的国家同样处在情不自禁地要去征服的危险之中。
>
> 在欧洲,到处组织雇佣军和纪律严明的军队,并准备横扫大地,这些军队就像洪水被狭长的堤岸拦住一样,只能靠政治方式或暂时的均势才能加以抑制;如果水闸破裂,什么样的洪水泛滥我们不会见到?①

而且,他并不希望这种情况告终:

> 国家的实力存乎该国人民的财富、人数和性格之中。各国从原始状态进步的历史大都是它们坚持斗争的详录和他们权谋机变以加强或确保自身的细说。它们的征服,它们的人口,它们的商业,它们的民用军用安排,他们建造成武器和构想攻防之法的技能;它们进行谈判的多寡,无论是在私人商务上,还是在公共事务上,或者倾向于赠与,或者答应利用有利条件,这些都是一国力量的组成要素和战争的资源。②

战争在人类进步中的作用后来得到康德的采纳。卢梭则持不同的观点。

伯克在他著述《辩说》以前很可能已读过卢梭早期的著作。实际上,他在他的前言里提到除了博林布鲁克以外的"其他几个人"把这

---

① Ferguson, *Essay*, p. 235.
② Ibid., p. 357.

些推理奉为"哲学"。① 同博林布鲁克和弗格森截然相反，卢梭认为人基本上是息事宁人的。但是，提出这种假设的结果并未引导他得出结论：国际关系可以建立在信任基础上，哪怕是非常勉强的程度，因为他持有同霍布斯一样的国家行为观。他同霍布斯的歧见之处是，在卢梭看来，一如在博林布鲁克看来一样，霍布斯错把社会里的人所特有的特性归咎于自然人类。而且，卢梭还试图把罪责从人身上整个儿推掉："是事物之间的关系而非人与人之间的关系造成了战争"。② 毛病出在社会而不在于人：用他的名言说，"战争状态产生于社会的状态。"一旦新的国家遍布全球，事情便愈来愈明显，新国家之间存在着"趋向于相互毁灭的关系"。他写道。"人天生是息事宁人的和胆小怕事的……他只是在为习惯和经验所迫使才进行战争。荣誉、利益、偏见、仇恨，所有可能促使人甘冒风险和死亡的情绪都远离着自然状态中的他。只有在人与人结合在一起［组成社会］以后，他才决定去进攻另一方；只有在他成为一个公民以后，他才成为一名战士。"③

并不是说在自然状态下的个人之间不可能发生杀戮，而是说在自然状态中孤立独处的人顾名思义能力有限。"相反，作为一个人为实体的国家是无法预先决定其方方面面的；它的特定规模是不确定的；它总是可以扩大规模；它因他国强于己而感到弱。它的安全，它的自保，要求它使自己强于它所有邻国。除非牺牲邻国，否则它就不能发展壮大自己和供养自己，行使其实力，如果它无需向外为自己觅取给养，它就要不断地寻觅能使之更加不可动摇地坚强殷实的新地区。尽管人与人的不平等天生是有限度的，但社会与社会之间的不平等却能不断扩大到一个社会同化其余所有社会的地步。"④ 卢梭因此从社会中

① 参见第二版前言：p. vi。
② "Du Contrat Social", I, iv: *Oeuvres Complètes*, Vol. 2 (Paris 1971), p. 520.
③ "Fragment sur la guerre", J. -J. Rousseau, *Qeuvres*, pp. 379, 382.
④ Ibid., p. 383.

找到了为国家利益辩护的正当理由,这种理由从本质上讲同他所处时代以前流行的老观点没有多大的不同。"历代的不义之举往往被承认为国家利益,也许还是可以被赋予的最佳国家利益之一。情势可以证明其本身无法辩解的事情是正当的,但这是命运的必然,它迫使人们必须去做本来是有害的事,或者不去做原本必要的事。"这是小说家和小册子作家丹尼尔·笛福(Daniel Defoe)几十年之前写的话。①

对于18世纪晚期头脑支配心灵的具有自由主义倾向的所有人来说,困境在于,所有各种形态的生物的进步是不言而喻的,但较为文明化的国际关系行为的进步却受到严重的限制。在文艺复兴时期得到阐明的较为开朗的国际关系现实主义原则——诸如国家利益观和均势论——是一大进步,不过并未完全实现,其影响所及,最终证明只不过是一种临时解决方法而已:有助于更加稳定,先下手逼阻霸权,但达不到贯穿始终的正义,也实现不了永久的和平。卢梭不是一个为表面现象所惑之人。就国家利益观而言,他认为——如勒克莱尔(Le Clerc)的观点——并非如想象的那样有多少理性可言。卢梭与霍布斯在以下信念上趋同,这种信念认为情绪压倒理性。"无数作家都敢于说政治体(the body politic)[和国家]无情感,国家利益莫过于理性本身。仿佛他们没有看到相反的情况:社会的本质存乎社会成员的活动之中,一个不动的国家无异于一具僵尸。"② 此言突显了国家利益观的价值,马基雅维利和黎塞留承认其在指导国家事务方面诉诸理性克服情感和腐败的一种感召力。追溯近代早期欧洲的语境,国家利益观具有解放意义,因为国家利益观旨在确保所有人共同的理性居于第一位,而不是作为君主私人财产的国家居于第一位。③

---

① Writing in *The Manufacturer: or, The British Trade truly Stated*, 5 January 1720.
② "Fragment...", p. 384.
③ J. Freund, "Raison d'état", *Encyclopédie philosophique universelle, II-Les Notions Philosophiques, Dictionnaire*, ed. S. Auroux (Paries 1990), pp. 2152 – 3.

卢梭看到了欧洲国际体系的全部复杂性。很可能他本来是希望被阿贝·德·圣皮埃尔（Abbe de Saint Pierre）说服的，后者的永久和平规划花费了卢梭大量的时间和注意力。但是，正如康德在 18 世纪告终以前就要发现的那样，国际关系这个课题太复杂了，无法在有限的可用时间里进行总体研究。在他的名著《社会契约论》，卢梭承认他曾把有关"国际法、贸易、谈判、条约等等"的一切都搁在一边，这些问题形成了"一个新的学科，它太大了，我的简短的概括研究涵盖不了"。① 因此，我们不得不从各种短评中收集他的见解，他的见解不可能避免地是不连贯的，作为一个整体来看是矛盾的。

同格劳秀斯、洛克和普芬道夫一样，卢梭认为可以"通过利益的一致，通过……习惯的一致，或由于其他情势允许不同群体之间存在相互关系"而实现功能性国际一体化。"于是，所有欧洲国家相互之间形成一种体系，以同一宗教、同一法律、依惯例、凭学习、籍通商以及所有这一切的必然结果且没有人真的梦想维持但也不会如许多人认为的那样容易打破的某种平衡，把欧洲各国联合起来。"② 然而，话题一转到当前现实：

> 另一方面，看看那没完没了的争吵，劫掠，无法无天的夺占，叛乱，战争……书上写的政策那么明智而实践中的政策又是那么严厉，统治者是如此本意良善，老百姓却是此悲惨，政府是那样温和，战争却那样残酷：人们简直不知道怎样调和这些奇特矛盾现象；这种自吹自擂的欧洲人民之间的同志友谊与忠诚，似乎只不过是讽刺性地反映他们相互敌对的一个嘲弄词。

---

① "Du Contrat Social", IV, ix.
② "Extrait du projet de paix perpétuelle de M. l'Abbé de Saint-Pierre", *Oeuvres*, p. 161.

为什么竟会这样的呢？这里，卢梭的答案同霍布斯的悲观主义一唱一和：

> 任何没有法律或没有统治者的任何社会，任何偶然形成或维持的联合，情势一有变化，就必定会蜕化为争吵不休和意见分歧。古代欧洲人民的联合使他们的利益和他们的权利千头万绪复杂不堪；他们在许多方面相互接触以致某些最轻微的动作就不能不同其他人碰撞，分裂他们的因素较之使他们聚合的亲密关系要致命得多，他们经常的争吵堪比其内战的残酷程度。
>
> 因此，让我们一致同意，欧洲各国特有的状态简直就是一种战争状态，某些欧洲国家间的所有不公平条约与其说是真正的和平不如说是转瞬即逝的休战；无论是因为这些条约除了缔约各方以外不附任何其他保障条款；抑或是因为永远无法据此全面裁定国与国之权利，这些取之不当的权利，或者由此产生的互不承认任何顶头权威的各国之间的权利诉求，一旦不同情势使诉求者获得了新的实力，就一定会成为新战争之源。①

苦涩的现实主义同样显见于卢梭对国家利益观的讨论。在他的《论波兰政府》一文中，他对波兰反叛者说，基督教诸国"不知道其他联系，只知道它们利益的联系。"另一方面，他同普芬道夫一样，不完全相信这种利益是以理性客观的方式来追逐的；

> 但是，指引它们的几乎从来不是国家利益；而是一位大臣的一时的利益，一位姑娘、一个宠信的一时利益；推动它们有时赞成有时反对它们真正利益的动机是人的智慧无法预见的。对于那

---

① "Extrait du projet de paix perpétuelle de M. l'Abbé de Saint-Pierre", *Oeuvres*, p. 164.

些根本没有定则和那些只能偶然冲动立身行事的人,谁能有把握呢?最最轻薄琐屑的莫过于宫廷政治科学:由于它没有可信的原则,人们无法得出肯定的结果;这种君主利益的精妙原理是一种逗敏感的人们发笑的孩童游戏。①

显然,国家利益按这些词的词意是一种遥不可及的目标而不是一种主导标准。卢梭承认通过建立联邦式的国际联盟按照更高尚的原则指导国际关系的可能性,但他相信只有依靠革命手段才能实现,"按照这个原则,我们当中有谁敢说这样一种欧洲联盟究竟是可期还是可怕?革命的一次打击所造成的伤害也许超过几个世纪人们可能的预期。"② 对于 18 世纪受过教育的人来说,怕无政府状态——怕暴民——同怕专制主义一样强烈;面对种种选项,许多人——乃至希望向上爬的自由主义者——都选择了后者这个已知的魔鬼,而提到前者,则很快就被危险地遗忘。

在苏格兰哲学家大卫·休谟(David Hume,1711—1776)看来,如同霍布斯的看法一样,国际关系是第一位的。国家起源于国际关系:"……我断言,政府的最初萌芽起于争吵,不是同一社会的人们中间的争吵,而是不同社会的人们中间的争吵。"③ 但是,同普芬道夫和卢梭一样,休谟虽然相信利益的力量和理性的威力,但也看到仅仅根据这些前提奠定基础去对政治和国家利益的解释有严重的局限性。他概述了在国与国之间、理性与情绪之间、短期利益与长期利益之间起作用的辩证法。他写道:"最确定无疑的莫过于人在极大程度上受利益支配"。但他也承认,"人受想象的强烈支配,更喜欢看得见任何客体

---

① "Sur le gouvernement de Pologne": ibid., pp. 505–6.
② Ibid.
③ Hume, "Of the Origin of Government": from *A Treatise of Human Nature and* reprinted in D. Hume, *Political Writings*, ed., S. Warner and D. Livingston (Indianapolis 1994), p. 51.

的光亮处,而不喜欢它真正的内在价值。"① "这"就是"为什么人们行事往往同他们已知利益相矛盾的原因"。② 休谟认为人作决定是为短期收益而无视长期利益。同霍布斯和斯宾诺莎一样,他也有感于以下事实,人"永远带着他们那些难以控制的情绪"。③ 这些预设对于指导国际关系有着显而易见的意涵。不可能期望国家始终"理性地"行为,因为政治家容易受短期——换一个说法叫做短视——利益的影响和受情绪驱动。他写道,各国的"自私和野心"是"战争与不和的永久根源"。④ 休谟认为是永久的人性的这一方面无望改变,但有可能通过改变"他们的境遇从而改变他们的行为"。⑤ 而且,利益在一定程度是可以计算的。"哪里的占有不稳定,哪里定有永久的战争。哪里的财产不是靠同意来转让,哪里就不可能有商业。哪里不遵守诺言,哪里就不甘落后可能有联盟或同盟。"这一推理的逻辑表明,国家同自然状态下的人一样,会谋求君临一切的权威以确保"和平、通商和互助"。⑥

因此,对国际关系的指导不可能是纯粹霍布斯主义的,在这个问题上,休谟追随坎伯兰。我们一看到他同坎伯兰明显拉开距离,也就能察觉他同霍布斯明显的偏离。休谟又说,"世上有一句十分流行的箴言,没有什么政治家愿意坦承之,但世世代代的实践已认可了它,这句箴言是:**有一种专为君主们设计的伦理道德体系,它比专治百姓的伦理道德体系宽松得多。**"这句箴言证明对于休谟来说是可令人信服了,他关心的是让那些对国家事务中道德边缘化感到不快的人信服,

---

① Hume, "Of the Origin of Government": from *A Treatise of Human Nature* and reprinted in D. Hume, *Political Writings*, ed., S. Warner and D. Livingston (Indianapolis 1994), p. 47.
② Ibid., p. 48.
③ Ibid., p. 61.
④ Ibid., p. 74.
⑤ Ibid.
⑥ Ibid.

他将治人的道德与实验的能力加以区别。因为在国内社会里，确保合作与和平交往的道德可以自上而下地实施，而在欧洲国际体系中，这样的权威并不存在："虽然君主的道德同百姓的道德内容相同，但实施的效力却不同，前者可因小小的动机而合法地违反。"① 换句话说："虽然不同国家的交往是有利的，有时甚至是必要的，但是国与国的交往不如个人之间的交往那样必要或有利，个人之间若无交往，人性断无可能继续存在。因此，由于不同国家间对正义的自然义务不如个人之间对于正义的自然义务强烈，因此，由此产生的道德义务在国与国之间必然弱于个人之间；我们对于欺骗别人的君主或大臣较之对于民间绅士食言失誉务必较为宽宥些。"②

因此，休谟尽管同纯粹霍布斯主义假设割断了关系，并在洛克和普芬道夫的基础上立论，但他仍为国家利益观作为一个实际不受伦理纲常约束的准则作了温和明理但不那么有效的辩解。尽管如此，但依然不可思议的是，那些同休谟一样按任何标准都适于当代自由主义者雅号的人，就其国际关系观点而言，在很大程度上是现实主义者。他们同诸如霍布斯那样的强硬派现实主义者的不同之处在于他们相信一种美好的更加人道的欧洲秩序最终是可能的。他们也同于人称乌托邦的人，因为在他们看来，"最终"其实是一个十分遥远的目标。我们可以部分地解释为什么接受国家利益观作为关注于防止情绪失控、警惕专横统治的一种逻辑结果。然而，在他们的较倾向于乌托邦的抱负与接受眼前的弱肉食法则这二者之间依然存在着不协调。这是不容易调和的，这一点在卢梭身上表现得很明显；在休谟和卢梭两人的崇拜者伊曼纽埃尔·康德（Immanuel Kant，1724—1884）的著作里同样显而易见。

---

① Hume, "Of the Origin of Government"; from *A Treatise of Human Nature and* reprinted in D. Hume, *Political Writings*, ed., S. Warner and D. Livingston (Indianapolis 1994), p. 75.
② Ibid.

霍布斯按人性观察国际冲突问题，博林布鲁克和卢梭按照社会性观察问题，而康德却聚焦于人与社会的互动作为战争的能动内因和最终作为和平的机缘。康德的哲学始终是一个复杂难解之谜，因为他对战争的态度模棱两可，其实是矛盾心理。在这方面，康德效法弗格森。结果，评论家们往往注意到了他们所中意的康德的一面而无视康德的另一面。但是，康德同卢梭一样既是现实主义者又是空想家，虽然二者程度不同。在国内问题上以及最终可能在国际关系问题上是个空想家，而在中短期外交事务上是个现实主义者。到18世纪告终时，人们对社会的理解已大大进了一步，能在意图与结果之间加以区别，可以公开承认人性的自相矛盾，甚至赞美这种自相矛盾。道路已经铺平，先是孟德维尔（Mandeville），后是亚当·斯密；两人都在经济学领域造诣殊深，但总体上对社会的含义有不同理解。康德认为人本性恶。他关于人的意象同霍布斯和讽刺作家吕西安的意象并无二致：不可抗拒地奔向完全自由，势必损害他人。但与霍布斯不同的是，他也相信人可以改好，他同摩西·门德尔松（Moses Mendelssohn）的论战——《论共同格言》（*über die Gemeinspruch*）（1793）——便是明证。康德提出了目的论，与斯多噶派相应和。目的论通过内在矛盾而运作：对立面的斗争。正如《对于一种在世界公民意图中的普泛历史的观念》（*Idee zur einer allgemeinen Geschichte in Wettburgerlicher Absicht*）（1784）所概述，终点（the end point），即目的（the telos），是人的能力尤其是他运用理性能力的充分发展。人并非生来就有理性，只有领悟理性的能力。大自然通过的人的自然倾向与文明化教养之间的辩证法提供了人领悟理性能力进化的手段。正是在这里，卢梭的影响最为明显。在康德看来，卢梭在讲演录（*Discours*）和《爱洛绮丝》（*Heloise*）中对文明的抨击与他在《社会契约论》（*Contrat Social*）和《爱弥儿》（*Emile*）中相信国家和教育之价值的信念之间明显存在矛盾，随着教育开发了人的能力成为道德人类以至于消除了道德与自然的冲突，这个矛盾便解决了。① 但是，卢梭实际上将文明视为人类败坏的关键，而康德的看法恰好相反。正如许多人受了康德的影响，康德也受了卢梭的影响。

康德认为，乍看起来完全负面的东西都被自然力量将之转化为进步的动力：自然法则决定人的行为，康德同马基雅维利、霍布斯和博林布鲁克——（但肯定不同于卢梭）——持有同样的信念，即相信人的"动物倾向"②，但他们对冲突均不持批判态度。康德对社会怎样形成的问题并无前后一致的理解。一篇富有洞察力的评论列举了他好几处不同的解释：家庭自然而然地团聚在一起；"市民社会"是从需要出发聚合起来的；国家因战争而产生。③ 然而，正是社会的进步成为各社会之间冲突加剧的原因。因此，正是社会变革是最终带来持久和平的隐性机制，康德对人的本性和社会本性的判断因此寓于"本性目的论"之中。④ 由此，他同黑格尔和马克思观点的共同之处甚至他同那些我们通常将他们同自由主义联系在一起的人的共同之处，个体的人乃至整个民族几乎想象不到的是，他们都在各按自己的方式，常常相互对立地追逐他们各自的目的，但他们不知不觉地沿着自然界授意的路线被引领着前进。他们无意识地在推进一个目标，即使他们知道这个目标是什么，但几乎不会引起他们的兴趣。"⑤ 由此有了康德关于人的"非社会的社会性"（"unsocial sociability"）之名言。⑥ 在这里，曼德维尔的影响显而易见。在曼德维尔看来，所吸取的训诫很明白——

---

① M. Mori, "Il problema della Guerra nella filosofia della storia di Kant", *Filosofia*, AnnoXXX, Fasc. II: April 1979, p. 214.

② "Idea for a Universal History with a Cosmopolitan Purpose": I. Kant, *Political Writings*, ed. H. Reiss (Cambridge 1977 edition), p. 41.

③ G. Vlachos, *La Pensée Politique de Kant: Métaphysique de l'sordre et dialectique du progrés* (Paris 1962), p. 216.

④ "Idea…", p. 41.

⑤ Ibid.

⑥ Ibid., p. 44.

私恶导致公益。然而在康德看来,结果决不是那么肯定的,但达到目的的手段同样是自相矛盾的。"大自然用来促进内在能力发展的手段就是社会内部对抗的手段,从长远看这是就这种对抗成为法治社会秩序的原因"[1]。这个目标在某些方面已经达到,但不可能充分实现,除非国际关系这个外部环境也恢复秩序。因此,在康德看来,国际关系是第一位的。因为"人性显得不那么好之处莫过于在人民与人民之间的关系中。"[2] 在实现全球秩序方面情况似乎也是如此。

康德同许多同代人一样困扰于也执著于在国与国之间建立和平的必要性;但没有不惜代价的和平。尽管战争被认为是罪恶,但普世君主国和消灭各国权利丝毫不亚于罪恶。而且,战争也是促进社会内部凝聚的力量(博丹的观点),实际上也是进步的真正发动机(弗格森的远见卓识):

> 如果说对战争不断恐惧都不能迫使国家首脑们表现出这种对人类的尊重,那我们难道还会遭遇同样的文化、或者看到共和体内部各阶级的紧密联合促进全体的福利?[3]

康德直面注视严峻的现实,一如卢梭之所为,正是这一点使他博得了既是现实主义又是理想主义的声誉。他的著作里毫无道德化的踪迹。在理性与情绪的矛盾中,理性通常胜出。他争辩道,国家文明水平越来越高,"与此同时它们越来越倾向于用狡诈或暴力损害别国壮大自己,必然使战争愈加频繁。"[4] 文明的进步与由于扩张胃口越来

---

[1] G. Vlachos, *La Pensée Politique de Kant: Métaphysique de l'sordre et dialectique du progrés* (Paris 1962), p. 44.

[2] "On the Common Saying: 'This May be True in Theory, but it does not Apply in Practice'", ibid., p. 91.

[3] "Conjectures on the Beginning of Human History", ibid., p. 232.

[4] "On the Common Saying: 'This May be True in Theory, but it does not Apply in Practice'", ibid., p. 90.

大导致战争的频频复发这二者之间的辩证法，毫无疑问是他那个时代的一个特征。但是，康德不去探究是什么特定事物充当了社会发展中战争的火车头，相反，他着重于以下论点：更大程度的民主化社会最终根本解决这个问题。于是他这样描述激进的国内变革（或法规之完善）与外部冲突之间复杂互动的性质：

> 所有的战争因此都是那么多的企图（其实不是人的意图而是自然的意图）造成国与国之间的新关系，以及通过毁灭，或至少是肢解旧的实体以建立新的实体。但是这些新实体或是它们自身或是彼此一起没有能力生存下去，于是必将经历类似性质的革命，直到最后，部分是由于国内法规的最优化的内部安排，部分是由于共同的外部协议和立法，造成了一种事态，像一个文明共和体那样可以自动地维持自身。①

正是在这里，现实主义者康德让位于理想主义者康德，从而不在我们直接注意的范围之内了。②康德展望在遥远的将来人转而走向国际合作从而对战争越来越高昂的代价作出回应，但与此同时，"既定国家的野蛮自由"和它由此引起的罪恶迫使人们发现了"均势法则"来调节敌对。③这就是文艺复兴的另一个创新：均势观（the Balance of Power）。

---

① "Idea...", p. 48.
② 关于康德这一方面思想的完整论，参见 A. Hurrell, "Kant and the Kantian paradigm in international relations", *Review of International Studies* (1990), 16, pp. 183–205。我唯一的疑虑是作者没有承认康德在评估战争中的不确定性。
③ "Idea...", p. 49.

第二章 均势观

> 这是一个纯属不同见解的问题，各人均按照自己的观点和自己的特定利益去诠释它。
> ——奥特福侯爵的指令，1750 年，《指令汇编·奥地利辑》①

批评者曾多次抨击均势观——有些令人信服，有些则不然。但均势观却在五百年里的绝大部分时间延续着其效用。对均势观的公开批评仅始于250 年前。这就意味着，或者是在先前的250 年里，均势共识处在持续的误解之下，或者，到批评出现时，情势已变得使均势概念突然变成多余，或者，不为人所知的、与均势观念的优点毫无关系的情况引起了怀有其他目的批评。

通过联系语境对这个理念的周密研究多少可以明确地得出的结论是，均势概念从意大利城邦体系一直展延至新兴的欧洲国际体系；同国家利益观形成鲜明对照，均势观儿个世纪内一直未遇到实质性挑战；

---

① 引自 C. Dupuis, *Le Principe d'Equilibre et le Concert Européen de La Paix de Westphalie à L'Algésiras* (Paris 1909), p. 36.

诚如19世纪的事件充分表明的那样，不仅接受均势观有时包藏着险恶目的，而且就是拒绝均势观也可能同样证明是损人利己的，而且，在拒绝均势的后果证明是灾难时，这种拒绝至少在两种主要情况下明显地适得其反。

有人争辩说，国家利益观开天辟地就有；另一方面，公开表述的这个理念对于马基雅维利时代的欧洲来说却是崭新的。对于均势观，同样可以这样说。大卫·休谟问道："这是一个应将均势理念完全归功于现代政策，还是这个短语只是晚近时代才创造出来的问题吗？"① 但是，这只是一种华丽辞藻而已；他心中已有答案。休谟写道：在希腊城邦间，"每一个压倒性强权必定遭遇一个同盟反对它，这个同盟往往是由它昔日的友邦或盟邦组成的。"② 叙拉古的希罗王（Hiero King of Syracuse）懂得这个原则，当时尽管他是罗马的一个盟友，却驰援迦太基，因为他"珍视迦太基的安全是保有他在西西里的领地和维护同罗马友谊的……必不可少的条件；唯恐迦太基的沦亡使继续存在的强权得以无所匹敌或无所抵抗地实行每一个目的和为所欲为。在这个问题上，他行事大智大勇又精明谨慎。因为那是决不能马虎疏漏的；也不该让这样一支力量掌控在一个国家手里以致使邻国没有能力保卫它们的权利不受侵害"。正如休谟援引波力比阿（Polybius）的话所指出，"这里明确指出现代政治的目的。"③ 因此，几乎可以肯定在古代世界是实践了均势观的。

中世纪早期欧洲对均势观的无视极有可能是源于这个概念在罗马史上的中断，因为罗马最终建立了一个普世帝国，抹掉了对前一个时代的集体记忆。小国不再无拘无束地相互制衡和任意冲突。罗马于是

---

① "Of the Balance of Power", in D. Hume, *Essays: Moral, Political and Literary* (Indianapolis 1985 edition), p. 332.
② Ibid., p. 334.
③ Ibid., p. 337.

成为稳定的磐石。正如贾斯特斯·利普西亚斯（Justus Lipsius，1547—1606）评论罗马帝国时援引普鲁塔克（plutarch）的话说，"它就像这个漂浮世界的一个大锚。"① 在罗马遭到洗劫以后，帝国的分裂并没有立即产生均势体系，因为上层建筑的破裂尚未被商业扩张所充分弥补。正如休谟的同代人威廉·罗伯逊（William Roberts）指出，"我们发现……野蛮人定居于帝国的第一个后果是分裂了罗马强权所统一起来的那些民族。欧洲分裂为许多互不相干的共同体。这些分裂国家之间的交往在几个世纪里几乎完全停止。……即使是同一王国的相距遥远的地区之间，联络也很少很难。"② 这些距离增大了分离感，分离感又导致对外政策行为中的短期主义；这种情况则使均势的运作不可行。罗伯逊提醒我们，"对天各一方之好处的期望，或天高皇帝远偶尔为非作歹谁也管不着的前景，不足以激发各国拿起武器。只有在迫在眉睫的危险或不可避免地面临受伤害或受辱的范围内，人们才会有兴趣进行什么较量或下决心采取预防措施以维护他们自身的安全。"③

因此，只是在近代早期的欧洲，均势才成为一个得到公开承认的流行概念。如同国际关系中许多概念一样，均势概念是自然科学界得出的一种比拟，实际上是从日常生活中得来的一种比拟。任何在市场上购物的人都熟悉称货物重量的天秤。统计学就是对权码分配所造成的均衡条件的研究。在统计学里，对很大权码的计算是一个难解的数学问题。古代希腊人是这个领域里的先驱。但罗马人在研究方面建树甚微。统计学领域的突破早于伽利略和牛顿。正是在中世纪晚期的欧洲，一个并不以原创科学思想著称的时代，统计学研究——当时叫做

---

① 转引自 R. Tuck, *Philosophy and Government 1572 – 1651* (Cambridge 1993), p. 62。
② *The History of the Reign of the Emperor Charles V with A View of the Progress of Society in Europe from the subversion of the Roman Empire to the Beginning of the Sixteenth Century* (London 1769) – *The Works of William Robertson*, Vol. IV (London 1818), p. 92。该著作是此类著作的典范，花费了 10 年才完成。
③ Ibid., p. 105.

计衡学（scientia de ponderibus）——逐渐形成学科，而不仅仅是古典学说的重复。确立精确的计衡标准的必要性当时已成为商业上优先解决的问题。13 世纪的若丹尼斯（Jordanus）推出了一部主要作品《计衡篇》（Liber de ratione ponderis）。① 据法国科学史家皮埃尔·迪昂（Pierre Duhen）说，若丹尼斯的理念唤起了当时许多知识分子兴趣。② 由于受过教育的人如此关注均衡问题，用类比的措辞去诠释非物质客体的行为对于学者来说乃是轻而易举的事。

文艺复兴时代意大利公认的实践导致国家利益的观念化，国家利益的观念化则反映了这种公认的实践。逻辑上的下一步就是均势的观念化。促使均势作为国际关系中的一项支配性原则出现的形势是意大利从洛迪（Lodi）和约（1454 年）至查理八世率领法军入侵（1494年）这个时期被公认为和平稳定时期，其间五强维持着这个半岛的均势，这五强是：威尼斯、米兰、佛罗伦萨、罗马和那不勒斯。事实上这个时期并不像后来描述的那么和平。③ 而且，意大利内部各国之间的关系的约束性并不如后来所说的那样彻底，咄咄逼人的既富又强的威尼斯共和国不只是一个意大利国而且是个超出意大利的强国。佛罗伦萨同法国有着紧密的贸易关系。而且，维持均势的一个关键因素是每个政权的稳定、每个王国或城邦的稳定。正如马基雅维利告诫的那样，一旦这种稳定崩溃，干涉几乎就不可避免。意大利体系也只是因威尼斯人害怕奥斯曼帝国的扩张才运作起来，奥斯曼的扩张促进它们联合起来，而不是继续对半岛上它们的邻国施压。

均势作为一种体系的运作可能始于有着意大利城邦的近代早期的

---

① E. Moody and M. Clagett (eds.), *The Medieval Science of Weights* (Madison 1952), pp. 3 – 20, 57 – 63, 169 – 73.

② P. Duhem, *Les Origines de la Statique* (Paris 1905).

③ 对该课题的最翔实明达、最雄辩的研究，参见 G. Pillinini, *Il sistema degli stati italiani* 1454 – 1494 (Venice 1970).

欧洲,但我们要把1488—1501年间所写的阐述均势体系的第一部出版归功于才华横溢的作家,法国政治家菲利普·科米涅(Philippe de Commynes)①,该书出版于1524年。他写道:"对于意大利的君主们来说,上帝赐予他们在意大利称为公社的抵御屏障,诸如威尼斯、佛罗伦萨、热那亚、波伦亚、锡耶纳、卢卡等等,就某些方面而言,它们都是抵御封建公、候国的屏障,而封建公、候国也是抵御它们的屏障;它们各自都睁着一只眼紧盯着邻国唯恐其强大起来。"② 德·科米涅是宣传均势论的第一人,但仅此而已,不可言过其实;这些概念和相关术语几乎可以肯定在当时全意大利各国政府人士中是广为流传的;德·科米涅作为驻威尼斯大使,得以直接接近并完全熟悉当时盛行的语言和概念。

德·科米涅本人似乎赞同的关于完全均势体系的神话在1494年法国入侵以后旋即出现。这给了意大利人一种理想世界之感,以为他们有朝一日可以回到这个理想世界。每一个神话都有一个中心人物,在这个神话里,佛罗伦萨人推出了洛伦佐·德·美第奇(Lorenzo de Medici)形象。毫不奇怪,使他流芳于世的第一个作者是他的联姻兄弟贝纳多·鲁切莱(Bernardo Rucellai),见诸其所著《意大利战争》

---

① 这一估计是他著作的英文版给出的:*The Memoirs of Philip de Commines, Lord of Argentin*, ed. A. Scoble, Vol. 1 (London 1855)。译文可读性强,他对直接和精确的引文的译法过分随意。因此,该英文版一向被搁在一边而用原版。有人说威尼斯人弗朗西斯科·巴巴罗(Francesco Barbaro, 1395—1454)是提出均势概念的第一人。此说不准确,至少就萨巴迪尼(Sabbadini)、卡罗蒂(Carotti)和莫伦迪(Morandi)明显引证的引文而言是如此。关于结论性的反驳,参见 G. Pillinini, "L'Humanista Veneziano Francesco Barbaro e L'Origine della political di equilibrio", *Archivio Veneto* (Venice 1963) Anno XCIV, V Serie N. 107, pp. 23 – 8。

② *Memoires de Philippe de Commynes*, ed. R. Chantelauze (Paris 1881), p.391. 关于斯各伯尔(Scobble)的翻译,参见 *The Memories*, p. 379。德·科米涅不是国际关系方面的现实主义者。他在政府应如何行为的问题上持道德主义立场,谴责马基雅维利所鼓吹的那种统治者的行为。

(*De Bello italico*)。① 鲁切莱写道：占领那不勒斯的阿拉贡的斐迪南 (Ferdinand of Aragon) 和佛罗伦萨的洛伦佐·德·美第奇两人"是迄今为止意大利所有君主中最精明之君"，他们努力做好"意大利事务赖以维持现状和（用这两人的话说）意大利事务安危所系的那些事情"。② 手稿落到圭奇阿尔迪尼手里，当时他正在拟写意大利史，拿到手稿显然促使他在世纪交替期开始着述此书，并奉献了一幅细节略详的类似画面。③ 实际上，他的《意大利史》写到洛伦佐·德·美第奇时说他"步步谨慎，务使意大利事务持续平衡，使一边的权码不致重于另一边"。④

此后发生的事似乎是，在半封闭的意大利城邦体系内流行的一个理念被传输到整个西欧。在此之后，正如罗伯逊所指出，"欧洲的每一个王国里都发生了重大事件和革命，其他国家几乎就像这些事情的影响决不会祸及它们似的无动于衷的旁观者那样冷漠地看着所发生的一切。"⑤ 因此，西班牙的崛起几乎未引起注意就发生了。当然，发生的变化包括：某些王国变得愈来愈中央集权，有明确意识的国家利益观开始出现。正如罗伯逊所说，"在15世纪的进程中，发生了种种事件，这些事件使君主们得以在他们各自的领地内更加完全地统治军队，从而使他们的军事行动更加有力，范围也更大。其结果，不同王国的事务更加频繁、更加相互紧密相连，他们逐渐习惯于协调和共谋行事，不知不觉地准备形成一种政策体系以便建立或维护最符合普遍安全的那种均势。正是在查理五世统治期间，这个体系之立基所倚托的理念

---

① Bernardi Oricellarii de Bello Italico Commentarius, Iterum in lucem editus (London 1733), pp. 4–5, in particular.
② Ibid., p. 4.
③ 这是罗伯托·里多尔菲 (Roberto Ridolfi) 在他的书中披露的，参见 Genesi Della Storia d'ialia guicciardina (London 1733), pp. 4–5。
④ Opere di Guicciardini, Vol. 2, p. 89.
⑤ Robertson, op. cit.

逐渐被人们充分理解。正是在那时，自该时代以来一成不变地被人们坚持的那些格言为人们普遍所接受。"① 实际上，罗伯逊认为，在1519年，查理五世被选为神圣罗马帝国的皇帝，从而将更大的西欧部分置于一个皇权的统治之下，这也证明均势概念生根的滞后性：

> 欧洲其他的君主们无法继续充当一场争夺战的冷漠的旁观者，这场争夺的结果几乎影响了他们中的每一个人。他们的共同利益理所当然应该组成一个普遍的联合体以使竞争双方的希望落空和阻止任何一方获得可能证明危及欧洲自由的那种明显优越的权力和尊严。但是，有关权力的恰当分配和均势的理念很迟才被引进欧洲政策的体系，因而这些理念迄今为止仍未引起足够的注意。某些君主的情绪，另一些君主之缺乏先见之明，和害怕得罪候补强权，阻碍了这种有益的欧洲各国的联盟，使它们或者全然无视公共安全，或者不去为自身利益作出强劲的努力。②

查理五世顺利登位，尤其是相邻的法国最敏感于均势的转移，佛罗伦萨的国际法学家多纳托·贾诺蒂（Donato Giannotti，1492—1573）同他非常熟识的马基雅维利一样对意大利城邦的衰落、继续成为大国争夺的目标感到苦恼。在随着查理五世当选神圣罗马皇帝，统一奥地利、西班牙、低地国家和德国以后的16世纪出现的体系基本上是两极体系，正是这个体系成为意大利苦难的根源，产生了争夺老大的势力地位的以牙还牙的行动与反行动。贾诺蒂是这样看问题的：他在1535年写道，显而易见的是，"对于那些研讨不仅是意大利各国而且是整个基督教世界各国之特征的人来说，法国国王和这位皇帝是两个君主，

---

① Robertson, op. cit, pp. 107 – 8.
② Robertson, op. cit, Vol. 2：*Works*, Vol. V (London 1818)，p. 68.

是后者［基督教世界］的头号领袖，因而在基督教世界境内出现的任何偶发事件都不能不归咎于他俩"。①

正是从法国的情况出发，在16世纪后半期宗教战争所导致的日益衰弱时刻，让·博丹写到可以在"强国之间的均衡"② 中找到各君主和各国的安全。这就是均势政策，我们将在后面回头再谈这个问题。另一方面，乔万尼·博特罗（Giovanni Botero）发现了由情势决定的均势，这种情势即后来叫做由行为决定的国际体系的结构。在他于1605年出版的《威尼斯共和国的关系》（*Relatione della Republica Venetiana*）一书中，博特罗第一个以阐明新兴国际体系的新颖性的措词解释了均势是怎样以及在何处形成的：

> 凡是不存在多个君主的地方……我们正在讨论的那种均势便无栖身之所。这种情况可以清楚地见诸西班牙、英国、法国、波兰和其他一些起初分裂为多个小公国而后又统一个王权之下的王国。而且，假若整个世界是一个共和国或一个公国，那么制衡之术便是多余的和完全不必要的；但若存在多个君主，那么可以说均势是有用的、良好的，但那不是出于意志［non per natura sua］，而是情势所致［per accidente］。这是两种类型的均势，因为有时均势的目标是由其他不同小国组成的一个共和体，如意大利、德国和基督教世界整体的和平；而有时则是一个特定国家的安全与繁荣。在第一种情况下，均势以某种均衡的态势存在，按照这种均衡态势，该共和体各部分无不以某种均等形式对称、均衡地存

---

① D. Giannotti, "Discorso delle cose d'Italia" (Al Santissimo Padre e Nostro Signore Para Paolo Terzo): *Opere Politiche*, ed. F. Diaz, Vol. 1 (Milan 1974), p. 372. 更多关于 Giannotti 的，参见 *Dizionario Biografico degi Italiani* (Rome 2000), pp. 527–33。

② 转引自 G. Zeller, "Le principe d'équilibre dans la politique internationale avant 1789", *Revue historique*, Vol. 215, 1956, p. 27。

在；额外的权码时而从天平的这一边施加其力，时而从那一边施其力……①

所列举的主要例子是人们熟悉的由洛伦佐·德·美第奇领导的意大利城邦体系的例子。

博特罗认为对均势的求索和那种均势的发现是一个由竞争中各国的多重性所引发的可预测过程，他断言，"均势有自然秩序和理性明灯作为它的基础，因此……各国均势谋求抵销不仅是怀疑对象和敌国而且还有信赖对象和盟国针对它的强权……〔a ogni uno convenga cercar oppositione alla potenza non solo sospetta, e nimica, ma anche confidente e congiunta seco……〕。"② 引人注目的是，尽管博特罗毫不迟疑地投身于针对异端思想的反宗教改革运动，矛头直指针对马基雅维利著作的猛烈攻击，但他还是感到完全有权阐明均势原则而未感到丝毫不安。尽管他对国家利益观的解读和16、17世纪所有天主教作家的解读意味着统治者可以在道德行动与不道德行动之间有所选择，但均势观却是既定之论，在均势问题上不可能有什么将手段的道德性同目的的道德性划等号的讨论。如果均势是一种自然法则，那么对此就不可能有所作为。这表明均势理念作为对长期问题的一种明确而自然的解决办法在近代早期欧洲很快形成共识的程度，它是第一个表现这一点的迹象，但绝不是最后一个。该理念不仅未遇到挑战，它甚至还获得了一种道德品格，这后来使它易受攻击，因为它的具体化可能被利用来掩藏众多不端行为。只有在18—19世纪，均势这个理念才遇到立基于道德的严重挑战，接着又遭到来自新的世俗普世主义者即自由主义者的严重挑战。

---

① Botero, *Relatione della Republica Venetiana* (Venice 1605), p. 9.
② Ibid., p. 9.

到 16 世纪告终时——神圣罗马帝国这时已解脱了它与西班牙的纠葛——均势概念已在伊丽莎白的英国牢固确立。当然，英国与它的分量更重的欧陆对应国家相比仍是一个小强国：这明白地提醒人们，至少在其作为政策的最初阐释中，均势主要是弱国对付强国的一种工具。杰弗里·芬顿（Geoffray Fenton）写道："上帝将均势与正义交到你们手里，任凭你们的意志去平衡和制衡你们时代所有基督教国王的行动与计划。"① 人们可能会说，这是要欣然去做非做不可的要紧事。前英国大法官弗朗西斯·培根暗示"强有力的各精明的内阁之主要智慧"是：

> 永远戒备，有些国家，它们不靠奉迎拍马，也不靠扩展领地，不靠毁灭性的同盟，不靠断绝贸易，不靠任何类似手段，却竟然有实力伤害或惹恼它们所侍奉的国家：一旦这样的事竟然发生，就直接用战争摆平之，千万不要用信贷和付利息去承兑和平。那是如此令人难忘，犹如昨天才发生的那样记忆犹新，这就是，君王三雄即英王亨利八世，法王弗朗西斯一世和神圣罗马皇帝和西班牙国王查理五世，在他们共领风骚的时代是多么富有远见卓识，因为三雄中任何一雄独领风骚的机会少之又少，而其他两雄则一定会竭尽全力使欧洲的均势再次确立。②

这段赞词还意味着，实力的通货从本质上讲就是土地。均势要以领土分配为基础在这三国之间加以维持。战争是维持均势的手段，或者均势失衡时，恢复均势的手段。然而，在别处，培根却较为谨慎。在他的一篇为詹姆士一世所写的论述"不列颠王国真正的强大之处"，

---

① 芬顿把圭奇阿尔迪的史书翻译成英文，引自 A. Vagts, "The Balance of Power: Growth of An Idea", *World Politics*, Vol. 1, No1, October 1948, p. 97。

② "Considerations touching a war with Spain. To the prince", 1624, in *The Works of Francis Bacon*, ed. J. Spedding et al., Vol. XIV (London 1874), p. 477.

最早之一评估现代欧洲国力之要素的文章里,培根指出,"在衡量或权衡强大与否方面,通常过多地归结于领土大小。"其他因素同等重要。除了一定程度的财富以外,真正的强大"诚需要有适当的地理位置"(地理学)。真正的强大"本质上存乎人口以及对人的培养之中"(人口学)。真正的强大"也存在于它所培养的人民之勇猛和好斗意向"(士气)之中。它还要求每个臣民"都适于当兵"(国民健康)。它有赖于"政府的脾性"(与国家的认同)。最后,真正的强大"存乎制海权"。① 他坚持说,领土扩张可能成为"负担而不是增强实力"。② 尽管如此,领土仍然是计算实力的主要依据。

一般说来,法国和西班牙的相对权重分别比英国的相对权重要令人印象深刻。随着完全独立的实体,先是法国后是西班牙将均势提升为提防他国霸权的对外政策原则,意大利城邦体系便黯然失色。查理五世吞并了所有他继承的领地(西班牙、那不勒斯、低地国家、德国和奥地利)组成一个帝国。面对哈布斯堡统治下的西班牙愈来愈在欧洲居支配地位而奥地利和西班牙此时处在不同行政当局的管辖之下,纳瓦尔的亨利(Henri of Navarre)的一位朋友迪普莱西-莫尔内(Duplessis-Mornay)于1584年评论道:

> 所有国家只有在同其邻国的强弱相比较时才被看出是强还是弱。……有时,奥地利的王室实力在受尊重和领土两方面都大为增长;因此均势无疑过分权重一边;这时就要加权于另一边,如果人们不希望我们的法国到头来被压垮的话。③

---

① "Of the true greatness of the Kingdom of Britaine, to King James", Letters, *Memoirs: Parliamentary Affairs, State Papers, With some Curious Pieces in Law and Philosophy Publish'd from the Originals of the Lord Chancellor Bacon*, ed. R. Stephens (London 1736), p. 194.
② Ibid., p. 196.
③ *Discours au roi sur les moyens de diminuer l'Espagnol*, 23 April 1584: G. Zeller, "Le principe d'équilibre...", p. 28.

同样，威尼斯——它昔日作为贸易巨人和意大利一流强国的显赫地位之幻影——愈来愈对哈布斯堡所建立的巨大的强权优势忧心忡忡。正当教皇鼓动建立整个基督教世界反对可恨的土耳其人的大联盟之际，在罗马，保罗·帕鲁塔（Daolo Paruta，1540—1598）却以威尼斯为例正力主建立较为有限的反西班牙联盟。帕鲁塔起先是一名教师但涉足政治，其生涯以出任派往罗马的大使（1592—1595）而步入青云。①他于1592年11月写道："对于意大利的安全来说，法兰西王国的军力不仅靠他们自己而也靠不失时机地同意大利诸强结盟去制衡西班牙国王，这不仅有利而且足够；这样，他若想染指任何意大利人的国家，所有意大利君主的军队就会很容易地为共同防务集合起来，一旦需要与有这样的机会他们随时准备，就会对这样的企图采取强有力的行动。"②

这种论调持续不断。1635年，《国家信使报》（The Mercure d'Estat）发表亨利·迪克·德·罗昂（Henri Due de Rohan）所写的文章《论基督教世界各国君主不同的长处和条件与法国强大力量联合》（Discours des Princes e Estats de la Chrestiente plus considerables a la France, selon leurs divers qualites&conditions），该文认为：

> 所有不屈从或支持西班牙的基督教君主和国家都有志于组成一个反西班牙的必要的抗衡联盟，支持那些拿起武器反对如此可怕的王室国家。③

均势这个工具本该是英国对外政策的一个不变因素，因为相对于欧陆诸强，英国一直较弱；而对欧陆诸强来说，均势更是一种交换手段，日子太平时可以折价交易，对手出现时可以诉诸均势工具。宗教

---

① Bozza, *Scrittori*, p. 54.
② *La Legazione di Roma di Paolo Paruta* (1592-1595), p. 25.
③ *Le Mercure d'Estat ou Recueil de Divers Discours d'Eatat* (1635), p. 399.

战争之后，法国在路易十四统治下建为一个强国和侵略国家，接着扬言要建立西班牙一度十分担心的普世君王国。1667年，德·利索拉男爵弗朗索瓦·保罗（Fransois Paul, Baron de Lisola）出版《国家之盾与正义》（Bouclier d'Estat et de Justice）一书。德·利索拉同意这两大君主国之间均势的维持。但他指责这位法国人滥用了这个原则，到处利用它来拉拢其他强国支持法国，其所依据的是以下错误假设："西班牙的实力与构想比法国的实力与构想更可怕，根据同样的国家利益，它们应当把它们的抗衡权码置于法国一边。"① 路易十四当然不诚实地否认这一点："决非梦想普世君主国的著名理念，奥地利的支持者经常以此提醒整个欧洲，我只是诉求邻国总是视为它们安全的这种对等的均势。"② 但是，这个概念是如此合法化，以致像路易这样路人皆知的扩张主义者居然谋求用均势这面旗帜来掩盖他的侵略计划。

实际上，均势观此时已被普遍接受——即使只用于别人而不应用于自己——因而人们正在把它提升到道德原则的崇高地位。不知怎么地，实用主义至少在欧陆并未被视为充足的辩护理由。坎布雷大主教弗朗索瓦·费奈隆（Anch-bishop of Cambrai, Francois Fenelon, 1651—1751）在他为路易十四的孙子所写的"一个国王的身修指导"（"Directions pour la Conscience d'un Roi"）中争辩道，为了安全的缘故，均势是必不可少的。通常那些用这类术语来表达自己意思的人不理会对人类普世主义理想的带有较多理想主义色彩的诉求。但费奈隆却回归维多利亚和苏亚雷斯，他也争辩说，各国必须建立"某种形式的社会和普遍共和"从而按共同利益行事。③

---

① Bouclier d'Estat et de Justice, contre Le dessein manifestement decouvert de la Monarchie Universelle, Sous le vain pretexte des pretentions de la REYNE DE FRANCE (1667), p. 227.

② 20 May 1700: zeller, "Le principe...", p. 33.

③ Oeuvres Complètes de Francois de Salignac de la Mothe Fénélon, Archeveque-Euc de Cambrai, Princedu Saint-Empire, Vol. VI (Paris 1810), p. 334.

英国由于分量太轻不足以充当均势中的基本权码，故英国人谋求充当法国和西班牙之间的枢轴，或这些欧陆主导国家的接班国。要成功地操作这样的体系必须有一项完全务实、不带倾向性和意识形态上的中立政策，否则就会缺乏可信度。1648年，经过灾难性的三十年战争，接受了奥斯纳布吕克（Dsnabruck）条约和明斯特（Munster）条约（威斯特伐利亚和约）的每个王国有其自己的宗教（Cuius regio, eius religio［to each Kingdom its own religion］）① 这个原则②，为这样的体系铺平了道路，虽然国家利益观花了更长的时间才完全摆脱宗教倾向。原则宣言仅此而已，原则的遵循就更是另一码事了。哈利法克斯勋爵（Lord Halifax, 1633—1695），一度出任英国第一财政大臣，他在1689年反思道，当英国发挥大自然赋予它的以中立方式充当法国与西班牙之间的支轴作用时，这个国家就受益："充当争斗中的两大强国之的永久仲裁……是我们特有的强大的一个标志，因为我们这样做已有相当长时间，坚持这样做不仅是我们的光荣，也是我们的安全存在。"然而，"或者是天数降临到我们内阁头上，或者是由于这后一个时期过于讲究的政策所致，我们竟然以为可以用工业去毁掉我们长期享有的这个强权；我们本来可以永远保持的两个君主国之间的均等主要是由我们闹崩的，维持这种均等较之所有其他国家都是符合我们的利益……而不是使两个君主国中的任何一个的明智均势失去平衡，看

---

① 此处汉译按原书所附英文译法。参见谢大任主编：《拉丁语汉语词典》（商务1988年），附录："西方语文里常见的拉丁语词句"。其中，Cujus region, ejus religio 译做 "各地都有自己的宗教信仰"（p.591）。王铁崖编：《英法汉国际法词汇》（中国对外翻译出版公司1983年）所附 "国际法拉丁语词汇"。其中，cuius region, ejus religio 译做 "统治某地，也就控制了某地的宗教"（p.522）。有些英文版国际关系理论著作中将诘词译做 "谁的国家，谁的宗教"，既切合拉丁原文，又符合1648年前后欧洲都是君主国的历史气氛和语境，作为 "原则" 似更确切、更简洁。——译者注

② *The Consolidated Treaty Series*, ed. C. Parry, Vol. 1（New York 1969）.

来好像我们已学会只权衡佣金（贿赂）而取其最重者。"①

英国只往一个方向投放它的权码——反对法国。正是这一点引起哈利法克斯忧心忡忡。有效的均势政策可以维持很长时期，只要通过对体系内每个国家的相对权重作出中立的和客观的估价来运作就行；要不然的话，它的整个目的就会落空。这绝不是轻而易举的事，对实力的衡量是成问题的。培根早在17世纪20年代就曾反思："恰当衡量和估计一国的军力和实力仅仅是国内事务中更容易犯错误的问题，也是国内事务中更容易产生危险后果的错误。"② 到该世纪末，正确评估的危险由于普遍盛行的腐败而加剧。英国放弃了它的关键利益，因为，哈利法克斯说，政治家或宫廷本身受贿去这么做。因此，不仅仅是宗教妨碍了对国家利益的明确理解。而且，这又提出了一个更大的问题；怎么可能对国家利益作任何客观的诠释，从而又怎么对均势有真正客观的估计？国人到底有多么理性呢？

普芬道夫十分了解对外政策的错综复杂性，正如我们已经指出的，他是概述这一困境的第一人：

> 看到这种利益对于那些通晓国家事务的人来说是如此重要，因而他们不可能无视它；人们可能会问，这种违背国家利益的大错误何以经常会犯。对这个问题的回答也许是，那些拥有最高行政权的人往往没有充分熟谙其本国的和其邻国的国家利益；……有时他们被他们自己的情绪所误导……或者，由于分裂成派系，他们更关心毁灭他们的对手而不是遵循理性的命令。而这种理性乃是现代史最微妙的东西，理性就在于了解那个承担主权的人的个性，或那些治理一国的大臣们的个性；他们的能力、倾向、怪

---

① "The Character of a Trimmer", *HALIFAX: Complete Works*, ed. J. Kenyon (London 1969), pp. 86–7.

② "Of the true greatness...", *Letters, Memoirs*, p. 193.

念头、私人利益、举措行事的方式,等等;因为治国理政的好坏在很大程度上取决于此。因为事情往往是这样:一个自认为弱的国家由于其指导者的善于指导和警惕而建成为非常强大的国家;而一个强国往往由于掌舵人管理不善而迅速衰落。①

当然,危险不仅仅源于霍布斯所说的可能使政治家看不清真正的国家利益的情绪、源于统治者的个性,源于成为每个政府之特征的政治内讧,或者,其实源于掌权者易于被收买的贪欲,而且也源于有目的的理性思想的局限性,特别是在"公众舆论"开始在对外政策决策过程中发挥重大作用的时代。这成为18世纪早期英国特别的心事。

丹尼尔·笛福是一个玩世不恭的人物,对金钱来者不拒,在安妮女王(Queen Anne)朝代充当双重间谍为两方面效劳。其实,一位作家后来说,笛福驳斥他自己先前发表的东西只是为了赚钱。② 尽管如此,他率真写成的评论倒不是毫无影响的。他自我表现为一个精明冷酷的现实主义者,坚决拒绝"没有门户而形成的、只以私人意见⋯⋯为依据建立的和平工程"。③ 他对国际关系行事的方式方法不抱幻想:"世界上最好的君主们的信义与廉耻心太弱,不足以成为产生那种结果[一项和平条约]的基础,特别是,只要按照当今惯例,对条约的信义和信用总是由君主们以自己的方式加以诠释时,在他们可以提出任何借口时,或者发现违背他们说过的话对他们适宜时。"④ 1701年,

---

① S. Pufendorf, *An Introduction to the History of the Principal Kingdoms and States of Europe* (London 1719).

② 他"经常发觉他的作品在回答他自己提出的问题⋯⋯": *The Critical Review*, October 1756, p. 279。

③ *A View of the Affairs of France*: *Purg'd from the Errors and Partiality of News-Writers and Petty-Statemen, of all Sides*, Vol. V, No. 155, 24 March 1708, p. 617.

④ *A View of the real Dangers of the Succession, from The Peace with France*: *Being A sober Enquiry into the Securities proposed in the Articles of Peace and Whether they are such as the Nation ought to be satisfyid with or no* (London 1713), pp. 40 – 1.

笛福对实行那种仅靠理性运作和绕开非理性意见的政策之难处表示担忧。因为公众舆论——即使只是统治阶级的公众舆论——如今是对外政策制定中的一个因素，至少在英国是如此。"在世界所有国家中，我知道没有一个国家是那样完全由他们作为英国人的情绪来治理的。要做到任何全面的理解只有靠某种惊人奇迹来唤起人们的遐想，于是他带着遐想出发，像猎犬狂吠着追奔，直到他们跑累了，然后停下来，再像他们奔过来时一样飞快地往回跑。"他又说："天理不容决不是国与国之间战争的正当理由。百姓的意见也不是理由。"①

在近代早期的欧洲，当时对政策的影响仅限于少数人，因此个人的情绪可威胁到合乎理性的决策，故而国家利益被视为共同体需要的决定性保障。扩大参与对外政策的最重大决定——即战或和的决定——早在1620年就显见于英国。这是由于需要款项所引起的。培根当时不得不代表国王的利益为议会起草一份文告。他写道："因为尽管战争或和平的决策乃帝国的一个秘密，而此事本属于我们王室君权和帝国权力；不过，在这种性质的事业中——对此我们认为不宜有保留，而是沟通——我们永远认为由于我们亲爱的臣民之忠告和普遍拥护，我们得到了帮助，获得了力量。"② 不久以后，这些"亲爱的臣民"推翻了君主制，安插了他们自己的人。扩大的民主变成了对外政策行为服从包括均势在内的理性原则的问题。这时，随着对决策的影响扩散到整个社阶级，集体的情绪有引发辩论和由此产生的扭曲决策的危险。在这种情况下，仅仅基于均势的政策算计——"没有多少领悟，只是流行的大话"③——被视为基于情绪的一种进展；实际上不久

---

① Defoe 以化名发表，参见 *Reasons against a War with France, or an Argument shewing That the Fench King's Owning the Prince of Wales as King of England, Scotland and Ireland; is No Sufficient Ground of a War* (London 1701), pp. 1 and 3.

② "Draught of a Proclamation for a Parliament, referred to in the preceding letter", 18 October 1620: *Letters, Memoirs*, p. 125.

③ *A Review of the Affairs of France*, Vol. VI, No. 7, 19 April 1709, p. 26.

以后它就渐渐视为理性的最后胜利。正如笛福所解释,"为制止……野心和傲慢借以让世界继续焦虑不安的无休止的混乱,他们〔我们的前辈们〕把这种后果归结为总体即整个欧洲政治所致,这被认为一直是毋庸置疑的准则。为了维护世界这个地区的公共和平,应当在所有的几个君主国、共和体和基督教世界各国政府间维持均势——因此我们一直在谈论的过度的强权即可怕的巨怪好几个时代以来在这些地区已被人类社会拒之门外并遭到放逐。"①

然而,倾向在于——一如哈利法克斯所抱怨——英国的政治家和新作家们总是把均势解释为仅仅针对宿敌和天主教国家法国,而给予新教国但令人讨厌的国家如荷兰疑罪从无的开释。就连博林布鲁克勋爵那么精明又有自制力的外交国务大臣。他比其他人更加意识到情绪的逆反影响,居然说荷兰是"英国的边界",是"一起成为新教利益之堡垒的两国。"② 西班牙王位继承战争是英国为抢先阻止法国通过王室继承权吞并西班牙的企图而发动并领导的,如果法国的图谋得逞,就会打破持续了几十年的均势。为激起成功指挥兵伐所必需的恐法心理,情绪被释放出来,这种情绪能轻而易举地云遮雾障决策者的内心世界。社会的集体情绪于是膨胀了政治家们的个人情绪。随着社会愈来愈民主化,随着其他社会纷纷效仿,这些问题逐渐成倍增加,并进一步使事件复杂化。

另一个危险是,英国将会放弃均势政策方面的自我克制,在争霸中取法国而代之,"并就此把我们自己树为欧洲的公敌,在这个公敌位置上将我们拖垮。"③ 在他的《法国事务评论:清除各方新作家和区

---

① *A Review of the Affairs of France*,, Vol. VI, No. 3, 9 April 1709, p. 11.

② Letter to Drummond, 3 December 1710: *Letters and Correspondence, Public and Private, of the Right Honourable Henry St. John, Lord Viscount Bolingbroke, during the time he was Secretary of State to Queen Anne; with state papers, explanatory notes, and a translation of the foreign letters*, ed. G. Parke (London 1789), Vol. 1, p. 22.

③ *A Review of the Affairs of France*, Vol, III, No 65, 1 June 1706, p. 262.

区政治家的错误和偏心眼》(Review of the Affairs France; Purg'd from The Errors and Partiality of New Writers and Petty-Statesmen, of all Sides)中,迪福提醒读者西班牙继承战争究竟是怎么一回事:

> 这场战争的目的是要把过度的强权削弱到应有的程度,让它再衰三竭……过分权倾其余的每一个强权都使自己成为其邻国的害群之马。欧洲正在被分裂为有着各自不同的政府和宪法的许多实体;整体的安全在于适当的权能分配之中,照此分配给政府的每一个组成部分或部门,使每个部门都没有能力反对和摧毁其余部门。……一旦这个强权遭到削弱,它就不再成为其余都嫉妒或愤懑的目标;但是如果任何联合的诸强在这个废墟上崛起;或者以任何他方式使自己过于出人头地;这害群之马就换位给这个强权,它此前被认为是可以援助的,现在削弱这个强权或君主对于其余国家是必不可少的,就像以前削弱别的强权一样。①

随着对法国人的胜利而来的是伦敦充当掮客的和平。笛福于1712年宣称,"英国现在举足轻重,它将操纵均势,无论哪一边推进到极端,它就一定会在这块岩石上碰得粉身碎骨,一定会招致英国人全力挡道;这并不是我希望如此,而是理所当然如斯,不可能是别的什么。"② 均势概念再一次呈现为一种不可避免的自然规律而不是纯粹的选择。也许对此不应说得太过分,因为这是一支肆无忌惮的笔写出来的。毕竟,鼓吹政策的最好方法莫过于把它说成是必然。笛福的动机很快就成为讨论的问题。就在笛福出版他的小册子《对荷战争的正义性与必然性,万一荷兰人不赞同英国女王陛下所宣布的核查措施的

---

① *A Review of the Affairs of France*, Vol. III, No 65, 1 June 1706, p. 262.
② Ibid., Vol. VIII, No 204, 12 July 1712, pp. 817 – 18.

话》① 几乎同时，荷兰人正谋求超出他们应得的东西——他们希望继续战争，而英国政府此时谋求按法国当初建议的条件结束这场战争。

1713年，博林布鲁克大臣冷酷无情地和不光明正大地确保了乌得勒支和约，该和约最终以法国—西班牙联盟反对者的胜利结束了西班牙继承战争。条约的拟订者因此可以从长计议，提供了欧洲的普遍稳定，尤其是一旦英国满足于领土和其他所得，便更是如此，该条约的目的之一是要"通过平衡的均势（这是所有各方持久保持的相互友好和协调一致的最佳最牢固的基础）安排和确立基督教世界的和平与安宁……"。② 这是明确地立基于该项均势原则的第一个国际协议。如前已指出，博林布鲁克是一个公开承认他曾对"他的情绪"、他的"幻想"、他的"弱点"是"多么任性"的人，③ 他十分清楚"判断的主观性太大"的危险从而证明了理性支配公共事务行为这一原则。他关于均势的话表明了无疑产生于苦涩经验的情绪之影响的敏感性，和对有必要将对外政策的行为观念化以确保理性优先的强烈信念：

> 权力的天秤发生变化的确切点就像南北回归线各自的至点一样，凡胎肉眼是难以察觉的……处在渐渐下沉秤盘里的国家不容易摆脱优势财富、或权能、或技能、或勇气的习惯性偏见，也不容易失去这些偏见所激起的信心。处在不断上升秤盘里的国家并不立即感觉到自身的实力，也不会马上表现出那种以后的成功经验才赋予他们的信心。最关心地注视着这种均势变化的国家往往以同样的方式和出于同样的偏见作出误判。他们仍然惧怕的一个不再有能力伤害他们的强国，或者，他们仍然对一个日益壮大愈

---

① Published in London in 1712.
② Treaty of Utrecht between Britain and Spain, 13 July 1713: *The Consolidated Treaty Series*, ed. C. Parry, Vol. 28 (New York 1969), pp. 325–6.
③ 转引自 H. Dickinson, *Bolingbroke* (London 1970), p. 166。

来愈可怕的强国毫无忧心。①

因此,对安全的可能威胁的估价是太容易犯错误了。危险始终在于准备打一场最后战争而没有预见到下一次战争之祸根的危险。

随着欧洲各国人口、工业、农业和对外贸易的增长,同次大陆以外世界的沟通手段却没有可比的改善。欧洲仿佛得了幽闭恐怖症。经过数十年的和平以后,七年战争于1756年爆发。盛行的心态自然地变成了一种零和心态。雷阿尔·德·居尔邦(Réal de Curban,1682—1752)写道:"今天的欧洲由于各组成国相互关系的方式而只形成了一个实体。但在这个实体中,每个部分都有它自身的利益,也只忙于它自身的权力扩张;它喜欢以牺牲所有其他国家的利益来达到自己目的"。② 因此,一个几世纪以来,"对它以为的一个强国野心的最轻微举动"忧心忡忡的欧洲,认为它的安全在于均势,虽然这决不是轻而易举的事。③ "均势必须使每个国家成为它自己的主人,这种均势极其危险故而难求,甚至更加难免;即使一国灭了它,也不可能保持它。难道君主们的情绪、人民的倾向、国家的准则、政权的更迭和国内的革命均找不到那难以寻觅的均衡点?"④

正是掌握在英国手里,欧洲的均势才是最有效的。由于全身致力于海外扩张,英国对纯粹的欧陆各国不构成威胁。而对这种海外扩张构成威胁的一个欧陆国家——即法国,在北美构成威胁——则始终在欧洲遭遇对手。由于纯粹按照欧洲国际体系的条件来处理均势问题,

---

① "A plan for a General History of Europe", Letter VII: *The Miscellaneous Works of the Rt. Honourable Henry St. John, Lord Viscount Bolingbroke* (Edinburgh MDCCLXVIII), p. 143.

② Réal de Curban, *La Science du Gouvernement, Contenant le Traite de Politique par rapport au dehors au dedans de l'Etat, aux moyens de concilier les interests respectifs des Puissances qui partagent la domination de l'Europe*, Vol. 6 (Aix-La-Chapelle1762), p. 437.

③ Ibid., p. 442.

④ Ibid., p. 447.

伦敦便有效地限制了法国海外扩张的能力。一位英国下院议员（MP）于1754年即英国为争夺北美领地而对法战争的前夜指出，"在这方面，我们应当始终拥有对法国的巨大优势，因为它们①之中没有哪个国家会嫉妒我们这个国家。它们中的大多数国家必然总是嫉妒法国；因此，我们永远会轻而易举地在欧陆上组成这样一种同盟，同样也有能力在法国试图纷纷扩张，不论是针对我们抑或针对我们的任何一个盟国时，划界立限以阻断法国的野心目光。"②

然而，怀疑情绪始终存在，甚至在英国亦然，故而欧洲体系诸强之间的关系是如此变化无常，由于不信任，气氛相当恶劣，其原因盖出于把它们控制在均势中的同样原因，因此，尽管经常缔结联盟，战争却并不少打，悬而未决的争吵从来没有完全解决好，只是积重而致近乎腐烂。年轻的爱尔兰国际法学家、政治家爱德蒙·伯克（Edmund Burke）在他的关于七年战争进展——或者毋宁说没有进展——的著作中呼应了托马斯·莫尔爵士（Sir Thomas More）早先的疑虑：

> 均势，现代政策之骄傲，最初发明出来是为维护欧洲的普遍和平与自由（freedom），而今只维护了它在政治、经济和人权上的自由（liberty）。通过政治折腾，各国被按照一个也许不很精确地想象出来的标准或者扩大或者缩小，这种政治折腾一向是而且人们担心将始终是无限争斗与流血的一个原因。外国的大使们一直驻节于所有各国宫廷，谈判频频进行，同盟比比皆是，争吵层出不穷，以致无论何时敌对行动发生，战场总是大得惊人。四散出没的军事行动各方必有强弱之分，收之桑榆则失之东隅；最后达到平衡，因而所有相关诸强定然失之良多；最幸运者则得甚微；

---

① 按指欧陆各国。——译者注
② Colonel Henry Conway, 14 November 1754: *Parliamentary History of England*, Vol. XV (London 1813), col. 340.

它们之所得较之付出与所失决不会合理相称。

这种常见的经验可以证明欧洲实现持久和平的最强有力的理由之一。但是，当时的政治瘟疫就是搞阴谋成风，现存所有各国宫廷的特征就是心浮气躁，这些都妨碍了从这个经验中得出有益的结果。这些新政和平条约，尽管成果平平却是必要的；这些协议是在所有各方精疲力竭，谁也得不到满足时，在无法分清谁是征服者、谁是被征服者的情况下缔订的，在经过徒劳的战争而未能迫使对手屈服以后，它们满足于通过缔约行为来取胜，而同时埋下了新的纠纷、更加难以平息的敌意和更加残酷的战争种子。因为如果推进和平事业，则这些联盟中的任何成员都应获得有利于己的或多或少重要的让与，以后这就成为另一个联盟的理由，成为要剥夺它们所得让与的新阴谋的理由。①

这是对均势的第一次道德主义抨击，在这里，伯克冲动地把均势认同于整体的国际关系行为。然而，这不是一种持久不变的和深思熟虑的判断。因为一旦体系有毁灭之虞，即仅仅12年之后，伯克就认识到均势的更多积极的一面。

最终损毁了要把均势当作道德或法律戒律的脆弱诉求的挑战来自于该原则最有问题的应用：1772、1793和1795年奥地利、普鲁士和俄国三次瓜分波兰。为维持谋求扩张的这三强之间的均势，它们同意妥协：妥协之地刚好是波兰。这件事突出地表明，只有大国才是体系的充分参与国；其他国家是可以被任意摆布的。对西欧均势的变动永恒地极为敏感的英国政府故作冷漠地注视着。对于英国人来说，波兰并不是欧洲正式的一部分，因而在均势的天秤中没有它的位置。波兰

---

① *The Annual Register, or a View of the History, Politics, and Literature, For the Year* 1760 (7th edition, London, 1789), pp. 2–3.

的地位于是近似于海外殖民地；仅此而已，岂有他哉。伯克奋力继续他在七年战争期间发起的抨击。如果说他在1760年反对以均势作为一种推动力，那么，他在1772年就更加反对均势运作的方式，他把这种方式说成是"欧洲政治体系的革命。"①

用伯克的话说，这是"欧洲大多数国家长期以来从不懈怠地注意的目标即政策、权力与统治安排的大体系中的一次出乎意料地重要的革命。"②"对波兰的暴力肢解与瓜分"不是"逐渐削弱我们这个伟大西方共和体的存续"；这是"以威胁到要根本推翻这个整体的方式一下子连根砍掉。"伯克往下侃侃而谈他的整个论点：

> 奇袭一个小镇，入侵一个微不足道的省份，或者推选一个既无令人畏惧之能又无令人爱戴之德的君主，使半个欧洲武装起来，引起另半个欧洲的全面关注。我们现在目睹一个大王国的毁灭，以及由此引起的权力、统治和商业的混乱，对此却全然无动于衷、漠不关心，就像我们读一本有关成吉思汗时代和帖木儿时代鞑靼人的一个部落赶尽杀绝另一个部落的书一样。
>
> 认为欧洲是一个共和体，由几个各自独立但政治上经济上联合的部分组成，各自保持独立但实力不等、不让任何部分以任何手段较其余部分过于强大这一理念是伟大的和自由主义的，而且虽然用词不规范，但还是建立在被最广泛引申的最明智政策的原则基础上。正是由于这个体系，西方世界的最一小部分已获得了对于全球其余地区的相当惊人的（要不然是无法理解的）优势。希腊的财富与光荣始于类似的政策体系，虽然它是建立在较小规模的基础上的。她的财富与光荣随着这个政策体系的终止而

---

① *The Annual Register, or a View of the History, Politics, and Literature, For the Year 1772* (London 1773), p. 1.

② Ibid.

告终。①

伯克认为，亚洲各地过去由于缺乏这样的政策体系而遭殃。他写到罗马崛起问题时说，"每个国家都无动于衷看待它，或者对它邻国的毁灭幸灾乐祸，而没有想一想它被剥夺了的武器和实力很快就会用来毁灭它自己。"② 他也意识到12年前雄辩的表达，因而他承认：

> 不会有人否认，支持某种均势之理念在某些情况下已被推向一个极端；通过人为地利用它在人类情绪和嫉妒的基础上运作，均势已被弄成一个破坏利益攸关的和野心勃勃的个人之图谋的发动机，从而也许促发了某些不必要的战争。

但是，对于公民自由，同样可以这样说。"即使人类精神的最高贵品质也已引发了战争和其他罪恶。"③ 因此，均势是必不可少的：

> 使严密监视强有力的公民同胞的情绪和图谋成为一国的爱国志士义不容辞的义务的同一些原则，亦当同样作用于这种欧洲共同体内的不同国家，这些国家也是一个更大的共和体的主要成员。然而，可叹战争在人性的第一种状态下都是不可避免的；战争可以被推迟，但不可能完全避免；以未来的安全为代价沽取眼前的宁静，无疑是一种最卑劣最低级性质的怯懦。④

---

① *The Annual Register, or a View of the History, Politics, and Literature, For the Year* 1772 (London 1773), p. 2.
② Ibid.
③ Ibid., p. 3.
④ Ibid.

伯克还指出，脱离体系而独立与国家安全不相容。因此，孤立主义根本不是选择：

> 也许不……完全是一种危险想法的是，一个单个的被剥夺了他所属的整个族类的法律，保护和商业的人，可能在茕茕独居的处境中，有着合乎情理的和有充分根据的可能性去自谋方便与安全，就像任何单个的国家在欧洲当前的政治和实际状态下可能期望与所有其他国家割断联系的那种独立与安全。①

正如伯克此时谋求强调的，均势的运作取决于一种共同体感，即使这个共同体只存在于大国之间。宗教作为对此类考虑的一种威胁几乎已不复存在。没有人预见到一种相等的力量——它建立在乌托邦但又在世俗的基础上——能赶走国家利益观并同时赶走均势观，推翻了在作为欧洲国际体系不可分割的一部分的共同价值范围内有控制使用有限武力的做法；虽然正如伯克所证实，这个体系已经处在严重解体之中。他争辩说，"法国一定会以最大的不安注视着那威胁到彻底动摇德国和北方的古老体系的新的权力安排。"而且，法国被完全排除在这一进程之外必定会产生严重的后果：

> 由于她［法国］那么多年来在欧洲事务中担当的领导角色，她已经养成了被人们期待的习惯，即期待她凭借她的大臣们发话和聪明才干去处理所有的谈到和似乎原本出自他们之手的阴谋诡计。因此，除了一切其他的考虑以外，看到某种性质异乎寻常的措施未经她的参与或同意而竟然被采纳和近乎被执行，那一定是

---

① *The Annual Register, or a View of the History, Politics, and Literature, For the Year 1772* (London 1773), p. 3.

十分恼怒的；与此同时，这令人想起了对那个弱点的一种不受欢迎的回忆，这种回忆迄今使她饱受一个纯粹幽灵的缠绕。①

巴黎最终出了乱子这一事实因此不完全是出乎意料的事；不过，乱子出现的形式却是十足的出其不意。这就是1789年的革命——尤其是它在1792年的左倾，当时它同仍在谋求瓜分作为一种扩张手段的几个邻国发生了冲突——这就催生了世俗的普世主义，它威胁到整个体系的完整性：换了一个不同名字的普世君主国。形形色色的君主制政府均遭到攻击，就连英国的立宪主义亦不能幸免。英国激进的相应社团成员被巴黎视为盟友，在奥地利人和其他人受到攻击时，伦敦和欧洲其他国家的首都一样焦虑不安地等待着。1792年11月19日国民会议的法令点燃了火种。英国政府称该法令为"意欲普及法国所采用的新的政府原则，鼓励所有国家，甚至中立国家里的无序和叛乱的正式宣言。"② 一年之内，两国开战；是法国先动手，但只是在英国外交大臣已经断言"我看不出我们怎么能再袖手旁观下去"③ 之后才动手的。

至于交战的原因，一种模棱两可的因素是不可避免的。有的人强调由于谋求控制低地国家境内的些耳德河（Scheldt），法国人打破了均势；另一些人强调法国构成的意识形态威胁，这是一种不同类型的危险——共和政权的本性。就前一个因素而言，只有摧毁那个政权才能给体系带来秩序。而如果其他的此类政权出现，共处同样是不可能的。尽管理论家在伦敦仍然是少数——爱德蒙·伯克及其追随者——

---

① The Annual Register, or a View of the History, Politics, and Literature, *For the Year* 1772 (London 1773), p. 5.

② Grenville to Chauvelin, 31 December 1792: *Foundations of British Foreign Policy Pit t (1792) to Salisbury (1902): Old and New Documents*. Edited by H. Temperley and L. Penson (London 1938), doc. 1.

③ Grenville to Lord Auckland, 24 January 1793: M. Hutt, *Chouannerie and Counter-Revolution: Puisaye, the Princes and the British Government in the 1790s* (Cambridge 1983) Vol. 1, p. 98.

但在其他国家却有一呼百应的地位,尤其是在俄国和奥地利。俄国驻伦敦大使写道:"我们相距遥远,这在一定时期内保护了我们;我们将是最后一个,但我们也将是这个瘟疫的牺牲品。"① 然而,伯克、俄国人、奥地利人和英国政府之间的距离并没有某些人要我们相信的那样遥远。正如威廉·庇特(William Pitt)首相向议会提交外侨法案(the Alien Bill)——该法案是英国对法国国民公会作出的直接的压迫性回应——时雄辩地提出的问题,"难道有可能把他们舆论取得的进展同他们武器取得的成功分开来吗?"②

法国人为自己辩解少不了用以下论点:旧的公法体系包括均势观现在已经无可挽回地崩溃了。这是拿破仑·波拿巴(Napoleon Bonaparte)摆在世界面前的论辩的基础,他在世纪交替时期支持将法国外交部政治通讯一司首脑奥特里夫伯爵亚历山大—莫里斯·布朗·德·朗诺特(Alexandre-Maurice Blanc de Lanautte, Comte d'Hanterive, 1754—1830)的雄辩、学识和经验编成他的国际关系思想并付梓印刷。其后出版的《共和八年岁末的法兰西国家》(*De L'Etat de La France a La Fin de L'An Vill*)一书基本上是针对英国人的一种持续论战,英国人最终被认为要对降临到欧洲国际体系头上的大多数灾难负责。该书声称,"根据所有国际法学家的研判,威斯特伐利亚条约[原文如此]在17世纪中期创立了现代公法。"③ 根据这种观点,有三大事件瓦解了和平解决的基础。第一,俄国作为一个强国的崛起;第二,普鲁士从德意志帝国内的从属地位之提升;最后但并非最不重要的是,殖民

---

① Prince Vorontsov to his brother, at the end of 1792: K. Dzhezhula, *Rossiya I velikaya frantuzskaya burzhuaznaya revolyutsiya kontsa XVIII veka* (Kiev 1792), p. 152.

② 4 January 1793: *The Parliamentary History of England from the Earliest Period to the Year 1803*, Vol. XXX (London 1817) col. 235. 另一种不同看法,参见 T. Blanning, *The French Revolutionary Wars* (London 1986); P. Schroeder, *The Transformation of European Politics* (Oxford 1994)。奇怪的是,他们都没有提到关于该话题的议会辩论。

③ *De L'Etat de La France à La Fin de L'An VIII* (Paris 1800), p. 3.

和海上体系"在全球四大地区"的大发展。①

对于俄国,该书的抨击巧妙地同瓜分波兰时代辉格党人所表达的担忧一唱一和:

> 有前几个世纪里尚不为人所知的一种理论从那时起被引进欧洲。联合的入侵计划,瓜分协议和瓜分共谋者新划界的保证,是如此神秘地准备就绪,因而暴力执行这些计划、协议和保证必然引发丑闻。这些观点的出现,尤其是它们的全盘实现刺激了大国的贪心,在二流强国之中敲响了警钟,向小国宣告它们是毫无保障的,它们的命运从此或多或少取决于它们之被并入邻国能让强邻放心。②

普鲁士的崛起,特别是说它打破了神圣罗马帝国内部的均势和将法国排除出局之说在英国并未引起这样的反响。虽然所有这一切或多或少只不过是攻击英国的序幕。

新世界的开辟是一种值得欢迎的现象。"第一个时代是15、16世纪欧洲历史上最辉煌的新篇章之一"。这是一个英雄主义冒险的时代和"勇气、野蛮和贪婪"的引人注目的场面。"但是这些事件对欧洲的大结构没有多少影响;它们同欧洲政治几乎毫无联系;它们在西班牙的衰微和荷兰的命运方面只起到部分作用。这两国的事同第二个时代相联系,对这第二个时代,我当予以特别的详细研究。③ 这个时代从18世纪中期开始,是以疯狂奔向海外掠夺财富为特征的。在这方面,英国人最初是偷偷摸摸地(以克伦威尔治下制定的航海条例最为引人注目)确保了公海支配权,使英国人得以利用英国积聚的利润对

---

① *De L'Etat de La France à La Fin de L'An VIII* (Paris 1800), p. 6.
② Ibid., pp. 11–12.
③ Ibid., p. 23.

欧陆实行分而治之从而在欧洲发挥了关键作用。① 奥特里夫在书的结尾处否弃英国设想的在欧洲建立这种均势的可能性，他在某种程度上论证道，由于法国是欧洲的中心，故可以而且应当召请它来维持欧陆各地区的地方均势！

这种分析和雄辩尽管显然是为自身利益服务的，却是令人感兴趣，这不仅是因为它提出了一种替代性的国际关系观点，而且是因为它是由来自柏林和伦敦的反应激励所致。第一个反应出自弗里德里希·根茨（Friedrich Gentz, 1764—1832）的天才的、名气愈来愈大的笔下，根茨曾是康德的学生，他从 1793 年起任职于普鲁士陆军部（Prussian War Office），拿英国人的钱（当时他回击奥特里夫的书出版），后出任奥地利梅特涅的亲密顾问。根茨于 1802 年在伦敦出版了他回应奥特里夫的书。他抨击把威斯特伐利亚和约提升为欧洲国际体系的法律基础是可笑的，因为该和约"甚至没有将旨在成为国际联合体系之基础的一项合约的第一个条件付诸实现；它并没有包括所有国家，就连当时重要的国家也没有全包括进去；更不消说包容和约所包括国家的全部国际关系。"② 此外，

> 各帝国的命运如同个人的命运一样随波沉浮：由于它们各自的进展不同步，新的产业部门和实力出乎意料的发展、个人与家庭的联系，还有，它们的统治者的见解、性格和情绪，必定会发生人的智慧所无法预见到的许多变迁，很少有办法阻止这种变迁。每一个变迁都会引起新的需要，新的计划和新的权利主张；危及或摧毁从前的均衡；新的难题呈现在政治家面前，使恢复均势体系必不可少，重新界定了各自的权利。任何国家的法律准则都不

---

① *De L'Etat de La France à La Fin de L'An VIII* (Paris 1800), pp. 25 – 9.
② F. Gentz, *On the State of Europe before and after the Frech Revolution being An Answer to L'Etat de la France à La Fin de L'An VIII* (London 1802), p. 10.

可能规定其居民之性格和行为方式，公民的和道德的和国内的条件的未来每一个可能的变异；甚至也不可能通过任何一般性条约的手段建立永恒的公法体系，不论这种条约包含多少目标，也不论其多么无微不至与综合能力有多大。①

在关于俄国的问题上，根茨同奥特里夫没有多大的不同意见：他写道，"无可否认，这个新帝国的形成促使国际政治关系更加复杂化，使它们的联合更加困难；计划与反计划，权利主张与异议；攻防战；和对现时代尤为显著的无休止活动以新的推动。"② 至于对波兰的瓜分，根茨与其说因瓜分这一事实而感到不安——毕竟他是普鲁士人，他的国家从瓜分获利——倒不如说是由于以传统术语将瓜分合法化这一事实而不安，此类传统术语这时已大大贬值，这是由于：

> 征服和瓜分的计划——其中一大部分归入这个帝国［俄国］的账户——对它们的伤害与其说是眼前，不如说在于长远的恶果。它们打击了一切政治和社会安全的基础；它们使一切原则散了架并失去效验；它们令人们怀疑国际法是不是徒有虚名，是不是作为强权的披风而造设而为强者暗中鄙视：它们是一切未来侵占的模式、口实和借口；它们大大地玷污了公众舆论，因而什么**稳健政策、均势体系、维护或恢复均势**这些十分常用的术语其实只不过是滥施强权，或者说是专断意志的操演。③

这个问题由新问世的《爱丁堡评论》（*Edinburgh Review*）杂志创

---

① F. Gentz, *On the State of Europe before and after the Frech Revolution being An Answer to L'Etat de la France à La Fin de L'An VIII* (London 1802), pp. 8 – 9.
② Ibid., pp. 15 – 16.
③ Ibid., p. 17.

始主编、年轻、有为、敬业、激进的苏格兰辉格党人亨利·布鲁厄姆（Henry Brougham，1778—1868）予以挑明。布鲁厄姆既不认同于起初强烈支持法国革命的福克斯（Fox），也不认同于热烈支持反法战争事业的伯克。布鲁厄姆试图维护均势体系的本来目的，称"瓜分体系"就是：

> 那个我们十分含蓄地依靠它来保护自己免于所有此类灾难的虽然腐败十分惊人但却是自然的均势体系。这种均势体系把所有国家武装起来对付一国的侵夺，确保我们在平时完全免受普世统治的危险；但它无法保护小国抵御两三个野心勃勃的君主之联手。甚至似乎会促进一切权力和权威集中在少数几个大统治者的侵夺之手里。这种联手显然是那些从前会单枪匹马进行征服而近期由于均势体系的顺势而动的国家之野心所依托的谋略；这种联手似乎只是使这种野心有了更加坚定的方向和更大的成功保证。①

布鲁厄姆——无疑反映了一个一流强国的利益——并不像根茨那样争辩均势应谋求国与国之间的均等。他持较为保守的观点，认为均势的目的是"保护和确保命运使之产生的不规则事物；使贫富都安全和独立；保持对不满的劣势者之联合的合法权力和权威。"② 他和根茨都认为："小国一被消灭，现代体系的一切实惠尽失"，但布鲁厄姆仍然认为"把欧洲分裂成两三个势均力敌的大帝国犹如把欧洲交给一个普世君主统治一样，全欧的繁荣和独立便被有效地毁灭了。"③

布鲁厄姆承认"瓜分体系是均势体系的毋庸置疑的产儿；它是按同一些原则运作的，为了毁灭和不公平扩张的目的，只适用于那些为

---

① "Gentz, *Etat de l'Europe*", *Edinburgh Review*, No. III, April 1803, p. 16.
② Ibid.
③ Ibid., pp. 16–17.

了保持独立和约束野心而人为建立的国家。"这是原体系的腐败变形,因为它似乎是以维持均势为名,以牺牲弱国为代价而使大国的扩张主义合法化和强化:

> 大国强国的野心很少旨在臣服一个大而强的对手;刚开始时,它满足于较易得手的某些小领地,他们的邻国只是由于此种掠夺行为在势均力敌的掠夺者同道中激起的嫉妒才得以保全。然而,由于瓜分体系,所有这种嫉妒便全都被解除了武装;大国联合起来;它们受贿获得一份掠夺品,它们协同操作,通过巧妙地分割它们已经取的战利品精心调适它们几个帝国的沉重的均势。

布鲁厄姆认为这是不祥的。"除非能有效地教导各国懂得,领土和实力的有益伸展是有限度的。对于我们来说,设想在另一个世纪的进程中,瓜分体系很可能完全颠覆欧洲的旧法统,这无论如何看来不是凭空想象。"①

布鲁厄姆的目的在很大程度上是要把均势从它近期的变形中拯救出来。奥特里夫声称,均势已经被推翻,需要某种新均势取而代之。布鲁厄姆认为均势对于国际关系的行为是根本性的因而不会那么容易被抹掉的。他指出,"断言整个均势体系从根本上被推翻,这看来与其说是对事实的庄严宣示不如说是一种修辞手段。均势体系并不存在于条约或联盟之中以致违反了条约或联盟它就死亡;体系存在于本质上是不朽的原则之中;对原则的认知和影响决不会死亡,只是人们保持理性和文明化,原则会轻而易举地设法在各国的命运可能出现的每一种新的综合情况下展现和运用自己。"②

---

① "Gentz, Etat de l'Europe", *Edinburgh Review*, No. III, April 1803, p. 18.
② Ibid.

根茨所著《欧洲均势片想》于 1806 年问世，使布鲁厄姆有了进一步机会详述这些观点。到这时为止，根茨是站在梅特涅一边的，他匆匆忙忙地发表了一部即将出版的较大部头著作的前言部分。① 根茨在这篇前言里修正了原先遭到布鲁厄姆抨击的如下见解：均势体系要求参与国之间的权重两边均等。修订后的见解是，他的"均势论"要求"**制衡体系**。因为它的最高境界的结果与其说是完美的均衡，也许不如说是均势天秤中的两边不断交替的振荡，由于平衡力量的运用，就防止了振荡超出一定的限度。"② 但是，由于根茨对现行政策的偏心眼关注和普奥两国政府对法战争的需要，这件佳品便被弄污了。布鲁厄姆在次年的《爱丁堡评论》中所挑战的正是这种偏向，根茨"对凡是法国所不关心的都转而进行辩护"。③

实际上，根茨显然已经形成了围绕同法国冲突的历史和未来斗争的需要维持均势的论点。奥地利等国 1792 年对革命政权的干涉由于法国作为一个强国正在解体从而使均势处在危险之中这一事实而证明是正当的。布鲁厄姆表示反对。他写道："根据我们的理解，1792 年瓜分法国的企图，就除了事件本身以外的所有事情而言，很像 20 年前肇始欧洲灾难的计划。"④ 他指出："这正是 1772 年［第一次瓜分波兰之年］的语言。""波兰人或法国人均不被允许自行其是，以免他们的无政府状态持续下去并导致某种民族自杀。他们的邻国必须进攻他们以拯救他们的生存，而不是为了保卫它们自己；由于这种干涉的缘故，假如波兰人有法国人那样强大，我们就会有一切可能看到维斯杜拉（Vistula）以西的欧洲在 1772 年以后不久遭到蹂躏，而不是见到莱茵

---

① 该著作据说是在 1805 年 9、10 月间写的，于 1806 年 4 月出版。
② F. Gentz, *Fragments Upon the Balance of Power in Europe* (London 1806), p. 63
③ "Gentz on the State of Europe", *Edinburgh Review*, No XVIII, January 1807, p. 259.
④ Ibid., p. 264.

河以东的欧洲在几年以后被征服。"① 布鲁厄姆总是急于抽掉对外政策下面的意识形态基础,以便维护他认为是欧洲体系长期稳定必不可少的基本原则,他认为把人的本性看得过分乐观是明显的危险。他继续说道:"就我们现在的目的而言,只需注意到这些就足够了:根茨先生承认已使原设计变形和降级的那些变迁是所有这些组合的核心要素;因为一个邻国内部自毁可能导致危险而联手进攻它,和因为一个邻国太弱而联手瓜分它,这二者之间并无实际的区别;只要人性依旧,后者所述的所有联手将迅速蜕变为前者的性质;还有,这种必然性恰恰成了干扰或抨击根茨先生的理念,并放弃这本杂志经常坚持的安全和有益原则之罪恶,进攻性同盟严格限于任何一国实力增长过甚所造成的明显危险的情形。"② 同样,布鲁厄姆指出,国内权力基础的纯增大不是干涉的正当理由。其他人——显然是指伯克,此处未点其名——争辩说,必须在法国将她的理念传遍欧陆之前进攻她。伯克和根茨均代表主战派的论点。布鲁厄姆写道:"主战论传遍欧洲各地之后,除了两三个十分虚弱无力国家例外,最终使人们对普世主权的恐惧心成为现实主战论最初建立的基础;由于进攻法国以防止她在某个遥远的时期征服欧陆,欧陆反而在 20 年里被法国一个个地臣服了。事实既然无论如何是这样,那么,怀疑主战派借以行事的那些原则的正确性,和猜测如果这一派的狂热信徒们要帮助纠正他们的辩护人所造成的罪恶,那就必须修订他们的基本原则,或者矫正对这些原则的运用,就不全然是不公正的了。"③

  布鲁厄姆的反思并不是完全没有影响。他迅速地成为伦敦社会里的一位知名人物。均势观仍然支配着英国的政策。实际上,均势此时已被催生成一个更为精妙有效的维护欧洲安全的体系。后来在进入对

---

① "Gentz on the State of Europe", *Edinburgh Review*, No XVIII, January 1807, p. 265.
② Ibid.
③ Ibid., pp. 270 – 1.

法战争时——这场战争特别被预期将是短期的战争①，庇特首相（Prime Minister Pitt）重新界定他的目的是建立"各国政府间的最紧密联盟和协调措施"，进而建立"一个全面和综合的欧洲公法体系，并尽可能地作出规定以抑制未来扰乱普遍安宁的企图，尤其是抑制类似于自法国革命这个灾难时代以来欧洲蒙受的那种扩张和野心的计划"。②

1815 年，最终实现对法国的胜利。维也纳和平安排在很大程度上反映了英国的轻重缓急次序。然而，同俄奥原初目的相一致，俄国人和奥地利人还组成了一个同盟，其全部用意是要进一步干涉其他国家的内政以维持社会和政治现状。这有先例可循。近代早期欧洲各国干涉它们邻国的国内事务以维持宗教原则。法国革命被打败以后，干涉被以为是正当的，理由是需要预防革命原则的重新出现。③ 即便是梅特涅也一再表示对均势的关心，不过他也始终如一地将这些关心从属于防止革命这个优先目标。梅特涅写道："所有国家的政府都要打共同之敌；这些敌人就是那些要取它们而代之进行统治的人。"④ 同样，在 1830 年比利时独立问题的危机期间，梅特涅致书沙皇的代表称："现代历史上没有哪一个时代的社会像现在这样由于法国的动乱而呈现那么多的危险。欧洲福祉真正的……也是最后仅剩的依靠在于大国之间的谅解，它建立在它们感到愉快而自负联盟的保守基础之上。"⑤这个联盟的另一半是俄国。尼古拉一世的外交大臣涅谢尔罗捷（Nes-

---

① 关于坎宁（Canning）的回忆录，他是庇特的幕僚，参见 *The Speeches of the Right Honourable George Canning with a Memoir of His Life*, ed. R. Therry (London 1828), p. 123。

② Memorandum on the Deliverance and Security of Europe, 19 January 1805: *Foundations*, doc. 2.

③ 查博德关于 W. Kienast, *Die Anfange des wuropaischen Staaten System im spateren Mittelalter*: *Rivista storica italiana*, Series V, Vol. 1, Fasc. IV, 31 December 1936, pp. 86–9 的评述中强调了这一点。

④ 转引自 Haas, *Blegium and the Balance of Power*, p. 157。

⑤ Ibid., pp. 166–7。

selrode）在 1830 年革命后写信给他的儿子说，"我们甚至比你更加全神贯注于那已经控制了人们、驱使他们去推翻各个王国的可怕的疯狂"。① 正是对革命威胁的压倒一切的担忧促进了要清理国际关系中麻烦问题的紧迫感；涅谢尔罗捷又说："我们在世的这个时期里，世界决不会再有一个安宁之日。""因此，让我们赶紧和平解决比利时、希腊和波兰诸问题。也许在两个月之内，就再不会有时间去解决它们。"②

相反，英国的利益始终不渝地指向不带意识形态和宗教色彩的更加客观的运用均势机制，而在过去，所有的大国将试图运用这一原则掩盖不那么公正的行动。1823 年西班牙爆发革命，此时已复辟波旁君主统治的法国人进行干涉镇压西班牙的革命，英国政府在乔治·坎宁（George Canning）指导下为维也纳会议建立的体系辩护，说它是"决非意在为建立世界政府或为监督其他国家内部事务而联合的联盟"。③ 坎宁后来重申了这一点，他说，过去他曾说过，"本国在目前的世界时局中的立场是中立的立场，不仅是在冲突国家之间中立，而且在相互争斗的原则之间中立；单单凭借这个中立，我们就能维持这个均势，我认为维护均势是世界和平与安全之根本。"他曾遭到威廉·威尔伯福斯（William Wilberforce）一类的辉格党人的攻击——他虽然富有洞察力地但又是恶意地称此公为"混迹世界事务而不染"④ ——说他没有直接站在西班牙一边反对法国。不过他最不愿意让步，只是过分意识到人们担心"将在欧洲点燃的下一场战争，与其说是军队之间的战

---

① 转引自 Haas, *Blegium and the Balance of Power*, p. 171。
② Ibid.
③ Speech to the House of Commons on "Negociations Relative to Spain", 28 April 1823; *Speeches*, ed. Therry, p. 63.
④ Ibid., p. 64. 关于 Wilberforce 的反击：Hansard, *The Parliamentary Debates*, Vol. VIII (London 1823), cols. 1361 −4。

争不如说将是一场舆论的战争"。①

因此，英国仍然是真正致力于均势观至关重要的超然中立的唯一强国——当然是为了它的利益，而不是由于对行善伐恶的不可抗拒的承诺。而且，只有某些强国才有资格成为欧洲国际体系的合法的一部分。一个多世纪以前迪福已经承认"瑞典或莫斯科大公国、匈牙利或土耳其"属于"欧洲"，但它们不是"欧洲的支配性地区"。② 自那时以来，俄国彻底加入该体系，普鲁士此时已是一个需要认真对待的强国。

这个体系仍限于欧洲。但是进一步扩大的前景已在遥远的西方地平线上呈现。英国人对南美洲反对西班牙的革命越来越采取支持的态度，作为纠正对西班牙均势的一种手段。早在1790年，西蒙·玻利瓦尔（Simon Bolivar）的失意先驱者弗朗西斯科·德·米朗达（Francisco de Miranda）向庇特提出的正是此意。为回报英国的支持，他答应"向英国提供极其广泛的优惠贸易"，并答应"两个民族〔英国和南美作为一个整体〕可以结成世界上最令人尊敬的优势政治联盟。"③ 但是，米朗达痛苦地失望了。他后来向俄国大使发泄他对庇特的心头之恨，说庇特是"似乎是只以马基雅维利《君主论》的谏言为指南的怪物。"④ 然而，随着拉丁美洲一个更加积极的争取脱离西班牙而独立的运动的崛起，1815年反叛领导人玻利瓦尔写了一封信呼吁英国人提供援助并以此建立一个变革的重要里程碑。新世界的这个地区——委内瑞拉——为英国的工业提供了巨大的富源：

> 我不会说到其他地区，这些地区渴望自由只是为了委身于欧

---

① Speech, 12 December 1826: *Foundation*, doc. 7.
② 转引自 W. Roosen, *Daniel Defoe and Diplomacy* (London 1986), p. 35。
③ W. Robertson, *The Life of Miranda* (Chapel Hill 1929), Vol. 1, p. 101.
④ P. Bartenev, ed., *Arkhiv khnyaza Vorontsova* (Moscow 1870–83), Vol. xxx, p. 293.

陆人，数年之内把美洲变成又一个欧洲，有了它，英国凭借其在政治均势中日益增强的权重，将很快地削弱它的敌人的力量，这些敌人将间接地和不可避免地到这里来重建不利于英国的商业优势和增强军事实力使之得以维持一个以武力控制世界各地区的巨无霸。①

而在后面的一封致威灵顿公爵，从拿破仑手里解放西班牙的理查德·韦尔斯利爵士（Sir Richard Wellesley）的信里，玻利瓦尔豪迈地提到"宇宙的平衡和英国的利益""同拯救美洲完全一致！"②

正是这位保守但不顾一切的外交大臣坎宁几乎没有多少选择余地，只能将这些观点搁到 12 年之后法国入侵西班牙从而危及新的均势之时，他力主要做到真正的理性化以避免代价高昂的战争选择，但也要有遏制法国强权的手段：

> 我已经说过，法国军队进入西班牙时，我们可以选择用战争抵拒或对这种做法表示愤恨。但是，难道就没有别的办法而只能用战争来恢复均势吗？——均势是一种固定不可改变的标准吗？或者，难道它不是一个随着文明进步新国家在旧的政治群体中涌现而不断变化、生生不息的标准吗？一个半世纪以前的均势将要在法国和西班牙、荷兰、奥地利及英国之间进行调整。若干年以后，俄国在欧洲政治中占据高位。再过若干年以后，普鲁士成为一个不仅独立存在而且居优势地位的君主国。因此，尽管均势在原则上依旧，调整均势的手段却变化多端，也更为扩大。按照均势天秤两边可交替转移的权码数目的增加，成比例地扩大调整均势的手段。

---

① Simon Bolívar to Maxwell Hyslop, 19 May 1815: S. Bolívar, *Obras Completas*, Vol. 1, ed. V. Lecuna (La Habana, 1947), doc. 114.

② Bolívar to Wellesley, 27 May 1815: ibid., doc. 117.

……假如西班牙掌控在对手的手里，那么怎样才能使之无损于我们的利益——同时对掌控者也无价值呢？难道对这种凌辱不可以得到补偿，难道我们祖先的政策不可以凭借更好地适合于现时代的手段来证明是正确的吗？如果法国占领西班牙，那么，为了避免这种占领的后果，我们竟有必要封锁加的斯（Cadiz）？不，我另有看法——我谋求在另一个半球的实质补偿。考虑到西班牙的情况，就像我们的祖先对她的了解那样，我决定，如果法国占有西班牙，那就不应当是"有西印度群岛"的西班牙。我创造这个新世界以纠正旧世界的均势……①

坎宁未公开说出来的审慎意见对未来并非不重要：

另一个也许更为强有力的动因是我对美利坚合众国的野心和优势地位的理解。该国政府的政策显然是一个跨大西洋的大联盟把自己同所有美洲各国联结在一起，这个跨大西洋大联盟会有其独自的方向。不用说，这样一种优势地位在和平时期可能带来多大的不便，而在战争情况下又是多么可怕。②

坎宁于是谈到要扩大均势运作的政治体系，但只是因为他认为法国在持久的基础上吸引着美国人。坎宁这样做是超前一个世纪而为之。在实践上没有产生任何结果，无非是因为这样做并不符合英国的利益。

美国人——至少是那些这样称呼自己的人——无意于直接参与欧洲国际体系的延伸。对美国的当众侮辱莫过于欧洲建议将那个体系的

---

① Speech on Portugal, House of Commons, 12 December 1826: K. Bourne (ed.), *The Foreign Policy of Victorian England, 1803 – 1902* (Oxfod 1970), doc. 3.
② 转引自 H. Temperley, *The Foreign Policy of Canning, 1822 – 1827* (London 1925), p. 553。

规则延伸到北美次大陆,这无非是因为美国政府正着手启动一个更为迅速的领土扩张过程;正如詹姆斯·波尔克(James Polk, 1795—1849)总统宣称的那样,"同样出于我们的安全和我们的利益考虑,有效保护我们的法律应当遍及我们整个领土范围。"① 得克萨斯脱离墨西哥时,英法就承认其独立。两国在 1837 年给予承认只是以得克萨斯保持独立为条件的。但在 1845 年,美国政府兼并了得克萨斯。这促使欧洲要求美国人遵从欧洲盛行的同一行为规则。波尔克总统断然驳斥这些要求:

> 我们的移居地迅速扩大到迄今未被占领的我们的领地,新的州加入我们的联邦、自由原则的扩张以及我们作为一个国家蒸蒸日上的强大正在引起欧洲列强的注意,不久前某些欧洲列强已经提出要在这个[北美]大陆搞"均势"以阻止我们进展的主意。美国真诚地希望同所有国家保持友好融洽的关系,它不能默然允许欧洲对北美大陆的任何干涉,倘若有人企图进行任何这样的干涉,美国准备不顾一切危险抵抗它。……
>
> ……欧洲形形色色的统治者中间为免他们中的任何一个过分强大压倒其余而产生的嫉妒心;已促使他们急欲建立他们所说的"均势"。不能允许所谓"均势"任何应用于北美大陆,特别是应用到美国。我们应当坚持如下原则:只有本大陆的人民才有权决定他们自己的命运。假如他们中的任何部分建立了独立国家,建立同我们的联邦联合起来,这将是他们和我们的问题,不容任何外国干涉。我们决不能同意欧洲列强干涉阻止这种联合,因为这可能扰乱它们希望在本大陆维持的"均势"。②

---

① First annual message to Congress, 2 December 1845: *A Compilation of the Message and Papers of the Presidents 1789 – 1907*, ed. J. Richardson (1908), p. 399.

② Ibid., p. 398.

并非欧洲所有国家都那么喜欢均势。直到 19 世纪，除了伯克是一时的例外，均势在实践上曾遭到反而来自谋求普世帝国的国家和政治家的抨击。在英国，均势观成功地将国家利益理性化因而引起很少异议。但是随着理想主义的国际关系观在亚当·斯密的自由市场经济（参见第 142—148 页）的基础上崛起，该理念不是把战争视为贸易的天然补充，而是认定贸易不仅需要和平，贸易也创造和平，相反，均势同战争相联系。

代表伯明翰的议员约翰·布赖特（John Bright）概述了这一立场：

> 我认为我宣布均势论几近死亡和被埋葬并无大错。你们不可能略加思索就理解说均势是什么意思。如果能把记录摆到你们面前的话——不过人的眼睛不可能看完记载着均势论给这个国家造成的苦难的案卷。我一想起它，眼前浮现出一个可怕的幽灵，在 170 年间，这个幽灵尽管在这个国家里受到顶礼膜拜，却使这个国家背上了债务和赋税的重负，数十万英国人献出了生命，数百万个家庭支离破碎，并且由于它引起的恣意挥霍的支出，在社会天秤的一端给我们留下了双倍的贵族，而在另一端留给我们远不止双倍的贫民。①

同样，议员理查德·科布登（Richard Cobden）说，"均势是一幻想！它不是一种谬论、一种错误、一种欺骗——这是一种无以言表、难以形容、难以理解的虚无之物。"② 在所有这一切之中，多半是惺惺作态，大量的情绪激动，更多的是巧言令色，但没有多少思想，隐藏在言词夸张的抨击所针对的政策咄咄逼人一面背后的是那些激进派误

---

① 18 January 1865: *The Foreign Policy*, doc. 82.
② 转引自 M. Anderson, *The Rise of Modern Diplomacy 1450 – 1919* (London 1993), p. 190。

以为有利于和平的那个贸易利益集团，要不然，何以有大英帝国呢？出于要维持欧陆均势的高尚品格，英国人从未无意于在海外建立均势，在海外，他们的利益是通过持续不断的一连串海军和陆军的推进加以保护和拓展的。

自西班牙帝国衰落以来，法国最常成为均势行动的不情愿的目标。因此，它不是均势原则的主要崇拜者，随着拿破仑战争后欧洲民族自决替代物的兴起，法国人谋求使自己认同于欧陆各地复活的民族主义。一般说来，这种民族主义使哪怕英国——但最肯定的是奥地利和俄国都不易防范。正如一位法国评论家写道，"理想的政治体系未必是要搞实力均等使违法的国家动弹不得，而是相反，是要按照民族原则组织人类，并将和平确立为人类发展的一个条件。"①

为了这样做，法国政府不明智地援助了那些最终证明毁灭自己的势力。法国支持的民族自决的典型从根本上说是建立联邦而不是按法国模式建立新的单一国家，正是在这个基础上，1858—1859 年间拿破仑三世支持加富尔伯爵统一意大利北部。但是，他的动机更为复杂。此举使他得以拿下尼斯（Nice）和萨伏伊（Savoy），这使英国盛怒不已。法国十分专注于削弱实际上已经衰落的奥地利的实力，因而忽视了俾斯麦主政下正在崛起的普鲁士的实力。1864 年奥地利加入普鲁士一边对付丹麦以后，普鲁士接着转而对付奥地利。但是，法国人是如此执迷于把奥地利人逐出威尼斯并把它转交给意大利人，以致仍把普鲁士视为盟国而不是潜在的敌手。这种自鸣得意感在法国外交部的一份备忘录中表露无遗。法国对普鲁士行为的无动于衷态度于是成了"我们"对德"善意的有效证据"，仿佛这对俾斯麦有什么影响似的。"从压在法国头上的对过去的令人烦恼的回忆中解脱出来，欧洲各国政府的政策将有一种新趋向。德国不再怀疑我们会让雄师过其境而不

---

① F. Laurent, *Etudes sur L'Histoire de L'Humanité*: *Les Nationalités*（Paries 1865）, p. 48.

谋求从他们那里谋取利益,它可以不再对我们保持任何嫉妒之心。偏见正在消散,各国更紧密地走到一起,人们天天可以赏心悦目地看到,1860年以来开创的经济团结体系不仅仅是夸夸其谈。"①

然而,并非所有的法国人或法国政治家都那么乐观。一位敏锐的法国评论家路易·雷博(Louis Reybaud)把英国背弃它珍爱的对均势的承诺归结为自由贸易的支配性影响。按照这种观点,伦敦的那些批评均势的人已最终胜出,尽管这是他们身后的事。雷博说的是对法国在意大利帮助下肢解奥地利强权时,伦敦不愿采取武力行动:

> 英国近来呈现一种奇观,对此欧洲一点也不习惯。它一向被以为是荷枪实弹于两个一流强国在欧陆开打的战争中推波助澜,这两国一面交换照会一面交火。她让它们去肢解各国,有的欢喜有的反感,但除了官方同意或徒有虚名的抗议以外不进行其他的干涉。这种行为令英吉利海峡两边有些惊诧莫名。甚至招致责难。无视、抛弃传统昭然若揭;有些走得更远,竟至于谈论衰落。他们说这不再是在长期痛苦斗争中唤起和提高士气的庇特父子和卡斯尔累的政策。这种另一个时代的政策无论如何不能与迁就困难而不是正视困难的种种妥协相匹配;它本来无论如何是不该成为某种聪明反被聪明误的惰性;它本该更好地更坚定行事,更有决心取胜。这就是最严厉的批评者所说的话。

所有这一切究竟从何而来?批评者说,来自曼彻斯特党派。"一个大国的账目不可与一个工厂的资产清单相提并论,在工厂里,每个物件只按照它的成本和它所得回报来估值",雷博接着说,他只是表

---

① "Note pour l'exposé de la situation. -Nord. -Affairs d'Allemagne", 27 December 1866: *Les Origines Diplomatiques de la Guerre de 1870 – 1871*, Vol. XIII (Paris 1922), doc. 3977.

面上扮演一个没有偏见的旁观者角色。20年前曼彻斯特学派的人们联合起来同谷物法斗争时,"他们很明白,他们改革的成功将深刻地影响这个国家的政治。这种危机发生了,他们坚持认为那是健康的。"他们声称,他们所倚重的利益集团"只不过是基督教道德思想的工具而已。在商业发展中,他们首先看好最紧密的国际联合,更为频繁的互通有无一定会导致良好行为;国与国之间愈是相互了解,它们就愈是不想争吵和断绝关系。在这种和解事业中,各国的统治阶层或政府态度都不端正;它们危害共同体的和平和利益;因此,他们呼吁抵制各国统治阶层和政府所通晓的冒险尝试是在对共同体讲话。"①

在1864年普奥战争夺取丹麦的石勒苏伊格－荷尔斯泰因(Schleswig-Holstein)以后,前外交大臣和首相阿道夫·梯也尔(Adolphe Thiers)向高层发出了警告。法国突然之间——至少是它最畅言无忌和能说会道的政治家之一——发现了均势的效能,梯也尔还重新发现了自1648年迄于今几乎被遗忘的东西,即"德意志应当由众多独立国家组成这个欧洲古老原则",他声称,这一原则是"欧洲公法的伟大原则之一。"② 为支持他的论点,梯也尔唤来了那个不仅在普鲁士武力统治下统一起来而且同统一的意大利联手的德国幽灵。他所描述的过程最初是相互联系而又各自独立的目标运作的过程。"意大利的统一[这就是我始终归罪于他(拿破仑三世)的过失],意大利的统一不可避免地导致德国的统一,正如我当时所表明的,根据我向他指出的各阶段,从一定数量的德国人直接的重新统一开始,接着是其余所有德国人间接地重新统一在普鲁士掌控之下。意大利统一和德国统一必然越过阿尔卑斯山互伸援手,而今天,你们可以看到不到两年以前

---

① L. Reybaud, "Economisters Contemporains: Richard Cobden et L'Ecole de Manchester", *Revue des Deux-Mondes*, Vol. 27, 15 May 1860, pp. 257–9.

② Speech, 3 May 1866: *Discours Parlementaires de M. Thiers*, ed. M. Calmon, Vol. X (Paris 1881), p. 646.

我断言无法阻止的那种现象已成了现实。"① 梯也尔发出了警报。用他的话说，这是"一场革命"，法国有权阻止这场革命，因为它直接受到威胁："我们将会看到一个新的德意志帝国的重建，这个昔日屹立在维也纳而今屹立在柏林的查理五世的帝国，将十分贴近我们的边界、逼近这些边界、封住这些边界；依此类推，这个查理五世帝国不是像在 15、16 世纪那样倚重西班牙的支持，而将倚重意大利！"② 梯也尔将两百年的历史涂上只适于一边的爱国色彩，他进一步宣称，法国"战斗了两个世纪，即从 1515 年马林雅诺战役（Marignan）的伟大日子到 1707 年和 1710 年的维利亚维奇奥萨战役（Villa-Viciosa）和阿拄曼萨战役（Alamanza）的伟大日子的时代，以分裂查理五世的皇冠，将其半个扔在马德里的方向，另半个扔在维也纳的方向"。难道法国成就斐然地"去摧毁这个巨人"只是看到它在法国的眼鼻子底下重建吗？③

格莱斯顿（Gladstone）主政的英国倾向于会心地不屑一顾。普遍的情绪是，英国人对欧陆没有什么可担心的，欧陆迟早会效法英伦三岛实现自由贸易、繁荣与和平的。自由派乌托邦主义取得了胜利。任何事情都无法使这位首相挪移孤芳自赏的中立而越雷池半步。而且，伦敦仍然认为巴黎即使不是一个威胁，也肯定不是对英国利益特别友好的朋友。拿破仑三世不是正在为他自己的机会主义付出代价吗？说至少在法国有些人现在承认均势的效能，这难道全是错的吗？仿佛是为了证实英国人怕法国人似的，当普鲁士最终决定采取最后步骤新统一德国时，拿破仑三世不顾一切地宣了战。英国依然中立。然而，前首相本杰明·迪斯累利（Benjamin Disadi）从议会反对派的议员席上

---

① Speech, 3 May 1866: *Discours Parlementaires de M. Thiers*, ed. M. Calmon, Vol. X (Paris 1881), p. 618.
② Ibid.
③ Ibid., p. 620.

起来发言力促采取行动，就像法国的凶事预卜者梯也尔那样。（显然，从权位上一下来怎么头脑就清醒了。）随着战争的临近，意识到在欧洲激起勃勃野心的迪斯累利建议同俄国做交易以遏阻法国进攻普鲁士防止统一。①

由于过分自信会取胜，法国对普鲁士大开杀戒，结果迅速败下阵来。格莱斯顿对他的充满仇恨的轻蔑态度并无悔意。他欣然承认，"这些事件打乱了……欧陆紧密结构的每一个连接处。没有一个重要国家的地位和前景不在8月5日至9月5日之间发生根本改变，其中有些国家实际上不止是改变。法国在后一段日子里已经丧失了它在前一段日子里曾经拥有并在两百五十年间傲然独步的军事独大地位。"他接着说："欧洲体系的主导力量已经以一个地点移动到另一个地方；重心已经转移。"但是，格莱斯顿无拘无束地谴责拿破仑三世惊人地缺乏判断，同他自己惊人地缺乏判断相比就算不了什么。他全然没有觉察到对欧洲均势的真正影响。相反，他只看到正面的影响。"拿破仑主义这个灾星"的最终陨落是"向欧洲庆贺的目标"。他断言，战败将使法国清醒而成为"欧陆和平政策的带头羊"。

格莱斯顿的过于乐观的观点并未到此为止。"总的看来，似乎可以合理地期望，我们的条顿民族兄弟们的务实性格，加上他们现实的国内悠悠烦事，会帮助他们安定下来养成和平亲善之心。但是，不论他们是否这样做，要相信他们面前摆着普世征服或绝对统治的事业，并相信欧洲大家庭并没有强大到足以纠正它的病态、任性的成员的怪癖，那是白用心思。"格莱斯顿独特地太看重"文明人所持普遍而固定舆论的巨大影响了，这种舆论影响有幸当代没有哪一个国家或民族，无论其多么强大，能担待得起无视它的代价。"同梗概作家弗洛拉斯

---

① Speech to the House, 1 August 1870: *Hansard's Parliamentary Dabates*, 3rd series, Vol. CCIII (London 1870), cols. 1288 and 1292.

(Florus)和他的自由派普世主义后继者相呼应,格莱斯顿认为,同所有的欧洲国家,"同每一个欧洲国家大量的个人,我们都有着个人交往和商业交往的持久关系,这类交往逐年增长;因为令人欣喜的是我们没有真实的或假想的利益冲突,我们的和平竞争也没有给邪恶情绪留下余地。"实际上,格莱斯顿谋求"将道德帝国建立在国与国相互信任的基础上,而不是建立在它们相互恐惧,它们的喜爱哀乐和它们相互厌恶的基础上。"①

对法国战败所造成的局势的这种异乎寻常的错误解读决不是人们普遍同意的。迪斯累利看问题就特别透彻,具有深刻的预见性:

> 这不是普通的战争,既不是诸如普奥战争或法国在若干年前卷入的意大利战争那样的战争;也不是克里米亚战争那样的战争。这场战争是德国革命,是比上个世纪的法国革命更加伟大的政治事件。我不是说它是更加伟大或同样伟大的社会事件。它可能的社会后果见诸未来。直到六个月之前被所有国家接受作为指导的管理对外事务原则,没有哪一个还继续存在,没有哪一个外交传统不被一扫无遗。你们有了一个新的世界,新的影响在起作用,有新的未知目标和危险要去应付,在当前,此类事务之新意还看不清楚。我们习惯于在这个下议院里讨论均势。杰出的务实人士帕麦斯顿勋爵掌舵国家航船,制定旨在维护欧洲均势的政策。……但是实际发生了什么呢?均势整个儿被毁……②

后来迪斯累利认定这"德国革命"是"我们全部外交关系中的一次伟大革命",在这个革命中"有关对外事务的原则和传统"都变得

---

① "Germany, France, and England", *Edinburgh Review*, Vol. CXXXII, October 1870, pp. 554–93.

② Ibid.

"过时"了。①

英国对法国败于普鲁士之手无动于衷，至少部分反映了伦敦的帝国轻重缓急次序。随着欧洲列强开始越过火线进一步延伸其扩张，已经诱使在萨多瓦的法国人进行摊牌的英国人开始扫荡非洲大陆大部分地区而多半没有遇到反抗。如同上个世纪在整个北美的扩张一样，均势若用作国际关系的一个遏制性原则，并不排除海外的普世帝国。在南部非洲的英国实力和资本向前推进的唯一障碍来自荷兰移民的后裔布尔人。在世纪交替时期，英国军队进攻德兰士瓦（Transvaal），展开了一场无助于伦敦在国外形象的战争。来自巴黎的评论提出了这个核心问题：

> 若换成不是今日模样的法国，它才不会冷漠地去促进南部非洲正在发生的事情呢，假如它得出结论它不愿意乃至没有能力挡道，它至少会谨慎行事，保证不出那种会在非洲均势中出现的乱子；因为今后不仅有欧洲均势，也有非洲均势和亚洲均势。②

不过，有哪一种均势是持续的呢？同一位对1871年记忆犹新的评论家辛酸地反思道："为什么欧洲不进行干涉以维持欧洲均势自身却为了非洲均势竟然去进行干涉？"③ 可是，问题在于，鉴于英国的帝国占有地的巨大及其想要多多益善的贪得无厌的欲望，它将会发现难以让人相信应当在欧洲而不是在海外维持均势。

法国人在色当战败以后，德国在欧洲的崛起使在巴黎的所有对外政策讨论黯然无光。因为长期以来法国人视均势为目标直接针对他们利益和安全的工具；如今他们重新诠释并接受均势为符合他们永恒利

---

① Speech to the House, 24 Ferbruary 1871: ibid., col. 840.
② Francis Charms, "Chronique de la Quinzaine", 31 October 1899: *Revue des Deux-Mondes*, LXIXe Année, Vol. 156, 1899, p. 240.
③ Ibid., 14 November 1899: ibid., p. 479.

益的神圣不可侵犯的原则。使一国觉察到权力之价值的莫过于权力之丧失了。正是由于这个缘故——如果说不是由于任何其他原因的话——法国官方带着深切的疑虑看待1899年海牙公约签订。一位匿名的法国资深官员在1905年写道，国际仲裁有其积极的一面，因为它可以使战争不那么频繁、少一些破坏性。但它不真正处理根本问题，战争不是、或至少不再是统治者野心的结果。"对于欧洲来说，征服战争的时代已一去不复返。但是人类的这些被称为国家的大社会的不断接触造成了它们之间相互对立的利益、争夺、分歧、斗争，这些都很容易蜕变为战争。"① 可究竟什么是国际法呢？这位官员接着描述了后来所称的"抽象的法理论"（参阅下文第191页）。欧洲国际体系内的国家分布"尤其源于战争，战后有关每个国家的形势发生了变化。从战争行动中涌现的或作为战争行动之依据的原则便成为'法'，后来被援引为调整和平时期国与国之间出现之分歧的规则。但是，这种法本身并不是某种抽象原则，不是先于或导引国与国之间缔订的协议的固定原则。它源于国与国的协议，它是这些协议的结果，它只不过是战争、在冲突中不知不觉地形成的力量所主导的均势公式而已。因此，人们必须承认，即使不是武力决定法，至少是武力先于法，法源于武力"。法与时代相联系："只要生效的条约和协议符合强权的现实和各国各自的价值观，它们就得到尊重，那就有了和平。"

在英国，迪斯累利把均势诠释为欧洲国际体系结构的同义语。在他看来，"国家间的整个运转"一直是"错位的"。② 伦敦的外交部这时高举均势大旗，召集军队去遏阻德国的推进。在1907年的一份秘密备忘录中，资深书记官居艾尔·克劳（Eyre Crowe）为同法国结成反德同盟叫好：

---

① Anonymous, "L'Equilibre Politique et La Diplomatic", *Revue des Deux-Mondes*, LXXVe Année, Vol. 30, 1 December 1905.

② Speech to the House, 9 February 1871：*Hansard's*, Vol. CCIV, col. 93.

历史表明，威胁这个或那个国家之独立的危险一般说来源于、至少是部分源于一个邻国顷刻之间高居支配地位，这个邻国一下子在军事上强大起来，经济上高效、野心勃勃地扩展其边界或传播其影响，这种危险直接同该国的实力和效能的程度成正比，同该国野心的自发性或"不可避免度"成正比。对政治支配地位之滥用的唯一牵制来自这种地位始终处在一个同等强大的对手或组成防御同盟的几个国家联合力量的反对之中。由这种组合力量建立的均衡在战术上叫做均势，把英国的特定政策，即把它自身的权码一会儿投入这边的秤盘、一会儿投入那边的秤盘，但在特定时期内永远站在反对最强大的单个国家或集团的政治独裁那一边的政策叫做维持均势，这几乎成了历史的自明之理。

如果这样看待英国政策是正确的话，那么，对于任何企求这种独裁的国家来说，势必驱使英国出面反对，这几乎是自然法的一个程式。①

这个政策的贯彻使英国付出生命和资本资源的惨重损失。18、19世纪的那种令人敬畏的自信心已经一扫而光。战后世界里人们的直觉是，任何均势都难以持续，它仿佛建立在那样弱不禁风的基础上。前外交官哈罗德·尼科尔森（Harold Nicolson）以一个并不特别华丽的隐语准确地捕捉到了这种心情：

构成均势的压力与抵抗之间的关系是沉闷的和不确定的。和平拱门不用铁榫来接合的，组成拱门的块块石料并未用水泥加以浇合。那些花岗石块表面看来十分坚固，它们相互倚托，侧向推力抵住内推力。然而，只消一群夏日蜜蜂叮在石柱上楣的框缘上，

---

① 1 January 1907: *The Foreign Policy*, doc. 144.

就会导致一毫米的错位，就会使这些石块此摇彼动，听不到也看不见。有朝一日，就会从拱顶上嗒嗒落下一扑扑尘土；粘土块粒就会突然间莫名其妙稀里哗啦落下来；于是乎，人的纤弱手指再也挡不住它轰然倾覆。①

然而，1933年至1939年之未能维持住均势几乎使英国丧失了独立地位。不管怎么说，均势作为一个政策处方明显符合英国在国际体系中必须予以满足的需要。然而，作为解释国家行为的一种方式，均势显然只捕捉到国家行为谱系的一个侧面。对普世帝国的驱动，均势解释便不顶用了。

把均势看做政策的唯一决定因素，哪怕是在英国，那也将是错误的。从20世纪初以来就得到充分满足以便使英国成为典型的维护现状国家的商业要求，早已驱使英国去谋求海外的普世帝国。这些商业要求也在当代的公共辩论中找到了它的表现形式。伴随着新生民族国家的兴起，国家利益观便在近代早期欧洲的文献中显山露水。为了转移普世帝国内部主权国家的注意力，论述欧洲均势的著述便问世了。为了以经济手段捍卫国家利益，大肆张扬而又备受中伤的贸易平衡概念同样崭露头角，但同其他安全哲学一样，贸易平衡论反过来又成为全球规模扩张的正当理由。到1763年，意大利著述家弗朗西斯科·阿尔加罗蒂（Francesco Algarotti）断言，"贸易如今正在引发战争，也将产生和平条约的基础，它也许是攫取统治的最有效手段，或者是借以维持欧洲均势的最有力的制衡权码。"② 贸易愈来愈成为均势中的决定性筹码。于是，均势开始维系于贸易平衡。

---

① H. Nicolson, *Public Faces: A Novel* (London and New York 1932), p. 99.
② F. Algarotti, "Saggio sopra il commercio", *Saggi* (Pisa 1763), ed. G. Da Pozzo (Bari 1963), pp. 442–3.

第三章　贸易平衡论

> 贸易平衡，我再怎么重复提到它也不为过，其实就是均势。
> ——马拉奇·波斯尔思韦特①

也许有人会指出，政治家们总是认为财富是实力的前提。诚然，说这话的人也许不一定非得是实践家，纯粹的常识告诉我们情况就是这样。美国总统克林顿1998年3月访问乌干达时，他会见了基索韦拉（Kisowera）小学的小学生们。一位11岁的孩子安妮·纳卡耶姆巴（Awnie Nakayemba）评述说，这是位世界的总统。"他比我的总统更重要，因为他拥有一支更为强大的军队，有更多的钱。"② 然而，不是每个人都始终承认安妮直觉的正确性。

也有人说，在古罗马时代，皇帝维斯佩基安（Vespasian）的副官穆西乌斯（Mucianus）积聚了"无数金钱"充实公共财库，又"老是宣称金钱是主权的砥柱"。③ 但是，一如人们读到国家利益观那样，商

---

① M. Postlethwayt, *Great-Britain's True System* (London 1735), p.234.
② *Financial Times*, 25 March 1998.
③ *Dio's Roman History*, Vol.8 (London 1961), p.261.

业就其政治意义而言对于古典世界并没有它在近代欧洲逐渐获得的同等重要性。例如，希腊罗马的图书馆里哪有经济学巨著？柏拉图基于道德理由在他的《理想国》里根本不考虑商业。色诺芬在某一处坚持说，私人企业应予鼓励，但在另一处却怀疑这是不是一件好事。显然，在这个问题上并无共识。①

到15世纪，威尼斯人——被称为地中海之滨的主人［Signori delle coste（Masters of the Coast）］——将他们的实力建立在贸易增长的基础上。古代罗马与迦太基之间的战争是为争夺欧洲支配权，而威尼斯与热那亚之间的战争则旨在控制同亚洲的贸易。② 穆西乌斯（Mucianus）的箴言于是成为中世纪意大利的家喻户晓之理，虽然决不是一致的意见。举例来说，马基雅维利唯独不为所动："……战争的命脉并不是公众舆论叫嚷的黄金，而是好士兵；因为尽管没有足够的黄金去招募好士兵，但是有绰绰有余的好士兵可以去募集黄金。"③

圭奇阿尔迪尼是一位有经验的外交官，又是一位著名历史学家，他最激烈地反对对这种良谏忠告所作的反常诠释。"不管是谁说金钱是战争的命脉……都不意味着只要有了钱就足以发动战争，也不意味着金钱比士兵更需要，因为这种说法不仅是妄谈，而且是十分可笑的；但它意味着，不论是谁发动战争，他都需要大量金钱，没有钱，就无法持续战争，因为不仅要给士兵发饷，而且要供给武士军需、间谍、弹药和用于战争的一切手段。……用钱去招募士兵比用士兵去筹钱要容易得多。"④ 不过，即使是圭奇阿尔迪尼的崇拜者也并不总是乐于全盘接受他在这些问题上的谏言。他们抓住了他的下述说法：拥有财富

---

① F. Algarotti, "Saggi sopra il commercio", *Saggi* (Pisa 1763), ed. G. Dapozzo (Bari 1963), pp. 437–8.

② Ibid., p. 439.

③ Book 2 of the Discourses: N. Machiavelli, *Il Principe e Discorsi*, ed. S. Bertelli (Milan 1960), p. 304.

④ "Considerazioni sui 'Discorsi' del Machiavelli", *Opere di Guicciardini*, Vol. 1, p. 661.

造成另一种风险,即危险地洋洋自得的风险。培根提醒他的主上、英王詹姆斯一世想一想圭奇阿尔迪尼的话:"最贤明的欧洲国家威尼斯的元老院"的繁荣"使他们盲目自信和低估危险的严重性。"① 而且,培根大体上认为"人们过多地把强弱对比归结为财富之多寡。"② 实际上,他认为马基雅维利的怀疑论调是有道理的。入侵的法军难道不是"给养告急,装备不良吗"?③ 况且,"作为这种意见〔即金钱是战争的命脉云云〕的始作俑者的上述穆西乌斯引语或格言是对他讲话的讹传——其实他说的是:金钱是内战的命脉(Pecuniac sunt nervi belli civilis),因为内战不可能在勇怯不同的人之间打起来;再者,因为在内战中,人往往是买来的和掳来的。但是,"培根断言,"在对外战争的情况下,几乎找不到任何一个世界大君主国不是从它们的贫穷和低微中奠定其基础";④ "世界上大多数大王国都是从艰难困苦、缺钱少财起家的,就像最强大的游牧民族出自最贫瘠的土地一样。"⑤

然而,大多数人都只想到大量财富的有利之处而不考虑其不利之处。就连培根也不得不承认,若把勇气放在适当位置,那么有钱而战比无钱而战好,但是"钱应当掌握在最喜欢最大限度节约和让钱增值的人手里,而不要掌握在惯常最大限度花钱和消费的人手里"。⑥ 荷兰人是最成功的例子。"增强一国实力、为之增加居民和各种财富的要务莫过于该国人民的产业和从事产业的工匠的数目";"一国的实力如今既要根据其规模,同样要以它的金钱财富来判断"。《国家利益》(*Della Ragian diStato*) 一书的作者、威尼斯人乔万尼·博特罗 (Gio-

---

① Letter of 31 July 1617: *Letters*, *Memoirs*, p. 56.
② "Of the true greatness…", Ibid., p. 204.
③ Ibid., p. 205.
④ Ibid., pp. 205–6.
⑤ Ibid., p. 210.
⑥ Ibid., p. 211.

vanni Botero）就是这样写的。① 国家利益观的早期经济对应方是贸易平衡论。换个说法，叫重商主义；后来，叫做贸易保护主义。②

在进一步往下说之前，应当记住，在近代早期——肯定地说，直到亚当·斯密和李嘉图之前——并没有完整的经济学学科存在。正如弗朗西斯·布鲁斯特爵士（Sir Francis Brewster）在1695年所指出的：

> 我不知道还有什么课题比贸易问题被人们撰写良多而处理得十分糟糕。也不知道此时该怎么办，因为不幸的是，这一行没有掌握在哲学家手里或受过文科各艺培养的人手里；不过，这种文科教育与其说是在学校里不如说是在唱诗班（Cantore）里进行的；而当头脑精明、学识渊博的人从事这项事业时，他们通常超越贸易的真正意义和性质而高瞻远瞩，相比之下，其他精于此道的人则眼界有限、杂乱无章，使之面目全非。③

所产生的思想直接来源于实践，而诸如商业保护一类的实践对政

---

① G. Botero, *The Reason of State* (London 1956), pp. 134 and 150-1.
② 权威的基本著作长期以来一直是 E. Heckscher, *Mercantilism* (1934; reissued New York 1983)，但尽管它有着毋庸置疑的权威性，该书对经济学的研究还是不对称的和狭隘的。对海克默尔的两篇有效抨击文章是："Eli Hecksher and the Idea of Mercantilism"，*Scandinavian Economic History Review*，Vol. V，No. 1，1957，pp. 3-25；L. Herlitz，"The Concept of Mercantilism"，ibid.，VOL. VII，No2，1964，pp. 101-20。比海克默尔作品更早出版的研究著作将经济学与政治学联系在一起，参见 E. Von Heyking，*Zur Geschichte Der Handelsbilanz-Theorie* (Berlin 1880)，G. Schmoller，*The Mercantile System and Its Historical Significance* (London 1896)；Cunningham，*The Growth of English Industry and Commerce* (Cambridge 1907, 1910)。关于早期英语文学的概览：Br. Suviranta，*The Theory of the Balance of Trade in England: A Study in Mercantilism*，Suomalaisen Tideackatemian Toimituksia，Annals (Helsinki 1923)；W. Minchinton，ed.，*Mercantilism: System or Expediency?* (Lexington, mass. 1969)；D. Coleman，*Revisions in Mercantilism* (New York 1969)。较近时期的经济学家的观点是：R. Ekelund，R. Tollison，*Politicized Economies: Monarchy, Monopoly, and Mercantilism* (College Station, Texas, 1997)。同当代有关的著作：R. Gilpin，*The Political Economy of International Relations* (Princeton 1987)。
③ *Essays on Trade and Navigation* (London 1659), p. i.

府来说毫不陌生。1603年，杰拉尔·德马林斯（Gerrard de Malynes, 约1586—1641）追述道，英王爱德华三世"极其小心不让外国商品超过他本国的商品；深知若要为外国商品多多支出，就要多多制造自己的商品，差额必须用王国的财富或金钱加以弥补和轧平"。① 贸易平衡这个术语首次见诸出版物的是英国商人爱德华·米塞尔登（Edward Misselden，约1608—1654）1623年的作品：

> 因为正如一对称盘或天平是一种发明以告诉我们物体的重量，我们据此识别轻重，看清权码秤盘里一物如何不同于另一物：这贸易平衡论也是如此，这是一种绝妙的政治发明，它告诉我们一国的商业与另一国的商业分量不同：也就是说，本国商品出口和外国商品进口，在商业的秤盘里是彼此平衡还是失衡。
>
> 如果本国商品出口压倒和超过了外国商品的进口值，于是本国的资产和储备就越来越富，越来越繁，这是一个永不失灵的规则：因为由此产生的盈余一定会源源而来，充实国库。②

自由放任主义意味着使经济摆脱政府干预，而维持贸易平衡则要求政府直接干预以确保国民经济抵御外国对手的竞争。人们费了大量笔墨试图将重商主义与贸易保护主义细加区分。最突出的论点是：重商主义者相信为储备而储备金条，相比之下，近代晚期的工业保护主义者主要关心保护国内制造业的发展。这个说法准确地描绘了大量的

---

① G. de Malynes, *Englands View, in the Unmasking of Two Paradoxes: With a replication unto the answer of Maister Iohn Bodine* (London 1603), p. 70.

② E. M. Merchant, *The Circle of Commerce. OR The Balance of Trade, in defence of free Trade: To Malynes Little Fish his Great Whale poised against them in the Scale. Wherein also, Exchanges in generall are considered; therein the whole Trade of this Kingdome with forraine Countries, is digested into a Balance of Trade, for the benefite of the Publique. Necessary for present and future times* (London 1623), p. 116.

重商主义思想,但绝不是它的全部。实际上,17 世纪最杰出的重商主义理论家恰恰怀有与 19 世纪的保护主义者同样的目标。

重商主义自然而然地落脚到新生民族国家,尽管还有种种政治推论,阐明重商主义背后的理念的过程完全来源于实践。正是法国第一个催生了对经济保护论的详尽阐述。具有讽刺意味的是,也正是法国第一个产生了对自由贸易原则的阐述,而且是后者先于前者。让·博丹(Jean Bodin)在他的《答 M. 德·马尔斯特鲁瓦》(*Response á M. de Malestroit*)中联系有关从新世界输入金块对旧世界物价水平的影响——显然是通货膨胀——的讨论得出了自由贸易论。他写道:"……贸易往来……必须是无阻碍的、自由的,以确保一国的富强 [le cours de la trafique ... doibt estre franche et libre, pour la richesse et grandeur d'un royaume]"① 他还相信,而这最终源出自罗马作家卢修斯·弗洛拉斯(Lucius Florus)的一种看法(参见 183 页),即认为贸易确保与其他国家的友谊;他的说法是近代史上有关这个思想的第一次书面记载。②

博丹远远超越他所处的时代,在他对事件的反应方面起初比他的法国同时代人的自由主义色彩强得多。这些事件就是惨烈的宗教战争,它使法国分裂,威胁到这个国家的存在。在他撰写《答》书时,宗教战争已达到骇人听闻的顶点;三次浪潮(1569—1570、1572—1573、

---

① *Les Paradoxes du Sergneur de Malestroict, conseiller du roy, Maistre ordinuire de ses comptes, sur le faict des Monnoyes, presentez a Sa Maieste, au mois de Mars, M. D. LXIV, Avec la responce de M. Iean Bodin in ausdicts paradoxes*(Paris 1568), reprinted in Paris 1932 in an edition by Hauser from the Sorbonne Under the title *La Response de Jean Bodin à M. de Malestroit 1568*, p. 35.

② "... deverious nous tousjours trafiquer, vendre, achapter, echanger, prester, voire plustost donner une partie de nos biens aux etrangers, etmesmes a noz voisins, quand ce ne seroit piur communiquer et entretenir une bonne amitie entre eux et nous." 参见 ibid., p. 33. 他还把这种见解应用于国内社会: "ce que dieu semble avior fait, pour entre-tenir tous les sujets de sa repulique en amitie, oupour lemions empechere qu'ils ne se facenet longtemps la guerre, ayans tousjours afaire les uns des autres." 参见 ibid. p. 34。

1574—1576）一次接一次，无比凶残。这有其影响，到博丹于 1576 年出版他的《六书》（Six livres）时，这种自由主义已无迹可寻。他不再视贸易为国与国关系的愈合剂，反而推崇战争为统一当时四分五裂国家的一种手段。于是，好战和中央集权化倾向，在宗教战争余波中的法国政治经济思想里彰明昭著起来，尤其是作为法国相对于其邻国之弱对它在构成当时国际关系的生存与竞争的严峻斗争中敲响了警钟。生存的丧失导致人们倾向于听从博丹最初关于贸易的箴言。

正是在这些情况下，第一次有记载的关于重商主义的完整学理在法国出现，它出自巴泰勒米·德·拉费马（Barthélemy de Laffemas, 1545—1611）的手笔，他是亨利四世的商务总监。拉费马争辩说"很有必要把这些［外国］制造品挡在国门之外以使好的忠心的商人以后可以忙着去为法国的利润而生产商品和产品。"① 这是对博丹在这场几乎毁了法国作为一个统一王国的自相残杀的宗教战争后呼吁强有力的中央集权政府的一种自然的经济补充。它也反映了欧洲贸易异乎寻常的增长，这又加速了初级制造业的发展，从而加剧了大国间现存的商业争夺。不久，博丹的后续者安托万·德·蒙克莱蒂安（Antoine de Montchretien 1525/6—1621）的仇外的《政治经济学小册子》（*Traicte de l'oecomomie politique*）于 1615 年出版，该书立基于他前任的遗产："让你们的陛下们做做实验，禁止由能工巧匠制造的许多商品的进口，不让原料和产品从这个王国出口，那么，你就会满意地看到你们的国家拥有它发展好和生活好所需要的许多资源，包括先天的资源和后天的资源。"② 过不了多少年以后，蒙克莱蒂安被当作胡格诺派教徒而被

---

① 转引自 C. Cole, *Colbert and a Century of French Mercantilism*, Vol. 1 (New York 1939), p. 31. 通常人们认为经济思想中的重商主义的真正始作俑者是 Antamio Serra of Cosenza, 他是 *Breve trattato delle cause che possono far abbondare li regni d'argento dove non sono miniere* (*napoli* 1613) 的作者。不过，该书并未引起同代人的注意，直至 1780 年重刊此书，参见 Galiani: *Encyclopedia italiana discienze, lettere ed arti* (Roma 1936 – 44), p. 454。

② Ibid., p. 95.

杀，他的著作几乎从巴黎的各家图书馆里消失①；但是，他的遗产却在权力的走廊里徘徊不去。

这些思想并非没有遇到挑战。但是，并非偶然的是，赞成工业保护的最强有力、最坚持不懈的论点来自一个在内战后经济上跟跟跄跄面临外国强有力竞争的国家内部；同样不足为奇的是，人们获悉主张贸易免除关税以保护国内经济的论点居然来自那些正在损害别国的国家内部；托马斯·奥弗伯里爵士（Sir Thomas Overbury）在17世纪伊始谈到荷兰人时指出，"他们的大部分岁入和实力之所倚重的是运输业务；在任一国家的贸易中，他们在当时是最聪明的。"② 尽管格劳秀斯绝不是一位政治经济学家，他却在博丹停下来的地方开步走，赞同地拾起了卢修斯·弗洛拉斯鼓吹自由贸易对国际和平的所谓贡献之论点：格劳秀斯写道："弗洛拉斯说得对，夺走了商业，就损坏了把人类联系在一起的黏和剂。"③

英国的著述家们并未以这种理想主义的方式将贸易同政治联系起来。直到18世纪后半期，这样的明确联系才重新出现，直到拿破仑战争之后，它才在英国被逐渐融入一种完整的政治哲学。不过，早在1645年就有人抱怨说："给予稚嫩工业产品的贸易种种豁免待遇以激励人们去增产或改进它，这些豁免待遇在贸易逐渐臻于完善的那些时

---

① 听说他的书被收藏在国家图书馆里，后来巴黎的马扎兰图书馆也藏有一本：Th. Funck-Brentano, "La Diplomatie et L'économie Politique", *Revue D'Histoire Diplomatique*, No 1, 1887, p. 237。

② *Sir Toomas Overbury's Observations in his Travels, upon the State of the Seventeen Provinces, as they stood, Anno Domini 1609; the Treaty of Peace being then on Foot* (Published in 1626). Reprinted in *the Harleian Miscellany*, Vol. 8, p. 363.

③ H. Grotius, *The Rights of War Peace in Three Books. Wherein are explained, The Law of nature Nations, and the Principal Points relating to Government* (English translation edited by Barbeyrac, London 1737). Florus' text read: "... sublatique commerciis, rupto foedere generis humani..." - Lucius Annaeus Florus, *Epitome of Roman History*, edited and translated by E. Forster (Cambridge, Mass., 1984), p. 190.

代并不是很恰当的。"① 到这时，英国是三十年战争的受惠方。② 托马斯·卡尔佩珀爵士（Sir Thomas Culpepper）精辟地描述了这种局势：

> 荷兰人当时全力以赴地在同西班牙交战，西班牙（尽管相当繁荣）的商业增长却有所放慢；德国备受困扰和混乱不堪以致既不能贸易亦无法耕作；瑞典只不过是法国利益的代理人；只有我们（安坐在我们的葡萄树荫下）可以给予它们大好机会，因为在世界上所有的市场中我们都在蓬勃增长而它们都在萎缩。……③

然而，当条约在威斯特伐利亚签署，和平重新回到欧洲次大陆，英国传统对手的贸易复兴促使人们敏锐地意识到经济因素在世界权力中的重要性，导致了一场有关国家究竟应干预到何种程度的激烈辩论。

法国的贸易复兴不少要归功于路易十四的新任大臣让－巴蒂斯特·科尔贝尔（Jean-Baptiste Colbert, 1619—1683），他在 1661 年执掌全权。科尔贝尔虽非创新型思想家，但他以前所未见的严谨态度和充满活力的精神运用了重商主义各项原则。他强调制造业是致富之道，也是强国之路。有人援引科尔贝尔的话说："贸易公司就是国王的军队，制造业就是他的后备军。"④ 他用一句最著名的警句来概括新经济哲学，这一警句一语道破了 17、18 世纪国际关系的精神实质，相当明

---

① 转引自 J. Viner, "English Theories of Foreign Trade before Adam Smith," *Journal of Political Economy*, Vol. 38, August 1930, No 4, p. 417。

② 17 世纪 20 年代出口收益的衰微到 17 世纪 40 年代似乎未见持续。这方面的最佳作品见：J. Gould, "The Trade Depression of the Early 1620's", *The Economic History Review*, Vol. VII, No 1, Second Series, 1954, pp. 81–90。

③ *A Discourse Showing the Many Advantages by the Abatement of Usury*：转引自 R. Conquest, "The State and Commercial Expansion: England in the Years 1642–1688", *Journal of European Economic History*, Vol. 14, No 1, January-April 1985, p. 157。

④ 转引自 P. Boissonnade, *Colbert: Le Triomphe de l'Etatisme. La Fondation de la Suprématie industrielle de la France. La Dictature du Travail* (1661–1683) (Paris 1932), p. 6。

确地用政治学术语将保护主义者与自由贸易论者区分开来:"我必须补充的是:商业引起欧洲国家间战争与和平的永久冲突,期间,最好的一方将会赢。"①

掌权仅过了两年以后,科尔贝尔便草拟了一份有罪诉状,指控法国迄今为止未能维持贸易顺差。他认为,直到 1620 年,英国和荷兰并没有织造出它们自己的布匹;它们将织物原料送往法国去加工。此后,由于战争、努力不够以及其他许多因素,法国才落在后头。"就这样,以前人民从制造业中获利甚丰(金钱未因贸易而流出国门,反而大量赚进来)而现在,人民一无所获(大量金钱流往国外却未赚进分文)。"② 科尔贝不仅创办了一系列公司、发布了一系列法规,意在促进制造业和贸易,他还大力敦促建立强大的商船队以夺取海外贸易。反对派争辩说像法国这样的一个大国不应当干这种事弄脏自己的手:"强国从不致力于贸易……因此干这种事是弱国特有的。"③ 科尔贝尔的答辩举威尼斯人为例证,威尼斯人主导同东方的贸易直至 1480 年地理大发现的航海开辟了别的商路。接着,荷兰人应时担当了统率的角色,而法国深陷于内战和宗教战争之中,西班牙则执迷于普世君主国,它的双眼紧盯着欧洲。法国不得不做的是效尤荷兰人。

执著于赶上其他主要国家,其实是要超过它们,这驱使科尔贝尔去探求一切可以想到的有利手段而不论其出自何典。可以说明这一点的是他 1669 年 3 月 20 日给他的兄弟、驻伦敦大使的一封信:

---

① "Dissertation sur la question: quelle des deux alliances de France ou de Hollande peut ester plus avantageuse a L'Angleterre." March 1669: *Lettres, Instructions et Mémoires de Colbert. Publies d'après les orders de l'empereur sur la proposition de sonexcellence M. Magne, Ministre Secrétaire d'état des Finances*, Vol. 6, ed. P. Clement (Paris 1869) doc. 33, p. 266.

② "Discours sur les manufactures du royaume", 1663: *Lettres et Mémoires*, Vol. 2, Part 1 (Paris 1863), pp. cclvii-cclviii.

③ "Mémoire sur le commerce", 3 August 1664: ibid., p. cclxvi.

> 因为……这是一个头等重要的主题，它总是触及英国的每一个问题，总是使你集中精力去关注和洞察一切明显是好的和有利于贸易的事情，以及其贸易盛衰的原因。绝对可以肯定，荷兰人从事贸易的极端贪婪和暴虐方式是导致英国人和欧洲每个国家抱怨他们的最大原因。

科尔贝尔接着指示他的兄弟查一查对各类货物的需求水平，另外又劝他谨慎行事，他说："十分重要的是要绝密地处理此类事务，尤其是因为通过我们的努力，我们是在从外国人那里学习十分合乎需要而他们没有觉察到的东西。我相信你当然懂得，这类事情对各国都是重要的。"①

对于荷兰人，科尔贝尔决不是将权力概念推介到商业世界的第一人。"荷兰人中普遍接受的格言是，英国繁荣昌盛的条件就是减弱它的光荣，也就是说，贸易和实力的声威不可分割地联系在一起。……"② 科尔贝尔将这一教训引申到均势论。他是这样写荷兰人的：

> 他们使用……一切手段，尽其全力，倾其全部产业将全世界的贸易控制在他们一国的手里，剥夺了其他每个国家的贸易。在此基础上，他们制定了他们治国理政的主要准则，并充分认识到，只要他们是贸易的主人，他们的陆上力量和海上力量就会持续壮大，使他们变得极为强大，从而使他们成为欧洲和平与战争的仲裁者。并且，只要他们愿意，就给正义、给所有国王们的计划规定限度。③

---

① To Colbert de Croisssy, Ambassadeur en Angleterre, 20 March 1669: *Lettres et Mémoires*, Vol. 2, part 2, doc. 37.

② *A Justification...*: *Harleian Miscellany*, p. 129.

③ "Dissertation...": *Lettres et Mémoires*, Vol. 6, p. 264.

换句话说，贸易就是权力，就是实现对欧洲的政治统治的手段。科尔贝尔接着鼓吹均势：

> 最伟大的君主们的政治准则始终是，一个弱国君主因为怕一个比自己强大得多的君主的实力压倒和摧毁他而自愿同这个君主结盟，是决不会占到便宜的，这种事早已屡见不鲜；但是，同样的审慎意识要求弱国的君主们总是力图同新生的强国结盟以阻止另一个强国过分的扩张（增长），以维持均势。
>
> 运用同一准则于所讨论的问题：荷兰人是世界上贸易最强大的，迄今一直如此，现在还是如此，英国人则较弱，法国人更要弱得多；因此，出于谨慎考虑：这两个国家都不要因为怕失去同荷兰的贸易之利，怕被他们压倒和完全被摧毁而同荷兰人结盟；同样出于谨慎：这两个国家应当从利益出发联合起来，运用他们的全部产业之力，对荷兰人的贸易打一场秘密战。①

人们简直想象不出还有更令人信服的证据来证实人们意识到的经济主宰权对于世界权力越来越至关重要的程度以及获得经济主宰权被看做一种纯粹零和游戏的程度。实际上，事实证明科尔贝尔相当成功致使不久以后英国人便转而以法国作为取得进展的样板。用孔多塞侯爵（Marquis de Condorcet）的话说，这其实是"一个时代，在这个时代里，重商马基雅维利主义对于欧洲政治家来说几乎就是一个新型学科，他们在这个新学科以自学和作出发现而自豪。"②

人们首次承认了英国渐渐落后的事实。威廉·坦普尔爵士（Sir william Temple）作为驻海牙公使获得了有关荷兰崛起成为主要贸易强

---

① "Dissertation..."：*Lettres et Mémoires*, Vol. 6, p. 266.
② *Oeuvres completes de Condorcet*, Vol. IV (Paris 1804), p. 210.

国之有利条件的宝贵的直接认知。坦普尔指出了威尼斯、伦巴第（Lombardy）、接着是安特卫普（Antwerp）和里斯本（Lisbon）先后崛起成为欧洲内部和欧洲与东方之间的商业中心。他指出，"但在整个这一时代，欧洲其他更大民族国家几乎不关心这事；它们的贸易就是战争。……"① 他接着说，"简言之，各王国和公国立身于世界就像贵族和绅士处身于一国国内一样；自由邦和自由市就像各色商贾一样；这些人起初被其他人鄙视；其他人受到他们的服务和尊敬，直到由于形形色色的世界事务进程，其中一些人藉产业和节俭而逐渐富强起来；另一些人则因战争和奢侈而变穷：这使商人们开始当仁不让，像绅士一样经商；而绅士们则开始喜爱积极投入经商。"②

所有这一切都随着威斯特伐利亚和平而发生了变化。"因为自1648 年恢复基督教世界之安宁的明斯特和约（Peace of Munster）以来，不仅是瑞典和丹麦，还有法国和英国，都在忙着考虑它们这几个国家政府有关贸易问题的想法和计划以及它们人民对这个问题的种种奇思妙想。"③ 对这种情况的解释显而易见。由于都认识到有必要评估均势，各国比以往更加意识到——不少是由于西班牙的引人注目的兴起和衰落以及现在荷兰同样流星似的兴起和衰落——经济要素的作用。正如坦普尔所指出，"人体以及生物体的腐烂和分解，通常是从外部打击和事故以及内部病变或虚弱开始的，任何一个政府看来都同样有必要了解它们邻国的宪法、军队和危局以及它们本国臣民中的派别、奇思妙想和利益；对所有国家来说权力都只是相对的；任何一个王国都不可能仅凭它本国的财富或实力来取正当的安全措施而不考虑可能虑及的入侵和预料来自国外敌人或盟邦的防务。"因此，一如他所写

---

① Temple, *Observations...*, *Works*, Vol. 1, p. 68.
② Ibid., p. 68.
③ Ibid., p. 67.

的,"发展贸易是所有欧洲国家的谋划"。①

这在很大程度上就是为什么坦普尔1672年在他的《荷兰联合省评述》(Observations upon the United Provinces of the Netherlands)中公布他对荷兰盛衰原因之评估的原委。他在那本书里突显了如下事实:荷兰人没有多少天然优势来繁荣经济,实际上正是它的劣势,最引人注目的是众多人口挤塞在一个小空间里,容易被海水淹没,这些都妨碍了他们的机动灵活和作为繁荣的唯一手段的同外部世界的贸易。由于欧洲其余国家都卷入了三十年战争,也由于英国被内战分散了精力,荷兰人才抓住机遇支配了贸易。但是随着和平来临,竞争对手重返市场,使荷兰像它迅速兴盛一样地迅速衰落。

坦普尔所关注的问题,其他同样潜心于国家事务的人也继续予以关注,《关于贸易委员会的若干考量》(Some Considerations About the Commission for Trade)的作者、后来成为政府顾问的本杰明·沃斯利(Benjamin Worsley)有力地论证说:

> 贸易……我们的邻邦是很懂的,使他们深为关注以致将他们的利益和治国理政的十分警惕的部分放在贸易上,这好像排除了我们所有的替代选择,把一种现已不可避免的必要性加在我们头上;要么我们要使自己成为商业的主人或者在商业上至少保持均等从而引领这项伟大而普遍的国家事务;要么我们就得被商业牵着鼻子走和在那些有能力定规则治理商业者的权力之下低声下气。②

---

① *A Survey of the Constitutions and Interests of the Empire, Sweden, Denmark, Spain, Holland, France, and Flanders; with their Relation to England, in the Year 1671* – Temple, *Works*, Vol. 1 (Miscellanea, Part I), p. 83.

② 转引自 Conquest, "The State...", p. 155。

20年以后，查尔斯·达夫南特（Charles D'Avenant）表达了同样强烈的见解，当时出口仍然相对低落。他以国家利益观进行论证，商业是政治权力的关键：

> 因为战争已大大不同于我们祖先时代的战争：那时，在一次仓促的征伐中，在对阵的战场上，战事决于勇；而现在，整个战争艺术以一种可以归结为金钱的方式演示；现如今，最能筹到钱供衣供食发饷养兵的君主最有把握取得成功和进行征服，而他未必拥有一支英勇善战的军队。……因为从贸易中获得的利润并不是商人在国内带来的好处，而且举国上下在与其他国家进行农副矿业产品和制造品交换之平衡基础上获得的净利润。
>
> 所以，如果我们能通过总的平衡保护我们的贸易使自己成为赢家，则战争的费用和耗时对我们的影响就不会那么大了。①

达夫南特明确指出法国是可以效法的样板：

> 一国凭借其整个交易求得总的平衡，它就明显地增强实力和权能，一如北方诸王国三十年战争以来之所为，亦如英国和荷兰在战前之所为；一国通过交易而亏损，它就明显地越来越衰弱和没落，一如西班牙在过去60年间的表现；这种情况从来不是像任何一类买卖人一样精明能干的行家商人所造成的；因为，是黎塞留、科尔贝尔等国务大臣们而不是商人们作出深思熟虑的判断，认为法国的繁荣有赖于贸易是最近才有的事，为此奠定基础的是

---

① "An Essay upon Ways and Means", 1695: *The Political and Commercial Works of that celebrated Writer Charles D'Avenant, Ll. D. Relating to the Trade and Revenue of England, The plantation Trade, The East-India Trade, And African Trade. Collected and revised by Sir Charles Whitworth, Members of Parliament*, Vol. 1 (London 1771), pp. 16–17.

他们的智慧而不是他们商人的行当。①

达夫南特可以说是有限贸易保护的一位鼓吹者。他反对"金银通货主义者"（the "bullionists"），自由贸易论者如达德利·诺思（Dudley North，1641—1691）和尼古拉斯·巴本（Nicholas Barbon，1640—1698）等人也严厉斥责它们。

1691年，诺思写了一本雄辩有力的小册子《论贸易》（*Discourses upon Trade*），该书充满了预兆重农学派（参见第195—196页）和亚当·斯密著作的用语，他迎头抨击贸易平衡论，尤其争辩说，"每当人们考虑公共利益时，如同考虑促进贸易这些人休戚相关的问题时，通常看重他们自身的眼前利益，这是判断善恶的共同尺度。"诺思对自由贸易公开宣布的承诺在科尔贝尔的商战世界里想必是难以理解和不得其所的，他写道，预期会使人惊讶地倒抽一口气，"整个贸易世界就好比一个国家或民族，在这世界里各国好比各色人等。"他又说："一国与他国进行贸易的损失并不能孤立地认为如一国的损失，而是整个世界贸易的损失，因为所有都是联结在一起的。"②

五年以后，巴本发表了强烈而透彻的抨击，具体说来是针对金银通货主义的，泛泛地说也是针对保护论的。他反对贸易平衡论的论点几乎完全以实践为依据。根据他的观点，要精确计算贸易差额，哪怕是根据关税收据，也几乎不可能的，这少不了是因为我们现在称为"无形交易"的项目（银行业、保险、航运）并未集中记载在案。巴本的两句格言在他的法国后继者、无疑还有亚当·斯密看来是基本真理："对于一个国家来说，作为一个整体的国家，从未进行贸易；只

---

① "Discourses on the Public Revenues, and on the Trade of England. Which more immediately treat of the Foreign Traffic of this Kingdom. Pt. 2" (no date): ibid., pp. 386–7.

② *Discourses upon Trade*: *Principally Directed to the Cases of the Interest*, *Coynage*, *Clipping*, *Increase of Money* (London 1691), Preface.

有每个国家的居民和臣民才进行贸易"①;"对所有商人来说,通过他们的贸易图利,而如果他们富起来了,整个国家就繁荣昌盛。"②

商人约翰·卡里(John Cary)在他 1695 年出版的书里步巴本的后尘,该书题为"论英国的状况、就同法国进行的战争而言的贸易、穷困和税收"。在这本书里,卡里联系对美洲出产的烟草征收关税的讨论,提出了他赞成自由贸易的论点。他写道:"我不认为对进口品征收新的进口税会大大增加英王陛下的岁入,因为进口税会使商人泄气;取消已课之进口税,从而大大增加消费总额反而会更好"。③ 他觉得,"不可思议的是,一个依托于制造品、其利益在于制胜所有他国的国家……竟然增加[进口或出口]税收重负。"④ 笛福(Defoe)继之步卡里之后尘,他通过主办的杂志《麦卡脱》(Mercator)于 1713 年抗议那些阻拦同法国签订商业条约的人,因为西班牙王位继承战争已经打赢。"贸易是怎样由于各国之间的不和与争斗而受到困扰的,这个问题是不易弄懂的;我们的情况正是如此,这是我国的最大不幸和灾难",《麦卡脱》杂志声言道。迪福提出了"贸易利益"("the Reason of Trade")原则,甚至反对战时的经济封锁。"因为我们在国家事务和政治利益上意见不同就禁止同一国的贸易,是一国可能犯下了绝顶荒唐之罪。"⑤ 这就是据说一位商人在同科尔贝尔交谈中首创的原则:自由放任(laissez-nous faire)。⑥ 无论是巴本抑或是卡里都没有明确表示

---

① N. Barbon, *A Discourse Concerning Coining the New Money lighter. IN Answer to Mr. Lock's Considerations about raising the Value of Money* (London, 1696), p. 36.

② Ibid., p. 4.

③ John Cary, *An Essay on the State of England, In Relation to its Trade, Its poor, and its Taxes, For carrying on the present War against FRANCE* (Bristol 1695), preface addressed to the King.

④ Ibid., pp. 23 – 4.

⑤ *Mercator: or Commerce Retrieved: being Considerations on the State of the Birtish Trade*, &C. 23 – 25 July 1713.

⑥ D. Stewart, *Biographical Memoirs, of Adam Smith, LL. D of William Robertson, D. D. and of Thomas Reid, D. D.* (Edinburgh), p. 142.

主张自由贸易。但对金银通贷主义——"金银只不过是商品；一种商品同另一种商品一样好，因此它是等价的"①——的抨击和泛言之对重商主义做法的抨击——"对英国贸易的损害莫过于此了，因为有许多禁止商品的法律，或者征收过高的关税，这等于禁商"②——使人毫不怀疑巴本在辩论中所持的立场。

科尔贝尔的思想已经无以复加，或者说更加接近于一个世纪以后的亚当·斯密了，不过这种思想仍然是少数派观点。一位敏锐的外国观察家于1763年指出，规定所有英国货须用英国船运输的航海条例和保护英国谷物生产的谷物法是"他们［英国人］现在借以在全部世界四大洲发动攻势并在所有四大洲已经取得胜利、现在还在取得胜利的巨大权力"之基础。③ 18 世纪很大部分时间消耗在一系列的对法战争上，即使不是全部也是很大一部分是出于商业原因：特别是七年战争（1756—1762 年）。在英国的申辩理由中，科尔贝尔是榜样，法国人是威胁。波斯尔思韦特（Postlethwayt）在他调研"我国当前不幸之秘因"援引了科乐贝尔的话，他评述道，"因此，商业就是为了致富，为了获取东西印度群岛的财富，这些财富可以用来招募陆海军，把世界变成我们自己的世界。……法国人的图谋是征服；他们注意贸易只不过是把它当作工具而已。"④ 英国在七年战争中的胜利确保了对北美的控制权。在 1762 年底议会下院关于和约的辩论中，人们普遍同意"这场战争的最初目标是我们北美大陆殖民地的安全。"⑤ 政府的支持

---

① Barbon, *A Discourse*, p. 40.
② Ibid., p. 42.
③ Algarotti, "Saggio...", p. 441.
④ M. Postlethwayt, *Britain's Commercial Interest Explained and Improved; In a Series of Dissertations on Several Importand Branches of her Trade and Police: containing A Candid Enquiry into the secret Causes of the present Misfortunes of the Nation. With Proposals for their Remedy. Also The Great Advantages which would accure to this Kingdom from a Union with Ireland*, Vol. XV (London 1813), pp. 360 – 1.
⑤ 9 December 1762: *Parliamentary History of England*, Vol. XV (London 1813), col. 1271.

者"指出短短几年之内,这些殖民地人口大增。他们指出,这些殖民地同宗主国的贸易同人口一样地增长。这种贸易如今摆脱了敌国的干扰和竞争对手的模仿,财产不受限制,人身有保障。我们在美洲的种植园主在很短时间的自然繁衍过程中供给了我们制造业的需求,其数量之大相当于英国所有工人可能得供的数量。因此,没有任何理由惧怕贸易之不足让敌国钻空子,因为单单北美一处就会供给我们在世界其他各地的贸易赤字。政府的支持者们详述了英国有着各种各样大不相同的风土人情,大有理由借此发展贸易。因此不应当以目前的出产来估计我们征服地的价值。也不应仅仅根据其商业的有利条件来估计任何国度的价值"。议员们接着自豪地谈到英国是"一个伟大、强盛和好战的国家"。① 胜利使英国得以充分落实各项保护主义措施以便有利于英国的商势(和不利于殖民地人)。正如爱德蒙·伯克所说,"这些殖民地的建立显然是从属于英国的商业的。根据这个原则,我们有关殖民地的整个法律体系就成为一种限制体系。宗主国方面确立了双重垄断:(1)对殖民地整个进口的垄断,进口须全部来自英国;(2)对殖民地全部出口的垄断,出口则只能输往英国,这当然仅限于对英国有用的出口品。基于同一理念,人们想办法让殖民地把它们所有的原料和初级产品输送给我们;它们则应从我们这里买取每件制成品。"②

具有讽刺意味的是,除了科尔贝尔,保护主义理念之终极表述的法国,继而又在下一个世纪里出现了同保护主义正好相反的反命题。在伦敦和巴黎之间永久贸易战时期又一个讽刺,就是重农学派利用英国作者来阐发自己的自由贸易观点并公开承认这种受惠。③ 在重农学派中最引人注目的是弗朗索瓦·魁奈(Fransois Quesnay, 1694—

---

① 9 December 1762: *Parliamentary History of England*, Vol. XV (London 1813), col. 1272.
② *The Works of the Right Honourable Edmund Burke*, Vol. 1, p. 371.
③ See Turgot's acknowledgement in his elogy to Vincent de Gourney: *Oeuvres de Turgot*, Vol. 3 (Paris 1808), cited in Stewart, *Biographical Memoirs*, p. 139.

1774)、安娜-罗贝尔·杜尔哥（Anne-Robert Turgot，1727—1781）和维克托·德·里凯蒂（Victor de Riqueti）即米拉波侯爵（Marquis de Mirabeau，1715—1789）。路易十四成就功业之后的法国，在经济上是一个十分专横的强权国家，特别是在荷兰海上优势黯然失色以后更是如此。魁奈尤其比巴本更进了一步，他否定国籍原则适用于贸易和贸易商，他写道："商人是没有国家的外国人"。他即兴提到"所谓的国内生意人，"① 十年以后，他写道："覆盖不同国度的普世商业共和体……纯粹从事商业的国家几乎无不仅仅是这个广袤无边的商业共和体的组成部分，无不可以看做是一些都会城市，或是如果你愿意的话，可以说是一些主要柜台"。② 同样，米拉波写道：商人应当视"全世界为他的国家"。③

越来越世俗化、越来越具有各国政治独立特征的欧洲国际体系已经从拥抱五湖四海的、纯理论上是一元化的基督教大同体（Corpus Christianum）中脱颖而出，政治思维趋向特殊而不是普遍，眼界变窄而不是变宽广了。与之相反，经济思想则采取相反的方向。一种新的政治经济学从各国政治独立主义（particularism）、重商主义的壳体中脱颖而出，这种新政治经济学在见解上和目标上可以正确地叫做世界主义的（cosmopolitan），重农学派是其先导，苏格兰启蒙运动的主要人物，特别是大卫·休谟（David Hume，1711—1776）和亚当·斯密（Adam Smith，1723—1790）将它引进英国。意大利历史学家范范尼（Fanfani）谈到重农学派和苏格兰启蒙运动领导人时指出："这两个派别行走在同一个层面上，但朝不同方向走。"④ 当然，重农学派自身借

---

① Quesnay, *Du Commerce* (Paries 1766): quoted in Silberner, *La Guerre*, p. 197.
② "Analyse du Tableau économique", in F. Quesnay, *Oeuvres économiques et philosophiques* ed. A. Oncken (Paris 1888), pp. 326–7.
③ Mirabeau, *Les Economique* (Amsterdam 1796): ibid., p. 214.
④ A. Fanfani, *Storia delle dottrine economiche: Il naturalismo* (2nd edition, Milan, 1946), p. 143.

鉴于英国的较为自由主义的流派。但是，正如莱斯利·斯蒂芬（Leslie Stephen）所指出，该流派内的著述家本身远不是一致的："有时，他们上升到一个高境界，由此冥想这个星球是一个整体，而在另一时候，他们的视野仅限于从一家英国商店的橱窗里管窥天下。"①

休谟接受了贸易平衡论，但不是用它来为保护主义政策辩护，相反他争辩说，同水一样，这种平衡若任其无障碍运行则必将自然而然地找到它自身的水平面。同他的朋友和后继者亚当·斯密一样，他无意识地说出了英国的国家利益，即能在自己的市场里抢走所有国家生意的这个唯一真正工业国的利益就是赞成自由贸易的普遍利益。也同斯密一样，在发现金科玉律有例外时，英国的国家利益与普遍利益之间的连接关系便一目了然。休谟抨击包括英国在内的整个欧洲的保护主义和重商主义做法，但他允许征收特定关税——例如对德国亚麻制品——这将激励国内制造业"从而成倍地有利于我们的人民和工业"，这就典型地反映了英国的国家利益。②

斯密在他的《国民财富的性质和原因的研究》（*An Inquiry into the Nature & Causes of the Wealth of Nation*）里所设计的新政治经济学的至高意境既是个人主义的又是普世主义的。它几乎完全抹去的层面是民族国家这个层面，只有极少数例外。重商主义者聚焦于相对于别国实力的国家实力。相反，斯密只对财富的起源感兴趣，而对财富在国际关系中的效用则不感兴趣。这就是重商主义者与自由贸易论者之间的主要分歧。③ 斯密的视角本质上是个人财产占有者的视角，他向当局

---

① L. Stephen, *History of English Thought in the Eighteenth Century*, Vol. 2 (1962 edition), p. 253.
② D. Hume, "Of the Balance of Trade", in *Essays and Treatises on Several Subjects*, Vol. 4 (London 1754), pp. 72–86.
③ 剑桥经济史学家和关税改革家威廉·坎宁安（William Cunningham）最清楚地指出这一点，参见 *The Growth of English Industry and Commerce in Modern Times* (Cambridge 1882), p. 434. 以后的几版比原版的依据更充分，但并未改变诠释。

提出的表面看来务实的建言，有着明显的道德主义含意。"给予本国市场生产任何特定工艺或制造品的国内工业以垄断权，在某种程度上就是去指挥私人该如何利用他们的资本，这几乎在任何情况下都必定是无效而有害的控制。"①

斯密有着明确的政治和道德议程。除非你注意到那场专为商业利益而战的七年战争的巨大影响，否则就难以理解他的观点。他对经济行为法则的诠释，不论好坏，均直接源于他的理想。他的朋友和传记作者杜格尔德·斯图尔特（Dugald Stewart）指出了"他的商业政治学说和他早些年的较为公开表达出来的旨在促进人类进步和幸福的思辨之间的联系。"② 斯图尔特谈到以下事实：斯密"义愤填膺地对商业嫉妒心问题发表了评论。而他在他的政治著作里很少用这样的口吻"。③ 且看斯密对"重商学说"的抨击：

> 下流商人的鬼鬼祟祟伎俩被捧为大帝国行为的政治格言。此类格言教导各国，它们的利益在于把它们的所有邻国都变成乞丐。每个国家都天生要带着一只招人厌恶的眼睛去盯着所有与之贸易的国家的繁荣，并把它们之所得视为自己之所失。④

斯密同弗洛拉斯、格劳秀斯和重农学派相呼应，他写道："国家

---

① A. Smith, *An Inquiry into the Nature Causes of the Wealth of Nations* (London 1776), p. 36.

② D. Stewart, *Biographical Memoirs*, p. 87. 关于德国史学家 Oncken 称为"亚当·斯密之问题"（Des Adam Smith Problem）(*Zeitschrift für Socialwissenschaft*, 1878) 的更多内容，参见 Edwin Cannan 给斯密著作的序言，他最早揭示了斯密前往法国会见重农主义者们之前的讲座笔记：E. Cannan (ed.), *An inquiry into the Nature and Causes of The Wealth of Nations*, Vol. 1 (London 1904; reprinted 1950), and for more of the context: I. Hont and M. Ignatieff (eds.), *Wealth and Virtue; The Shaping of Political Economiy in the Scottish Enlightnment* (Cambridge 1983).

③ D. Stewart, *Biographical Memoirs*, p. 90.

④ Smith, *An Inquiry*, pp. 90–1.

间的商业,如同个人间的商业一样,本该是团结和友谊的纽带,却成了不和与敌意最能繁衍的沃壤。"① 根据这个观点,战争是保护的直接后果。自由贸易就会把世界从国与国争夺的致命后果中解放出来,这种国与国争夺在17、18世纪使欧洲生活惊恐万状:"假若所有国家都遵循自由出口和自由进口的制度,那么,一个大陆被分成的不同国家至今本该很像一个大帝国的不同省份似的。"② 这是普世帝国论的再世,它并非建立在某个一统宗教的基础之上,亦非托荫于一国的一统霸权之下,而是寄身于公平无私的资本一统权力之下。斯密的伟大推广者让-巴蒂斯特·赛伊(Jean-Baptiste Say)在欧陆进一步推广了这一理想,赛伊也是米拉侯爵在《普罗旺斯信使报》(*Courrier de Provence*)的合伙人,是被拿破仑的大陆封锁体系毁了的制造商之一。③ 在英国,这一理想的捍卫者是大卫·李嘉图(David Richardo)、辉格党激进派如青年帕麦斯顿(Palmerston),以及也许人们多半记得的还是科本登(Cobden)和布赖特(Bright)。当然,这个"公平无私"论恰好迎合世界唯一的大制造商英国的现行利益。斯密并非完全没有受到英国特殊需要的影响,这一点以较为明确的方式显现出来。至少仅有的两个例外之一,他赋予自由贸易以必要性完全符合英国的利益,这不是矫揉造作:防务需要,要求海运垄断权(《航海条例》)。正如斯密的崇拜者、法国政治经济学家夏尔·热尼尔(Charles Genilh)相当严厉地指出的那样,"这样看待英国航海条例的方式暴露了作者爱他的国家甚于爱真理。"④

　　赛伊与米赛尔登(Misselden)一样,但与斯密或休谟不同,他是

---

① Smith, *An Inquiry*, p. 82.
② Ibid., p. 125.
③ 参见 Franfani, *Storia*, pp. 148 – 9。
④ C. Genilh, *An inquiry into the Various Systems of Political Economy; Their Advantages and Disadvantages, and The Theory Most Favourable to the Increase of National Wealth* (New York 1812), p. 279.

一位真正的实干家,一位小制造商。他的著作具有法国启蒙运动的全部特征:系统化的天才,异乎寻常的洞察秋毫能力,充其量是一副敏锐头脑的产物,但在政策攸关的问题上有着过分简单化的倾向;他关于"政治经济学"新学科的诉求并不谦恭;他大胆申述"在任何时候和任何国家都有用的真理。"① 他有一种用实证主义用语来诠释道德(社会)科学题材的固有倾向:根据他的观点,在道德科学里同在自然科学里一样存在既成事实。② 为证明这一点,他必然要求政治学脱离政治经济学。"狭义的政治学——组织社会的学科——长期以来同教人如何创造财富、如何分配财富和消费财富的政治经济学混淆不清。然而,财富本质上是独立于政治组织的"。③ 根据这种观点,政府形式是一种无关宏旨的东西。但是,他运用政治经济学作为国际关系的一种解释就削弱了他自己的论点。他断言,关税特惠引发战争。④ "相互打仗不符合各国的利益……",他争辩道,甚至同样无凭无据地说,"所有国家天生是朋友;两个交战的政府与其说是各自对手的敌人,不如说是它们本国子民的敌人"。⑤ 保护主义经济史学家威廉·坎宁安(William Cunningham)后来说斯密"使经济学科同政治家相分离。"⑥ 其实不是这样。斯密实际所做的是颠倒了二者的关系。对于重商主义者来说,政治必然总是优先于经济需求,而在斯密看来,经济需求不但先于政治,而且还是政治结果的决定因素。斯密的经济学不是"实证的",而是同先于他的政治经济学家的学说一样是"规范"的。

政治处方与只是根据经济价值判断优先的经济问题的决断相结合。

---

① Jean-Baptiste Say, *Traité d'Economie Politique ou Simple Exposition de la manière don't se forment, se distribuent et se consomment les richesses*, Vol. 1 (4th edition, 1819), p. v.

② Ibid., p. xxv.

③ Ibid., p. ix.

④ Ibid., p. 228.

⑤ Vol. 2, pp. 299 – 300.

⑥ Cunningham, *The Growth*, p. 440.

塞伊断言,贸易造成经济体之间同等的依赖度,无论其是原料出口商抑或是主要制造商。这一立场与孟德斯鸠(Montesquieu,1689—1755)所持立场迎面相撞,孟德斯鸠争辩说波兰只有谷物供出口的农业国。孟德斯鸠写道,通过贸易而受损的国家不是那些只需要某种产品的国家,而是那些"什么都需要的国家。不是自给自足的人们而不是一无所有的人们才觉得不同任何人贸易有好处。"① 人们仿佛听到了劳尔·普雷维什(Raul Prebisch)在联合国贸易与发展委员会上的声音(参见第295—296页)。

重商主义者一般认定,贸易是一种零和游戏,某人之所失必为某另一人之所得,反之亦然;不可能在同一时间里人人都赢。此说对贸易起了荒唐的抑制作用,对17世纪后半期和18世纪大部分时期的战争负有某种责任。自由贸易论者的新说法是,不受约束的商业在经济上泽被人人(但未必均等)。他们争辩说,这样做,就会由此带来竞争社会之间的和平,假设这种竞争从某种根本意义上说是保护的人为后果,也是将以自由贸易而告终的一种状况。因此,就国家而言,它关系到国家的最终存亡。这实际上是对国家利益的至高地位的新挑战以及超国家的商业利益即迪福所称的"贸易利益"取代国有利益。

在英国和英国的政策中自由贸易很自然地产生了它的影响。工业革命已经造就了英国对其余世界的经济主宰权。即使是七年战争和拿破仑战争期间的沉重赋税也没有阻挡住史无前例的经济增长率,虽然按今天的标准看,这些增长微不足道。经济发展势必被看做医治百病的万应灵药,随之而来的是帝国扩张。一点也不敏锐的约翰·斯图尔特·密尔(John Stuart Mill)在他的《政治经济学原理及其在社会哲学中的某些应用》(*Principles of Political Economy with Some of Their Appli-*

---

① Montesquieu, *De l'Esprit des lois*, Vol. 2 (Book 20, chapter 23), ed. P. Derathé (Paris, 1973 edition), p. 18.

cations to Social Philosophy)一书中断言商业使世界文明化的作用。他声言:"商业如今起着一度战争所起的作用,即交往的……主要源泉。"他又说:"可以毫不夸张地说,国际贸易的巨大规模和迅猛增长已成为世界和平的主要保证,是人类思想、制度和特性不断进步的最大的永久保障。"①

这些言辞夸张的主张这时渗透到国家的上层圈子里。才气纵横的金融家兼经济学家大卫·李嘉图于1817年出版了《论政治经济学和赋税原理》一书,两年后进入英国议会下院,他在下院领导了一场旷日持久的反对农业保护的斗争。该书催生了比较优势法则,书中说:

> 在完全自由商业的制度下,每个国家都自然而然将其资本和劳动投入到最惠及人人的就业中去。这种对个体利益的追逐绝妙地同整体的普遍利益相联系。通过激励独立,通过奖励独创,和通过最有效地运用大自然赋予的特有权力,最有效、最经济地分配劳动;同时,通过大规模增产,辐射普遍实惠,以一条利益与交往的共同纽带,将整个文明化世界里各国组成的普世社会连接在一起。②

年轻而开明的帕麦斯顿子爵曾被送往爱丁堡去研读斯密的思想,在李嘉图死后很久的1842年下院关于废除谷物法的辩论中,他发表了一篇堪与弗洛拉斯、格劳秀斯和亚当·斯密相匹配的演讲:

> 有更多的理由表明本院应舍弃这个[闭关自守的]主义。为什么我们生活的大地被分裂成各个地区和各种风土地带?我请问,

---

① J. S. Mill, *Principles of Political Economy with Some of Their Application to Social Philosophy*, ed. J. Robson (Toronto 1965), p. 594.

② D. Ricardo, *On the Principles of Political Economiy and Taxation* (London 1817), p. 156.

为什么不同的国家向经历不同匮乏的人民提供不同的产品？为什么彼此相距十分遥远的陆地通过仿佛要分开它们的海洋几乎又连在一起了呢？为什么是这样，先生们，人可以依赖于人。商品的交换可以伴随着知识的扩大和传播——伴随着产生相互好感的互惠交换——倍增和巩固友好关系。是吧，商业可以自由自在地向前进，一面带来文明，一面带来和平，使人类更幸福，更聪明，更美好。先生们，这是天意——这是创造和安排天地万物的上天权力的天意；但是，纵然如此，受到限制性关税约束的商人们却傲慢地、可想而知是愚蠢地逃逸了、束缚了人的天生的干劲，竖立起使他们难受的立法而取代了伟大永恒的自然法则。①

不过，同维多利亚时代的工厂主和议员理查德·科布登（Richard Cobden）提出的有利于自由贸易的诉求相比，上述诉求还不算过分，科布登说："自由贸易是上帝的外交，没有其他确定的办法使人们按和平契约一致行动。"② 为了这种政策所产生的政治实惠，他的热情是无限的。正如他在1846年宣称的：

> 我相信，同这项原则的成功相比，对于人类来说，物质上的收益将是最小的收益；我认为自由贸易原则将在道德世界里起到如同万有引力在宇宙中所起到的作用，——把人们吸引到一起，把种族、信条、语言上的对抗抛在一边，把我们联合在永久和平的契约之中。我甚至看得更远。我推想，可能是梦想朦胧的未来——唉，此后一千年——我推想这个原则的胜利的后果可能会是什么样。我相信，后果将是改变世界的面貌从而迎来一种完全

---

① 16 February 1642: *Hansard's Parliamentary Dabates*: 3rd Series, Vol. LX (London 1842), cols. 618 – 19.

② 转引自 *The Foreign Policy of Victorian England*, p. 85。

不同于现在盛行的政府制度。我相信,搞庞大帝国和强权帝国,搞强大陆军和庞大海军的愿望和动机——搞那些用来毁灭生命和荒废劳动报偿的东西的愿望和动机——将会消逝。我相信这些东西将不再必要,或者不再在人类成为一家、人的劳动果实同他的人间兄弟的劳动果实自由自在地交换时还需使用。我相信,如果让我们重新登上这个月下舞台,我们将会看到,在遥远遥远的时期,这个世界的治理制度回归到类似市政制度的某种形态;我还相信,一千年以后的思辨哲学家将会记载下由于我们今天在这里开会鼓吹的原则的胜利导致世界历史上迄今所发生的最伟大革命的年代。①

因斯密而起的对自由贸易的批评来自各个不同方面。也许似乎最不大可能的出处竟是一度鼓吹自由意志的空想社会主义者约翰·费希特(Johann Fichte, 1762—1814)。他在 1800 年出版的《封闭的商业国家》[*Der qeschlossene Handelsstaat* (*The Closed Commercial State*)] 一书中试图保护个人和国家避免开放竞争的伤害性后果,这种后果毁了双方。费希特关于国家在贸易中如何行为的观点与 18 世纪欧洲十分明显并遭到斯密极其猛烈抨击的那种实践正好合拍:一个重商主义的世界,在这个世界里,贸易被看做零和游戏,在零和游戏中,一国的优势地位受到另一国的挑战和削弱。②根据费希特的观点——先于一个多世纪后列宁在《帝国主义:资本主义的最高阶段》中所阐明的观点——"引发冲突的商业利益往往是战争的真正原因,即使还有别的借口。"而且,费希特十拿九稳地料定,事情会越来越糟,因为"在公开贸易中所有人对所有人的无休止战争,如买主与卖主之间的战争;

---

① 15 January 1846; ibid., doc. 38.

② Fichte, *Der geschlossene Handelsstaat* (Tubingen 1800), in *Johan Gottlieb Fichte's sammtliche Werke* (Berlin 1845) Vol. 3, pp. 467 – 8.

这类战争将变得更为暴烈,更为非正义,其后果更加危险,"① 因为世界人口越来越多。② 一如斯密和大卫·李嘉图所相信的那样,费希特相信贸易天生是不平衡而不是惯于均衡的,他还相信,这些不平等挑起战争,对于费希特来说,合乎逻辑的避免冲突的最好办法是:"国家完全与一切同外国的商业隔绝。"③ 他所想象的国家就是保护它自己的工业、诚然也保护其他行业不对外通商的国家。他的论点的锋芒对他的同胞当然起了作用,在他越来越紧密地与德国民族主义联系在一起时就肯定如此。法国革命战争使他的洞见更加犀利,也使他所传达的信息变得更加紧迫了。他于1807—1808年冬在柏林的科学院发表了著名的《对德意志人的讲演集》(Reden an die Deutsche Nation),"当时一位法军元帅是柏林市的长官,军乐团吹吹打打行进而过,间谍四散混迹于听众之中"。④ 他在讲演中争辩说,"愿我们最终能认识到,尽管有关国际贸易和制造业有利于世界的空想理论可能有利于那个外国人,是那个外国人总是用来侵略我们的武器,但这种空想理论不适用于德国人,我们自己团结,内政独立,商业上自力更生,才是我们自救的最佳手段,并由此拯救欧洲的福利。"⑤ 费希特对他的建议是否成为任何特定国家哪怕是他那个时代的德国的即时选择这一点不抱幻想。但是有一点是不可改变的,此类思想一旦有人写出来,就获得了它们自己的生命,此类思想一旦付诸实施,便往往同其作者的原本意图没有什么直接关系了。

---

① Fichte, *Der geschlossene Handelsstaat* (Tubingen 1800), in *Johan Gottlieb Fichte's sammtliche Werke* (Berlin 1845) Vol. 3, pp. 467 – 8.
② Ibid., pp. 457 – 8.
③ Ibid., p. 476.
④ 来自1882年9月19日的一篇报纸文章。转引自 H. Engelbrecht, *Johann Gottlieb Fichte: A Study of his political writings with special reference to his Nationalism* (New York 1933), p. 125。
⑤ 转引自 ibid., p. 120。

最接近于事件中心的人自然而然比较稳健,且至少从短期看也较有影响。路易十六的大臣、最终当了法国革命的国民会议的部长的雅克·内克尔(Jacques Neeker,1732—1804)因此而特别扎根于当时的现实。内克尔承认,"毫无疑问,假如所有国家通过一项共同条约愿意取消一切进口关税和权利,那么法国也就不应当拒绝;因为它可能凭借这些协议而获益。"然而,这是一种幻想:"因这种自由而受损的国家根本不会接受它,而受益国想望它亦是枉然;即使有人想树立榜样以推广之,人们也只会追逐一个因希望建立商业而让所有邻居分享世袭财产的大傻瓜。"他又说:"人们可以轻而易举地画一幅国际兄弟情谊的图画;人们可以给那些使欧洲不同国家各自为政、各国借以管理本国自然资源以创造繁荣的防范性法律冠以野蛮的雅号;但若同时发现为争夺某些荒岛战火马上就要点燃时,那就会形成最矛盾想法的稀奇古怪的结合。"①

这并非一位前资深文官对空想方案的非典型反应。然而,对这个新主义的第一个系统反应却出现在美国。这不是偶然的。这个新的共和国脱离英国而获得政治独立以后,这里要使自身工业化多少是为了抵御英国激烈的经济竞争。一位苏格兰人,实际上如同任何英国人一样,可能很容易设想所有经济体都是在一块平整的赛场上竞争的,并把这种假设纳入他的经济模式,而任何美国人却极不可能选择这么做。争取独立运动的领导人尽管在原则上都致力于自由贸易,但在实践上究竟奉行自由贸易到什么程度,他们的意见并不一致。詹姆斯·麦迪逊(James Madison)承认,"利益并不总能使自身适合于最佳目标。由此,干预商业法规、给补贴和设限的适当性和政策也是如此。"② 再

---

① "De L'Administration des Finances de la frances de le france"(Paris 1784):*Oeuvres completes de M. Necker*, publiées par M. le Baron de Sael, son petit-fils. Vol. 4 (Paris 1821), p. 559.

② 转引自 F. List, *Werke*, Vol. 2: *Grundlinien einer politischen okonomie und andere beitrage der Amerikanischen Zeit* 1825 – 1832, ed. W. Notz (Berlin 1931), p. 183。

者，乔治·华盛顿（George Washington）在他 1789 年的就职演说提出了穿国产衣料服装的论点。① 不久以后，在 1791 年，亚历山大·汉密尔顿（Alexander Hamilton）在他著名的"关于制造业问题的报告"中写道："合众国无法按平等条件同欧洲交易；缺乏互惠将使它们成为一种体系的牺牲品，这个体系诱使它们的眼光仅限于农业而不搞制造业。合众国方面对欧洲商品的需要不断增长，而对本国商品的需求却是部分的和不经常的，同他们的政治优势和自然条件的优势使他们有权企求的富裕相比，这种情况只会使他们处于贫困境地。"② 汉密尔顿并非夸大其词。1793 年流亡到美国的法国前外交大臣、以后又出任外交大臣的塔莱朗（Talleyrand）经商以维持开支。他评论道：进口品的供应"被英国如此全面地包下了，以致人们有理由怀疑英国在这最严重的保护时代，英国对它当时的殖民地所享有的排他性特权多于它现在对独立美国所享有的特权"。塔莱朗通过直接了解把这种情况归之于英国制造业和资本市场的压倒性权能，它允许低价销售，并在年度偿还的基础上发放大笔信贷，它也提供了一个严密的销售配送、债务和流通之网。③

无巧不成书，事件证实了汉密尔顿的观点。欧洲的革命战争切断了欧陆同英国的贸易，在此期间，拿破仑 1806 年 11 月 21 日强加了柏林敕令，导致英国 1807 年（枢密院令）的报复，法国采取进一步措施（米兰敕令）以孤立英国经济。英国的愚蠢报复遭到了亨利·布鲁厄姆（Henry Brougham）在议会下院，特别是《爱丁堡评论》（*Edinburgh Review*）文章远播国外的尖锐抨击。因为法国对海外贸易没有多

---

① 转引自 F. List, *Werke*, Vol. 2: *Grundlinien einer politischen okonomie und andere beitrage der Amerikanischen Zeit 1825 – 1832*, ed. W. Notz (Berlin 1931), p. 184。

② "The Report on the subject of Manufactures", 5 December 1791: *The papers of Alexander Hamilton*, Vol. X, ed. H. Syrett et al. (New York 1966), p. 263。

③ "Les Etats-Unis et L'Angleterre en 1795: Lettre de M. De Talleyrand": *Revue D'Histoire Diplomatique*, 1889, Year Three, pp. 71 – 2。

少依赖，因此她的威胁毫无实义，只有英国和中立国海运遭殃。然而，就英国制造品对美国的销售而言，付出了最高的代价。到 1812 年，《爱丁堡评论》指出，"我们的商业繁荣多么紧密地依赖于我们同那个国家的往来，他们的需要又是多么大地要靠我们供应"。①

由于英国的短视行为，美国人第一次实质性地得以自行其是。正是在这些条件下，巴尔的摩（该国三大口岸之一）的赫齐卡亚·奈尔斯（Hezekiah Niles）开始出版《每周纪事》（The Weekly Register）。当他"还是一个毛头小伙子"时就对以下看法印象深刻："当它依赖任何其他国家供应铁制品、布匹衣物和几乎同食品一样必需之物时，这个国家便绝不可能达致扬善惩恶的合法权力"。② 饱含这一原则的第一版于 1811 年 9 月 7 日问世，这时拿破仑已经取消了所有影响美国贸易的措施，但英国人仍然控制着美国的船运并强征美国海员编入皇家海军。战争很快在英美之间爆发。在战争的前夜，奈尔斯的杂志出刊，它很快就成为许多问题上的权威声音，不少是工业保护问题，并宣布他将发表汉密尔顿的报告。他又说："目前是自然而然地通向建立制造厂的时期。由于被欧洲交战国的专横非法做法剥夺了我们惯常的商业……这就迫切要求美国人民指望于自己……以往存在的对制造业的偏见已经被、并且还在被一切事物的可靠标准即经验的影响所驱除。"③ 没有什么必要在交战国缔和以前鼓吹援助制造业的特别措施，和平的最后结果是让英国制品放手充斥美国市场。1816 年 1 月 27 日，奈尔斯发表了一篇社论《制造业利益》。他断言，美国正接近于"最

---

① *A Review of The Speech of Hery Brougham Esp. M. P. in the House of Commons*, on Tuesday the 16th of June 1812, upon the Present State of Commerce and Manufactures (London 1812): *Edinburgh Review*, p. 241.

② *Niles'Weekly Register*, Vol. XXVI, No 659, 1 May 1824.

③ *The Weekly Register Containing Political*, *Historical*, *Geographical*, *Scientifical*, *Astronomical*, *Statistical*, *and Biographical Documents*, *Essays*, *and Facts*; together with Notices of the Arts and Manufactures, and a Record of the Events of the Times, Vol. 1, 7 September 1811.

重要的危机"。国会本次会议将决定,"我们的制造厂是应当继续和增加,扩及国家普遍需要的产品领域,还是将制造业压缩为零以迁就随波逐流的政策——这种政策只顾眼前而不重将来"。他接着说:

> 给予本国人民的劳动成果以坚定的、积极的和毫不含糊的优惠待遇,是每一个开明国家特别是英国的做法(其中虽然有种种可责之处,但也有很多可嘉许之处),英国的资财迷惑了智慧的测算,令世界惊讶。

奈尔斯敦促美国国会的正是这"各国的普遍做法":

> 种种情况——英国的枢密院令和法国的敕令——我们自己对贸易的限制——最后〔1812—1815年对英〕一次战争,都给美国的财富和工业指明了新方向。制造厂犹如魔幻般发展壮大。……这些企业朝着保护取得了了不起的进步;不过它们尚未达到实力堪与欧洲更富更加老字号企业平起平坐相抗衡的地步。它们必须得到政府保护和援助一阵子。……美国的制造商站在政府面前恰好像婴儿同他母亲的关系……

再者,奈尔斯不仅相信工业保护是奉行政治上的中立方针;他同科尔贝尔一样,也认为商业是战争的一种形式,尽管是别人强加的战争;必须说,他的这种假设不完全错:

> 毫无疑问,英国会竭尽所能而为,或正大光明或暗中使计,以各种方式摧毁我们已建成的制造企业,毁掉所有已投入资本营建的企业。尚需拭目以待的是,美国国会究竟会在多大程度上帮助她(指美国—译者按)生产出需要量很大的急需品——这一目

标对她来说，比可恨可怖的拿破仑·波拿巴的垮台更有实际意义。①

迎合土地利益集团和船运利益集团的国会比以往更能感受到对制造业的需要；然而根据限定，制造业只占国民收入的很小比例，因而按比例其代表权少于从对英贸易中牟利的竞争利益集团。奈尔斯大声疾呼要求恢复平衡，1816年3月2日，他推出了另一篇用科尔贝尔的口吻论"未来政策"的重要文章：

> 自从我们光荣地结束对英武装斗争以来已有一年有余。和这同一个国家在农业、商业和制造业有关的技艺方面一场新的斗争已经开始。在前一场斗争中以体面和幸运的结局而光明正大地赢得的有利地位只能靠后一场斗争中的能动性、警惕性和坚忍不拔精神来维护。如果一个目标是要迫使我们"无条件屈从"——"使我们衰弱五十年"，那么，另一个目标的后果在导致我们处于依附和赤贫状态方面不会不是灾难性的，如果我们盲目地拒绝建立在各国经验之上的理性和常识训令的话。

在这里，奈尔斯发现了一个值得保护的新部门：造船业。船主们以前因失去对英贸易而最为遭殃，因而站在制造业利益集团的对立营垒里。然而，随着对英贸易的恢复，英国船而不是美国船逐渐占据支配地位。奈尔斯——同约翰·伊夫林（John Evelyn）相呼应并先于艾尔弗雷德·马汉（Alfred Mahan）（参见本书第234—237页）——充当了海军和商业利益集团的代言人：

---

① *The Weekly Register*, Vol. IX, No 22, 27 January 1816.

一件普遍感到遗憾的事是，这个工业部门竟然破产了，而如果欧洲的和平持续下去，它们就必定破产。对于英国来说，最重要的目标就是要摧毁它，因为它提供和装备了压下她海军气焰、驱散笼罩在她的被信以为真的在海洋上战无不胜之影像的手段——打破优势护身符、开创海洋事务新纪元的手段。

在奈尔斯看来，"'贸易无友谊可言'"，不论大战的起因是什么，有了和平，英国于是就可以自由地"像控制热带千百万人的命运一样地支配寒带地区"。英国是怎样战胜法国的呢？"掌握在她的卡斯尔雷（Castlereagh）手里的钱比她的惠灵顿（Willingtons）手里的剑更能多打胜仗。"海军的威力和金钱的威力在奈尔斯看来是紧密交织在一起的。那么，英国人对美国人说了什么话？"你们展示了太多的风帆。"①

奈尔斯在1816年对英国的成就、目标和利益所持的看法并非无的放矢。辉格党议员亨利·布鲁厄姆在《每周纪事》炮轰大西洋另一边后仅仅过了一个月便在议会农业危难状况委员会（Committee on The Distressed State of Agriculture）上发表了讲话。布鲁厄姆几乎以暗示对已经得到的东西感到惊异但又担心其失去的口吻干练地概述了战时赢得的新经济优势：

1793年，战争开始，造成了贸易和制造业的停滞，这通常伴随着一个从和平到战争的过渡期；但这类困难却罕见地持续时间不长，我们海权的辉煌成就，夺取了敌国的一些殖民地，另一些殖民地的造反，敌之国内商船资源由于内部混乱而处于残缺不全的状态，所有这些迅速地把敌之商业削弱到异乎寻常的程度，几乎同样程度地增强了我们自己的商业。随着敌之征服或影响扩及

---

① *The Weekly Register*, Vol. X, No1, 2 March 1816.

其他拥有贸易或殖民地事业的国家，这些东西反过来成为我们敌对的目标，失去了他们的商业和他们的种植园；因此，在一个很短的时间，我国一起获得了商船和殖民地的垄断权，这即使在她最有成就的前几次战争中也是史无前例的。①

"波拿巴的大陆军事封锁体系的最终结果"就这样"由于摧毁了几乎所有其他国家的贸易与和平工业……而成全了我们的商业和制造业垄断权"。② 当1814年春大陆市场在欧洲开辟时，"出口各类商品的狂飙骤起"，伴随而来的是史无前例的金融投机浪潮，吞没了哪怕是最经不起损失的家庭仆役的储蓄。③ 在对美出口上也发生了同样的情况——仅一年就是1800万英镑——在这个问题上，布鲁厄姆和奈尔斯的观点趋同，都认为这种贸易是一种零和游戏："即使最初的出口蒙受损失也是合算的，"布鲁厄姆指出，"这是为了造成市场饱和从而把美国的新兴制造业扼杀在摇篮里，它们是战争促成的，是违背事物发展的自然进程的。"④

马修·凯里（Mathew Carey）1760年生于爱尔兰，年轻时移居美国。于是他有了被廉价美国制造品打击致使当地工业处于不利地位的两个社会的直接经验。凯里尤其是一位精力充沛的时评家，有着强烈的使命感，尽管同奈尔斯保持着友好关系，但他的自我主义和他的啰嗦劲儿使他在为同一事业而奋斗的人们当中博得了一个讨厌鬼的名声。1819年8月21日，为应对打击经济的衰退，"对美国制造业友好"的费城市民集会成立了一个促进美国工业的协会，凯里设法只在通讯委

---

① 9 April 1816: Hansard, *The Parliamentary Debates*, Vol. XXXIII, 1816, cols. 1087–8.
② Ibid., col. 1091.
③ Ibid., col. 1098.
④ Ibid., col. 1099.

员会弄到一个席位。① 但三个月之内，他就成为该协会的制造业委员会主席。② 接着，费城促进全国工业协会和宾夕法尼亚保护国内工业协会相继成立。③ 1820年，他发表了《新橄榄枝》，即试图建立农业、制造业和商业之间的利益同体，并证明为了商业而牺牲了这个国家很大一部分制造业；而商业受这种政策之害几乎同制造业不相上下。该书抨击美国政府取消进口关税，而进口品使国家"沦为乞丐和破产"。④ 凯里声称，"战争保护了这个国家的国内工业。""它在那种保护下繁荣昌盛，而和平则彻底毁了那种保障。"⑤

在《新橄榄枝》里，几乎没有或根本没有什么事情是奈尔斯不说好的（且言简意赅）。它的短暂影响乃是这个时代的征兆。在溅起最初的浪花声后，凯里发现，"费城、纽约和全联邦其他各地，意气消沉了。"⑥ 他"年复一年地反复尝试以唤醒有关各方"，组成"在不同的时间里三、四个协会，但它们在几个月内都寿终正寝了"。⑦

对奈尔斯第一个表达出来的某些颇有新意、但比较温和的思想阐述，见丹尼尔·雷蒙德（Daniel Raymond）于1823年在奈尔斯的故乡巴尔的摩出版的《政治经济学要义》（The Elements of Political Economy），雷蒙德是一位开业律师。这部两卷本的书重复颇多，但至少透彻明白。雷蒙德认为，斯密关于个人利益必定符合国家利益之说"从原则上讲是再……谬误不过的了，或者，就其后果而言是再讨厌不过

---

① *The Weekly Register*, Vol. XVII, No 1, 4 September 1819.
② *The Weekly Register*, Vol. XVII, No 1, 20 November 1819.
③ K. Rown, *Mathew Carey: A Study in American Ecomonic Development* (Baltimore 1933), p. 48.
④ M. Carey, *The New Olive Branch, or an attempt to establish an identity of interest between Agriculture, Manufactures, and Commerce, and to prove, that a large portion of the manufacturing industry of this nation has been sacrificed to commerce; and that commerce has suffered by this policy nearly as much as manufactures* (Philadelphia 1820), p. 45.
⑤ Ibid., p. 141.
⑥ M. Carey, *Signs of the Times* (Philadelphia 1823), p. 3.
⑦ Ibid.

的了。"① 在雷蒙德看来，"制造品的进口是应当禁止还是提高关税，这个问题根本不取决于以下事实：消费者可以在外国要比在本国更廉价地购买它们。对于某些个人，哪里的商品最便宜就在哪里买是明智之举，而对于国家来说在最贵那里购买或许也是最优政策。"② 雷蒙德接着说，"如果一个国家的普遍行业里没有充分就业，那么，利用其空闲时间去织造棉、毛布匹岂不比一无作为好一些？这难道不是正好省下它若在外国织造布匹所要花费的那笔钱了吗？"③ 雷蒙德先于凯恩斯和罗斯福新政而出招。"立法者的义务就是为所有人找到就业，而如果他不能为他们在农业和商业中找到就业，那么他就得把他们安置在制造业。他的义务就是要特别当心不让任何其他国家干预他们的工业。他不得允许有一半国民闲着没事做而挨饿，从而让另一半国民到可能最便宜的地方去买货。"④ 他写道，"要让每一个人都自由地从事他喜欢的事业，但在他自己的同胞尚缺少工业的时候，就不该允许他去庇护和支持外国人的工业。"⑤ 雷蒙德的哲学无疑有某种影响，但不是那么决定性的影响，因而无法确保在凯里说服一所大学为他设立一个教授职位时有人愿意捐助足够的基金而办成此事。弗里德希·李斯特（Friedrich List）的情况亦是如此。

正是在凯里所在的费城，从 1825 年至 1832 年，弗里德里希·李斯特第一次开始阐述他关于对新生工业的产业保护思想。李斯特从德国流亡到宾夕法尼亚寻找出路，那里有集结在北美的最大数目的德国移民。他在宾州买下一个农场，但难以应付。在他抵达一年之内，制造业和手工工艺促进会（the Society for the Encouragement of Manufac-

---

① D. Raymond, *The Elements of Political Economy*, Vol. 2 (2nd edition, Baltimore 1823), p. 215.
② Ibid., pp. 228 – 9.
③ Ibid., p. 229.
④ Ibid., pp. 230 – 1.
⑤ Ibid., p. 231.

tures and Mechanic Arts）成立，但主席不是凯里，而是由费城权势人物宾夕法尼亚最高法院首席法官威廉·蒂尔曼（William Tilghman）和宾夕法尼亚东区总检察官查尔斯·英格索尔（Charles Ingersoll）担任正副主席。① 凯里同以前一样只担任通讯秘书，并认为该运动是他创立的（但一直没能变成一个运作自如的组织）却"在最后时刻被人"劫了，这些人"无礼"地对待他，而换了他，是"不会这样无礼地去对待一个清扫烟囱的工人或清道夫的"。② 对该协会庇护李斯特的态度之愤懑不少——李斯特在经营农场，寻求农场的快速发展上并不成功——李斯特将学术精确性、条理性和逻辑性运用于凯里杂乱无章、啰嗦冗长地宣传的思想中。汉密尔顿、奈尔斯和凯里对自由贸易的抨击从来没有根据有限的美国经验真正加以理论化以逐渐上升到普遍理论的地位。正是李斯特把它大大推进了决定性的一步，具有讽刺意味地在他系统阐明其学说适合美国以后，无法找到一个终身的学术职位，他不得不回到德国，为正处于发展进程中的一般听众重新阐述其学说。

  斯密和李斯特两人都是在对他们各自的社会经济需要作出回应，也许就前者而言是无意识的。由于率先工业化，英国的利益就是要打开所有的外国市场（而如有可能则让某些市场保持封闭状态）；伦敦可以轻而易举地主导制造品销售竞争。相反，李斯特来自德国，它同初出茅庐的美国一样，仍在竭力同英国进口货竞争，尚未拥有坚实的或充足的先进工业基础。从逻辑上讲，李斯特的论点源自这些窘迫尴尬的情势，他附和奈尔斯和科尔贝尔的观点过了头。直到不久以前，他一直是"斯密和塞伊的十分忠实的信徒"和自由贸易的"十分狂热

---

① List, *Werke*, p. 353.
② Ibid., p. 358.

的鼓吹者。"① 但他接着目睹了拿破仑战败后解除大陆封锁对德国工业的毁灭性后果，德国工业突然间要面对廉价的英国进口货。② 1819 年他尚在德国时就曾同《每周纪事》接触过，当时他正需要对他周围的经济问题寻找一种融会贯通的解释。③ 到他的思想成型时——他的笔下再没有出现过保护论调，直至他抵达美国以后——他的思想便同奈尔斯对自由贸易的锐利抨击和他早已耿耿于怀的来自英国制造品的危险紧紧联系在一起了。

无视本国的工业化水平而向来自国外的商品开放自己的市场，这未必符合所有国家的利益。支持相对于其他国家的经济（从而还有工业）实力才符合国家利益。为了赢得时间以成就工业化，幼嫩工业必须加以保护。即使在贸易保护成功地达到这最起码的目的以后，若国家利益有此要求，就仍需要保护。

李斯特力主政治对于经济居于第一位；经济是政治以另一种手段的继续。他在费城的经验对于他来说进一步凸显了英国经济的支配地位："诸如此类的主宰权在当代世界前所未见。"④ 这种主宰权无疑大大有益于整个世界。"但是，我们是否就该因此而愿意她在其他独立国家的废墟上建立普世统治？只有深不可测的世界主义或心胸狭隘的店小二才会对这个问题给予同意的回答。"⑤

李斯特根据内克尔（Necker）的手稿写道：

---

① 有一次他声称是在 1813 年改变观点的：Letter, 15 July 1827: "Outlines of American Political Economy in a Series of Letters Addressed by Frederick List Esq. to Charles J. Ingersoll" (Philadelphia 1827) in M. Hirst, *Life of Friedrich List and Selections from His Writings* (London 1909)。在他 11 月 3 日的讲话中，他谈到直到 1817 年他都没有怀疑过斯密的观点：List, *Werke*, p.159。他很可能是在抵达宾夕法尼亚、看到有大好机会搭顺风车时改变观点的。

② Ibid.

③ Ibid., p. 355.

④ F. List, *The National System of Political Economy* (London 1885), p. 365.

⑤ Ibid.

与世界各国大同的原则是有道理的……比例相称,若某个特定国家预见到可望从这种联合中,从普遍永久和平状态中获得巨大好处,就会像这种世界各国大同已经存在那样调整其国家政策原则,那么该国会在正好同等的程度上违反理性而行事。我们要问,一个政府若考虑到普遍永久和平状态的好处和合理性建议便解散它的军队,销毁它的军舰,拆毁它的堡垒,难道每一个心智健全的人不会认为该政府是神志错乱的吗?但是,这样的政府可能会做的,原则上不会有丝毫不同于这个流行学派要求政府做的,因为若可以从普遍的自由贸易中得到好处,该学派就会敦促政府放弃从保护中可能得到的好处。①

不平等者之间的自由贸易意味着不平等的报酬分配。各国之中有"巨人和矮子、体格健壮的和肢体不健全的、文明开化的、半文明化的、野蛮未开化的国家"。② 主要的差别在于工业化经济与农业经济之别。"流行学派 [自由贸易学派] 若相信此类国家通过以农产品交换制造品就像建立其自身的制造业实力那样同等地促进其文明化、繁荣,尤其是促进其社会进步,那它就是玩弄有关国民经济条件之性质的绝顶错误的概念。"③ 李斯特写到斯密的经典之作时争辩说,"不考虑不同国家的实力、政体、需要和文化的不同状况,他的书只不过是关于以下问题的一篇论文,这个问题是,如果人类没有被分割成各个国家,而是通过普遍法和通过平等的思想文化联合起来,那么个人的经济和人类经济该怎么办。"④ 但是,"在世界现存条件下,普遍自由贸易的结果不会是普世共和,而是相反,是次发达国家普遍屈从于居优势地

---

① F. List, *The National System of Political Economy* (London 1885), p. 181.
② Ibid., p. 175.
③ Ibid., p. 179.
④ Letter, 10 July 1827: Hirst, *Life*, p. 153.

位的制造业、商业和海军强国的主宰。"①

自由贸易论者着眼于个人而不是国家或社会。在李斯特看来，认为社会只不过是个人的集合之说是一种谬误。"如果像那些关心各国的性质和关心这个国家的人那样考虑到未来几个世纪的需要，这是符合个人利益的吗？"② 如果不考虑原先存在的经济发展状况，则个人之间自由交换为最佳之说就会导致人们得出离奇的结论："根据这个主义，蛮荒国家应当是世界上最丰饶、最富裕的，因为蛮荒状态下的个人是最自由自在的，在蛮荒状态下，国家政权的行动是最感觉不到的。"③ 事实是，民族国家存在着，而且"只要其他国家将人类整体的利益从属于它们的国家利益，那么谈论不同国家个人间的自由竞争是愚蠢的。"④ 李斯特仿效科尔贝尔说："战争只不过是国与国之间的一次决斗，对自由贸易的限制只不过是不同国家工业实力之间的一场战争。但是，先生，若一位陆军大臣信奉教友会［贵格会］的教义，他竟拒绝修筑碉堡、建造军舰而代之以军事学术，因为假如世上无战争则人类将更加幸福，试问对这样的一位陆军大臣，你会作何评价呢？"⑤ 第一批工业化国家曾利用保护以确立它们国家的主宰地位。"历史证明，保护性法规不是出于各国为实现其繁荣、独立和实力而作出的必然努力，便是战争和居支配地位的制造业国家敌对性商业法规的结果。"⑥

普世商业共和的第一批鼓吹者当然是重农学派，他们只不过唤起了李斯特的公开侮辱："追随他们自己所处时代和国家的哲学家——鉴于法兰西国家状况的完全无组织状态，他们在更大的哲学领域和世

---

① List, *The National System*, p. 126.
② Ibid., p. 165.
③ Ibid., p. 172.
④ Ibid.
⑤ Letter, 10 July 1827; Hirst, *Life*, p. 154.
⑥ List, *The National System*, pp. 180–1.

界主义那里寻求安慰（这很像一家之长由于对他家庭的破裂感到绝望便到酒菜馆里去寻求安慰）——因此，重农学派拼命抓住普世自由贸易这个世界主义理念作为医治流行百病的良丹妙药。"① 自由贸易论者以一般人性而不是以国民经济作为研究对象，他们"假定实际存在的事物为一种不存在的状态。"②

而且，李斯特争辩说，个人的贸易利益符合特定国家的经济利益之说不可能十拿九稳地成立。"这种毫无保留地使制造业和农业利益服从商业需求的反常做法是这种理论的自然结果，这种理论处处只考虑现有价值，却从不考虑产生这些价值的实力，把整个世界看做只不过是一个无形的商人共和国。这个学派不了解，商人可以牺牲农业者和制造业者的利益、牺牲国家的产能、实际上是牺牲国家的独立来达到他的目的（即通过交换获取价值）。"③

在论断与"全世界经济"（cosmopolitan economy）相对立的"国民经济"时，李斯特也重申了经济学与政治学之间的相互联系。斯密的没有国力的开放市场有什么用呢？因此，李斯特的世界是霍布斯的世界，不是格劳秀斯、重农学派或斯密的在增加贸易的影响下愈来愈和谐的世界："国民财富是靠国力而增长和确保的，同样，国力是靠国民财富而增长和确保的。因此，它的主导原则不仅是经济的，而且也是政治的。个人可以很富裕；但如果国家没有实力去保护他们，他们就可能有朝一日失去他们长期积聚起来的财富，还有他们的权利、自由和独立。"④ "斯密和塞伊劝告我们购买比我们自己制造的便宜的产品，只考虑物物交换中的物质所得，但是权衡一下物质所得和实力

---

① List, *The National System*, p. 344.
② Ibid., p. 126.
③ Ibid., p. 259.
④ Letter, 12 July 1827: Hirst, *Life*, p. 162.

之所失，得失何以相抵？"①

李斯特指责自由贸易鼓吹者自私自利的证言得到卡尔·马克思（Karl Marx, 1818—1883）的响应。马克思同意自由贸易论者的以下观点：资本主义所带来的经济进步将改造国际关系。他和自由贸易论者都秉持基本上是经济主义的解释方式。他所不同意的方面是，这种经济进步究竟怎样改造国际关系。他问巴维尔·安年柯夫（Pavel Annenkov），"难道各族人民的整个内部组织，它们的一切国际关系不都是某种分工的表现吗？难道这一切不是一定要随着分工的改变而改变吗？"② 因此，自由贸易论者认为自由市场的发展把世界和平地拉到一起，因为生产者越来越相互依存，而马克思认为自由贸易加剧了国际范围内工资劳动者与资本之间的对立。而且，他认为自由贸易加剧原料生产国——根据比较优势法则注定要用初级商品换取制造品——与工业化经济体之间的关系。

在马克思看来，社会的命运和国际关系的命运要取决于阶级。他于 1848 年 1 月在布鲁塞尔谈及自由贸易时承认保护的重要性。保护是新兴资产阶级反对封建主义和旧体制（ancient regime）的工具，是在一个社会内部集结资本实力和创造贸易自由的一种手段。但是，它现已成为一种"保守"势力。然而，自由贸易的诉求是资本要求更大自由的诉求，不论一种商品交换另一种商品的条件是否有利，只要资本与工资劳动者之间的关系维持不变，便始终存着剥削阶级与被剥削阶级。劳动与资本之间的对抗远远没有减弱，而会愈来愈尖锐。把国内的这种自由贸易转移到国际范围，"任何一国内部无限制竞争所引发的每一种破坏现象都在世界市场以更大比例再生产。"③ 因此，马克思

---

① Letter, 27 July 1827：ibid. , p. 235.
② Marx to Annenkov, 28 December 1846：Karl Marx, Friedrich Engels, *Collected Works*, Vol. 38 (London 1982), p. 98.
③ Public meeting, 9 January 1848：ibid. , p. 464.

之所以支持自由贸易是因为它加速"社会革命。"①

正如斯密反映了居支配地位的工业强国的利益一样,李斯特也反映了从属地位但进取向上经济体的利益,其方式与正好一个多世纪以后第三世界摆脱西方政治统治而未摆脱经济统治的方式前后呼应。如果说大多数国家类似于德国而不像英国,那么,李斯特的思想势必产生意想不到的结果。值得注意的是俄国自上而下工业化的巨大推动力,财政大臣谢尔盖·韦特(Sergei Witte)决意将李斯特的思想介绍给俄国公众。韦特在掌权之前于19世纪80年代后期编纂了一本小册子概述了这些思想。② 接着,李斯特的著作被译成俄文并于1891年出版。韦特也是俾斯麦的公开崇拜者,俾斯麦以李斯特建议的一系列关税将这些思想付诸实践。韦特写道,"李斯特撰写他的著作时,德国处于经济上依附英国的地位,我们现在则处于依附德国的地位"。③ 无需再多说了。

讽刺意味在于,尽管是韦特将这些思想引进俄国,却由列宁以昔日工业保护的鼓吹者——哪怕是科尔贝尔——无法想象的方式将这些思想导向其逻辑结论。在1917年夺权不到一个月以后列宁草拟的经济措施第一份清单中,"国家垄断外贸"绝不是列在最后的项目。④ 数星期之内,起草了相应的法令。⑤ 在法令遭到政权内部的抨击时,列宁明确地说明了该法令的目的。他于1922年3月写道,从国家垄断外贸进一步后退是不可能的:"要不然的话,外国人就会买光和出口我们

---

① Public meeting, 9 January 1848: ibid., p. 465.

② Graf 'S. Yu. Vitte, *Po povodu Natsionalizma. Nasional'naya Ekonomiya i Fridrikh'List* (2nd edition, St. Petersburg 1912), p. 3.

③ Ibid., p. 69.

④ "Nabrisok programmy ekonomicheskikh meropriyatii", c. 10 December 1917: V. Lenin, *Polnoe sobranie sochinenii*, Vol. 35 (5th edition, Moscow 1962), p. 124.

⑤ "K proektu dekreta o provedenii v zhizn'nationalizatsii bankov i o neobkhodimykh v svyazi s etim merakh", c. 27 December 1917: ibid., p. 429.

拥有的每样值钱的东西。"① 这个制度后来被斯大林弄得糟多了,他建立了一个盗版的费希特的封闭的商业国家,只是由于1992年共产主义秩序崩溃才告结束。

  贸易平衡论彰显了均势论的一个容易被忽视的侧面。另一个容易被视为理所当然的因素是地理,无论它作为限制扩张还是促进扩张的因素。

---

① Letter to L. Kamenev, 3 March 1922: ibid., Vol. 44 (Moscow 1964), p. 427.

第四章　地缘政治观

对于地理，我们无能为力。

——斯大林①

地缘政治这个词的涵义远比均势有弹性，譬如美国前国务活动家亨利·基辛格（Henry Kissinger）提到以下事实：他比尼克松总统（Richard Nixon）"更多地了解地缘政治的概念方面"②，这实在令人吃惊。尽管这个词汇在其回忆录中反复出现，但他却从来没有对其具体的含义进行明确界定。③ 他在这方面有一定的代表性。就像均势论一

---

① 1939年10月年与芬兰的谈判：President Paasikivis Minnen, *Moskva och Finland* 1939–1940（Stockholm 1958），p. 40。

② H. Kissinger, *Years of Renewal*（London 1999），p. 47.

③ 这似乎习以为常，正因为如此，本书没有为基辛格留下位置。在一篇详述直到该文写作时（1975年）为止的基辛格生平和著作的特具洞察力的故事中，已故的菲利浦·温瑟（Philip Windsor）指出了基辛格"作为一名理论家的弱点"：温瑟发现基辛格是"一名毫不费力地谈论自己哲学或史学的保守派；他关于权力与秩序的概念未能大大地推进国际关系的研究与实践。"温瑟预言式地断言，"他的回忆录在他退休时千百万人会如痴如醉地拜读。人们希望他会有时间和精力写出经久和全面的著作，阐明其哲学，使其观点一气呵成。"参见P. Windsor, "Henry Kissinger's scholarly contribution", *British Journal of International Studies*, April 1975, pp. 33 and 37。在这个至关重要的方面，基辛格这份中期的外交研究尽管有力地捍卫了反威尔逊的价值观念，但几乎没有满足温瑟的史学或哲学批评。

样，地缘政治有一个大家能够普遍接受的核心即地理在决定对外政策行为方面的影响。除此之外，都是歧见。就关于地理的重要性的信念而言，有两种不同的思想路线。一种把地理因素看成是国家利益复合体的一部分，基本上是均势的延伸，它注意到空间因素对行使强权的限制；另一种观点基本上认为地理本身决定国家的性质，从而决定对外政策的轨道而不以理性操作为转移。前者倾向于聚焦空间所施加的限制，后者则把国家的无情扩张过程看成是一种合理的生活现实。可以理解的是，前者主要来自帝国巅峰时期的英国人的反思，后者源于德意志帝国试图摆脱禁锢于中欧（Mittel-Europa）时期的中北欧。

许多世纪以来，以地中海为中心的文明世界的已知范围限定了国际关系行为中的任何具有地理因素的意识。变化的第一个征兆来自15世纪末期的地理大发现，同一时期贸易平衡概念也第一次突显。通向新世界之大西洋航道的开辟、对新世界金银的依赖易遭其他列强的掠夺使人们突然认识到战略谋划中的空间因素。"先生们，看看东西印度群岛，那是财富的来源，有了它，也就有了我们这个君主国家之根本……"，曾经担任过西班牙菲利浦二世（Philip II of Spain）的目光犀利的宰相安东尼奥·佩雷斯（Antonio Perez）这样写道。佩雷斯马上看到这些变化对未来国际关系行为的重大影响。[①] "个人的经验和普遍的教训都教导我们，"他写道，"称霸海上的君主将会成为主宰地球的主人和君王，成为人们赖以生存的物品的绝对分配者，通过航海，物品从一些国家和地区到达另一些国家和地区，借此就能建立一个控制全世界的独一无二的泱泱大邦"。[②] 当时西班牙的主要敌人英国也看

[①] 标注为1602年的原稿藏于 salamanca: *Norte de Principes, virreyes, presidentes, consejeros, y governadores, y advertencias politicas sobre lo publico y particular de una Monarquia Importantisimas a los tales: Fundadas en materia y razon de Estado, y Govierno. Escritas por Antonio Perez, Secretario de Estado que fue de Rey Catholico Don Phelipe, segundo de este nombre. Para el uso de duque de Lerma, gran Privado del Senor Rey Don Phelipe tercero* (Madrid 1788), p. 146。

[②] Ibid., p. 147.

到了同样的情况。弗兰西斯·培根（Francis Bacon）认为："如果我们真的考虑到西班牙的强大，它主要由其财富即东西印度群岛构成，而东西印度群岛只不过是通过海洋得到财富的一个跳板；只要在海上用比他们更强硬的任何东西很快地把使他们变得强大的这根轴树砍成两半就行了。"①

于是，遥远之地的殖民化突出了公海交通的重要性。就在佩雷斯秉笔直书上述言词后不久的几年后，格劳秀斯的雄辩有力的《公海自由论》（*Mare Liberum*）就被发表了，这显然没有征得他本人的明确同意。这是一个至关重要的标志，面对葡萄牙和西班牙保护主义，它以每个荷兰人都能很快理解的方式论述了航海自由的理由。② 一种全新和更大范围的战略谋划就此诞生，尽管这一愿景没有马上和实质性地改变基本上是欧洲中心论的对外政策行为观，这种观点随着三十年战争、七年战争（这场战争在某种程度上只不过是英法争夺北美领地的战争）、西班牙王位继承战争和拿破仑战争而再显身手。这种愿景需要几个世纪才能浮出水面，长期以来，对上述冲突的解释与解决停留在均势概念的框架之中。

作为一种概念，均势的作用在于限制任何一个国家或国家集团给整个欧洲国际体系的其余部分构成威胁。也就是说，尽管只是为了明确界定的目的，但它承认存在一种高于国家的利益。地缘政治论作为一种世界观不仅扩展了以距离为准绳的战略算计的视野，也实质性地拓宽了国家需求的范围，从而降低（即使不是替代）其他的竞争要求。在康德笔下，国家变成了一个法律实体，在黑格尔笔下，国家被升华为一种逻辑抽象。拟人化地缘政治（anthropomorphic Geopolitics）的主要先驱们［不知不觉地追溯到帕多瓦的马西琉斯（Marsilius of

---

① "Notes of a Speech, concerning a War with Spaine", *Letters*, *Memoirs*, p. 230.
② C. Roelofsen, "Grotius and the International Politics of the Seventeenth Century", *Hugo Grotius and International Relations*, ed. H. Bull et al. (Oxford 1992 edition), pp. 106 – 7.

Padua）〕现在把国家变成了一个自身具有生命和需求的有机体。但这只是一种国际关系新的思想谱系中最少具有现实主义特性的一端，这种新的思想基本上有意地谋求从地理约束与动力的角度使国家行为情境化。

到19世纪末，在所有对过去500年国际关系本质与行为所进行的反思中，仍不存在一套能够连贯与全面解释国家行为的理论。至少直到1914年为止，均势与摆脱重大战争的更大稳定与自由相联系。它仍然基于一种休戚相关感，至少在大国间是如此，诸如基督教文明的说法就是这种相关感表现，被法国大革命及其之后的战争所产生的恐惧大大地加强了它。欧洲的均势在意大利和德国自上而下的统一以后才受到破坏，但并没有消失，德国统一的完成伴随着对法国在漫长的肢解罗马神圣帝国时期夺占土地和血腥再征服。但是作为一种较为成功地解释了人们回忆所能及的时期里欧洲国际体系内部大部分关系的概念，却对理解19世纪最后几十年为什么夺占太平洋无名小岛与黑色非洲一片片土地在国际关系中似乎优先于欧洲次大陆这些更为重要的事务方面，均势看起来已经不再是充分的了。

超越人类有意识控制能力的某种力量成为决定因素，有史以来并非第一次也不是最后一次。后来成为学者的德国官员卡尔·霍斯霍弗尔（Karl Haushofer）（参见本书第243—244页）声名狼藉，他指出："到19世纪末，人们注意到在那个时代以危险速度发展和增长起来的科学技术装备已经大大地超过了政治艺术，这不仅仅是在欧洲，也发生在全世界。"① 于是，在19世纪末即上述进程达到巅峰之时，地缘政治学作为一种解释国际关系的通观方法出现，尽管没有足够说服力以及理论上表现贫乏，却主导了未来若干年内的现实主义讨论。这一概念在帝国迅猛扩张时代出现，对这些扩张主义力量"是进行估量与

---

① K. Haushofer, *De la géopolitique*, ed. J. Klein (Paris 1986), p. 98.

控制的一种革命性尝试。"①

地缘政治的出现也反映了一个纯欧洲的国家体系向国际体系的转变,这种进程始于西属美洲的解放,到第二次世界大战才最终完成。地缘政治观作为一种解释国际关系的模式并以自己的方式纳入国际关系研究,在这场战争中开始被抛弃。从这个意义上说,地缘政治学是某种虫蛹(chrysalis),它在最新近的孕育阶段孵化出了国际关系这门学科。

在比较久远的年代,在政治家和小册子作家那里不太容易找到人们意识到自然力量之致命威力的证据,部分原因可能是因为它们本身就是生活的一部分而不值得注意。弗朗西斯·培根从"这个地区或地方的自然与恰当环境"角度思考"不列颠王国的真正强大"时提到了这个问题,他这样界定:

> 谈论一个地方的风水或气运并不意味着我迷信,从范围更大的全球角度谈讨它们的形状也并非故弄玄虚……对一个伟大君主国的最适合地区得需要三个条件:第一,不容易进入;第二,不能坐落在偏远的角落,而应当位于众多地区中央的开阔地带;第三,处于沿海位置,至少也要依傍可通航的大江大河,不能在内陆或内海。②

培根在此流露的简直就是为幸运的英格兰人的自我庆祝,另一个很少提到的人物是从不讳言国际关系中显而易见之事的安托万·佩奎特(Antoine Pecquet),他是孟德斯鸠(Montesquieu)的崇拜者,他写了一本名叫《论政治格言的精神》(*Spirit of Political Maxims*),声称这

---

① R. Strausz-Hupe, *Geopolitics: The Struggle for Space and Power* (New York 1942), p. viii.
② *Letters, Mémoirs*, p. 214.

是孟德斯鸠《论法的精神》（*Spirit of the Laws*）的续篇。其中有一部分至少提出地理对对外政策的影响："自然所赋予的条件几乎是一成不变的，"佩奎特写道，"由此所产生的互利关系也是一样的。也许正是最明确地基于这样的关系，人们才得以提出有预见的政治格言和对于这种特定关系似乎一致的结盟原则进行最好的揭示。"① 到拿破仑·波拿巴（Napoleon Bonaparte）1804 年 11 月 10 日给普鲁士国王写信讽刺评价沙皇亚历山大一世对欧洲体系的不现实要求时，他只不过是在重申至少在法国流行的一种老生常谈，波拿巴说道："毫无疑问，这个国家［俄罗斯］终有一天会认识到，如果她想干预欧洲的事务，她必须得采纳一种合理和连贯的方针，放弃那些仅仅出于幻想和激情的原则，因为所有列强的政策都是一个地理的问题。"②

　　这样，大自然的约束就与决定对外政策行为的理性约束紧密地捆在了一起。但是，俄罗斯的地理意识始终在其外交政策中发挥作用：这才有了彼得大帝（Peter the Great）对波罗的海出海口的征服，导致圣彼得堡的庄严建城和之后对不冻港的不懈追求。就此而言，内陆强国对地理限制不能不永远保持清醒。然而，再次重复的是，这毕竟是既定的东西而不是可以讨论的东西，且不谈以下事实：那个年代在俄罗斯讨论范围严重受限。后来，斯拉夫文化优越论主将尼克莱·丹尼列夫斯基（Nikolai Danilevskii）在他那脍炙人口而又雄辩的《俄罗斯与欧洲》（*Rossiya i Evropa*）中提到了俄罗斯的超大块头一直是欧洲的"地图压力"（*landkartnoe davlenie*）的说法，但他仅仅是为了反驳上述观念，认为这种说法是刚愎自用，对他而言：俄罗斯是受害者而不是

---

① Pecquet, *L'Esprit des Maximes Politiques pour servir de suite á L'Esprit des Loix du Président de Montesquieu* (Paris 1758), p. 178.

② *Correspondance de Napoleon ler*, publiée par ordre de l'Empéreur Napoléon III, Vol. X (Paris 1862), doc. 8170.

恶霸；地理使得俄罗斯脆弱而非威胁他人。① 在当时，地缘政治这个词汇还没有广泛流行。

这种说法凸显了两种观点的主要差别：一派认为地理是国家行动自由的一种限制，另一派则视之为国家行为的最终决定因素。显然，拿破仑认为地理为亚历山大的野心设置了障碍，而他自己显然也将地理的限制纳入其对外决策。然而，当欧洲以外的世界不能够被进一步扩张的时候，空间就不再成为严重的问题。15世纪地理大发现开始的领土征服到19世纪末完成，把外部世界变成了一个紧密的体系，把海外帝国的竞争纳入到了欧洲体系微妙的平衡机制之内。使局势更糟糕的是，欧洲版图内的德国统一必然造成法国的损害，而后者的历史角色就在于维持神圣罗马帝国的分裂与虚弱，而此时的英国控制了海外世界，殖民世界已不再能进一步扩张，德意志帝国寻求增加领土以夺取资源、市场以及殖民地的唯一途径就是在欧洲发动战争。德国选择战争而不是通过工业与贸易扩张等和平方式进行扩张是由于其政体太多的保护主义，但也是由于地缘政治思想家所形成的心态。

这些观念来源于很多不同的渠道：第一，将国家视为有机体的观念由来已久；第二，新近出现的一种对界定帝国扩张边界的实际关切。将国家视为一个进化、成熟、衰落与死亡的有机体的观念自中世纪以来就是不言而喻的。马基雅维利写道："就像迅速出生与成长的其他生物一样，发展快速的国家不能充分生长它们的根茎、树干与枝叶，将会被第一股寒冷的逆风所摧毁。"② 这毕竟是一个显而易见的比拟。但自霍布斯以来的政治哲学家都把国家视为人类为了一个安全的市民社会而有意进行的人为建构，普鲁士大概是这方面的一个很好例证，

---

① N. Danilevskii, *Rossiya i Evropa: vzglyad' na kul'turnyya i politicheskiya otnosheniya* (5th edition St. Petersburg 1895), p. 20. 俄语用词 landkarta 直接来自于德语 Landkarte，从1774年开始使用。

② Machiavelli, *The Prince*, ed. Skinner and Price (Cambridge 1988), p. 23.

利维坦（Leviathan）及其继承形态都是通过契约被想象出来的。国家不是什么有机体，它是一个抽象的实体。正如卢梭（Rousseau）所言："一个人可以杀死一个国家而不伤及任何一个居民。"① 此外，国际关系中的格劳秀斯传统奠定了将国家视为一个法律实体的基础，正如我们所知，这一特征由康德认定，而且与国家起源的契约说相得益彰。

在诸如英国和法国这些较为满意的民族国家里，知识分子们没有必要寻求国家的地位并能够将之视为一种追求安全和繁荣等更高目标的功能性工具，但是，从三十年战争以来一直饱受分裂与贫困的许多德国人却很有必要通过感情召唤的方式把同胞的力量组织起来。在这种情况下，契约之说很难成为动员民众舆论的号角。正是由于这种原因，在后启蒙时代的欧洲（Post-Enlightenment Europe），德国的哲学家们开始拿起国家有机体的主张，这种说法在宫廷里已是老生常谈而公众迄今仍浑然不知，它的出现给那些具有政治意识、不满于阴沉沉样的契约论的人们的炫目的启示。

在浪漫主义时代以及拿破仑入侵与占领的影响下，亚当·穆勒（Adam Muller）在1809年发表了《治国之道》（*Die Elemente der Staatskunst*），他强调国家的有机体特性的概念，他说战争就像和平一样天经地义，国家的有机体特性也是在同别国的竞争中显示出来的，这就是生命运动（*lebendige Bewegung*）。② 到19世纪末，这种观点以海因里希·阿伦斯（Heinrich Ahrens）③ 的著作以及佛里德里希·拉策尔（Friedrich Ratzel）的《作为有机体的国家》（*Der Staat als Organismus*）④ 的发表而达到极致。拉策尔首创了政治地理（political geogra-

---

① "Notes pour le Contrat Social"：*Oeuvres*, Vol. 1, p. 422.

② 参见 E. Coker, *Organismic Theories of the State: Nineteenth Century Interpretations of the State as Organism or as Person* (New York 1910)。

③ *Naturrecht oder Philosophie des Rechtes und des Staats auf dem Grunde des ethischen Zasammenhangens yon Recht und Cultur* (6th edition, 1870-1).

④ *Die Grenzboten*, Vol. 55, No. 52, 1896.

phy）这个词汇，拉策尔还借用马尔萨斯的"生存空间"一词来描述民族国家发展所需的空间。① 他试图救治的主要不满问题——它与契约论将有共同的基点——是，"大多数社会学家所研究的人似乎凭空而来，跟大地土壤没有一点关系。"② 他没有重复国家就像有机体的比拟，主要工作只是强调了拿破仑的观点即：地理限制国家行为。倾向于自由主义观点的另外一些德国学者也承认国家"绝非一种没有生命的工具，一台没有任何感觉的机器"，③ 远比一组原子组合丰富得多，但与此同时他们还指出国家是一个有"道德"而不是"自然"的有机体。④

无论哪种说法，国家有机体论已经在德国流行起来。它在这里找到了肥沃的土壤，同时这块土壤也有利于强调权势中心地位的强有力的国家利益论的重新抬头，正是在 1848 年革命失败后的德国，日趋保守的政论家路德维格·冯·罗豪（Ludwig von Rochau，1810—1873）在 1853 年发表了他的《从德意志的国情出发运用现实政治的准则》（*Grundsatze der Realpolitik angewendet aus die staatlichen Zustande Deutschlands*）。正是这部著作首创了地缘政治这个词汇，该著作的精神实质概述如下：

> 人类社会的政治有机体即国家，凭借自然法起源与生存，自然法是由人类落实的，无论人有无意识或意愿……国家生存所系的自然界的命令是由历史上特定国家通过各种力量的对抗来完成的；由于空间和时间的不同，这些力量的条件、范围和成就也有所不同。所以，研究这些形成、维持和改造国家的力量是一切政

---

① 参见 E Riitzel, "Der Lebensraum: eine biogeographische Studie", *Festgaben fur Albert Schaffle* (Tubingen 1901), pp. 103 – 89。

② F. Ratzel, "Le Sol, La Societe et L'Etat", *L'Annde Sociologique 1898 – 1899*, 1st Part, p. 1.

③ J. Bluntschli, *The Theory of the State* (Oxford 1885), p. 18.

④ Ibid., pp. 72 – 3.

治认识的起点。走向理解的第一步导致的结论是：强者控制政治生活之法则所发挥的作用类似于物质世界中的万有引力定律。①

但就像马基雅维利一样，冯·罗豪几乎将所有的关注都放到了有效的内部重建之上。在民族主义复兴和追求建国的时代，就像19世纪中期的意大利，这在德国毫无疑问就成了给予马基雅维利第二次生命的东西。阿克顿这样描述了这一现象：

> 首先统一意大利、接着统一德国的民族运动为马基雅维利［学说］开辟了一个新的时代。他背负着支持专制主义的特有指控流传于世。在17世纪曾经铺平专制君主国之路的人们，通称为新马基雅维利主义政客……但是意大利人和德意志人造成欧洲架构巨变的直接目标是统一，而不是自由。他们建立的不是安全而是暴力。马基雅维利的时代到来了。②

在意大利统一的前夜即1859年前，托斯卡纳国（Tuscan）发布一道法令，决定国家赞助出版马基雅维利的全部作品，德意志的主要思想家们为此感激不尽。

尽管合乎马基雅维利框架，但国家有机体以及空间重要性等观念都是一种特殊的德国现象，然而，拉策尔对地理重要性的强调却也在英国找到了强烈的回响。这里是一个乏味与"保守"的社会，兴趣都是务实的而不像德国那样充满半神秘和浪漫色彩。缺乏空间或生存空间（Lebensraum）的意识首次被托马斯·马尔萨斯（Thomas Malthus，

---

① *Grundsätze der Realpolitik angewendet aus die staatlichen Zustände Deutschlands*（Stuttgart 1853），p. 1.
② "Introduction to Burd's Edition of Il Principe by Machiavelli"，*Selected Writings of Lord Acton*，pp. 89 – 90.

1766—1834）点出来，他论述该议题的论文发表在1798年，正处在"连绵战祸时期"①，或许并非偶然巧合。马尔萨斯1766年2月17日生于（伦敦）萨雷县多尔金镇（Dorking, Surrey），他在剑桥作学者，当时被选为耶稣学院之院士（Fellow of Jesus College）。他声明目的在于"考察与人的本性紧密相连的一个伟大事业的影响……所有生命体都要增加超过自然所赋予其营养的不间断趋势。"② "人，"他强调，"必然囿于空间。"③ 在他后来诸版本中，这一说词似乎变得更加急迫："作为限制野蛮国度人口主要方式的战争当然减少，这也包括近期那场令人不快的革命风潮"。④ 人口过剩的危险似乎比以往更加吓人，特别是那个世纪末的年代欧洲没有爆发过严重的冲突。

这种观念被达尔文（Charles Darwin, 1809—1882）的著作所吸收，主要表现在《自然选择方式下的物种起源论或保护生存竞争中的优种》（On the Origins of Species by Means of Natural Selection or Preservation of Favoured Races in the Struggle for Life），也体现在社会学家兼新闻记者赫伯特·斯宾塞（Herbert Spencer）所着迷的适者生存的思想之中。值得注意的是，就像霍布斯一样，达尔文实际上还有生物学和地质学的另几位学者都从国际关系中得到了一个主要的隐喻。达尔文考虑用"大自然的战争"（War of nature）作为关于生存竞争章节的标题，这是其"巨著"的一部分，而《物种起源》属先期急就之作。⑤ 他以"大自然处于战争之中"⑥ 作为首句开启了那一章节，而《物种起源》

---

① 1817年第5版前言：An Essay on the Prindple of Population; or A View of its Past and Present Efforts on Human Happiness; with an inquiry into our prospects respecting the future removal or mitigation of the evils which it occasions (6th edition, 1826), p. xi.
② Ibid., p. 2.
③ Ibid., p. 7.
④ Ibid., p. 534.
⑤ Charles Darwin's Natural Selection being the second part of his big specie book written from 1856 to 1858, ed. R. Stauffer (Cambridge 1975), p. 172.
⑥ Ibid.

本身处处提到"战役中的战役"、"昆虫与昆虫的战争"、"一种物种战胜了另一物种"、"伟大与复杂的生存战"以及"大自然的战争"等。①

为了从军国主义倾向的崇拜者那里挽救达尔文，近期有人只强调达尔文对生存竞争定义的一个方面：一个物种对另一个物种的依赖。②但是，就在该书的同一章节中，达尔文将这种依赖分为两种形式：一种是生命的一种形式对另一种形式的帮助，而另一种是鸟类以昆虫为食的依赖。后者从技术上讲也能归于依赖，但这显然不是昆虫从其环境中寻求的那种依赖！那些试图修改达尔文的主张以支撑一个仁慈与和平世界的人同样也没有看到达尔文是以三种不同的方式使用竞争这个词汇的：同一物种内不同个体之间的竞争，以确保维持生存的最佳成分的进化，这正是其理论的核心；物种与其环境间的竞争；一个物种与另一个物种间的竞争。③他学说的核心中几乎不存在真正的依赖。实际上，也正是这样才使得他本人格外苦恼。达尔文觉得他的心灵与他的头脑发生冲突，"口头上承认普遍的生存斗争的真理是再容易不过的了"，他多少有点苦恼地写道，"最难的是——至少我觉得是这样——把这一结论永记心间。"④

无论如何，对政治思想产生最大影响的是达尔文思想的主要锋芒，而不是其部分说法。拉策尔本人受到过动物学的训练并对达尔文主义遗产造诣颇深。借鉴自国际政治冲突领域的研究自然界的著作，就这样反馈过来试图解释国家的特性和行为。它们共同营造了一种思想氛

---

① 列入 B. Gales 的开创性论文 "Darwin and the Concept of a Struggle for Existence: A Study of the Extrascientific Origins of Scientific Ideas", *Isis*, September 1972, Vol. 63, No 218, pp. 323 – 4。

② 特别是 G. Beer, *Darwin's Plots: Evolutionary Narrative in Darwin, George Eliot and Nineteen Century Fiction* (London 1983); E Crook, *Darwinism, War and History* (Cambridge 1994)。

③ E. Bowler, "Malthus, Darwin, and the Concept of Struggle", *Journal of the History of Ideas*, Vol. 37, No 4, 1976, pp. 632 – 3。

④ C. Darwin, *On the Origin of Species by Means of Natural Selection, or Preservation of Favoured Races in the Struggle for Life* (London 1859), p. 62.

围,在这些思想氛围中:这些有机体隐喻获得了它们自己的生命。如果民族有机地与土地相连,其成员成幂数增长,而被发现的新领土又被关闭不能再进入时,那么一国之所得就只能通过竞争他国之所失来确保,战争形式的冲突岂不是不可避免吗?

更加鲜明现实主义色彩的另一支起源于帝国主义的激烈争夺,这种争夺在全球各地后来被称为第三世界的"未开垦"地域上展开。与空间意识的觉醒相混杂的是对跨越空间(主要是指海洋)的有保障的交通的脆弱性的意识。令人惊奇的是,颇似达尔文和华莱士(Alfred Wallace)同时但各自独立地发现通过自然选择进化①,西利(John Seeley)和马汉(Alfred Mahan)也在同一时间对战争与贸易和帝国扩张的关系得出了相似的结论。

"它概括了我关于海军史之作的要旨,迫使我马上将自己的作品给了出版商,"马汉写到西利1889年4月24日在奥尔德宵特军事学会(Aldershot Military Society)发表的讲演内容。②但马汉肯定是在夸张,主要的相似之处是希利发现,"当开始致力于贸易活动时,英国比以往任何时候发动战争更频繁规模也更大"。③1689年之后的阶段尤其显而易见。"事实是在这段时间贸易与战争携手并行;正是因为我们致力于贸易我们才发动战争;战争是为了贸易阶层的利益而发动的,战场大体上就是进行贸易的地方,也就是在新世界。"④ 因此,战争是源于帝国而不是欧洲的冲突,西利从未试图说明英国海上力量的壮大,而这一点正是马汉著作的核心。不过,上述这些说法成为马汉论述的基础。如果说英国通过海上一战就打拼出一个成功的帝国,美国为什

---

① Charles Darwin's, p. 1.
② Alfred Thayer Mahan: The Man and His Letters, ed. R. Seager (Annapolis 1977), p. 199; J. Seeley, "War and the British Empire", Journal of the Military Service Institution of the United States, September 1889, pp. 488–500.
③ Ibid., p. 488.
④ Ibid., p. 492.

么不该效仿?"当我们的军事学院首次要我教授海军史的时候,"马汉告诉一位记者,"我立即就对自己提出了如下问题,'我怎样才能把自己关于装有玩具枪的木制帆船经历用于现在的海军?'我的第一个回答是:'不管以什么形式,通过揭示海上力量对历史进程所施加的巨大影响'。"①

马汉首先是美国海军扩张的鼓吹者,其所有的推理都从属于这个首要目的。所以,1890年出版的《海权对历史的影响(1660—1783)》尽管表面上是历史研究,但其用心所指是确定无疑的,而且充满着霍布斯式的语调。"海权的历史",他在首页写道,"尽管决不是唯一的,但在很大程度上就是国家之间争锋、相互对抗、频频引发战争暴力的一部实录。"马汉还有意识地回应了"这些年代的条件与迹象,以及很多外国在域外无休止地和广泛地从事着的活动"。② 但引发这些疯狂斗争的主要原因是隐性的。"奇特的是,"他写道,"注视着各国下意识的势不可挡的行动,同时解读这些毁灭性特征,或者偶然碰巧被推到领导者的位置上,届时,在最好的情况下,他们就不只是抱有如万有引力一样永远不可抗拒的力量导向危害最小的程度了。"③

处于巅峰时期的欧洲扩张突出了权势之关键在于控制海洋的事实。但有人说马汉的结论只不过是重申他肯定熟悉的约翰·伊夫林(John Evelyn)在1674年出版的《航海与贸易:起源与进展》一书的一段格言:"……谁控制了海洋,谁就控制了世界贸易,谁控制了世界贸易,谁就控制了世界财富,谁是世界财富的主人,谁就控制了世界本身"。④ "让我们从历史认证的基本真理开始,"马汉说,"控制海洋,

---

① Mahan to William Henderson, 5 May 1890: *Letters and Papers of Alfred Thayer Mahan*, ed. R. Seager and D. Maguire, Vol. 2 (Annapolis 1975), p. 9.

② "The Future in Relation to American Naval Power", June 1895: Mahan, *The Interests of America in Sea Power, Present and Future* (1897; 1970 edition, New York), p. 139.

③ "A Twentieth-Century Outlook", May 1897: ibid., p. 227.

④ J. Evelyn, *Navigation and Commerce, Their Original and Progress* (London 1674), p. 15.

特别是国家利益和国家商业划定的大航道沿线，是国家强大与繁荣纯物质要素中的主要成分。之所以如此是因为海洋乃世界上最大的流通中介。由此而来的原则必然是：作为这种控制的辅助，占有是必要的，如果能够正当做到这一点，占领这些海洋阵地有助于确保控制。"① 但美国人天生的孤立主义在此成了一个障碍，国内经济对关税保护高于一切的着眼点就是这种烦人内省的集体体现，他争辩说："在内部，国内市场得到了保护；但在外部，在宽阔的海洋的那一边，还有世界市场，那只能通过有力的争斗才能进入与控制，依靠法规进行保护的习惯无济于事。"②

这样，马汉就从大西洋的另一边挺身而出宣告了美国作为世界强国的崛起。他从皇家海军的历史吸取教益，指出美国应当学着达到类似的影响范围。但此时的英国已经是有着惊人帝国规模的一个近乎满足的大国。它的当务之急是怎样保住其所有的属、领地和如何应对由世界边界的关闭所引发的幽闭恐怖摩擦，这些摩擦有带来战争的危险。这种情景被哈尔福德·麦金德（Halford Mackinder, 1861—1947）巧妙地表述出来。麦金德 1861 年 2 月 15 日生于林肯郡的盖恩斯伯罗（Gainsborough, Lincolnshire），他最早的往事之一就是在拉丁语课堂上用藤条编制地图而遭笞责。尽管地理学在德国已风靡一时，但"在英国的大学和中学里当时几乎完全被忽视"。③ 早在 26 岁时，他就已经是牛津基督教会（Christ Church, Oxford）的一位自然科学学者，毫无疑问，是由于作为传教士对这门相对新颖科目的传奇宣讲，他被任命为大学地理学高级讲师（University Reader in Geography）的新职位。然而，当时的自由派圈子里对这门课程怀有很深的偏见。所以，在牛

---

① "Hawaii and Our Future Sea Power", March 1893: Mahan, *The Interests*, p. 52.
② Ibid., p. 4.
③ E. W. Gilbert, "The Right Honourable Sir Halford J. Mackinder, P. C., 1861 – 1947", *Geographical Journal*, Vol. CX, No 1 – 3, July-December 1947, p. 94.

津的生活志趣不相投合。有人提出的一项异议是"让年轻人学习地图促进了战略思维,也就是军国主义和帝国主义的思维方式。"① 政治纠偏并不完全是近期才有的新招。

皇家地理学会(Royal Geographical Society)在 1904 年邀请麦金德作了题为"历史的地理枢纽"(The Geographical Pivot of History)的讲演。② 这篇论文是"多年观察与思考"的结果,并有感于英国人在南非对布尔人的战争和俄国在满洲的战争之经验而发。③ 他对几个世纪以来国际关系发展的描述既具宏观把握又切中要点,过去四百年就是一个探险与扩张的时代。在基督教世界里,来自外部的威胁和社会群体进行抵抗的需要导致民族国家的形成。"欧洲文明,"麦金德认为,"就其真正意义上说,乃是与亚洲入侵进行世俗斗争的产物。"④ 摩尔人(Moors)被击败并被西班牙赶出去、反对奥斯曼土耳其人(Ottoman)的欧洲保卫战、航海大发现以及随之欧洲海岸外面世界殖民化等事件都疏解了封闭的欧洲国家体系内部的压力,从而带来的新的稳定。"社会力量的每一次爆炸,不会消失在四周不明空间与野蛮混乱之中,反而会在全球另一端的偏远地方强烈地引起回响,结果,整个世界政治经济有机体中的弱小成分都将被击碎。一个贝壳掉在一堆土方之中和掉于封闭空间和一栋大楼或轮船的坚硬建筑之中会有巨大的差别。"⑤ 在另外一些地方,麦金德还使用了一个使人猛然想起博林布鲁克(Bolingbroke)的同样切题的比喻:"我们现在有了一个封闭的电

---

① Mackinder quoted by Gilbert: loc. cit.
② H. Mackinder, "Geographical Pivot of History", *Geographical Journal*, Vol. XXIII, No 4, April 1904.
③ Mackinder, "The Round World and the Winning of the Peace", *Foreign Affairs*, Vol. 21, No 4, July 1943, p. 596.
④ Mackinder, "The Geographical ...", pp. 422 – 3.
⑤ Ibid., p. 422.

路,一台完整部件协调的机器。触碰一部分,你就能影响其全部。"①

尽管麦金德赞同拿破仑的观点宣称"谋事在人,成事在天。"但他对欧洲国家体系演变的很有说服力的人格化描述,表明 20 世纪初该体系性质的变化带来了爆发灾难性战争日益增加的危险。然而,麦金德没有完全注意到他这一发现的含意。因为他对"黄祸"(yellow peril)和俄罗斯作为"世界岛"之"腹心地带"中枢纽国家作为抵御亚洲的壁垒的作用过于执迷,分散了他对基本真理的注意力。这要等到自由主义的和反帝国主义的经济学家约翰·霍布森(John Hobson)、马克思主义者列宁以及右翼的豪斯霍弗尔(Haushofer)和希特勒等人得出比麦金德愿意得出的更具深远意义的结论。不是麦金德的每一句话都受到普遍欢迎,即便是右翼人士亦然。万灵学院(All Souls)的研究人员兼记者、早就是英帝国著名代言人以及托利党(Tory Party)重要知识分子的利奥·艾默里(Leo Amery)发现麦金德的讲演激发进一步思想源泉,但他的一个思想几乎全盘削弱了麦金德的主张。"我想到的是,"艾默里在会上说道,"在不远的将来,或者遥远一点的将来,作为一种机动工具,海洋和铁路都会被空运加以补充,到那个时候(就像我们正在谈论的宏观的哥伦布时代一样,我认为可以允许我向前看一点),到那时候,很多的地理位置与分布一定会失去其重要性,成功的强国将是那些拥有最大工业基础的国家。居于大陆中心或位于海岛都不会有多大关系;那些拥有工业实力与创新和科学能力的人群将会无往而不胜。我把这一点留作一个临别建议。"② 艾默里在此预见到了军事技术发展的威力可以控制地理强加的局限。

但是,麦金德不是没有判断力,回想起来,他的一些话似乎具有

---

① Mackinder, "The Great Trade Routes (Their Connection with the Organization of Industry, Commerce and Finance)", 13 December 1899: *The Institute of Bankers Journal*, Vol. XXI, Part V, May 1900, p. 271.

② Intervention: ibid., p. 441.

可怕的预见性。在第一次世界大战前后，他回应马汉的海权主宰论，宣称恰恰相反的是陆权主宰。从腹心地带出发，"在每一个重大历史关头"，诸如苏伊士运河（Suez Canal）等主要海路，可能受到像德国和俄罗斯等国家的威胁，尤其是切断海上生命线。腹心地带才是关键："自然给它们提供了最终统治世界的所有前提条件；只有那些有远见和采取大胆措施的人才能防止其实现。"① 这种假设在很大程度上就是对一个总会以这种或那种方式持续不断地陷入冲突的国际体系的假设，其根本解释就是地理或经济解释。"历史上的大战，"他在1919年写道，"——在过去的四个世纪中几乎每一百年就有一场世界大战——都是各国发展不平衡的直接或间接结果，不平衡发展并不全是由于一些国家相对其他国家拥有更多的天赋与精力；在很大程度上是全球各地富饶程度和全球的战略机遇的不均衡分布的结果。换句话说，从本质上讲，各国机会均等之事是不存在的。"② 麦金德很容易地从历史和战略问题转向经济问题，就像他在银行家协会（the Institute of Bankers）的系列讲座一样，他在一系列讲座中告诫道，地理发现已经结束，接下来将是"工业与商业活动在全球范围内的扩散与均平。"③

英国的政治家也被拉入争论。麦金德本人为议会候选人。日后出任外交大臣（Foreign Secretary）的乔治·寇松（George Curzon）在世纪之交从印度回到了英国，在担任印度总督（Viceroy）期间，他一直沉迷于在亚洲为英帝国建立安全边界的问题。他在牛津根据自己的亲身经历作了一次非常具有吸引力的讲演。身为总督以及后来在印度事务部（India Office）工作的寇松全力告诫人们注意麦金德所提到的那种压力的增长。他声称，这是由于"在一个重大焦虑的时代，外交专

---

① Mackinder, *Democratic Ideals and Reality: A Study in the Politics of Reconstruction* (London 1919), p. 221.
② Ibid., p. 2.
③ Mackinder, "The Great Trade..." p. 271.

注有时是国际危险的主要源头都成为帝国在中亚、非洲各地和南美洲之边界的决定因素。"① 他注意到了边界这一特殊问题。寇松有意识地步麦金德的后尘,提到"源于国家与王国扩张的战争已到了紧要关头,随着地球上适于居住地区的缩小,一个国家的利益或野心与另外一些国家的利益或野心发生了尖锐与不可调和的冲突。"② 在一段使人想起马尔萨斯和麦金德的话中,他争辩说,"随着人口的迅速增长与经济寻求新出路的需要,对大国来讲,扩张已经成为当务之急。随着地球上的真空地带被填满,对任何残存空间的竞争都会更加剧烈。"③ 但像麦金德一样,寇松——虽然决不是自由党人——没有顺理成章地得出最显而易见的结论:一场大战。相反,他却预言竞争的结束,以及通过法治达到一种稳定的局面——这是一种真正维多利亚时代的、其实就是自由党人的通过有控制的和平变革实现进步的不可避免的意识,是世纪之交自由党意识形态占据支配地位的令人信服的证词。

寇松的讲演令人感兴趣是因为他描述了用于处理有争议领土边界的一些办法,相互竞争的帝国都从不同的方向进驻这些地方。寇松的这些权宜之计包括保护国:它实施政治或战略控制而非直接的行政控制权,提供防务以对付外部进攻和本地区内对财产的侵犯。于是保护国"不知不觉地融入现在被称为势力范围的外交概念之中",这意味着"这样一个阶段:除了一个强国之外,没有任何一个外部强国能在上述地域坚持自己的权利,但在这块地域里,这个强国所担负的责任的大小可能因情况的需要或情势的诱惑而迥异。"④ 一种形式的扩张自然而然地与另一种形式的扩张不知不觉地混合在一起:"在……上面描述的所有外交形式与虚构中,人们可以看到统一趋势对弱者来讲就

---

① Curzon, *Frontiers* (Oxford 1907), p. 2.
② Ibid., p. 5.
③ Ibid., pp. 7–8.
④ Ibid., p. 42.

是结成硬块。利益范围(Spheres of Interest)总是变成势力范围;临时的租借(Leases)自然而然变成永久的租借地,势力范围演变成保护国;保护国成为完全吞并的先声。"①

与此同时,德国地缘政治学派从这样那样成分相分离的独立存在演变混合成一种奇异烈性混合物:国家是有机体而非法律实体的浪漫主义国家观复活;强调空间层面的拉策尔的政治地理学传统;马尔萨斯对人口过剩及其预料由此产生的竞争的忧虑;把比喻推向科学高度的达尔文生物进化论;对马汉与麦金德著作的吸收等等。其中一些思想后来被一位相当迟钝但很勤奋的瑞典政治科学家鲁道夫·契伦(Rudolf Kjellén, 1864—1922)的著作折射出来。

1899年担任哥德堡大学(Goteborg University)政治科学教授的契伦感到有责任将地理学纳入其教研领域,他广泛阅读相关文献,然后开始融合这两个学科。②他的综合产生了1908年的系列讲座,这些讲座构成了一本书的基本内容,这本1916年出版的书的名称简单但令人喜爱:《国家:一种生命形式》(Staten sore Lifsform - "The State as a Form of Life")。③到那时,他已经创造了地缘政治这个词汇。④《国家:生命的一种形式》第二章《地缘政治》[Staten some rike (geopolitik)]的内容直接针对这一主题。该著作还将国家看做一个民族(etnopolitik)、一个经济体(econompolitik)、一个社会(sociopolitik)和政府(regementspolitik)。"地缘政治,"契伦写道,"是把国家作为一种地理有机体的研究。"⑤借重于拉策尔著作的影响,他几乎从中得到了自己

---

① Curzon, *Frontiers* (Oxford 1907), p. 47.
② E. Thermaenius, "Geopolitics and Political Geography", *Baltic and Scandinavian Countries*, Vol. IV, No 2 (9), May 1938, p. 166.
③ R. Kjellen, *Staten som Lifsform* (Stockholm 1916), Preface.
④ Kjellén, "Studier ofver Sveriges politiska granser", Ymer, Vol. 19, 1899, pp. 283 - 331; also, Kjellén, *Inledning till Sveriges geografi* (Goteborg 1900).
⑤ Kjellén, *Staten*, p. 39.

著作的书名,契伦强调国家扎根于土地:"领土是国家的身体,"① 他写道,"国家不能移动"②——由此才有地理的重要性。作为一个有机体,国家也会像罗马帝国、印加王国(Inca kingdom)和摩尔人的安达卢西亚王国(Moorish Andalucia)一样容易朽亡③,他解释道:

> 国家作为一种经验事实,不仅仅是一个法律实体、一个宪政和一组行政体系……它尤其不是完善的、静止的……它有生命……它就像一个人,被置于生存斗争之中,这一斗争吸取了它很大部分的力量并制造了一种与其四周或强或弱的持续不断的摩擦。④

这样,战争就成了有机体生存的真正考验,"一个国家的有机性质只有在战争中体现得最为突出。"契伦在写作时无疑对第一次世界大战令人震惊的巨大破坏作了反思,他又说:"现代战争把摧毁对手的意志作为目标;达到这一目的的最极端的方式就是占领其整个国家,因为这就像剥夺了人的人身自由权一样。"⑤

契伦还算不上最有激励作用的学者,在很大程度上,他把自己的著作看成是某一形式的政治形态学,颇似植物学家鉴别植物一样对政治术语进行分类,但从未将这些东西提升到概念层面。尽管如此,他的著作还是对德国右派产生了深远影响,这或多或少是因为它为那些急需回答的问题提供了核心观点。真正把拉策尔、契伦和麦金德融合在一起以支撑德国打破1919年凡尔赛和平解决的是豪斯霍弗尔

---

① Kjellén, *Staten*, p. 63.
② Ibid., p. 44.
③ "Staters och nationers forganglighett": R. Kjellén, *Politiska Essayer. Studier ill Dagskronikan (1907–1913): Internationell Politik och Geopolitik* (Stockholm 1914), p. 3.
④ *Staten*, p. 63.
⑤ Ibid., p. 51.

(Haushofer)。再次冷眼旁观的里奥·艾默里发现,"有趣的是",通过豪斯霍弗尔和鲁道夫·黑斯(Rudolf Hess),在1918年出版时他疏而未读的麦金德的《民主的理想与现实》(Democratic Ideals and Reality)"极大地影响了希特勒的《我的奋斗》(Mein Kampf)!"①

豪斯霍弗尔1869年8月27日生于慕尼黑的职业阶层。他从事过军事生涯,1916年夏在前线担任过陆军上校,那时他读到了契伦《国家:一种生命形式》的翻译本,马上认定现在是为"我们自己的生命与生存而战。"② 1917年5月他被送去进行专业学习,③ 完成一篇关于日本帝国迅速崛起的论文后,他在1919年夏天任职于慕尼黑大学的地理研究所(the Institute of Geography at Munich University)。仅仅在几个月前,他结识了年轻的鲁道夫·黑斯。鲁迪格尔·黑斯后来回忆道,"对我父亲而言,这些谈话是从本能的政治思想走向有意识政治思想的第一步。"④ 像1919年后的大多数德国人一样,豪斯霍弗尔的关注是国家的肢解:"断壁残垣"。⑤ 诸如捷克斯洛伐克这样的东欧国家不是真正的民族国家,意味着他们是"不完善的"有机体。⑥ 地缘政治思想于是被用来敦促一种纠正这些错误的外交政策,豪斯霍弗尔认为他的目的之一尤其在于教育国人要有空间意识(Raumsinn or Raumauffassung: consciousness of space)。⑦ 1924年,他创办了《地缘政治》杂志(Zeitschriftfür Geopolitik)。他在对魏玛共和国领导人寻求和平修正

---

① Diary entry in 1943: The Empire at Bay – The Leo Amery Diaries 1929 – 1945 (London 1988), p. 874.

② 转引自 Hans-Adolf Jacobsen 写给 K. Haushofer 的介绍, De la gédopolitique (Paris 1986), p. 52。

③ Ibid., p. 53.

④ Ibid., p. 63.

⑤ 转引自 J. Paterson, "German geopolitics reassessed", Political Geography Quarterly, Vol. 6, No 2, April 1987, p. 110。

⑥ Haushofer to Hans-Otto Roth, 24 June 1935: Haushofer, De la gdopolitique, p. 240.

⑦ "German geopolitics..." p. 109.

德国战后边界的来龙去脉所知有限的情况下命笔,把这一学科定义为:"地缘政治是为寻求公正分配东部重要空间而斗争的最有力武器之一,这种分配基于各民族的工作能力和文化成就,而不是武力强加的解决。"① 同样,在另一篇明显提到德国问题的文章中:"一个大国必须从一个人口拥挤、没有新鲜空气、千年来狭小异常的空间里脱颖而出……除非整个东部对这个最优秀和最能干民族全部开放移民,否则这些还没有被占领的重要空间就按照先前的成就与创造能力进行重新分配。"② 需要加上的是一个人的独裁,这个人从豪斯霍弗尔的学术冥想中吸取了这些思想,把它们变成了整个政权的意识形态,致力于对外征服、殖民化最终是种族灭绝的屠杀。

正当美国开始崛起为世界强国的时候,西利、马汉、麦金德和豪斯霍弗尔的思想依次渗透到北美的国际关系学术研究之中。这反映在那些试图加快这个进程的著述之中。在对战胜德国做出关键贡献后,第一次世界大战后的美国政府基本上又退出了欧洲国际体系。但是,美国从未退出远东事务,诚然也没有退出拉美。美国的地缘政治信奉者希望把自己的国家推回到国际体系的中心舞台。这一进程开始于耶鲁。荷兰裔的美国人尼古拉斯·斯派克曼(Nicholas Spykman,1893—1943)于欧洲危机达到顶点的 1938 年初在《美国政治科学评论》(American Political Science Review)上发表的两篇文章开启了这一运动。

斯派克曼 1893 年 10 月 13 日生于阿姆斯特丹,在来到加利福尼亚之前曾作为一名自由新闻记者,先在中东(1913—1919 年),后在远东(1919—1920 年)。他在加利福尼亚进入大学读书,一年之内毕业,两年后获得博士学位,经过短暂任教后,1925 年转入耶鲁,三年内他就成为耶鲁的正教授。

---

① 转引自 G. Kiss, "Political Geography into Geopolitics: Recent Trends in Germany", Geographical Review, Vol. XXXII, October 1942, No 4, p. 642。

② Ibid., p. 643.

根据战争期间报纸报道事件的真实世界，他把基于地理决定因素的冲突必然性的敏锐意识带给了国际关系研究。这种观点在当时的美国并不比麦金德的牛津更受欢迎，"政治取向的地理学是与战略联系在一起的"，一位哥伦比亚的学者指出，"战略与进行战争紧密相连。奉劝国际问题的师尊们专注于和平而不是战争。"①

1934年耶鲁在研究生院单独设立了一个国际关系学系，由斯派克曼主持。几乎与此同时，他向洛克菲勒基金会（Rockefeller Foundation）申请并获得基金以便设立国际问题研究所（Institute of International Studies）作为该系的研究机构。这个所在1935年成立。在他关于研究所的报告中，斯派克曼概述了他将要采取的**方针**：他将着重研究美国的对外政策而不是国际机构，接着他列出要写的章节，把地理作为第一章。② 但这时的地理还没有占据主导地位，建立研究所的方案大体上包括了那个时期的通常套路：国际联盟、道义制裁、国际政府的前景等等。所以，或许是斯派克曼小心掩饰他的真正用心，或者更可能是他还没有注意到地理的决定性。直到1938年，地理学才成为主导成分。当年《美国政治科学评论》上列出了第一批成果。斯派克曼引用拿破仑的话，试图把地理确立为国际关系行为"最重要的"因素。但与此同时，他又不同于"有机体论者"而与麦金德和马汉有更多共同之处，把地理看成是一种"条件"因素而非"决定"因素。地理位置是关键。地理位置使孤立主义在美国成为可能，与诸如东欧国家一类的内陆国家形成鲜明对照。那些国家的命运要么强行走出海（例如波兰占有但泽，尽管这是英法俄三国协约的赠品而不是单边行动的结果），要么被它们的邻国分割。

---

① H. Sprout, "Geopolitical Hypotheses in Technological Perspective", *World Politics*, No 2, January 1963, p. 190. Sprout 在转职哥伦比亚之前于1929—1930年任教于斯坦福大学。

② Yale Institute of International Studies Report for the Year 1935-1936: *Rockefeller Foundation Archives*, RGI. 1 series 200 Box 417 Fldr 4952.

空间、地形、气候等所有的地理因素都对对外关系产生影响,尽管科学技术的发展在很多方面减弱了其影响,但它们的作用依然关键。① 较之德国学派之所云,所有这些就相形见绌了。但继后由斯派克曼和他的研究助手阿比·罗林斯（Abbie Rollins）合写并于1939年发表的两篇文章就比较直言不讳了,至少就斯派克曼关于国际关系的一些基本假设而言是如此,这些基本假设又回归马基雅维利。"在其他各点都相同的条件下",第一篇文章写道,"所有国家都具有扩张的倾向。"② 对"天然疆界"的追求是这种扩张的核心。文中还出现了显然是霍布斯式提法,"临时的休战叫做和平。"③ 此外,就像博特罗（Botero）和博林布鲁克（Bolingbroke）一样,国际体系再次用自然科学的语言来描述,尽管这里用的是物理学语言而非机械学语言：

> 边界的变化是扩张动力的物理显示,但它并不是力量均势变化的唯一或第一标志。国际政治领域就像类似于磁场的力场。不管在任何时候,总是有定的强力成为该力场中的极,极的相对实力的变化以及新极的出现将会改变力场和力线。国际政治领域中小国的重新定向和重新站队可能是大国力量均势变化的第一个结果。④

这些文章成为《世界政治中的美国战略》（America's Strategy in World Politics）一书的基础,这本书于1941年10月底完稿,在日本轰

---

① "Geographical Objectives in Foreign Policy 2", *American Political Science Review*, No 2, April 1938, pp. 213 – 36.
② N. Spykman and A. Rollins, "Geographical Objectives in Foreign Policy, I", ibid., Vol. 33, No 3, June 1939, p. 394.
③ Ibid., p. 395
④ Ibid., p. 394.

炸珍珠港的第二天的 12 月 8 日印成长条校样。① 让人印象深刻的是到这一阶段只有 20 页需要修改,斯派克曼还计划从地理视角对英国安全政策进行类似的研究以及对美国作第二份研究,但身体不佳使得他不得不在 1939 年放弃领导耶鲁研究所,之后不久于 1943 年 6 月 26 日去世。

《世界政治中的美国战略》恰逢其时,并引起争论。它坚持美国需要持续介入欧洲与远东事务,在麦金德世界岛概念基础上,斯派克曼争辩道,防止任何一个大国统治世界岛将继续符合美国的利益。马汉根据英国的经验构建了他关于美国全球海权的论点,而斯派克曼则根据他对英国对外政策史的理解提出美国维持世界均势的论辩。他尤其急于要美国摆脱威尔逊的幻想,他强调:"放弃权势斗争并有意选择无力无为的国家将不再会影响国际关系,无论这种影响是好是坏"。《时代》杂志随后刊登了一篇关于地缘政治的危言耸听的长文,从威尔逊主义者的视角抨击斯派克曼:"在较大的程度上,这一政策与英国的欧洲大陆政策相似。它是冷血的强权政治。它认定战争不可避免,试图让人放心美国一定会出面制衡均势。"② 这使斯派克曼痛心,"我对均势感兴趣,"他回应道,"不仅仅源于对我们大国地位的关注,还来自我的信念:只有在一个力量大致均衡的体系中,集体安全才是可行的。只有在这样的条件下,代表国际社会的集体行动才能产生压倒性的力量。如果没有平衡力量的可能,也就没有抵抗的可能,制止侵略所需的力量越小,各国恪守承诺的可能性就越大。"③ 尽管话语很硬,但斯派克曼是站在地缘政治光谱中较为温和的一端,其中,他引

---

① Frederick Dunn (Yale) to Joseph Willits (Rockefeller Foundation), 16 March 1942: Rockefeller Foundation Archives, RG 1.1 Series 200, Box 416, Fldr 4945. Dunn 接替 Spykman 担任研究所主任。

② J. Thorndike, "Geopolitics: The Lurid Career of a Scientific System which a Briton Invented, the Germans Used and Americans Need to Study", Life, 21 December 1942.

③ Letter: ibid., 11 January 1943.

导人们走向一种综合：将现实主义的传统概念融入 20 世纪后期解释国际冲突这个年深日久问题的尝试之中。麦金德和斯派克曼提醒人们：一国在欧亚大陆块的优势地位势必引起世界其他地方情绪性反应的危险。在这方面，指出当时绝大多数人对不远的将来的事是多么的茫然无知是有益的。一位读者菲利普·诺德尔（Philip Nordell）投书抱怨道："有人认为我们必须警惕俄罗斯。在这种胡说八道的基础上，我已经听到一个看起来正常的人自命不凡地宣称因为俄罗斯控制了腹心地带，所以她就成了整个世界的威胁。"①

对地缘政治的普遍兴趣在西方国家只局限于受到抨击的少数人，但在美国逐步增长，以致就在麦金德在 1943 年夏天过世之前，应邀在很有影响的对外关系委员会（Council on Foreign Relations）的期刊《外交事务》（*Foreign Affairs*）上再次发表他的看法。在回应近期一些响应最早就空权对战争行为之可能影响所作的保留的批评者时，麦金德坚持说他关于腹心地带的概念基本上指欧亚大陆后来指苏联依然有效。在应用到现实条件中时，他根据这一核心概念所得出的结论跟他以前的观点一样具有预测性，对那些极力反对斯派克曼的《生活》读者们来说火药味一样浓："总而言之，不可避免的结论是：如果苏联作为德国的征服者从这场战争中崛起，她将成为全球最强大的陆上强国。她还将成为拥有最强战略防御阵地的国家。腹心地带是地球上最大的天然城堡。有史以来第一次，它备有数量上充足质量上胜任的驻军。"② 他并没有把空中力量视为关键，在这方面，使用空中力量结束战争的调研证明他是对的。原子弹还没有出现，但即便有了原子弹，斯大林依然相信西方国家或许有能力轰炸莫斯科，但并不见得能够赢得对苏战争，除非它能够占领苏联的国土，而此举需要大量的军队。

---

① Letter: ibid., 11 January 1943.
② Mackinder, "The Round World..." p. 601.

麦金德文章的结尾反思道,在德国和日本成为成熟经济体后,印度和中国将会变得繁荣。但总而言之需要一个平衡。在回顾过去的均势以后,他展望"一个平衡的人类的星球。它是快乐的,因为平衡的因而就是自由的。"①

但不管麦金德的著作在民主世界中如何升起希望,地缘政治观在中欧所产生的愿景选择却让人止步深思。或许,德国地缘政治观的含义比国家利益观(Reasons of State)和均势观还要多,它强调那些显然无害、抽象、宣称非人格化的现实主义理论与那些试图论证和澄清其在国际体系中行为的强国的政策导向和操作需要两者之间有着一种紧密(对我们来说是心神不安的)的相互关系。这些概念若被国际关系学者在以后的岁月里和大大不同于这些概念产生之处的环境中加以使用的话,那就对现实主义传统提出了难以应付的重要问题。

地缘政治观在美国作为潜在超级大国崛起的此时此地复活绝非偶然;尽管地缘政治这个词汇几乎消失,但伴随它的思想却在接下来年代中从大西洋两岸不同国际关系学派、以不同的包装持续存在与扩展。斯派克曼走在时代的前列,预见了美国将要扮演的角色,就像他之前的马汉一样,这不仅仅是他的先见之明,更是要为国效劳的抱负驱使他发表这些东西。千万不要以为学术排斥政策主张或者为政策鼓吹彻底危及学术,特别是这样一个流行而有争议的国际关系领域。但是,就国际关系学科自身的发展而言,特别是在美国,它从地缘政治中汲取的成分要比其他思潮的影响还是要少一些,这些思潮由于受到环绕着旧世界的战争风云的驱动而在大西洋两岸涌动。

---

① Mackinder, "The Round World..." p. 602.

第五章 从现实政治到新现实主义

> 令人奇怪的是发现我们的政策制定者们倾向于认为他们行事是凭纯粹的本能而没有任何理论或哲学,他们被一套十分明确的国际关系哲学误导,实际上,这套哲学直到最近还一直流行在这个国家……
>
> ——阿诺德·沃尔弗斯①

到 18 世纪末,国家利益这个词几乎从国际关系著作中消失。消失但并没有被遗忘,在接下来的几十年中,它仍然支撑着构筑国际关系行为的一对孪生概念:均势与贸易平衡。但到了 19 世纪中叶,它却以另一种新的标签强劲地东山再起,这次是德语:现实政治(Realpolitik)。国际关系的现实主义传统正是从中欧心脏地带出发,将近 100 多年后才进入美国:是随着旧世界堕入新的野蛮状态后,不请自来的漂泊到质朴的新世界寻求避难的不速之客的头脑带进来的。美国曾试图

---

① "The Pattern of the Post-War World", Lecture to the National War College, 10 September 1947: *Wolfers Papers* 634, Series 2, Box 18, Folio 230 (Yale).

避免污迹斑斑的欧洲现实主义遗产，世纪之交的道德主义者威廉·萨姆纳曾经捕捉到了这种外壳包装很好的情绪，他说："共和国的先辈们……的意思是不要治国韬略或'高级政治'，不要'均势'或'国家利益'，这些东西给人类带来了太多的损失。"① 就此说现实主义在美国一点不受欢迎也不是实情。但现实政治到底是怎样以及为什么突然出现并且很快地俘虏了中欧？

有人可能认为法国大革命及其一系列的征服战争是欧洲国际关系行为的转折点，共和主义与民族自决的原则将成为自由主义阵营中不受挑战的权威，而那种对专制主义强国的绝对优先选择将被永远抛弃。讽刺的是，国家利益观却在现实政治新概念的招牌下重新出现。法国大革命是在启蒙运动的大旗之下进行的：理性与普世价值观是通向自由与从国家枷锁下解放出来的道路。但用法国刺刀戳穿欧洲各国旧边界的法国大革命的扩张，不但在那些以旧制度（ancien regime）名义号召反对革命的正统主义者中间有力地激起强烈的反应，也引起另一些人的强烈反应，这些人出人意料地揭露法国人的普世主义只不过是其民族私利的幌子，他们寻求建立民族国家以保卫自己的利益而反对扩张主义者的法国的利益，最终后者有着更为持久的影响。这种反应最明显地体现在德意志诸邦身上，他们起初强烈支持革命，但随着拿破仑的入侵及其对当地民族认同的压制，这种支持便土崩瓦解了。这些都是国家利益观重新崛起的肥沃土壤。其最有名的诠释者是利奥波德·冯·兰克（Leopold von Ranke，1795—1886），最知名的实践者是奥托·冯·俾斯麦（Otto von Bismarck，1815—1898）。历史学家兰克没有系统阐述过这种学说，但冯·罗豪（von Rochau）和后来的冯·特赖施克（von Treitschke）所表达的观点都可以在兰克的历史反思中

---

① W. Sumner, "The Fallacy of Territorial Extension", 1896: *War and Other Essays* (New Haven 1919), pp. 291–2.

找到。

兰克激烈反对启蒙运动的霸权主义的世界主义，他认为这种观念等同于威胁到国家个体性的拿破仑入侵、等同于传播损害国家独立理念的思想。拿破仑失败后，自由主义者中间出现了欧洲共同体这一普世观念，像是一前一后，奥地利和俄罗斯的反动旧制度也阻止真正国家的建立，两国的做法是组织神圣同盟维持帝国现状而无视民族认同。兰克认为每个国家该回归因革命战争而出轨的国家轨道。①

如前所见，**现实政治**这个词汇首次出现在罗豪1853年那本坚决拒绝自由理想主义的《现实政治原则在德国国家形势上的应用》（*Grundsatze der Realpolitik angewendet aus der staatlichen Zustande Deutschlands*）一书中。正是在这本书里，罗豪也许是从德国寻求统一的历程中过分地吸取了辛酸经验的惨痛教训，他强调理解"强者法则 [*das Gesetze der Starke*] 对于政治生活发挥着类似地心引力法则对物质世界的功能"的重要性。② 只有恰当理解并合理运用权势，民族统一才能实现。这个词被有影响力人物的特赖契克热情采纳，为了向德国大众显示"现实政治是多么辉煌"，③ 他为统一意大利缔造者加富尔伯爵（Count Cavour）写过一本传记，预示着国家利益观的有意识复苏。

正是在这种混合的源泉中涌现出了一位人物，他试图将混乱的时势与更大范围的欧洲现实主义传统联系在一起，从而为德国作为一个民族国家的崛起进行全面辩护。他就是弗里德里希·梅内克（Friedrich Meinecke）。他于1862年10月30日出生在普鲁士萨克森的马格德堡（Magdeburg, Prussian Saxony），早年就取得了学术上的成

---

① "Politisches Gespräch" (1836): Ranke, *Sämmtliche Werke*: "Zur Geschichte Deutschlands und Frankreichs im neunzehnten Jahrhundert" (Leipzig 1887), p. 329.

② *Grundsiitze der Realpolitik*, p. 1.

③ Letter to Salomon Hirzel, 28/11 65: ed. M. Cornicelius, *Herich von Treitschkes Briefe* (Leipzig 1913), pp. 437–8.

功，1895 年与特赖契克一同成为很有声望的《历史杂志》（*Historische Zeitschrifi*）的编辑。在其划时代著作《世界主义与民族国家》（*Weltburgertum und Nationalstaat*）中，他遵循兰克、罗豪和特赖契克的主张，蔑视启蒙运动的世界主义，宣称唯有这样，德国才能最终获得国家地位。① 对凌驾于国家之上和超越国家的普世主义价值观的抛弃，为把国家利益作为最高社会价值的再度复兴铺平了道路。这样，梅内克的续篇《近世西方的国家至上理念》［*Die Idee der Staatsrason in der Neueren Geschichte*（1924）］为国家利益观在德国重新崛起提供了历史依据。但奇怪的是，梅内克却没有对之悉心追溯几个世纪之源头的这些概念进行定义。② 批评者还抓住了另一个特征，这就是"许多所谓的政治理论"的共同特征，"其困境"，正如哈佛的卡尔·弗里德里克（Carl Friedrich of Harvard）附和康德的观点所指出，"根植于对政治与法理概念的持续混淆，这种混淆出于政治小册子作家们想模糊存在范畴与本质范畴以及是什么和应当是什么之间的基本逻辑区分所造成的。"③ 虽然如此，梅内克还是在 1924 年成功地将国家利益重新搬到了中心舞台。梅内克的重要意义远远不止他的两本主要著作的即时影响。实际上，所有后继的主要现实主义者都在有意或无意地将其思想框架建立在梅内克奠定的基础之上：荷兰人斯派克曼、英国人卡尔、德国人摩根索、瑞士人沃尔弗斯、美国人塔克和华尔兹等。梅内克重申和重新阐明的这些思想如此深入人心以至几乎成为一种常识，所以当然没有意识到还有明确归功于谁的必要。

梅内克对英语世界产生了最为引人注目的影响，原因来自不同的

---

① 见 Meinecke, *Cosmopolitanism and the National State* (Princeton 1970); 原版 *Weltbürgertum and Nationalstaat* (Munich 1907)。

② 哈佛批评家 Carl Friedrich 指出了这一点，他的书评见 *American Political Science Review*, November 1931, Vol. XXV, No 4, pp. 1064–9。

③ Ibid., p. 1067.

方面。第一，这些人最不了解国家利益观的传统，这个传统几乎完全是、当然肯定是后来才追溯到的欧陆起源；二战来临之际，德国的政治观念不再带有纯正一体的印记。第二，更重要的是，英美中产阶层对一战带来的灾难性伤亡的最初反应是拥抱解决国际冲突问题的自由主义和乌托邦办法。国际联盟（The League of Nations）成为这类期望的聚焦点。仲裁、安全和裁军就是国联的答案；对仲裁和裁军的强调（法国是明显的、臭名昭著的例外）。集体安全尽管在国联盟约有规定，但往往被这些理想主义者所忽视，因为它得伴有威胁和使用武力。一战后再显身手的普世主义者有着一股强大的和平主义潜流。然而，一旦这些理想碰了壁，梅内克的启示就显得更有意义了。

在1920年美国因参议院拒绝批准威尔逊的承诺而决定不参加国际联盟。尽管如此，使英国中产阶层迷惑的乌托邦想法依然在美国不乏市场，这或多或少是由于它们与美国产的威尔逊主义和历史上的孤立主义合拍。这种自由主义假定外延的一位天然信奉者是年轻的卡尔（Edward Hallett Carr, 1892—1982）。卡尔生于维多利亚时代自由主义的英国，早期就学到了那个时期的许多学识。长期以来信奉自由贸易能够增进国家间和谐的自由放任经济学、民族自决、厌恶军事力量或至少认为军备竞赛导致战争等等，所有这些都融入其思想，所以他认为从一场毁灭性战争到长期寻求的和平的转变，是旧秩序自然回归到最佳状态。像很多自由主义者和社会主义者一样，卡尔把国联看成是欧洲协调（Concert of Europe）传统的自然而然和更为人道的佳境：一种避免战争的方法。跟经济学家、自由主义同胞凯恩斯（John Maynard Keynes）的疑虑一样，卡尔的唯一疑虑是1919年所强加给德国的报复性和平条件。一些最玩世不恭者（cynics）一度曾是大牌理想主义者但后来都成为极度失望的理想主义者。卡尔的情况合乎这种情景。基于自由主义原则的一个稳定与人道的国际秩序的理想灰飞烟灭。首先，东欧一些新成立的小民族国家（他的专业研究领域）的行为开始变得甚至比大国更糟糕；其次，巴黎和会施加于德国的苛刻条件触犯了自由主义的良知。第三，1929年大萧条（the Great Depression）的爆发截断了对自由贸易的思想支持。与这些反思一起，卡尔对异化但富有诱惑力的俄罗斯文化的吸纳使他敏感地意识到价值观的相对性，当这些价值观内化为一种早已被抽掉起稳定作用的宗教支柱的思想时，便使得卡尔危险地成为不可知论者。①

卡尔在1916年被召进外交部，他在那里接受了强权必要性的熏陶。所以，对他而言，梅内克只不过是重申了从经验中学来的教益而已。但是，这一历练过程绝没有完全吞噬他的核心自由主义信念。他与所有自由主义者和社会主义者一样，对德国苛刻惩罚的义愤与日俱增而不是因时而减。所以，对卡尔来讲，1933年希特勒的掌权是《凡尔赛条约》（the Versailles Treaty）的逻辑结果，在外交部负责处理德国事务的中欧司（the Central Department of the Foreign Office）内部，他提出在情况许可的范围内绥靖纳粹政权的主张。只不过在他决定进一步推进这一主张时，继续留在外交部就变得不切实际了。所以他在1936年去了学术界，到威尔士的阿伯拉斯特威思大学（University of Wales in Aberystwyth）的一个专设的国际关系教座任职。利用这种新找到的自由象牙塔场所，他专意于鼓吹绥靖事业。

期间最重要的副产品是他为国际政治课程准备的教材，他命名为"乌托邦与现实"，但最终在1939年战争爆发之际以《20年危机》这个不寻常的书名问世。最初的动机——鼓吹绥靖——于是立即变得多余，但在阐明自己立场的过程中卡尔展现了"对国际政治基本倾向的分析"②，这是系统论述国际关系现实主义理论的第一本书著，在很大程度上，他是在个人体验、古典教育和广泛阅读政治思想著述的基础

---

① 更多细节见 J. Haslam, *The Vices of Integrity*: E. H. Car, 1892 – 1982 (London/New York 1999)。

② Carr to Harold Macmillan, 31 May 1939: *Macmillan Company Archives*.

上写成此书的。

用卡尔自己的话，写作《20年危机》是用来反击"1919—1939年英语国家学术界和民间对国际政治的近乎所有思考中一个刺眼和危险的缺陷：对权力因素的几乎完全的忽视。"① 他有意识地把自己看成是20世纪的马基雅维利，对国际关系所做的工作就像那位意大利人对一般政治学所做的努力。1930年8月，他承认马基雅维利把政治学变成一门科学所作的贡献，方法是猛烈扫除了"人们只是当作口惠的利他主义和人道主义等模糊概念。"② "马基雅维利的出发点，"他在1939年写道，"是对当时政治思想潮流中乌托邦主义的一次造反。"③ "文艺复兴运动的现实主义者对伦理至上进行的第一次果断冲击，提出了伦理是政治工具，从而国家的权威要取代教会权威成为道德的仲裁者的新政治观。"④ 他争辩道：

> 国际政治学科的目的论从一开始就引人注目，它源于那场巨大和灾难性的战争，主导和激励该学科拓荒者们的压倒性目的是要防止国际政治体的旧病复发。⑤

他断言，"这是对现实的冷酷无情分析，是科学的标志。"⑥

卡尔和马基雅维利两人之间相似之处十分引人注目，即便是在两人存有分歧的地方也是如此：两人都以外交能力为国效力。两人都失意离职。两人都思维敏捷，对国际形势的变化和对执政者所谓的无能

---

① 第二版前言，15 November 1945。
② 对论述马基雅维利一本书的书评：*Fortnightly Review*，August 1930。
③ *The Twenty Years' Crisis 1919–1939: An Introduction to the Study of International Relations* (London 1939), p. 81.
④ Ibid., p. 31.
⑤ Ibid., p. 11.
⑥ Ibid., p. 13.

都作出情绪化的反应;两人都是现实主义者,但骨子里仍有理想主义的显著痕迹:马基雅维利希望解放意大利,卡尔追求的是通过给予德国据信应得的东西从而和平解决欧洲的分歧。不过,双方相同之处到此为止。但是,他们的相似之处无疑大于相异之处。卡尔所感到的与马基雅维利的认同程度,由于他阅读梅内克十年前发表的关于马基雅维利主义的论著而更加明显。

卡尔论著是围绕着乌托邦与现实之间的区分而展开的,这在思想上得益于莱因霍尔德·尼布尔(Reinhold Niebuhr),他此前在《道德的人与不道德的社会》一书中展示了国内社会中让人不愉快的现实一面。卡尔把乌托邦与现实的区分引申到理论与实践、知识分子与官员之间的区分。按照这种观点,知识分子倾向左派,"就像从事实践的官员会倾向右派一样自然而然。"① 此论是卡尔从自己的直接经验而发。他责难知识分子思想观念的自主性,足见他受到进一步的影响——卡尔·曼海姆(Karl Mannheim)的影响。他写道,知识分子"喜欢把自己看成是用他们的理论为所谓的实践者提供动力的领路人";而实际上,他们的思想"受到自身之外的各种力量的限制。"②

基本上来源于马克思《德意志意识形态》(Marx's German Ideology)的曼海姆的知识社会学(sociology of knowledge)为卡尔颠覆自由理想主义提供了理想的工具:"19 世纪的自由民主不是基于当时各国经济发展所特有的各种力量的均衡,而是基于 套固定的先验原则之上,这些原则只能运用于另一些可能产生类似结果的环境,这种自由民主本质上是乌托邦。"③ 这种理论被用于 1919 年的和平方案,结果在欧洲建立了基于 19 世纪英国模式的政治结构,但当时的物质条件却

---

① *The Twenty Years' Crisis 1919 – 1939: An Introduction to the Study of International Relations* (London 1939), p. 26.
② Ibid., p. 39.
③ Ibid., p. 37.

与这个原型没有任何关系。所以,卡尔总结说:"1919年和平方案在全世界四散分布的自由民主国家是抽象理论的产物,没有扎根于土壤,很快就枯萎凋零了。"①

卡尔赋予经济因素很大的重要性,而马基雅维利对金钱权力却不以为然。卡尔所描述的乌托邦主义预设了一种天然的利益和谐,就像我们从弗洛拉斯(Florus)和格劳秀斯时代所看到的。卡尔接着说,但这种乌托邦主义假定"每个国家都对和平有着相同的利益,所以,任何想要扰乱和平的国家既是非理性的也是不道德的。"② 正是在这里,他对英美自由主义自私自利的抨击与对绥靖所作的辩解相互交叉。也正是在这里,卡尔维护了利益在国际关系中的中心地位。英国需要和平;德国看来需要战争,"对和平的共同利益掩盖了如下事实:一些国家想不战而维持现状,但另一些国家却想不战而改变现状。"③ 这种分野的经济对应是倡导自由贸易者和宣扬保护主义者之间的紧张关系。卡尔在此诉诸经验。作为大萧条时期驻日内瓦国际联盟的英国代表团成员,他听到了南斯拉夫外交大臣指责工业化国家自私自利,却打着需要自由贸易的幌子。到卡尔构写他的这本书时,他无疑也求助于李斯特,但最后可能是为了更周密地审视一下他在日内瓦第一次遇到的情况所得出的推理。"'车到山前必有路'的老派经济学家们,"他写道,"争辩说从经济学的观点看,即使什么都不做,只要让事务顺其自然,经济均势就会自行到来……但这种均势如何出现呢?以牺牲最弱者为代价。"④

这种对自由思想主宰地位的抨击即便是在今天也让人感到震惊,

---

① *The Twenty Years' Crisis 1919–1939: An Introduction to the Study of International Relations* (London 1939), pp. 37–8.
② Ibid., p. 67.
③ Ibid., p. 68.
④ Ibid., p. 74.

特别是德国的情况看来不仅是时代的错误而且很具危险的误导性。还从来没有人以如此惊人的现实主义言语如此系统地分析国际关系行为，就此而言，卡尔献给马基雅维利的悼文也同样代表他自己的思想：

> 马基雅维利……最具创新也最富有现代意义之处是他试图把政治学当成是一门伦理上中立的学科，而不是伦理学的一个分支。政治学中有一种技术上有效的因素，就像高爆炸药的性能一样，它是不以道德考量为转移的。……马基雅维利的伟大之处在于他以无以伦比的穿透力看清了有关政治的尽管不是全部、但也是部分之真谛。①

在以大量篇幅和出版物抨击乌托邦的幻想方面，卡尔并不孤单，斯派克曼在大西洋彼岸成了开路先锋（参见本书第244—248页）。但产生最有力影响的还是德国犹太移民汉斯·摩根索（Hans Morgenthau, 1904—1980）。既是学者又是国务活动家的亨利·基辛格（Henry Kissinger）追述说摩根索"把当代国际关系研究变成了一门主要学科。在他之后教授这门课程的我们大家，不管彼此分歧有多大，都不得不从他的反思开始。不是每个人都赞同他，但任何人都不能无视他。"② 在他这里，梅内克及其所因循的传统之影响要比对卡尔的影响明显得多，尽管卡尔对摩根索的影响不可谓不大——实际上，应当指出，摩根索列举为对人的一生影响最大的十本书中，卡尔的著作名列其中。③

摩根索1904年2月17日生于德国巴伐利亚州的科堡市（Coburg, Bavaria, Germany），父亲是一位医生，他在当时颇为时髦的马克思主

---

① "Is Machiavelli a Modern?", *Spectator*, 28 June 1940.
② H. Kissinger, "A gentle analyst of power. Hans Morgenthau", *New Republic*, Vol. 183, Nos 5 and 6, 2 and 9 August 1980.
③ C. Frei, *Hans J. Morgenthau: Eine intellektudle Biographie* (Bern 1994), p. 117.

义思想中心的法兰克福大学（University of Frankfurt）学习哲学，但发现那里惊人地脱离当时的现实。于是，他转学法律，并在 1927 年从慕尼黑大学（University of Munich）毕业后进入律师事务所。① 正如他的传记作者所说，到这时为止，他的聪明才智受到的最大影响来自于"尼采的坦诚、韦伯的客观和马基雅维利的经验主义假设"②，而这些与摩根索称为"德国人的道德主义反思"③ 南辕北辙。他采纳卡尔（后来是 R. W. 塔克）强烈持有的观点，认为个人的道德丝毫不影响国家的行为。④ 实际上，在 1927 年的夏天，他就开始搜集资料以便撰写一本关于马基雅维利的著作，正是在这个时候，摩根索阅读了梅内克三年前出版的《近世西方的国家至上理念》，并认为梅内克已经替他完成了这项工作。⑤

摩根索回到法兰克福攻读博士学位，与此同时他还从事私人开业，擅长劳工法并为进步劳工法创始人的雨果·辛兹海默（Hugo Sinzheimer）充当教学助理。但他发现律师们的视野也很狭窄（之后在摩根索一生，"律师"这一词在他看来是骂人话）。⑥ 他对思想的兴趣决然没有消失。他决心通过对国际法的研究将政治重新引入法律。也就是在这一时期前后，他开始受到当时对自由主义大加批判的右翼杰出人物卡尔·施密特（Carl Schmitt）的注意，在 1928 年出版的一本具有里程碑意义、但现在回头来看很难理解的小册子之中，施密特用敌友二

---

① 关于他的学生生涯的细节，参见 H. Morgenthau, "Fragment of an Intellectual Autobiography", K. Thompson and R. Myers (ed.), *A Tribute to Hans Morgenthau* (Washington DC 1977) 参见关于他在德国的年代，参见 J. Honig, "Totalitarianism and Realism: Hans Morgenthau's German Years", Security Studies, Vol. 5, No 2, Winter 1995, pp. 283–313。
② C. Frei, *Hans J. Morgenthau*, p. 128.
③ Diary entry, 9 May 1927: ibid.
④ Letter dated 7 October 1931: ibid.; also letter of 28 October 1934: ibid.
⑤ Ibid.
⑥ 他过去常常错误地把 Robert W. Tucker 当成"一名律师"而不予理睬。

元对立论来界定政治。① 这就是《政治之概念》(Der Begriff des Politischen) 一书。摩根索明显受到施密特的影响,他意外地收到施密特对其博士论文的奉承性评论(下文详谈)并蒙召到柏林去见这位教授。但是,由于以"搞关系"的方式上演这次会见,施密特马上让这位挑剔的年轻人产生失望。② 失望还远未止此,在第二版的《政治之概念》中,施密特还剽窃了摩根索的一个主要观点。如果施密特对思想借鉴公开致谢,摩根索的学术前景本该会得到很快的提升,为此,摩根索对之义愤填膺。③ 因此,值得注意的是,摩根索对政治的基本见解形成于施密特最重要著作面世之前,实际上,也在他开始关注梅内克之前。

然而,一切都没有白费。他坚决争辩道,国际法不可避免地是政治的。因而对于摩根索来说,完全合乎逻辑地借用施密特的著名口头禅作为自己论文的标题《国际司法功能与政治之概念》——这令他的导师大为不悦,曾要求他删掉标题中的"政治"一词。④ "已经知道国际法是一种特别软弱的法律,我现在发现这种虚弱的主要根源来自于国际政治的侵扰。根据这一发现,只差一步就可以得出结论:国家间关系中真正重要的不是国际法而是国际政治。"⑤ 但这一步尚待迈出。完成学业后,摩根索在1931年成为法兰克福劳工法庭的代理庭长,但由于愈发认识到司法体系的政治因素,并且对希特勒上台前夜的德国

---

① 参见 C. Schmitt, *The Concept of the Political* (New Jersey 1976)。关于施密特著作的大背景,参见 E. Kennedy 对施密特的介绍, *The Crisis of Parliamentary Democracy* (Cambridge, Mass. 1985); and E Noack, *Carl Schmitt: Eine Biographie* (Berlin 1993)。关于施密特对极左派的影响以及对右派的知名影响,除了 Kennedy 的介绍,参见 E. Parise, *Carl Schmitt: La difficile critica del liberalismo* (Naples 1995)。

② Frei, *Hans J. Morgenthau*, p. 170.

③ Schmitt, *Der Begriff des Politischen* (Munich 1932), pp. 27 and 38; Frei, *Hans J. Morgenthau*, p. 170.

④ 最后的题目是 *Die internationale Rechtspflege, ihr Wesen und ihre Grenzen* (The International Law of the Air-its Essence and its Limitations),出版于1929年。

⑤ Ibid., p. 9.

社会中日益加剧的反犹太主义极端不安，他于1932年转到日内瓦国际问题研究生院（the graduate Institute of International Studies in Geneva）找到一份收入低微而且后来证明也是没有前途的工作，大名鼎鼎的汉斯·克尔森（Hans Kelsen）已在那里开张授业。

摩根索在这里成为一名德国公法的讲师，同时他还教授国际政治、国际法、欧洲政府和政治理论等课程。① 尽管令他失望，但这一段时间却不乏收获，这一时期结束于1935年，结果是出版了《论一般规范特别是国际法规范的实在性》（La Realite des Normes en particulier des normes du droit international）。② 骨子里是一本克尔森派的著作，这本书很有意思，因为摩根索在一开始就拒绝了向本领域权威低头的惯例。"就我们所关心的问题而言，我们并不相信这样一种方法的学术效用，这种方法是，举例来说，在研究国际法与国内法之间关系的每一篇新作中不断地复述在该课题上已经阐发的所有理论，甚至整段整段地援引尽人皆知和人人都能信手拈来的著作。这种抄九本书而著成第十本书的方法，借用叔本华的话，当然是大有人人皆用的证明。但在我们看来，却是很没有创见性。"③ 尽管他坚持独立性到底，但他还是准备承认自己受到了克尔森的影响，此后克尔森成了他"走向有关规范特别是法律现象的学术真知之路"的主要鉴定人。④ 但实际上，在其书著的前言中，摩根索也表达了一种深深的遗憾，认为克尔森的开拓性著作对规范进行的最深刻和系统的研究仍然是"一种没有结果的事件"。⑤

克尔森的起点是把康德的思想运用到法律领域。康德在现实与道德（是与应当是）之间作了明确区分，克尔森运用规范领域的独立性

---

① *Hans Morgenthau Papers*（Library of Congress），Box 66.
② Paris, 1934.
③ H. Morgenthau, *La Réalité des Normes en particulier des normes du droit international*（Paris 1934），p. vii.
④ Ibid., p. xi.
⑤ Ibid., p. 1.

以得出法律研究的系统推论,正是在这种讨论的背景中,摩根索首次表达了他关于自然科学与社会科学的重大区分的意见:

> 万有引力律这个自然法则是有效的……不管人们愿意与否。据格劳秀斯说,自然法也是一样,不管有没有上帝批准其有效性。自然法始终是而且必定是有效的。
>
> ……但相反的是,诸如法律和伦理或道德等规范的有效性却是与人类群体的存在密不可分,规范之有效,绝不是因为其内容公正或者它直接来于自然本质和来源于的人本身,唯一的原因是因为人的意志——规范意志——决定着这些规范内容的产生……因此,这种有效性是相对的,因为其存在取决于变幻无常的人类意志。①

他好些年不想回到这一主题上来。像卡尔一样,摩根索也不乐意容忍白痴。他生平的各阶段,甚至在研究和写作问题上都始终意识到"权力意志"("volontd de puissance")。② 然而,如果认为摩根索完全没有灵活性也是不对的。他要在世界政治研究中功成名就的决心驱使他不屈不挠,并使他一路上陷入相当卑微、即使还不是屈辱的境地。1935 年,他在马德里成为一名法学教授,在拉丁语和德语世界中它是包括政治学的。接着爆发了西班牙内战,跟共和派精英交往相处,摩根索起初并没有试图离开:根据一位挚友的说法,他"低估了佛朗哥政变所激发的民众反抗的深度和力度,自发的民众运动在当时不太符合其强权政治概念。"③ 最后随着形势越来越糟糕,他在 1937 年选择

---

① H. Morgenthau, *La Réalité des Normes en particulier des normes du droit international* (Paris 1934), pp. 38–9.

② Ibid., pp. viii–ix.

③ G. Eckstein, "Hans Morgenthau: A Personal Memoir", *Social Research*, Winter 1981, Vol. 48, No 4, p. 648. Eckstein 在 1931 年待之如友。

了摆在眼前的最好出路：移民美国，在那里，他在布鲁克林学院（Brooklyn College）当了两年职位低下的政府学讲师，因为他将政治视为现实政治的冷漠超然观点，在犹太共产党学生活动分子中获得了"法西斯要犯"（proto-Fascist）的名声。① 克尔森也移居美国，却高就于加州伯克利，还得到了一个终身教职。他把这位不易相处但很有天赋的年轻人写得相当不错，而这位年轻人则似乎特地不显其门生身份，他写道，摩根索是一位"非常合格、勤奋与尽职尽责的学者"。克尔森读过《实在性》一书的原稿，认为它不仅仅是对现有知识的重申，而是具有"绝对原创观点"的"很有独立见解"的一部著作。② 尊重是互惠的，多年以后，越战的经验使人清醒后，摩根索将一本论文集献给了克尔森，"他通过怎样对权势说真理的例证教育了我们。"③ 除了大量教授包括比较政府学、国际法和政治理论等课程外，摩根索在布鲁克林学院的学术活动我们知道的并不多。他从这里转到了堪萨斯城的堪萨斯大学（University of Kansas in Kansas City）做助理教授，在那里还取得了律师资格。他是被冷酷和野心勃勃的校长克拉伦斯·德克尔（Clarence Decker）带进去的，德克尔刚刚在校园内增设了一个法学院，他想让摩根索教授法律与国际关系，但是只给了一年的任期，而且还要求摩根索给夜校班教授他的劳工法课程。④

学校为他提供了一间以前用来做澡堂的潮湿工作场所，那一定令他恼火。卡尔的《20年危机》面世，其中部分表达了摩根索对国际关系中自由主义幼稚病的压抑已久的敌意。"我在这里不得不应付的巨大困难"⑤ 日益积累。1940年1月，他谋求美国哲学协会（the Ameri-

---

① G. Eckstein, "Hans Morgenthau: A Personal Memoir", *Social Research*, Winter 1981, Vol. 48, No 4, p. 649. Eckstein 在 1931 年待之如友。
② Reference for a grant, dated 15 February 1934: *Morgenthau Papers*, Box 33.
③ H. Morgenthau, *Truth and Power* (New York 1970).
④ *Morgenthau Papers*, Box. 88.
⑤ Morgenthau to Conklin (American Philosophical Society), 9 June 1941: ibid., Box 4.

can Philosophical Society) 的资助。他声明旨在写作"世界大战后对外政治的哲学基础",暂定题目为《自由主义与对外政治》("Liberalism and Foreign Politics")。10 月份,在资助马上到位时,他告诉协会自己想从"作为堪萨斯大学一名教员的研究与任务等日常事务中"(包括他的夜校课程)摆脱出来。① 不幸的是,协会没有同意他不教学,而校方也无论如何不同意减轻他的任何负担。② 四年后,他还是那里的一名助理教授。尽管摩根索在法规上说是得到了终身教职,但打心眼里不喜欢他过分自信的德克尔还是突然解雇了他,法律行动只是延缓了程序,他在 1943 离职休假,并最终在 1944 年 11 月辞职。③

正是在这样惨淡的状况下,协会的资助使摩根索得以深究基本原理并开辟出国际关系研究的独特路径,其中一大部分最终成书出版,题为《科学人对抗权力政治》(Scientific Man versus Power Politics),其余部分为《国家间政治》(Politics Among Nations) 奠定了基础。"对外政策",他在 1940 年研究的一开始就说,"是作为文化整体的不可分割的一部分,反映了文化的理论与实践。所以,只有通过分析一个特定时代的总体哲学,才可能理解这一特定时代的对外政策。"这一原则适用于两战之间时期的对外政策,其中主要成分来自"17 和 18 世纪的理性主义哲学以及自由主义的政治哲学。"他断言:"这一对外政策的失败主要源于错误理解了自由主义的国内经验……在特定的历史条件下,自由主义的理念在国内领域是成功的。把这些理念泛化并视之为普世真理,自由主义对外政策将这些用到了国际舞台,而那里在很大程度上缺乏自由主义在国内成功的所必备的条件。"这也危及

---

① Morgenthau to the American Philosophical Society, 19 October 1940: ibid.
② American Philosophical Society to Morgenthau, 26 October 1940: ibid.
③ *Morgenthau Papers*, Box 88.

"自由主义在国内的生存。"① 一年后，摩根索争辩道，"正是现代的理性概念、它与非理性邪恶势力的关系以及它在社会世界中的功能，归根到底是自由主义在对外事务中大而言之是迷失方向，特殊言之是失败的原因。"② 在一份令人难忘的总结中，他抨击了作为自由主义思想基础的理性主义的三个结论："第一、理性上的正确和伦理上的良善是一致的；第二、理性上正确的行动是必定成功的行动；第三、教育引导人走向理性上的正确，从而导致良善和成功的行动。"这些定论"没有理解人的本性；没有了解世界特别是社会世界的本性，最终也未能理解理性自身的本性。"

这使得摩根索责难把自然科学与社会科学两者进行类比（这种类比深入一些人的内心，诸如芝加哥的知名政治科学大腕查尔斯·梅里亚姆（Charles Merriam）一直寻求以同自然科学一样的方式在社会科学领域取得自然科学所达到的成就而无视考察对象的不同）。③ 这种理性主义把邪恶边缘化，认为它"是一种纯粹负面的东西，只能认定为缺乏理性，没有能力做出基于其内在本质的正面决定。它只是对世界秩序的一种偶然干扰，当然可以通过逐步向善的渐进而加以克服。"这种描述"一点也不符合现实"。摩根索是在谋求回到自由主义与启蒙之前的时代，他写道："理性就像一道光，依靠自身内在的力量，它哪儿也去不了。④ 要让它移动就只有把它拿起来。无论抽象理性的内在逻辑要求什么，它是被利益和情绪这些非理性力量带着走向它们想让它去的地方。而且，它的道路是由敌对力量的实力所决定，诸如

---

① Report of Committee on Research: *Grant No* 467 (1940): *The American Philosophical Society Year Book* 1941 (Philadelphia 1942).

② Ibid., p. 212.

③ 参见 D. Ross, *The Origins of American Social Science* (Cambridge 1991), pp. 395 – 7；另见 K. Thompson, *Schools of Thought in International Relations: Interpreters, Issues, and Morality* (London 1996), pp. 21 – 5.

④ 他的意思一定是一盏灯而不是"光"，因为光不能随着自己的意志而移动。

激情、权力欲等等，它们都是人类生存中的一个永恒要素。"尽管没有明确点名，摩根索在这里实际上转向了霍布斯和斯宾诺莎。他的结论显而易见："因为理性的胜利取决于对立的非理性力量的相对实力，所以社会改革必须企求在这些竞相控制人类行动的非理性力量间建立一种有利于理性的均势。"① 正如基辛格指出的那样，"尽管自己是一个富有激情的人，但他〔摩根索〕并不相信激情是行为的调节器。"② 所以，摩根索坚定地立身于国家利益观的传统。

摩根索对其解雇威胁的直接回应是给所有政治科学系的高等学府寄发求职信，但回复却是五味杂陈，有的是莫名的回绝，有的是礼貌地收下简历以待遥遥无期的日后之用。他还特地写信给芝加哥大学的昆西·赖特（Quincy Wright），此人所从事的战争研究（Study of War）使之成为美国国际关系学界的最知名专家，也许斯派克曼除外。赖特1943年8月的回信就是那种礼貌的我记着你的方式，摩根索本该就有理由相信由梅里亚姆的科学主义和赖特理想主义研究路径所主导的芝加哥大学政治科学系自然不是一个可以接纳他的安全避风港。但他错了，不久以后，赖特致信摩根索提供了从9月份开始1943—1944学年头两季一个访问副教授的职位，这可以使摩根索渡过难关，直到1944年3月他加入耶鲁学院（Yale Institute）。斯派克曼的不期而亡带来了这个大好机会。③ 到摩根索转至耶鲁时，木已成舟，他们还考虑在芝加哥大学为他提供一个固定的全职岗位，此协议在是年11月生效。

由美国哲学协会赞助并业已完成的工作为他的两部重要出版物奠定了基础：第一部是批评政治学研究中科学主义的《科学人对抗权力政治》，其说服力与中肯丝毫不减，或多或少他在芝加哥发自内心而写作时是如此；第二部是《国家间政治》，这是从1943年开始在芝加

---

① Report, pp. 212 – 13.

② *New Republic*, 1980.

③ *Morgenthau Papers*, Box 66.

哥大学进行的系列讲座，由一名学生在1946年冬天根据"唯一一份讲课笔记"整理而成的。① 摩根索的讲座是即席的，他只有一些甚至被容易认作汉字的速记笔记。题为"国际政治学"（政治科学课程编号为261）系列讲座的转录材料现在还在，与后来的成书相比更有教益。成书东拉西扯，有时混乱不清，因为定义很多，相互矛盾，所以难免遭到一些批评家带有一定含义的有点刻薄的批评（特别诸如均势一类的概念），而他的讲座绝对一流：敏锐、有力、前后照应、视野开阔、高度浓缩、理论上一气呵成的知识奉献。就像书中一样，其论点的核心是权力无所不在。1946年1月9日第四讲的记录中有这样一段：

> 我认为，历史断然表明权力的争夺与权力欲望是作为政治家和各国心目中的主导驱动力，无处不在，无时不有，无论经济制度和政府形式等等如何。所以，在我看来，从现实主义观点看问题，争夺权力的斗争是国际事务的真正本质。②

摩根索的讲课和最终成书的关键都是上述这一观点及其推论，就像1月16日的第七讲所云：

> 所有国家对权力的欲望组成了国际事务中本质上与国际政治结构相互交织的一个基本格局，那就是均势……，均势就是唯一的组织原则。③

伤害来自诺夫（Knopf）出版社。1945年夏天，摩根索把《国际政治》的大纲寄给了他们。不幸的是，负责该领域的首席顾问（不知

---

① H. Morgenthau, *Politics among Nations* (1st edition, New York 1948), preface.
② "Lectures-International Politics": *Morgenthau Papers*, Box 77.
③ Ibid.

道姓名）认为这个提纲太抽象，也不喜欢摩根索注重权力的基调，"论均势的第二章立基于很多——也许是绝大多数国际关系教师不会认同的概念。"① 实际上，这正是摩根索出书的原因，因此他几乎不大可能在此关键点做出让步，1945 年 8 月 7 日，他粗暴地反驳道："从学术生涯开始，我一直反对国际政治领域传统研究路径的错误与弱点，所以，我不打算写一本使这些不足永久化的教科书。"② 诺夫出版社想淡化言词，说他们害怕失去现有国际关系教授们这一销售市场，而这些教授们的偏见正遭受着摩根索此书的抨击，所以他们提出需要一本有"重事实的基本教材"。③ 他们于是去掉了摩根索书著的书名，因为这个书名与诺夫出版社已经出版的《国际政治》同名而遭到作者弗里德里克·舒曼（Frederick Schuman）的反对。④ 很大程度上出于对出版社的愤怒，摩根索后来的重写工作失去了控制，他在 1946 年 12 月写信给出版社进行解释："当我承诺在相对较短时间内给你们写这本书时，我以为这是一件相对容易的事情，只需将讲稿整理成适于出版的形式。但当我坐下来动手时，我不由自主地对讲课中提到的每一个问题进行了研究"。⑤ 出版社一面不断地催着早日完稿，一面持续施压要求写成教科书。最终的不幸结果是这本书不但散乱、粗放，而且还是匆忙完稿。审稿人的评论进一步使事情复杂化，因为编辑要求进一步的淡化和折中。⑥ 摩根索再一次抵制道："公众一定关心新的形势需要新的知识成就，而这本书恰恰提供了他们所需。"⑦

为该书增添镇书之宝的进一步研究多蒙摩根索的研究生肯尼思·

---

① Allen Wilbur to Morgenthau, 2 August 1945: *Morgenthau Papers*, Box 121.
② Ibid.
③ Roger Shugg to Morgenthau, 10 August 1945: ibid.
④ Shugg to Morgenthau, 19 June 1946: ibid.
⑤ Morgenthau to Shugg, 11 December 1946: ibid.
⑥ Shugg to Morgenthau, 25 May 1947: ibid.
⑦ Morgenthau to Shugg, 6 June 1947: ibid.

汤普森（Kenneth Thompson）这位年轻、热情而且精力充沛的学生。他在摩根索这项计划刚开始两三个月时来到芝加哥。① 汤普森来自爱荷华州的德梅因（Des Moines, Iowa），曾就读明尼苏达的圣奥拉夫学院（St. Olaf's College, Minnesota），1943—1946 年在军队服役，慕名芝大在政治科学的突出名声而来做研究，摩根索很快将他领上了路子，认为他是所碰到所有学生中"最具才华和最深刻的思想者。"②

这本著作出版后立即成了一本畅销书，摩根索后来回忆说《国家间政治》是一种经历的总结，"一种 20 年的思想历程……一种对国际政治本质、对由西方民主国家付诸实践的错误对外政策观念如何不可避免地导致战争和极权主义成为现实的方式方法，进行孤独且表面看来无效的反思的经历。起初开始写这本书的时候，那种错误与有害对外政策的观念仍然占据支配地位。这本书其实是，可能只不过是对那种观念发起的一次正面进攻。"③ 摩根索无与伦比的自我中心主义完全无视卡尔先前所作的贡献。这种诉求也没有必要，因为《国家间政治》作出了卡尔无法作出的贡献，因为卡尔不是美国人，他也不会做出这样的贡献，因为他并不同情美国在 1945—1947 年所担当的对抗苏联的角色。从某种意义上讲，摩根索把卡尔思想中的一个关键部分在特定的时间以美国人不但理解而且需要的语言引介到了美国，他还完全用自己的术语在其中增加了大量的新东西，小阿瑟·施莱辛格（Arthur Schlesinger Jr.）回忆这些年说："宽阔的海洋长期以来保护共和国免于现实政治的逻辑，美国人习惯于把自己的海外行为看成是一种无私美德的体现。"④ 他注意到那时的国际关系研究"有些混乱"。它是

---

① Morgenthau, *Politics*, 前言。
② Morgenthau to Crane Brinton, 22 December 1949：*Morgenthau Papers*, Box 56.
③ Morgenthau, *Politics among Nations* (2nd edition, New York 1954), p. vii.
④ Arthur Schlesinger Jr., "In Memoriam, Hans Joachim Morgenthau", in G. Schwab, ed., *United States Foreign Policy At the Crossroads* (Westport, Ct., 1982), p. xi.

"形式上的法理主义和目的上的理想主义,因为它是围绕着对一个更美好世界的渴望而展开的。尽管也有诸如斯派克曼(Nicholas J. Spykman)、沃尔特·李普曼(Walter Lippmann)、爱德华·米德·厄尔(Edward Mead Earle)和弗里德里克·舒曼(Frederick J. Schuman)等几个著名人物坚持权力在国际结构中的首要地位,但他们的这些严肃思想渗透不进学术分析的主流。"①

摩根索在著作中开门见山,雄辩地声言美国在世界上的地位以及美国人对这种地位的认识已经被第二次世界大战永久地改变。曾经自给自足,"现在站在大陆堡垒的围墙外面,把整个政治世界看做朋友或者敌人。它已经变得危险而脆弱、担惊而受怕。"他接着说,"过去的多国体系……已经变成了两大不可改变的敌对集团,在道德上则是两个不同的世界,"他总结道:"因为在这种世界形势下美国拥有支配性强权地位,从而负有最重大的责任,理解塑造国际政治的力量以及决定世界政治进程的因素对美国来说不止是一个很有趣的学术职业。它成了一种至关重要的必需品。"②

正如卡尔写作《20年危机》旨在弥补英国几乎完全忽视国际关系中权力因素一样,摩根索在美国完成了同一件事情。因而,他在第一章的第一句话就直率坦言,对于指导对外政策的人而言,"权力始终是直接目的","尽管这是外交事务领域公认的事实,然而在学者、政评家甚至国务活动家的言论中,这一点却常常被否认。"③ 很多人认为1815年以来,权力的运用仅只是一种暂时的现象,在这里,美国的独特性开始起作用了:"19世纪形成的关于外交事务本质的普遍观念与美国经验中的一些特殊因素相结合产生了如下信念:卷入权力政治并

---

① Arthur Schlesinger Jr., "In Memoriam, Hans Joachim Morgenthau", in G. Schwab, ed., *United States Foreign Policy At the Crossroads* (Westport, Ct., 1982), p. x.
② Ibid., p. 8.
③ Ibid., p. 13.

非不可避免,那只是一种历史的偶然,各国可以在权力政治和没有受到权力欲望玷污的其他种类的对外政策之间做出选择。"①

尽管摩根索在他的两本主要著作《国家间政治》和《捍卫国家利益》(In Defense of National Interest)中都正式认可了意识形态的作用,②但是他把所有国家在任何时代和任何情况下的目的简约为追逐权力。在这里他大大发展了40年代初他在美国哲学协会提出的种种设想,最终也发展了他在《科学人对抗权力政治》中所做的方法论上的批判。"将一位国务活动家的对外政策等同于他的哲学或政治同情心的流行谬误"与他的原先设想的取向完全背道而驰。③他强调世界的"驱动力是主权国家对权力的企望。"④ 这包括他把冷战理解为"不是一场善与恶、真理与谬误之争,而是权力与权力的对垒"。⑤ 他写到主导国际关系的"铁律",根据他所说的,"铁律……是法理责任必须服从于国家利益"。⑥ 他谴责那种认为"人们可以在权力政治及其必然派生物之间做出选择,即均势是一种选择,一种不同的和好的国际关系是另一种选择……基于均势的对外政策是几种可选对外政策中的一种……的错误观念"。⑦ 但是,摩根索从来没有界定国家利益或限定难以琢磨的强权追求。模糊定义加上僵硬的决定论,又夹杂着试图申诉美国政府不遵循铁律,和操弄那些在他的图景中并不存在也不可能存在的选择。

尽管卡尔最终不再在乎被称为强权政治(Machtpolitik)无情鼓吹

---

① Arthur Schlesinger Jr., "In Memoriam, Hans Joachim Morgenthau", in G. Schwab, ed., *United States Foreign Policy At the Crossroads* (Westport, Ct., 1982), p. 20.

② *In Defense of the National Interest: A Critical Study of American Foreign Policy* (New York 1951).

③ *Politics* (2nd edkion, 1954), p. 7.

④ Morgenthau, *Politics* (lst edition, 1948), p. 89.

⑤ Morgenthau, *In Defense*, p. 219.

⑥ Ibid., p. 144.

⑦ Morgenthau, *Politics* (2nd edition), p. 155.

者的形象，或多或少是因为他认识到这种形象不是全然确切（就像他注意到马基雅维利的情况一样），但摩根索却对给他贴上权力的一根筋的信奉者的标签极为敏感。实际上，他的朋友小阿瑟·施莱辛格认为他"道义深厚"。① 狂热的自由主义者斯坦利·霍夫曼（Stanley Hoffmann）——人们本可以期望他有自知之明，说摩根索是"一位乔装的理想主义者，对其他鲁莽自由主义者造反的一位多少有点保守的自由主义者。"② 摩根索自己对卡尔执迷于权力进行了不懈和心胸狭窄的抨击，这一点并没有充分的理由，因为卡尔有明显的乌托邦色彩，特别是他在战时勾画出的国内改革方案最为明显，摩根索此举其实是试图使自己摆脱卡尔其书其论出人意料地使之陷入的境地。实际上，当然是就公开的出版物而言，摩根索讲"德行"（virtu，借用摩根索的误导性定义）不如卡尔明显；而且摩根索认为马基雅维利讲"德行"究竟意指什么也是个谜，因为在马基雅维利看来，Virtu 这个词最终意谓力量（strength）而不指道德。在接下来的 20 多年中，摩根索逐渐但确定无疑地转变了立场，结果在 1960 年代末，他几乎出现在普世主义的对立阵营之中，他的忠实但并非不加批评的包斯威尔（Boswell）③，肯尼思·汤普森在当时就指出了这一点。摩根索也许相信坚持不懈是心智不佳者心目中吓人的东西；但不管这是由于他对自己声名狼藉感到不适还是心智有点倦怠，他公开发表的文献都确定无疑地披露了一些令人感兴趣的矛盾之处。

颇有讽刺意味的一件事情是，诺夫出版社的一位审稿人抱怨《国家间政治》说，摩根索认为权力是"只是所追求的目的"。他不知道，

---

① Schlesinger, in Schwab, *United States*, p. xii.
② S. Hoffmann, "Notes on the Limits of 'Realism'", *Social Research*, Winter 1981, Vol. 48, No 4, p. 657.
③ 包斯威尔（James Boswell, 1740—1795），苏格兰作家，与挚友约翰生交厚，为其作传。后世凡为挚友作传者，人称包斯威尔。——译者注

仅只两三年后摩根索便申诉卡尔的同样失误，如果此时情况即彼时的情况的话。① 这一点极具启示。它说明摩根索从来没有充分意识到他自己倾注如此多激情、精力与篇幅所表达的思想所具有的深邃意涵。卡尔把权力之无所不在视为思想上摆脱流行意识形态的关键因素，是更加科学地理解政治的不二路径，而摩根索却被这一说法深深困扰，犹如他为批评所困扰一样，这种批评说他的"现实主义者"形象有吸引力。他认为卡尔在这方面是单向的；而他自己却不能固守别人认为他也是这样想的此种想法。所以，在人们手捧《国家间政治》的同时，摩根索就开始告诫国人仅仅依靠权力是不够的。

无论如何，摩根索的著作还是对整整一代的美国国际关系年轻学人产生了重大影响。他的思想又被乔治·凯南（George Kennan, 1904—）的文献进一步加强，后者是一位学者、外交官和来自决策界自学成才的苏联问题专家。就像卡尔一样，凯南心智敏锐，对严酷的强权现实深有感触。他早期作品雄辩地反映了这种表露，但是，他从未有心写作理论，他也无需这样做：因为摩根索已经为他完成了这项工作。在检讨世纪之交以来美国的对外政策进程时，凯南抓住一切机会严斥"国际政治的法理主义道德主义态度"，他相信这是白宫行为的特征。② 在评述1899年美国发布的要求在华"门户开放"通函时，他写道："我们发现迄今为止没有做更大的思想准备：去承认权力现实和权力企望的有效性与合法性，去接受它们，不要带有道德义务感，把它们看成是既不善也不恶的现存的和不能改变的人类力量，去寻求它们的最大平衡点而不是改革或压制它们。"③ 他希望美国不要"把我们自己变成国际法和道德的奴隶"，而应当"将这些概念限定在把国家私利变成谦逊的、几乎是娘娘腔的温文尔雅的教化者的功能，那才

---

① Shugg to Morgenthau, 21 February 1947; *Morgenthau Papers*, Box 121.
② G. Kennan, *American Diplomacy* (Chicago 1951; revised 1984), p. 95.
③ Ibid., p. 53.

是它们的真正价值所在……"① 他欣赏马汉的著作，但非常遗憾"这些努力仍然一如既往地被束之历史半空的高阁——是美国外交思维中普遍麻木不仁和沾沾自喜背景下的一种孤独的思想活动的迸发。"② 凯南自己完全认同摩根索阐明的立场，不仅在当时，现在也是如此。③ "如果我们认为世界其他地区的国家失调和不满对其他民族来说始终不如向他们推介国际生活的司法秩序重要，我们就会低估这些问题的暴烈程度。"④

凯南与卡尔，或者说是凯南与马基雅维利之间的类似并不那么牵强附会，尽管他在离开政府并与之保持一定距离隐退在普林斯顿大学高级研究院（the Institute for Advanced Study in Princeton）后的岁月里，他的作品变得更具道德主义色彩——实际上远非卡尔的朴素体验所能⑤及——但是他关于"政府与教育"（On Government and Governments）的思想还是为人们认识这位前政府官员对权力无所不在的直觉理解提供了令人震撼的洞察力，其表述方式，马基雅维利和卡尔两人肯定会立即理解和毫不犹豫地加以赞同。凯南持有一种阴郁的实际上是奥古斯丁式的政治观，这与中世纪欧洲后期的严重成见发生了共鸣："政府，值得尊重，但不应理想化。它根本不是实现人们高贵冲动的渠道。恰恰相反，在很大程度上，它的任务是确保人们高尚的冲动得到抑制，不允许走得太远。"⑥ 他继续写道，"政治家或国务活动家个人经常尝试利用（或假装利用）政府来实现一些看似光荣理想的成

---

① G. Kennan, *American Diplomacy* (Chicago 1951 revised 1984), pp. 53–4.
② Ibid., p. 6.
③ 1999 年 9 月与作者的对话。
④ Kennan, *American Diplomacy*, p. 97.
⑤ Haslam, *The Vices of Integrity*, p. 248.
⑥ Kennan, *Around the Cragged Hill: A Personal and Political Philosophy* (New York 1993), p. 54.

就，但是他们直言不讳的这种利用并不是政府基本目标所固有的。"① 对凯南而言，一如对阿克顿勋爵而言，权力有自己制造诱惑从而自行规定行为的特性。

这也立即能被一些实践家特别是那些偏离正道的实践家所理解。在1946年5月一次与铁托的谈话中，斯大林道出了一个核心真理，他说捷克总理贝奈斯（Czech Prime Minister Benes）②"在人们向他显示实力时是一位现实主义者，但是……如果觉得自己拥有实力时，却是一位理想主义者。"③ 也就是说，仅拥有一点权力就遐想以前几乎没想过的可能的行动方针。然而，凯南认为还不止于此；阿克顿也是如此。在提到权力对那些进入政府的人的影响时，他评述说："对一旦涉足权力的他们仍完全不受弄权之扭曲风气影响的说法，我持怀疑态度。"④ 他们会成为统治集团的一部分，"这个集团身不由己地去表述一系列的动机，包括不同成员的各自政治抱负；不同集团的不同利益；党派的利益；最后当然还有不与上述强烈刺激太过抵触的国家利益。"⑤ 由此，凯南辨别出外交事务中两种截然不同的声音："一方面是整个国家的利益的声音，因为政权认知它们，甚至到了选择服从它们的地步；另一方面却是一个政治派别的声音，无论面对何种国内政治竞争并威胁到它，它都深虑服务于自己的前途命运。这两种声音有时候完全巧合，但并不经常如此；没有理由能够解释为什么。"⑥ 在此，老朽而可悲的智者凯南与老于世故的普芬多夫发生了共鸣。

---

① Kennan, *Around the Cragged Hill: A Personal and Political Philosophy* (New York 1993), p. 54.
② 原文如此，实际上，贝奈斯当时是捷克总统。——译者注
③ 来自铁托档案: *fond kabinet Marsala Juhoslavije*, reprinted in *Cold War International History Project* website, p. 9 of 17。
④ Kennan, *Around the Cragged Hill*, p. 57.
⑤ Ibid., p. 59.
⑥ Kennan, *Around the Cragged Hill*, pp. 60 – 1.

对凯南和摩根索基本原则的均势思想的重新出现,年轻的恩斯特·哈斯(Ernst Haas)发动了最全面和最时髦的冲击,他出生在德国,是一位公开蔑视和谴责现实主义的社会民主主义者。① 他攻击的形式是一篇1952年底提交哥伦比亚大学的博士论文:《比利时和均势:以1830—1839年欧洲大国对比利时政策动机为证对一些均势理论的一种批评性考察》(*Belgium and the Balance of Power*: *A Critical Examination of some Balance of Power Theories in the Light of the Policy Motivations of the Major European States toward Belgium*, 1830—1839)。批评开始的焦点是"权力政治"的理念:权力既是目的又是手段。② 这个角度的选取或多或少是因为"权力理念和行使权力的理念,是理解颇有争议和被大力追捧的均势原则这一路径的根本。"③ 哈斯这样解释其中的联系:"由于权力企望与权力需求主导着国家间关系,所以均势就成为向要不然就混乱的国际体系引入某种秩序的一种机制,但这一平衡的基础是权力政治本身的动力。"④ 他接着列举了关于均势这个术语的七种不同含义,强调不言而喻的事实是,不同国家在不同形势下对均势的运用是不同的,他对比利时个案的研究明确无误地揭示了这一点。他要反对的十分清楚:"在国际联盟的早期阶段,均势普遍被看成是一种过时的旧概念,即使不是有害的,也是没有的。但现在的情况又不一样了。从1940年或者1941年开始,这个术语突然奇迹般地复活,不光是在学术期刊与专业讨论中,甚至也出现在日常的新闻媒体中。"⑤ 他接着说,"如果这个术语摆脱了哲学、语义学及理论上的混

---

① Haas to the author, 28 October 1998.
② E. Haas, *A Critical Examination of some Balance of Power Theories in the Light of the Policy Motivations of the Major European States toward Belgium*, 1830 – 1839 (Columbia University PhD 1953), Chapter 2.
③ Ibid., pp. 81 – 2.
④ Ibid., p. 82.
⑤ Ibid., p. 499.

乱，这种事态发展就不难理解了。不幸的是，它没有。"①

哈斯声称均势的拥护者都有胡思乱想之罪，此论不完全正确，剑桥历史学家赫伯特·巴特菲尔德（Herbert Butterfield, 1900—1979）采取了一种尽管仍明显是"现实主义的"但要细微得多的态度。无论是在公共生活中还是他的私人生活中，巴特菲尔德都是一个矛盾体，一位虔诚的世俗说教者，但又是一名马基雅维利的信徒。他清楚地表明在他谈及均势时仅指"权力的分配"。像卡尔、摩根索和凯南一样，他坚信"最好把权力本身当作科学的对象来对待，而不是感情用事地依赖任何强烈的善意。"② 不光是凯南和巴特菲尔德如是说，阿克顿的训诲也是这样，如果说权力有其自身的特性，它滋生诱惑从而决定行为。正是在这里，巴特菲尔德强调各国的防御行为或侵略行为不由意图决定，而是形势的产物：

> 要判断一个特定国家什么时候从一种最初的防御政策和合理的安全需求转变成实际上的扩张并不总是容易。因为欧洲的地域蜂窝似的复杂交错，它们都是领土收复主义企望、种族争吵和民族主义诉求的对象，在某一个特定时刻强大到足以宣称它认为是其权利的国家，也许可以维持长时间的扩张而一点不觉得自己是侵略者。看来，在一定条件下，一些国家是以侵略者的姿态出现，即便迄今为止它们行为端正；而实际上小国常常表现出侵略倾向，有时候，它们的野心比大国更为疯狂和不负责任。

巴特菲尔德赶在那些后来宣称证实康德关于真正民主国家不会向

---

① Ibid., p. 500. 总结见发表在 *World Politics* 上的两篇文章，诸如 "The Balance of Power: Prescription, Concept, or Propaganda?", *World Politics*, No 4, July 1953, pp. 442-77。

② H. Butterfield, "The Scientific Versus the Moralist Approach in International Affairs", *International Affairs*, July 1951, p. 412.

其他民主国家开战的信念的人之前争辩说，"年轻的民主国家和新兴国家似乎特别倾向于领土收复主义、扩张梦想或者军事征服计划。"这一说法只是用来重申他关于以下传统观点之准确性的完整思想，该"传统的观点认为侵略与权力本身的特征以及权力对拥有权力者以某种方式相互关联，这过多或少在阿克顿所认为的意义上说是如此……"①

像卡尔和凯南一样，巴特菲尔德也是一种谢幕后的声音，尽管原因不同。卡尔放弃了国际关系去专攻苏联历史；凯南在共和党掌权后离开了政府；巴特菲尔德始终是政治科学界的一个边缘人物，那当然是美国人的舞台。是摩根索这样的人物在美国起主导作用，渴望排斥百家。有一个有名望的人物，是学术界的灰衣主教②，因为形象很不好，不过他也与那些掌权者有着不同寻常的联系（不光是美国也包括重新崛起的西欧），他就是阿诺德·沃尔弗斯（Arnold Wolfers 1892—1968）。摩根索和沃尔弗斯的区别类似于马基雅维利和圭奇阿尔迪尼；摩根索总是显得是更为清晰、不受拘束的声音，也总是显得是两人中次要的历史学家。而且，马基雅维利最终显露了他的伟大理想，摩根索也是如此，人们却徒劳地地去探索圭奇阿尔迪尼和沃尔弗斯的乌托邦。尽管从来不是一位实践家，但沃尔弗斯对实践却有着敏锐的心领神会，这是他以牺牲一定的观点一致性为代价换来的。譬如，凯南越来越像一位绝对主义学者而不是善于妥协折中的外交家，却总是称道摩根索是当代最伟大的国际关系思想家之一，而对沃尔弗斯，他却颇有见地地评述道这个人似乎从来没有拿定主意。③

沃尔弗斯从1935年起在耶鲁担任教授，是斯派克曼的门生。他

---

① H. Butterfield, "The Scientific Versus the Moralist Approach in International Affairs", International Affairs, July 1951, p. 413.

② eminence grise：[法文] 灰衣主教，指法国红衣主教黎塞留的亲信约瑟夫神甫。此处语带双关。——译者注

③ 1999年9月与作者的对话。

1892 年 6 月 14 日出生于瑞士的圣加仑（St. Gallen, Switzerland）（几乎与卡尔是同年同日生），他 1917 年在苏黎世获得法学学位，1924 年在日内瓦获得博士学位。① 完成毕业律师实习后，1924—1933 年讲授政治科学，之后成为知名的柏林政治大学（Hochschule fur Politik in Berlin）的总监。1933 年希特勒上台时他去纽黑文做访问教授，纳粹接管政权时，他欣然接受了耶鲁的终身教职。② 从一开始，沃尔弗斯的授课就是"现实主义者"的腔调，他不采取理论形式。讲授质量很高，以操作和外交视角富有同情心地洞察国际形势而别具一格，但异乎寻常地对任何一个国家都不偏不倚。体现他思想的不偏不倚和倾注情感之特质的一个最显著的例证，是他在斯大林格勒战役这一关键转折点为陆军部（the War Department）充当顾问时所撰写的一篇文章，斯大林看来是向德国民族主义者建议把军方和工业家与纳粹分开。沃尔弗斯的文章题目是《苏联对德政策（以莫斯科自由德国委员会宣言为证）》[Soviet Policy Toward Germany (as evidenced in the Manifesto of the Free Germany Committee in Moscow)]，他说：

> 俄国人可能非常关心德国人的未来走向并同情德国人。他们严重受制于这样一种事实：在绝大多数人的心目中，苏联仍被认同于共产主义世界革命。在欧洲没有几个国家的友谊是他们可以指望的。如果德国很软弱，诸如天主教国家的反布尔什维克力量就会在欧洲占上风。如果德国是敌对的，她就可能成为全欧洲反布尔什维克阵线的一个伙伴。美国和英国早晚会加入这个阵营。所以，有一种强烈的诱惑驱使布尔什维克去讨好德国人，表示要把他们从无条件投降、占领和单方面解除武装的屈辱和危险中拯

---

① 论文题目是 Die Aufrichtung der Kapitalherrschaft in der ahendlaendischen Geschichte。
② John Van Sickle to Ernest Jaqua, Scripps College, Claremont, California, 23 February 1937: *Rockefeller Foundation Archives*, RGI. 1, Series 200, Box 416, Fldr 4943.

救出来。①

沃尔弗斯在此所表现出的特质显示他更像是一位沉思与审慎的实践家和历史学家，而不是一位脱离实际搞不合时宜之抽象的理论家。他唯一的一部理论著作，在很大程度上是一本文集（以前的讲座），一直到很久以后的1962年他离开耶鲁去执掌约翰斯·霍普金斯高级国际问题研究院的华盛顿对外政策研究中心（the Washington Center of Foreign Policy Research at the Johns Hopkins School of Advanced International Studies, SAIS）才出版。

不去撰写一本理论小册子表明了沃尔弗斯研究国际关系路径的核心，尽管按倾向他是现实主义者，但直到1950年代他才成为信仰上彻底的现实主义者。在1944年秋天人们对战后世界的希望犹存时，他告诉自己的学生："权力政治，如果它确实能够反映现实，也并非意味着国际关系只是争权力，或者所有各国政府都在、或都应该无时无刻地为自己的安全争取更多的权力。事实上很多国家对它们所拥有的权力是满意的，或者他们根本就不太在意自己的权力。"② 所以，尽管他在耶鲁的讲授是遵循斯派克曼式的轨迹——"位置"、"马汉"、"强权的地缘政治理论"等等，但他在讲授时却对这些概念和理论的普遍适用性抱有很大的怀疑。沃尔弗斯实际上很想赞成国际关系理论，但是他思想构成中潜在的二元论使他无法在一套抽象假设基础上提出解释国家行为的模式。在《追求权力：方法学导论》的手稿中，他注意到：

有一种设想称，多国体系中的主权国家都致力于单一目标：

---

① 时间是1943年9月1日：*Wolfers Papers*（Yale），164，Box 13，Folder 157。
② "Foundations of National Power", Lecture 4, "Power Politics and the Restraint of Power"：*Wolfers Papers*，634，Series 2，Box 17，No 207。

竭尽所能促进权力,如果可从以上这样一个简单而总括性的假设出发,就会有助于提出一套国际政治理论。但是,只有这样的现实存在时,这种设想才会提供有价值的前提。①

"各国之间,"沃尔弗斯相信,"既不是绝对的合作也不是绝对地全然缺乏共同责任。但是,几乎不能否认的是,在现阶段[1957年10月],悲观主义观点最接近于现实状况的写照。即便存在有效的国际组织,权力政治仍是当今的一个先决条件。"② 他进一步补充道:"各国政府,除非它们茫然乐观,不在意其他国家的意图,几乎都本能地加入到作为多国体系特征的整个均势进程中来。"③

使摩根索的巨著产生影响和使之形成一套国际政治理论——尽管还不充分——的关键,是把权力作为各国相互关系中的目标单独提炼出来。毫不意外,沃尔弗斯对摩根索聚焦于把权力作为目的本身感到不舒服。他把世界政治的现实主义观和理想主义观做比较的最有名的《权力之极和漠然之极》(The Pole of Power and the Pole of Indifference)一文中,沃尔弗斯提出"权力是达到其他目的的一种手段,而不是目的本身……所以,对待权力的追求,无论是正面的还是负面的,如果脱离它可望服务的目标或目的的大背景,就丧失了任何明白易懂的意义,顺便说也不可能评价它的适当或过度。这就好似一位致力于发展经济理论的经济学家,要全神贯注于金钱的积累和开支一样。他无法不去绘制一幅守财奴或挥霍者的世界图画。同样,权力层面的政治科学家只能看到一个贪得无厌的权力饥饿或者无条件地权力恶斗的政治行为体的世界"。他写道,"如果人们首先考虑决策者寻求积累或使用国家权力的价值和目的,犹如他们也许寻求其他的备选或补充手段那

---

① *Wolfers Papers* 634, Series 2, Box 16, Folio 194.
② *Ibid.*, Box 17, *Folio* 214.
③ Ibid.

样的话，一个不同的画面就会出现。"① 沃尔弗斯进一步指出，各国在追求什么以及如何追求这些东西方面是不一样的。国家"不是诸如医院、高尔夫球俱乐部或者银行机构等只有一种目的的组织"。在国内民众相互竞争的需求之间做决策时，为了择优，"通过不断的权衡、比较和价值计算等过程，必须对一些相对珍贵的手段分别加以使用。因为决策者像所有的人一样都要按照不停变动的价值模式使价值最大化，所以，人们可以预期决策者的选择千差万别，除非有什么事迫使他们从众求同。"②

沃尔弗斯接着将对外政策目标分成三类：国家的自我扩展、国家的自我保护和国家的自我克制（national self-extension, national self-preservation and national self-abnegation）。由于将后者包括在内，承认国家之外的其他行为体，沃尔弗斯使自己与摩根索划分开来，而与普世主义者搭起了桥梁。明确地说，强烈鼓吹现实主义的人必须承认他们理想主义对手以相反方式行事的能力，"要是不担心这些政府会另外行事，现实主义者也许就不会像马基雅维利本人一样，如此迫切地像他们的对手一样坚持不懈地促使政府认识到玩弄强权政治游戏的'必要性'。"③ 跟以往一样，沃尔弗斯在这里采取了一种比粗俗现实主义更加精细的路径。失之于影响力但却得之于精妙。但同样的道理，没有了简洁也就没有了理论。

对那些相信美国还没有为世界强国做好准备的人以及对那些同样认为他们对这种准备有智识贡献的人来讲，华盛顿的诱惑在过去很难抗拒，现在仍然难以抗拒——特别是当有影响的人物前来召唤时。国际问题高级研究院（The School for Advanced International Studies, SAIS）建于1944年，创始人之一是保罗·尼采（Paul Nitze），他后来

---

① *World Politics*, No 1, October 1951, p. 48.
② Ibid., p. 49.
③ 119 *World Politics*, No 1, October 1951, p. 60.

解释说:"我们相信,我们担忧的问题,部分来自于美国世界地位的变化速度,部分源于继续横亘于学术界和国际事务实践领域之间、企业界和政府之间的不幸鸿沟。"① 所以,绝非偶然地,1950 年 9 月,国际问题高级研究院和一些在被中央情报局(CIA)认定受到共产主义威胁的目标国家缅甸、意大利和印度尼西亚等国家里的训练中心一起被并入约翰斯·霍普金斯大学。当时尼采已接替凯南成为国务院政策设计委员会的首脑,他在那里打造出强硬的国家安全委员会第 68 号国家安全备忘录(NSC68),主张用军事手段遏制共产主义。1953 年他对 SAIS 的最初目标——即把形式为权力和研究权力的人拉在一起——似乎远未实现,SAIS 老是缺少资金和排斥学术界而受挫。但是他获得洛克菲勒基金会资助的机会来了。他正式建议设立一个挂靠国际问题高级研究院的中心,招揽两名学术、两名政策领域的四个最知名资深人士和同样数目的研究助理开展定期讨论。最初的建议名单是学术界的埃里奇·胡拉(Erich Hula)、摩根索和沃尔弗斯和政策领域的查尔斯·伯顿·马歇尔(Charles Burton Marshall)、路易斯·哈利(Louis Halle)和罗伯特·塔夫茨(Robert Tufts)。② 经过一段时间最后有了结果。沃尔弗斯最终在 1957 年 6 月表示愿意离开耶鲁转到华盛顿,耶鲁大学由于校内在关于国际关系学的前景问题上长期不和而陷入混乱。③

1957 年秋天,华盛顿对外政策研究中心(The Washington Center of Foreign Policy Research)最终在沃尔弗斯的牵头下在国际问题高级研究院挂牌成立。正如尼采开始所想,这里是国际关系现实主义思想的荟萃之地。在这里,沃尔弗斯悉心安排了一系列研讨会,把学者和政策制定者们召集在一起,集中讨论原则与实践、宏观理论以及美国对

---

① 尼采致洛克菲勒基金会主席迪安·腊斯克(Dean Rusk),14 December 1953: *Rockefeller Foundation Archives*, RF, RG 1.2, SAIS 200s, Box 526, Fldr 4502。
② 1953 年 10 月给洛克菲勒基金会的正式方案: ibid。
③ Memorandum by Kenneth Thompson, 4 June 1957: ibid。

外政策重要事务的一些主要问题。关于东西方谈判问题讨论的第一批在 1958 年出版，这时正值西方和第三世界的公共舆论都在敦促脱离接触（disengagement），有些人谈论在中欧建立一个无核区。艾森豪威尔（Eisenhower）总统倡议与俄国人在核禁试等相关问题上进行会谈。沃尔弗斯汇编之实录的基调使他置身于经典的欧洲现实主义传统之中。他把国家看成是天生的扩张主义者并坚信均势之说。但是，正像当时以及后来的很多人一样，他从来没有彻底把莫斯科看死：它到底仅仅是俄罗斯还是一个革命国家？有时候，他说它是前者，有时候，又说它是后者。在圆桌讨论中，他指出"苏联是现阶段国际体系中的革命性国家，那么如何对抗和减弱它的这种革命冲劲？谈判的可取性取决于：给苏联一种好的境地是会消解它的革命倾向，还是因刺激了它的胃口而鼓励其侵略。"① 在别的地方，特别是在圆桌会议后所写的一章中，他却弹奏出一种有所不同的调子："一个强大俄国无论是什么样的政府，即便是非共政府，都一定会情不自禁地利用有利时机进一步扩张，因为这种扩张的理由不会找不到。"② 他用类似的中性用词写到美国。像先前时代中的其他大国一样，美国"谋求维持世界的合理均势，是作为维护和平的一种必不可少的手段。"③ 沃尔弗斯与那些认为这场与苏联的冲突基本是意识形态争端的人保持一定距离，他公开批评那些主张脱离接触的人，或多或少是因为那些非常热衷于这样的人——或多或少在第三世界是如此——其实是美国在其他地区之存在的受益者。"不无讽刺意味的是，那些不承担义务国家的领导人敦促美国退出欧亚，虽然他们的国家享有很多行动自由以及由于他们的四邻不是一个而是两个权力集团的存在使得他们拥有很多对付大国的有

---

① 圆桌会议的记录，参见 Part II of *East-West Negotiations* edited by Wolfers（Washington DC 1958），p. 10。

② Ibid. , p. 15.

③ "Limits on Disengagement", *East-West Negotiations*, p. 13.

利杠杆。"① 他坚决反对美国和苏联处于相似地位的任何想法，俄罗斯人具有地理上的优势，"控制北美大陆岛是一回事，控制整个欧亚大陆及其近海岛屿从而统治全世界是完全不同的另一回事。"② 如果有任何种类的有限接触是出于公共舆论的考虑，沃尔弗斯完全对此议不屑一顾，他认为还是应该由均势的需要来决定。"毕竟，均势不独是一种渴求目标，也是一种克制性的目标。以此为指导，或许有助于明辨当今很大程度上偶发军事现状中的变化，这些变化不仅与东西方均势相容，而且会有助于在今天尚无均势的地方建立这种均势。"③ 尼采等人向那种认为这是一种均势体系的说法发出挑战，因为国际体系是两极而不是多极，两极会逐步僵化。对此，沃尔弗斯针锋相对："今天存在的两极体系尽管相对不稳定，但它仍然是一种均势体系。两极并不意味着一成不变：在世界上有一些地区，强弱一直消长不定。"④ 他还以非凡敏锐的眼光说了一番旁白："一旦均势被打破，一旦一个特定的国家在国际体系中取得主导地位，它就会情不自禁继续针对其他国家进行强权扩张。如果美国打破了当今的两极均势，它的目标（比如说铲除暴政）可能会变得不受约束。"⑤

沃尔弗斯关于国际关系的唯一大部头论著《纷争与合作》（Discord and Collaboration）是献给斯派克曼以志纪念，他写道："迟至第二次世界大战爆发，关于美国正在关注——或者说应该关注——世界均势的任何说法都会引起美国人的反感，他们当中的许多人简直就把这种建议看成是一种愤世嫉俗的表示。"⑥ 在斯派克曼去世后的这段时

---

① "Limits on Disengagement", *East-West Negotiations*, p. 17.
② Ibid., p. 18.
③ Ibid.
④ Ibid., p. 12.
⑤ Ibid., p. 29.
⑥ A. Wolfers, *Discord and Collaboration: Essays on International Politics* (Baltimore 1962), p. 117.

间里,国际关系的研究基本因循政治科学的大轨迹,寻求一种更为科学的解释模式。这种研究路径对沃尔弗斯越来越陌生,他研究课题的细致入微的态度和同决策界的亲缘——这个大搞妥协的世界以及他的地缘政治根基——使理论建树不仅志趣不投也不切实际。这解释了他为什么离开耶鲁。如果说抽象理论是该死的东西,那么它同重新出现的理想主义的普世主义的结合,就是不能容忍的了。于是,沃尔弗斯尖锐批评了哈斯(Haas)——他将要变成由戴维·米特兰尼(David Mitrany)开创的功能性国际一体化理论的主要鼓吹者——说哈斯在后来的著作中完全忽视了均势。沃尔弗斯坚称,哈斯"就像政治科学中的其他'现代主义者',越来越迷恋于树木(次国家团体和个体决策者),而对民族国家间权力分配和强权斗争的森林却视而不见。"[1]

尽管同行分裂,但国际关系学仍然主要是一门"美国的社会科学"。[2] "就美国而言,"雷蒙·阿隆(Raymond Aron,1905—1983)谈到20世纪50年代时说,"他们几乎垄断了国际关系研究。"[3] 继卡尔的开创性贡献之后,尽管也有巴特菲尔德在剑桥的召集,但英国力求出现一位在现实主义传统上具有原创性的思想家。那些有点地位的人都有意识地同那个接班次序保持距离。正如当时还是狂热自由国际主义者的斯坦利·霍夫曼(Stanley Hoffman)所指出的那样:"卡尔开创性努力开花结果的地方不是在英国。"[4] 最接近于那个接班次序的是在牛津接受教育的澳大利亚人赫德利·布尔(Hedley Bull),他在牛津的

---

[1] A. Wolfers, *Discord and Collaboration*: *Essays on International Politics* (Baltimore 1962), footnotes, pp. 118–19.

[2] S. Hoffmann, "An American Social Science: International Relations", *Daedalus*, Vol. 106, No 3, Summer 1977, pp. 41–60.

[3] R. Aron, *Le Spectateur Engagé*: *Entretiens avec Jean-Louis Missika et Dominique Wolton* (Paris 1981), p. 236.

[4] Hoffmann, "An American..." p. 43. 关于霍夫曼对霍夫曼的评价,参见 "A Retrospective on World Politics", L. Miller and M. Smith (eds.), *Ideas and Ideals*: *Essays on Politics in Honor of Stanley Hoffmann* (Boulder 1993), pp. 3–18。

贝利奥尔学院（Balliol College）担任蒙塔古·伯顿国际关系教授（Montague Burton Professor of International Relations），他的立场是自认的道德主义者，而不是严格意义上的现实主义者。① 冷战时代即是史无前例的美国霸权时代，也是英国衰落的时代，所以英国思想的式微也不意外。不是不存在天才。尽管知识分子们很少有意识地去回应他们自己所处社会中权势的根本转移，但对其工作环境的下意识的敏感也是不容忽视的。霸权哲学与式微哲学大不一样，伴随着英国世界地位的衰落出现了关于强权和国际关系的原创性思想的衰落。卡尔曾经半开玩笑地总结道，他一度对权力感兴趣，但现在英国不再是一个大国，他就不再赞同他们的行为方式。②

法国尽管也经历了一场更为激烈和急促的帝国衰落，但也目睹了戴高乐1958年宪法政变后随着民族意识傲然再显身手作为一个康复的民族国家的威望急剧上升的过程。但是，不能对此夸大其词。实际上，这与其说是现实，还不如说是一种渲染，正如戴高乐本人在将近10年后沮丧地承认："事实上，"他说，"你们相信我们处在我自1940年以来一直在制造的幻想的舞台上。现在，我要给或我试图给法国打造一个坚决、果断、持续不断地扩展的国家形象，而它却是一个不成样子的国家，它只想到自己的安逸，想与历史摆脱联系，不想努力拼搏，不想给任何人制造麻烦，无论是对美国还是英国。这是一种持续的幻想。我处在这个舞台上，我处处显得相信、我也让别人相信这一切正在发生，法国是一个伟大的国家，法国是坚定的，是动员起来的，而它却什么也不是。法国确实不成样子。"③

---

① 一位朋友最赞成的深刻评价：S. Hoffmann, "Hedley Bull and his contribution to international relations", *International Affairs*, Vol. 62, No 2, Spring 1986, pp. 179–95。

② Haslam, *The Vices of Integrity*, p. 250.

③ 像告诉 Jacques Focart 的那样，参见 *Tous les soirs avec de Gaulle: Journal de l'éElysée-l 1965–1967* (Paris 1977), p. 691。

第五章 从现实政治到新现实主义 / 289

随着国际关系中这个幻影的复兴，以雷蒙·阿隆为代表的关于对外政策中强权的一套不连贯的权力论在法国出现了。阿隆在战争中断其生涯前很早就离开了久负盛名的巴黎高等师范学校（Ecole Normale Supérieure）成为一名新闻记者。之后他去索邦神学院（Sorbonne）① 教书，但同时继续为媒体撰写稿件，主要是给费加罗报（Le Figaro），虽然不是只此一家。他最早的实质性学术著作是对战争的研究。之后，他以此作为基础，从 20 世纪 50 年代早期起频频造访美国，期间据说哈佛大学答应给他一个职位。对于他那个以及后来的法国人来说，非同寻常的是他从不反美。战后法国对美国的憎恨（或多或少是因为罗斯福与战时维希政权维持关系以及战后美国反对法国兼并鲁尔）即使不给全体、但也至少给绝大多数的戴高乐主义者制造了难以逾越的障碍。但是，阿隆却提出了一种机智的解释——"诸如美国这样一个以最会赚钱著称的社会，往往是一个引起激烈争议的对象。"② ——这是他特有的坦率风格。他大量吸收了美国的国际关系研究方法，尽管他从来不认为在其 1966 年以英文出版的国际关系巨著《国际战争与和平》（Paix et Guerre entre les Nations）中应当承认他欠了这个情（也从来没有承认过欠了卡尔的情），或许是因为他根本上与他们志不同道不合。在一篇以"求索外交政策的哲学"（En Quete d'une Philosophie de la Politique etrangere）命名的早期的文章中，阿隆显示了一种高傲的怀疑主义。"现实主义学派所作的批判是有用的，甚至是有价值的。它让我们保持冷峻的头脑，去按其本来面貌观察世界，而不要去想象我们希望它是什么样子，让我们警惕抽象化。不幸的是，"他继续说道，"从这些有道理但模糊的一般原则出发，现实主义者常常犯下和理想主义者一样严重的错误：把欧洲［各国政府］的传统外交与所有

---

① 今天的巴黎大学。——译者注
② Aron, Le Soectateur... p. 236.

时代的外交混为一谈。"① 他接着挑战凯南和摩根索关于可以和莫斯科达成交易的说法，"以国家利益为基础而定位的外交只反对一种革命战略或者只反对一种征服世界的战略是否足够？"② 尽管"国家利益的理论家们"起到了防止人们"被盲目的意识形态激情"冲昏头脑的有益作用，但阿隆更担心的是他们会犯下一个根本错误，"把一个处在稳定文明中的快乐时光、国与国对抗、其所用的手段和所造成的后果均受到什么是合法什么是非法的不成文准则之限制的时代中的国际关系实践与理论，当成是国际政治的实质。当这个准则不存在时，我们就回到了名副其实的自然状态，在那种状态下，生存和自由是争斗的赌注，所有介入冲突的群体都集聚自己所有的资源，因为赌的是他们的财产和生存。在这样的无序时期，没有哪个大国会将其目标限制在马扎兰（Mazarin）或俾斯麦所界定的那种国家利益上。"③ 这样，西方就不得不支持某种国际秩序概念。这还不是阿隆的唯一异议，"当政治单位的宪政原则成为争议时，与国内政党争斗无关的对外政策至上——这是19世纪德国历史学家的一种理论——就不再有效。"④ 就眼前的冷战政策选择而言，阿隆听起来比任何主要的现实主义者都要强硬。但在关于长远可能性问题上，他听起来更像一名唯意志论者而不是一名决定论者，这是同卢梭和康德一样具有的特征。正如他所指出，"我们还没有碰到真正的现实主义，权威的现实主义，它能够在对外政策的历史实践和永久特性之间进行区分，同样，它也能够不无视以下事实：对价值的渴望是人类现实中不可分割的一部分，不管是个体还是集体。"⑤

---

① *Revue Franfaise de Science Politique*, Vol. III, No 1, January-March 1953, pp. 82 – 3.
② Ibid. , p. 83.
③ Ibid. , p. 88.
④ Ibid. , p. 87.
⑤ Ibid.

尽管阿隆从来就没有惬意俯就霍夫曼原初关于国家消亡的希望（参见本书第 301—302 页），但他仍然公开地把自己与美国和英国的现实主义传统拉开距离："'现实主义'学派……倾向于将国家（State）［原文如此］以及它们所谓的国家利益实体化，认为这些利益是一种明白无误或永恒不变的东西，把所发生的事件看做反映了权力算计以及为取得均势所必不可少的折中。"① 他抨击摩根索的理性主义式的解释："为了产生一种与模式的本体相一致的图式或画像，仅只考虑理性要素就足够了吗？"② 按此逻辑，并常有一点笛卡儿式的愉悦，他还对博弈论的价值提出质疑，特别是"赌注的不确定性和博弈的局限性。就博弈这个词的严格意义上的一场博弈而言，就确定理性行为是可能的数学方法而言，博弈必须有始有终，每个博弈者都有一定数量行棋弈步，对其中每个博弈者都要有一个能够做出基本评估或依次评估的结果。"③

因此，而且还由于其巨著的晦涩难懂——作者的这种技巧很不容易贯通翻译——相比巴特菲尔德，阿隆也许更不为美国读者所知。对阿隆著作颇感兴趣的少数几个现实主义者之一是罗伯特·W. 塔克（Robert W. Tucker）：这是一个被平淡无奇的老一套搅得心烦意乱的智者的典型反应，这几乎是给一本晦涩难懂著作的挑战添加了调味品，该书不管观点多么相左，只有加点推理就行。④ 塔克 1924 年 8 月 25 日出生于加利福尼亚南部，毕业于安纳波利斯的美国海军学院（the US

---

① S. Hoffmann (ed.), *Contemporary Theory in International Relations* (New Jersey 1960), p. 200.
② Aron, *Peace and War: A Theory of International Relations* (London 1966), p. 3.
③ Ibid., pp. 772 – 3.
④ 在保罗·尼采国际问题高级研究院，塔克研究一项课题时，为了更好地沿着他的逻辑走下去，他所采纳的技巧是把同事和学生都引到完全反对他的观点方面来。所以，他的所有的工作都有一种辩证的讨论。当然，不是每一个人都愿意扮演魔鬼代言人的角色，但是，在还没有当上研究助理之前，这肯定是学习研究的最好途径。

Naval Academy at Annapolis），继而在加州大学伯克利分校（the University of California, Berkeley）研究国际关系，在这里，他碰巧被安排为1949年到访的卡尔做校园导游。塔克当时是克尔森门下的一名国际法学生，克尔森的"纯粹法理论"争辩说，因为这个理论"清除了法律与正义的二元论以及客观法与主观法的二元论，因而也废弃了法律与国家的二元论。它借此建立了作为法律理论固有部分的一套国家理论"。① 这样，塔克就在克尔森指导下吸收了一点法律与政治哲学。他第一次发表的国际关系作品不过是1952年问世的论《摩根索教授的政治"现实主义"理论》的文章。② 在此，凭借沃尔弗斯一年前的批评，塔克的巧舌如簧的辩才，匆匆解决了摩根索逻辑上的矛盾，这使摩根索大为恼怒。塔克的直接靶子是摩根索的《捍卫国家利益》一文③，还抨击摩根索《国家间政治》中关于国家行为始终由权力欲望而决定的立论"有时……毫无意义"。④ 摩根索有时说冷战是一场道德层面上的意识形态之争，有时又称之为纯粹的权力之争从而进一步混淆视听，塔克则欣然大力揭露这些显眼的矛盾。但如果就此认为这时的塔克不是一名现实主义者就错了。恰恰相反，他作为一个虔心的现实主义者，越发关注维护现实主义形象的一致性，如果以对传统观念的挑战性攻击来捍卫，那就更好。

从他在旧金山州立学院（San Francisco State College）的第一个职位开始，这些文论把塔克推到了巴尔的摩东海岸的约翰斯·霍普金斯大学，讽刺的是这里曾是伍德罗·威尔逊的思想园地。在这里，他花费了相当的时间来研究国家利益观，只是为了提取与国家需要论相一致的最明显的结论。正如他在评论雷蒙·阿隆那冗长而最终令人难以

---

① H. Kelsen, *General Theory of Law and State* (Cambridge, Mass. 1949), p. xvi.
② *American Political Science Review*, Vol. XLVI, No 1, March 1952, pp. 214–24.
③ New York, 1951.
④ "Professor Morgenthau's ..." p. 216.

理解的《和平与战争》时所作的解释,"在威胁使用或使用包括核力量在内的武力时,政治家们仅仅是被迫行事。所以,坚持说他的行动会引发道德困境以及成为道德评判的恰当对象,是误解了其性质与意义。这当然可以被视为悲剧,就像死亡被视为悲剧一样。但是,我们不去询问死亡本身是否对人构成道德困境,更不去追问死亡是否道德或不道德、公正或不公正。给死亡加以道德评判就像给地震、洪水或任何一种自然灾害加以道德评判一样毫无意义。近乎相同的是,有人宣称要给标志着过去人类集体关系的灾难加以道德评判,这样的尝试可能某一天会光顾相互威慑战略的失败上。"① 有人认为热核时代的到来标志着超级大国之间使用武力的结束,猜测核战争的可能性就是设想不可思议的东西。按塔克的观点,在保护国家利益方面,武力威胁或使用是不可避免的。他写道,自 1950 年以来,"凡是发生变故的地方,总是几乎一成不变地伴随着武力威胁,即使还不是实际使用武力。在那些利益受到他方挑战时利益方既没有使用也没有当真的武力威胁的地方,其利益即使能够得到维护,也一定有着巨大的困难。鉴于这一经验,主张武力作为治国理政的一种工具已经失去其效用之说几近荒谬,尽管越来越多的观察家都在这样主张。"②

  这些言论写于越南战争进行之际,跟很多现实主义者一样,塔克反对这场战争,认为它不符合国家利益。期间他和罗伯特·奥斯古德(Robert Osgood)合写了最具实质性的一本著作。奥斯古德是摩根索先前的同事,他积极支持这场战争。他们的合作显示了各自的优势:奥斯古德是一位战略学者,塔克即使不是凭专业但至少也是评修炼而更接近于一位法哲学家。他们的共同点还都有志于能够影响美国对外政策的制定。因此,他们著作的聚焦点涉及政策及其必须承受的道德困

---

① Tucker, "Peace and War", *World Politics*, January1965, XVII, No 2, p. 322.
② Ibid., p. 324.

境。这也正是这本书如此与众不同和有价值之处：大多数现实主义者在道德与伦理问题出现时向前迈出一步，就迅速躲到国家"需要"幌子下。但这本 1967 年面世的《武力、秩序与正义》却超越了它们之间的深刻分歧，论述使用武力所涉及的难题并论述了那些按理更适合战争哲学而不是国际关系本身的难题。该书严谨周到的一节直接论述国家利益观问题，这是塔克在整个 20 世纪 50 年代花费了相当时间深思熟虑并追溯至马基雅维利时代的问题。塔克在此抛弃了暗含国家需要（a necessity of state）不以意志或道德内疚为转移的机械论诠释。他坚称，治国理政的需要是"一种选择"和"强加给政治家的需要是一种'道德需要'"。① 此外，尽管使用这个词汇通常意味着应当要做的事情是显而易见的，特殊环境无需过多考虑。塔克强调这一概念的基本弹性，特别是就大国而言，因为相比于小国而言，纯粹的生存很少是大国眼前关注的问题。

具有讽刺意味的是，塔克对国际关系理论的出色贡献最终是把国家需要应用到了极点：绝对超出了审慎的原则。这一原则直接源于他所排斥在外的现实政策问题；实际上，他的初衷根本不是要为理论作贡献。在越南战争失败造成美国士气惨跌之后，塔克分心于 1973—1974 年的石油危机以及国际关系思想谱系乌托邦一端的两个动向：第一，呼吁在发达国家和欠发达国家之间重新分配收入（被自由普世主义者称为国际经济新秩序）；第二，关于国际关系中非国家行为体重要性的增加而导致的国家间越来越相互依存和一体化的理论。塔克是第一个动向的最重要反对者，也是第二个动向的一位迟来但甚为锋利的批评家。

塔克还谋求驳斥 20 世纪 70 年代早期在左派方面和第三世界内部建立新共识的几种思潮。他们的目标旨在加强第三世界在与西方贸易

---

① R. Osgood and R. Tucker, *Force, Order, and Justice* (Baltimore 1967), p. 266.

关系中的经济地位，或许可以称之为新重商主义。他们还用现实主义的贸易平衡论变种或者用委内瑞拉总统拉斐尔·卡尔德拉（President Rafael Caldera of Venezuela）惯常（频繁）称为国际社会正义的（对左派）充满感情色彩的感召力来建构他们的论点。

由李斯特阐发与传播的贸易平衡论自最初的宣传以来已广为流传。维特（Witte）把它引入沙皇俄国。但是，是列宁以1918年生效的国家垄断对外贸易把对基本商品的保护主义拉回到闭关自守的层面。他的目的与其说是促进新生工业发展这个纯经济目的——尽管这一目的在斯大林时期越来越跃居显要地位，不如说是为了把第一个社会主义国家封闭起来以免外国私人资本不受欢迎的渗透和由此产生的明显政治后果。希特勒也用保护主义的天篷把纳粹德国罩起来，但主要目的在于确保军用品工业不受干扰的发展，免受不可兑换货币的影响。

正是在法国人叫做第三世界的地区，新生工业论驱动了保护问题。最主要的理论家是阿根廷的经济学家劳尔·普雷维什（Raul Prebisch）。像李斯特一样，普雷维什的生涯起步于坚信经济学的"新古典理论"。① 和李斯特的情况类似，外部世界的巨变引发了一场全面的思想转变。对普雷维什而言，1929年的经济大萧条使他对自己的信仰产生了深刻的怀疑，1970年代中期"资本主义的第二次大危机"加强了他的这种态度。作为大萧条时期的年轻人，他先是担任财政部副部长，后来成为中央银行的负责人。跟第一世界的对应人物一样，他建议采取正统的通货紧缩政策削减财政赤字。但面对外贸账上国际收支的严重失衡，他建议"果断的工业化政策或达到这种目的的任何其他措施"。② 他皈依保护主义，"抛弃了"先前信仰"相当大的一部分"。③

---

① R. Prebisch, "Cinco etapas de mi pensamiento sobre el desarrollo", *El Trimestre Economico*, Vol. L (2), April-June 1983, No. 198, p. 1077.

② Ibid.

③ Ibid., p. 1080.

1943年胡安·庇隆（Juan Peron）上台时被迫离开公职，但普雷维什也就有时间为自己处于决策中心时的经验形成的思想奠定了基础。到1949他前往智利负责拉美经济委员会（CEPAL, Comision Economica para America Latina）时，他的思想开始具体化；他着手写作。他最重要的一篇文章《拉丁美洲的经济发展及其主要问题》只是油印本，这篇论文直到1962年2月才有机会用英文发表。古典经济学的论点是，由于存在国际分工，所以初级产品生产者不需要工业化，因为他们能够自动享受贸易和技术之分配的实惠。这个理念认为，随着生产率的增长，制造品的价格会下降。普雷维什争辩说，根本不存在这种实惠的分配，因为生产率的增长都被工业化国家所吸收。在19世纪70年代到20世纪30年代统计数据的基础上进行论证，普雷维什写道："核心国家守着其工业技术进步的全部实惠，而外围国家则将自己技术进步的利益转给了这些核心国家。"① 必然的结论则是，"因为价格与生产并不保持同步，所以要想充分获取技术进步所带来的利益，拉美国家的唯一办法就是工业化。"②

这就是著名的普雷维什—辛格理论，或简称PS理论。与普雷维什在智利提出其观点的同时，汉斯·辛格（Hans Singer）在美国也发表了非常相似的论点。这并非纯粹偶然，因为联合国已经发布不发达国家进出口比价的统计数据，这些数据可用来证实普雷维什的直观结论，同时也成为辛格思想的催化剂。普雷维什的理论完全基于美国和拉丁美洲之间的贸易收支逆差。但辛格则在一块更大的画布上作画。辛格生于1910年，在剑桥凯恩斯门下研究失业问题，在战后艾德礼工党政府（Attlee Labour Government）里从事过一段时间的地方规划，之后在美国找到了一份工作，在美国，幸运的是，他从事过地方规划被误认

---

① R. Prebisch, "The Economic Development of Latin America and its Principal Problems", *Economic Bulletin for Latin America*, Vol. VII, No 1, February 1962, p. 5.

② Ibid., p. 7.

为有宏观经济发展的专长。① 1949 年 12 月底，辛格向纽约的美国经济协会（American Economic Association in New York）提交了一篇论文《投资国和借贷国之间的利益分配》，文章申述了跟普雷维什一样的大多数论点。他争辩说，不发达国家生产原材料的专业分工是不幸的，"第一、因为它把投资发生国中的次级和积累性投资效应都移交给了投资国；第二、因为它使得不发达国家专注于一系列没有多少技术进步、没有多少自己掌握的内外经济单位的各类活动，把工业化国家里彻底改造社会的那种能动辐射的核心因素排斥在了经济史进程之外。"第三个理由与贸易条件有关："历史事实是，19 世纪 70 年代以来，价格的趋势严重不利于食品与原材料的出售者，而有利于制造品的卖家。"② 以此为依据，辛格主张对世界经济秩序进行激进改造："或许，对外投资和对外贸易的目的应当重新界定为逐步改变不同国家间比较优势和比较要素的结构，而不是在现有的比较优势和现有的要素分布基础上继续发展世界贸易体系。"③

在圣地亚哥拉美经济委员会这个遥远的地方争论这个问题是一回事，但在美国国内面对雅各布·瓦伊纳（Jacob Viner）和戈特弗里德·哈伯勒（Gottfried Haberler）等新古典经济学家进行争辩则是完全不同的另一回事。辛格在哈佛讲述这一观点时，他遭到了权势集团的责难。④ 尽管这些主张在整个 1950 年代都存在，但它们对现实的政治几乎没有什么影响，这种状况直至不发达国家的数目从主要是拉美国家加之印度、缅甸、锡兰等小规模的少数发展为在联合国大会里的多数时才有所改变。这同一进程使普雷维什在 1963 年成为联合国贸易与

---

① 他自己说的，参见 *A Biographical Dictionary of Dissenting Economists*, ed. P. Arestis and M. Sawyer (Hampshire/Vermont 1992), pp. 528–9。

② H. Singer, "The Distribution of Gains Between Investing and Borrowing Countries", *The American Economic Review*, Vol. XL, May 1950, No 2 (Papers and Proceedings...), p. 477.

③ Ibid., p. 484.

④ *A Biographical...* p. 528.

发展委员会（the United Nations Commission on Trade and Development, UNCTAD）的主席，这使他得以"系统地""修订和发展"自己的思想。① "发展中国家，"他在1964年写道，"仍然蒙受30年代大灾难所造成的世界经济解体的后果之害。它们不出口工业品，只有极少量的出口除外。因为他们的初级［商品］出口增长很少而且比价恶化，他们缺乏足够而必需的手段去确保令人满意的发展节奏所需之进口。"② 其后，更有力推出的观点是，发达国家有义务去纠正某种意义上是他们自己——即使不是原发——加剧的贸易不平衡。

  这些论点完全属于现实主义传统，但由"穷"国提出，其方式简直就和卡尔在1930年代为各等量经济体执言的方式一样。普雷维什的观点得到了美国自由普世主义者的本能喜欢，他们在正常情况下不会支持任何沾染现实主义的东西，认为世界变得越来越相互依赖，从而也更为和平。关于国际关系只是世界历史上转瞬即逝的一个阶段之理念，在国家才仅仅是一种尝试性的政治组织的中世纪特别引人注目，至少在那些认为基督教王国或神圣罗马帝国才是欧洲正常结构的人的心目中如是。这种理念在自由市场经济学家的世界主义思想中找到了近代的世俗对应理念。20世纪的世界政府信仰源于同根，并在1914—1918年灾难性战争后花朵盛开，这场战争显然不仅暴露了国际体系的道德罪过，也充分展现了国际体系自我毁灭的性质。至少对当时的主流心态而言，对以两战之间经验上产生的国际联盟为中心的世界政府的信念也遭到了伤害。然而，取代其位置的，而且基本上是同一个自由主义和自由市场的前提，出现了功能性的国际（或区域）一体化的思想。这种思想对年轻的理想主义者很有吸引力，他们特别不喜欢摩根索模式的生硬，也拒绝把外交政策的焦点集中在当时的主要冲

---

① "Cinco etapas..." p. 1077.
② March 1964: Prebisch, *Nuera Polftica Comercial Para el Desarrollo* (Mexico-Buenos Aires 1964), p. 125.

突——冷战上。但是,这些理想主义者却在 20 世纪 70 年代寻求绕过占据主流地位的现实主义对世界政治的估价而不是迎头挑战它——显然这是由于缺乏足够有力的主张或者由于自身还在怀疑不定——而是靠磨损或淡化寻求从现实主义内部破坏它。较为坚定的人则要在国际体系内找出一些港湾,在这些港湾里可以在一体化起作用的地方寻求替代物:很像阿西莫夫的著名小说(in Asimov's famous novel)里第二基地(a second Foundation)中的建筑,而现已成为一个帝国的原基地则注定在天涯海角最终崩溃。

老一代功能主义者中最坚决同时也是最谨慎的一位是哈斯,他拒绝米特兰尼迄今无效的理想主义,主张在很大程度上是技术性国际合作要素的积少成多。他的第一部著作是论述欧洲经济共同体崛起的博士后研究,涵盖了战后政治的重要发展,尽管它的出现到底是不是由于哈斯所归咎的原因还是个可以讨论的问题。拒绝米特兰尼的研究路径并不表明任何软化,恰恰相反,在《超越民族国家:功能主义和国际组织》(Beyond the Nation-State: Functionalism and International Organization)中,哈斯宣称:"功能主义的价值恰恰在于它打破了现实主义政治理论的陈词滥调,它的错误在于打破得不够彻底。"① 他对现实主义的反对是意识形态上的异议:"研究……区域一体化……的主要原因是规范性的:单位与行为提供了观察和平创建在很高组织水平上可能是新型人类社群和构建可能导致这种状况之程序的活生生的实验室。"② 他相信"将会有一种走向超国家的持续趋势"。③ 此外,也是值得注意的重要一点,他看到国际关系理论和"其他社会科学学科

---

① E. Haas, *Beyond the Nation-State: Functionalism and International Organization* (Stanford 1964), p. 24.

② 转引自 R. Keohane and J. Nye, "International Interdependence and Integration", *Handbook of Political Science*, Vol. 8: International Politics, ed. F. Greenstein and N. Polsby (Reading, Mass. 1975), p. 367。

③ Haas, *Beyond. . .* , p. 492.

之间"有着紧密的关系①，把这种紧密关系视为替代现实主义和完成自己目标的最好工具；由此，才有了与社会学的接近和借鉴功能主义以解释国际行为。

　　同样持此类观点的人们聚集在《国际组织》杂志周围，该杂志为辩论和论证提供了主要平台。但是，其中也有分歧。哈斯是没有一点时间去关注现实主义本身，但新招揽的年轻人却不一样，斯坦利·霍夫曼（Stanley Hoffmann）从这批人中脱颖而出，他出生在奥地利（1928—）是一位接受过法语训练、学识令人生畏的自由普世主义者，他的博士论文曾大胆预言国家的消亡。他公开出版的博士论文有一个迷惑性的谦逊标题：《国际组织与国家的政治能力》（Organisations Internationales et Pouvoirs Politiques des Etats）。② 该著作在几个方面都有惊人的独创性。它有一种非常清晰的笛卡儿式的逻辑，足可以与诸如萨伊（Say）等18世纪的作家相媲美。它避免了习惯性和显而易见的陷阱，即把以前有过或是现存的国际组织提升到超出合理轻信的地步，将之作为失败的人类惨然不可及的例证。它对事件进行了现实的评价，但接着不是像人所期待的那样引申为国家利益观的逻辑，而是转向以三种不同方式尖锐地抨击"病因：现代国家"③：通过娴熟的口头外科手术割除了国家的正式属性；对国际制度在限制国家行为自由方面的影响持宽宏大亮的观点；最后，采用费边主义式（Fabian）的观点，认为国际组织将以损害国家为代价取得最终胜利。主权被吞没了，因为所有的国家都不得不放弃自己的权力，而主权是不可能分割成若干部分的。但这只是技术性反对国家的理由，显然掩盖不了突然迸发出来的深层次的道德层面（自由主义）的反国家情绪："这个词汇的功能，对国际法的发展以及国际环境中秩序的建立，构成了无可争辩的

---

① Haas, *Beyond...* , p. 24.
② 1954年巴黎出版。
③ Hoffmann, *Organisations*, p. 417.

危险，因为它能立刻以损害个人利益为代价，强化国家的权力和人格化国家的神话。"①"独立"的概念也同样会被这同一把剑砍伤。只有在某种自然状态下，真正的独立才能存在，而在那种状态下却没有国家之间互动的发生。"在很大程度上，只有国家之间的关系被确立时，这些〔属于国家的〕权力才开始被改变"。② 除非在一些严格的法律形式中，霍夫曼甚至反对"权力"一词，最终采取了更喜欢的"政治能力"〔political capabilities（pouvoirs politiques）〕。毫不奇怪，选择这个术语丝毫不带有合法性的意味。正如他后来所承认，这篇论文把"对国家行为的现实主义分析……和要求克服主权的疯狂呼号结合起来。"③

从那时开始，可以看到对严酷现实的某种必要的适应，要求较有选择地借鉴现实主义的思想宝库，但霍夫曼从来没有在宣扬自己的价值观方面有所倒退。他抨击只重视国际关系中军事力量中心地位的现实主义的"缩编版本"，痛斥它"基于并导致一种伦理假定：摆脱这种博弈是不可能的，更确切地说，超越传统的稳健手段是不可能的，其中最成功的例子就是均势。鉴于过去这种手段的后果以及这种博弈通常容忍甚至鼓励可怕的不平等和侵犯人权，这不仅仅是一种道德上可以反对的假定或结论"。他又说："也没有必要去接受它，因为无论哪种版本的现实主义，它们仅仅显示不能直接跳进'乌有乡'（Erewhon）④，不能避开政治宇宙之'永恒动力的精巧人为操纵'。它没有、

---

① Hoffmann, *Organisations*, p. 15.
② Ibid., p. 16.
③ L. Miller and M. Smith, eds., *Ideas and Ideals: Essays on Politics in Honor of Stanley Hoffmann* (Boulder 1993), p. 9.
④ Erewhon 是英国小说家塞缪尔·巴特勒（Samuel Butler, 1835—1902）一部小说的标题，它是英文 Nowhere 的倒拼，国内有人音译为"艾瑞洪"，也有人译为"乌托邦"，译者认为"乌有乡"之译法较好。该书被誉为继《格列佛游记》之后最好的一部幻想游记小说。——译者注

也不能证明历史注定要被重复,它没有、也不能证明在对过去进行有限与脆弱修整和不可能废弃博弈两者之间不论多么狭窄绝没有任何中间立场。"①

正如霍夫曼所宣称:"我研究权力是为了了解敌人,而不是为了能更好地行使它。"② 这虽是一个高尚的诉求,却是误导性的。情况要复杂得多。实际上,霍夫曼也想为其他目的而广泛地行使权力,包括军事力量。塔克以往常常抱怨霍夫曼在国家利益受到威胁时拒绝接受使用武力,但他却在人道主义事业出现的地方强硬地鼓吹武力(参见本书第336页)。霍夫曼的年轻追随者们不怎么倾向于标出那些把他们与现实主义者分开的分歧——就像哈斯所喜欢的那样——而是更愿意承认现实主义的一些前提,以便使他们自己的思想能牢固地立足于议事日程上。所以,他们乐于折中,尽管其观点与理想肯定有意倾向于哈斯。霍夫曼与哈斯的两名年轻门徒是约瑟夫·奈(Joseph Nye)和罗伯特·基欧汉(Robert Keohane)。他们两人在哈佛都是霍夫曼的研究生。奈是一位非洲问题的研究者,有很浓重的联合国贸发会议学派(UNCTAD school)的味道,所以在很大程度上属于普雷维什-辛格的阵营。但非洲一体化成了泡影,奈对之厌烦不已。但或许有些东西能够拯救沉船?奈这样描述了他如何转向主流国际关系:

> 围绕着恩斯特·哈斯所组成的无形的一体化学生团队开始解散。
> 但是我觉得区域一体化理论的很多洞见,可以应用于正越来越突出的国际经济相互依存的更广范围。③

---

① Hoffmann, "Notes on the Limits of 'Realism'", pp. 658–9.
② Ibid.
③ 奈的证词见 J. Kruzel and J. Rosenau, eds., *Journeys through World Politics: Autobiographical Reflections of Thirty-four Academic Travellers* (Lexington, Mass. 1989), p. 203。

由此，温和版的功能主义和一体化理论在相互依存概念中脱颖而出。这代表着霍夫曼的影响而不是哈斯的影响：多少有点自负无情的前官员查尔斯·伯顿·马歇尔（Charles Burton Marshall）说过一番讽刺性的离题话，说他拒绝接受"盛行的理论，这种理论说当人们开始相互了解得多了他们就互相喜欢"。①

基欧汉的学术开始于研究联合国大会的投票问题，是一位对国际组织之价值即使枉然却坚定不移的信奉者。他曾为尤金·麦卡锡（Eugene McCarthy）以和平为主题的总统竞选活动工作过，后来又为1968—1970年反战候选人竞逐参议院效力。②他回忆说，"自我在研究生院的年代以来，我就一直批评当时占据主导地位的政治现实主义学派，它们最雄辩（也最糊涂）的代表是汉斯·摩根索的著作。"③他后来承认，多少是由于对他修读的学科感到迷惑，"想效仿的一个主要角色是伯克利加州大学的恩斯特·哈斯，要不是哈佛的神秘气氛使我头脑发昏，我本该成为他的学生。"④基欧汉在1969年写道："正如一位学者写道，'一体化理论这棵树'可能需要修剪；但是国际组织理论这株还在为生存挣扎的树苗却更需要用新概念浇水滋润使其快速生长。为了完成这一使命，我们必须更加关注它在自己的花园中给它留出一片好天地。"⑤这话听起来使人联想到宗教信仰复兴主义者的会议。

基欧汉和奈提出的是相互依存（有意思的是，霍夫曼在近20年前的论文中所使用的这一术语已经广为流传）⑥和"跨国关系"两者之

---

① 华盛顿中心圆桌会议，参见 *East-West Negotiations*, p. 35。
② Keohane in *Journeys*, p. 407.
③ Ibid.
④ Ibid., p. 414.
⑤ "Institutionalization in the UNGA", *International Organization*, Vol. XXIII, No 4, Autumn 1969, p. 896.
⑥ Hoffmann, *Organisations*, p. 418.

间的折中思想。哈斯曾寻求通过强调区域一体化来摆脱不受束缚的民族国家。国际一体化的前景尚为时太远，即便是对那些真正的信奉者而言亦是如此。直到七十年代中期，哈斯才来光顾如下立场："因为不能够处理全球政策与研究议程中的最迫切和重要的问题，一体化理论正在变得过时。"① 重点转移向"非国家行为体"之间的关系。1968年6月，《国际组织》在波士顿举行的一次董事会晚餐后，恰逢学生反对美国的越南战争的高潮，有人表现出对本学科现有研究路径和一心要避免"过分强调政府间组织"倾向的不满。② 董事会里的小顽童基欧汉和奈带起了头："我们试图调和传统现实主义洞见和聚焦于经济互动和制度的自由主义传统。"③ 但奈和基欧汉有关其意图的这个声明并不坦率，霍夫曼称赞他们是"现代派"，是在为一种事业而战，反对"只把国家界定为世界舞台中的唯一行为体、把军事力量当成决定的通货、把军事威力的等级结构看成是国际体系中的唯一的等级结构的国际政治理论"。④ 他们公开宣称的目的是要强调"非国家行为体的重要、跨国和跨政府联盟的重要、非军事形成的强权的重要以及基于'问题领域'或国际体制的多重等级结构的重要"。⑤ 他们的角色实际上与博特罗（Botero）反击马基雅维利所扮演的角色不无相似之处：借用现实主义的形式但摒弃其所有实质。他们无视16世纪以来贸易平衡论思想家所指出的经济关系中那些因素，这些因素曾导致了冲突，并且由于1973—1974年的石油危机将再次抬起头来，反而盲目地抓住

---

① E. Haas, *The Obsolescence of Regional Integration Theory* (Berkeley 1975), p. 17. 读者应注意，这里的题目偶尔会使人们以为哈斯认为区域一体化理论再也没有任何作用处了。

② R. Keohane and J. Nye, ed., *Transnational Relations and World Politics* (Cambridge, Mass. 1973), p. vii.

③ Nye in Journeys, p. 204.

④ Hoffmann, "Notes on the Limits of 'Realism'", pp. 657 – 8. 引用的这组文章一直倒叙至20世纪70年代。

⑤ Ibid., p. 658.

那些被梗概史家弗洛勒所强调而后来被博丹和格劳秀斯所接受的成分，他们确认这些是贸易造成和平的因素。

但是，随着美国1975年越南溃败支撑了其他观点选择的信心，这一面具滑落了。在一篇给现代化比较研究论文集的文章中，基欧汉和奈有机会公开声明："面对行为体和研究议题的日益复杂，许多分析家开始更多注意到跨国关系。在这篇文章里，我们主张：如果要真的严肃批判现实主义的世界政治模式，那么他们不但要质疑'国际体系'中的国家中心概念，而且也要质疑有关国际组织的流行思想。如果不拘泥于现实主义的假设，人们就会看清世界政治中国际组织更重要的作用。"①

他们关于"现实主义范式很不配处理这些新问题"②的共同信仰，后来受到塔克的有力回击：那就是，如果一个人只想尝试着理解问题而不是还想着去改变世界，就奈和基欧汉而言，人们不能这样做。在他们主编成辑《跨国关系与世界政治》（Transnational Relations and World Politics）论文集中，两人还不敢说非国家行为体比国家行为体更重要。但是，现实主义者却一致认为非国家行为体是国际关系运作中的完全边缘因素。基欧汉和奈正在尝试的是通过纯粹形式上顺从现实主义思想，把国际体系中非国家行为体提升到跟国家一样的地位。他们说，集中于国与国关系的传统（现实主义的）聚焦点，使之忽略了"社会间的互动"和"跨国行为体"。新的研究路径"把各种跨国关系之间对国际体系的互惠效应视为理解当代世界政治的重要核心"，他们这样宣称。③ 然而，整个努力的学术有效性无意中受到侵蚀，因为他们坦率承认这最多只是像哈斯这样的功能主义者所从事的一种理想

---

① Keohane and Nye, "Transgovernmental Relations and International Organizations", in C. Black, ed., *Comparative Modernization: A Reader* (New York and London 1976), p. 411.

② Nye in *Journeys*, p. 203.

③ *Transnational*, pp. x – xi.

主义事业，他们明显地希望能够有所超越："国际法和国际组织的学者应该……参与国际关系研究，不仅仅是为了理解现实，也是为了帮助改变现实。"① 实际上，基欧汉一直争辩国际关系研究是"深刻的规范性研究"②，他把这些规范界定为"人文主义的、世界主义的和社会生态学的价值观"。③

国家不再像以前那么处于中心地位，更密切的互动会导致冲突的大大减少，这些假设就西欧作为蓄势待发的更大范围一体化运动而言是相当有效的，尽管其进程步履蹒跚。但是，西欧是一种特例，由此而匆匆相信这将通行于其他地区（绝非奈的一个人的发现），只有这些没有实际区域化经历的人才会坚信西欧的经验可以立即移植到世界其他地方：这也许是一种威尔逊式的幻想；特别脱离现实，同时既是感人的理想主义又是气人的种族中心主义。

除此之外，还有美国越南战争的失败，尽管这一失败被尼克松总统（President Nixon）及其知己国务卿基辛格（Henry Kissinger）不诚实地打扮成折中的和平，军事失败的最终后果遭到当时现实主义领军人物——摩根索、塔克和华尔兹的反对。"军事上受挫并最终败于这样一个小国是丢人的，这一点是无论怎么解释也否认不了的"，塔克写道。④ 所以，在70年代初期，看起来自由派赢得了论战，而且是在经济和政治这一块硬币的两面都赢了。在他们看来，国际关系的本质正在经历着一种向好的方面的实质性变化。

1973年10月6日中东战争爆发所促发的石油危机宣告了一个完全崭新的时代。甚至在埃及进攻以色列之前，对美国实行石油禁运的压力就不断增强了。沙特阿拉伯是同华盛顿最紧密结盟的阿拉伯国家。

---

① *Transnational*, p. xxix.
② Keohane in *Journeys*, p. 403.
③ Ibid., p. 414.
④ Tucker, "Vietnam: The Final Reckoning", *Commentary*, Vol. 59, No 5, May 1975.

当年8月31日，费萨尔国王（King Faisal）就发出警告：美国继续支持以色列使得沙特阿拉伯"极难"保持同美国的友好关系，甚至"极难"继续向美国人供应石油。① 而且，所有的石油输出国都盼望通过提价以满足急剧上升的通货膨胀时代的外汇需要。最后，战争爆发后，阿拉伯石油输出国组织欧佩克（Organization of Arab Petroleum Exporting Countries，OAPEC）达成协议，他们按每月5%的比率逐步削减石油产量，直到以色列完全撤出他们在1967年6月战争中占领的土地以及恢复巴勒斯坦人的权利。有些阿拉伯国家则进一步完全禁止向美国销售石油。到了11月，合计削减了25%的石油产量，而诸如委内瑞拉和伊朗等欧佩克国际卡特尔的其他成员则同意不增加出口以弥补这个差额。结果在几个月内石油价格就翻了两番。接着是1974年水门事件的宪政危机。1975年1月，福特总统（President Ford）在他的国情咨文（State of the Union）演说中指出："成百万的美国人失去了工作。衰退与通货膨胀正在吞噬着另外的不计其数的金钱。物价太高、销售太慢。"② 源于在越南的一场通货膨胀战争的经济失调由于石油禁运转变成为一次重大的危机。在一开始的时候，尼克松的国务卿基辛格曾警告阿拉伯人：如果禁运"不合理地和无限期地"持续，美国将"被迫寻求采取可能不得不采取的反击措施"。③ 但这只是没用的威胁。实际上，美国人已经灰心丧气。

尽管北越并没有威胁到几位现实主义者——摩根索、塔克和华尔兹所界定的美国的核心利益，但对塔克来讲，对西方石油供应构成的威胁无疑才最符合这个标准。另一方面，自由主义者的标准回应是认为石油禁运最终表明有必要更加密切的相互依赖和欠发达国家有权从发达国家获得它的财富份额：这是一种牺牲国家（指发达世界的国

---

① *Keesing's Contemporary Archives*（KCA），1973，p. 26194.
② *KCA* 1975，p. 26934.
③ 21 November 1973：ibid.，p. 26294.

家）的自由普世主义和鼓吹加强（欠发达国家的）国家权力的奇怪混合，是一种永远解决不了的矛盾。面对这种前所未有的挑战，美国政府看起来束手无策。塔克被激怒了，开始在《评论》（Commentary）杂志上发表了一系列文章，这份杂志是美籍犹太人的重要的和受人尊敬的喉舌。塔克文章并不表明他对阿拉伯世界的同情，而是争辩只有威胁或使用武力才能纠正问题。"不是要保留武装干涉的选择，"他在1975年1月第一篇也是最招致恶名的那篇文章中写到，"美国政府唯独排除了这一选择。"[1] 塔克继续写到，"按照一种不言自明的惯例，即便是问一下这个问题都会明白无误地表明此人简直脱离了今天世界的现实状况，他是现代版的毕普林上校（Colonel Blimp）[2]，或者，如果再老到一点，是不成功的帝国主义者。我甚至怀疑15年或哪怕是10年前在大致可比情况下提出同样的问题也会得到同样的待遇。"对塔克来讲，"重大利益"受到威胁，当然值得通过武力加以保护。那些持不同意见的人暗示"国际社会的性质发生了革命性的变化"，而且似乎找到了那些"简直无可争辩以致不值得注意"的变化。[3]

  对越南战争的遗产再一次发表那些已经陈腐和势必起到磨蚀作用的意见无助于什么了。但无论多么简短，也不能不提及军事力量已经失去其大部分先前效用与合法性这个广泛信念。如果这一信念有充分根据，那么持这种信念的人应当对美国对外政策得出恰当的结论——美国在世界上的现有利益结构必须改变，而且必须得是彻底改变——只有假定我们可以采取一种和平相互依存

---

[1] Tucker, "Oil: The Issue of American Intervention", *Commentary*, Vol. 59, No 1, January 1975.
[2] 漫画人物，一个顽固、自负、保守、傲慢的形象。——译者注
[3] Tucker, "Oil: The Issue of American Intervention", *Commentary*, Vol. 59, No 1, January 1975.

的政策而不是明显朝向孤立主义的政策来取代过时的强权干预政策，才可能避免现在的这种后果。

但是，塔克争辩说，石油危机"不是那些使用这一词汇的人心目中的那种相互依存的一种表现。显然，它也不是'旧政治'的一种表现。相反，它是平等主义最新——虽然是迄今最为壮观的——表现，如果可以追溯其逻辑进程的话，这种平等主义大概先是起于混乱而后接发轫于远比今天甚至比昨天的体系更为严酷的国际体系。"① 在后边的几个月中，另外两篇类似风格的文章依次面世。

强烈反对的声音来自霍夫曼，他写信给《评论》杂志抗议塔克的说辞。霍夫曼坚持说，拒绝使用武力的新主张和越南没有一点关系。这要追溯至1956年的苏伊士运河危机，他还把古巴危机作为另一个例证。霍夫曼是相互依存的一位直言吹鼓手：

难道对一个与过去相比不那么残酷和不那么不公正的世界体系的关注，不会要求我们去寻求一种解决办法，使相互依存最大化，把"新富起来"的国家和以前的富国经济体连接起来，激励前者避免——其实是遏止它们——损害后者，让先富和新富的国家承诺改善那些最贫困国家的命运？②

塔克认为这是一种幻觉：

现在很明显的是：工业化国家和发展中国家的关系更多的是冲突而不是共识，如果有人设计出一个军事力量在其中越来越打

---

① Tucker, "Oil: The Issue of American Intervention", *Commentary*, Vol. 59, No 1, January 1975.

② Letter, ibid., No 4, April 1975.

折扣的世界，那么为这场冲突付出沉重代价的可能是工业化国家。

霍夫曼宣称影响比军事力量更重要。塔克担忧的是，这是变相说西方已经变得没用：

> 我觉得争夺影响的竞争已经变得越来越昂贵，而且结果也越来越不能持久，个中原因是施加影响、特别是对发展中世界各国施加影响的传统手法的效用已经式微。很少有观察家会在乎质疑这一式微，很多西方精英人士还欢迎它。但无论是欢迎还是谴责，这种式微的后果现已在石油危机中得到了生动的验证。
>
> 致力于日益加强相互依赖的"新国际主义"防止了我们在石油危机中所看到的这些后果了吗？至少就目前来看，证据是不存在的。

霍夫曼说使用武力的价码太高，"但是，"塔克写道，"追求霍夫曼先生的国际主义也一样，其'谴责使用武力而诉诸非军事的强制措施'和依靠'最大化相互依存的解决办法'，其价码也一样高。"尽管各国依然在相互竞争与冲突中生存，塔克却并不欣赏更大的相互依存。霍夫曼似乎认为当前的稳定是理所当然的，而这种稳定却是建立在以强国武力威胁为基础的秩序之上的。像华尔兹一样，塔克争辩说："关于世界正在变得前所未有相互依存的前景丝毫不能令人欣慰，这个世界仍然是由不同国家组成的世界，这个世界中冲突与无序的根源依然繁多和深刻——要说有什么不同的话，倒是这些问题变得更多、更加难以驾驭——而过去提供国际社会享有的一丁点儿秩序的传统工具越来越不受欢迎。"①

---

① Letter, ibid., No 4, April 1975.

塔克把他的观点变成了著作。他同麦金德遥相呼应,《国家间的不平等》(*The Inequality of Nations*)开篇宣称:"国际体系的历史就是一部典型的实力不平等史。"① 这个体系的形式是一种"国际无政府状态"[诺曼·安吉尔(Noman Angell)的用语],其特点是自助,自助与其说是一种权利,不如说是一个实力问题。塔克仿效卡尔,他接着宣称"哪里自助对于一个成员权力大不平等的社会来说是秩序的主要机制反映,那里就一定出现一种趋势,即扔掉权利这种披风,转而行使证明是有效的强权,不论其本身的特性是什么"。② 国家数目的扩张、它们之间形式上不平等的持续淡化以及对军事和经济实力的使用越来越克制等等,都使得国际体系似乎正在走向西方社会形成时的方向。在贸易领域里,1973—1974年欧佩克对油价成功上涨四倍给"发展中国家争取更大平等的要求……一个异乎寻常的新增势头"。③ 这些诉求令人吃惊地博得了西方"自由精英分子"的支持,这种支持是如此普遍,"以至于不同意此说和敢说话的少数被认为即使不是邪恶的,也是比较古怪的"。④

但是,假如西方对这些要求让了步,那么国际体系会成什么样?塔克预料自由主义者一定非常失望:"几乎没有什么理由期望行使自助权利的余地会在新体系中大大缩小。至少,没有什么理由相信这一点,除非假设新国家之间无论如何不会发生以往国家间发生过的那些冲突,相反它们将在相互关系中显示出前所未有的大团结。但是,截至目前的记录表明,预料这些新国家相互之间的行为将会与以往国家的行为一模一样。"⑤ 在一些不是与西方有争议的领域里已经显而易

---

① *The Inequality of Nations* (London 1977), p. 3.
② Ibid., pp. 4 – 5.
③ Ibid., p. 50.
④ Ibid., p. 51.
⑤ Ibid., p. 60.

见，印度是一个首要的例子。但人们仍然对之抱有期望。这只是反映了"国家利益无处不在运作、坚持维护自身行动自由和给行使自助权利留下广阔余地之间不一致的神经源"。①

问题是这种新的平等主义给这一传统的行为方式带来了"复兴的力量"，它所针对的不仅仅是国际体系中固有的财富与权力的不均等，"而是发展水平太悬殊，产生了一种特殊形式的不平等……一种羞辱和愤懑感，这比正常的权力不平等所带来的不公正感更为强烈"。② 因此，这种新平等主义并不挑战"国际体系的基本结构，而是该体系内部财富与权力的分配。"因为正是"通过国家这个机制"来追逐这个目标的。所以它对国际体系不是一种革命的而是一种"传统的"挑战。③

塔克担忧接受日益平等观念会损害美国政府捍卫美国利益的决心。仅仅几年以前，他就撰文提出如果危及美国的石油供应，就对阿拉伯人使用武力。他公开表示遗憾看到"今天的发达资本主义国家即使在重大利益受到危害时依然不愿威胁或使用武力"。④ 如果这种情况不加以抑制，塔克担心现存体系内部的权力分配会出现"一个新的国际等级结构"，而不是废除一切等级结构。⑤ 实际上，第三世界日益强烈的平等要求和自由派鼓吹的相互依存也不是和谐一致的，塔克指的是自由派观点中存在着"对国家的明显矛盾心理"，"与绝大多数新兴国家精英的观点形成鲜明对照，西方的自由派精英分子越来越期待一种不再完全以、或不再主要以国家为中心的全球秩序。"⑥ 这也许是塔克最有力的抨击了。由于谨慎也同样出于道德（不光是自由派的主张）的

---

① *The Inequality of Nations* (London 1977), pp. 60–1.
② Ibid., p. 62.
③ Ibid., pp. 63–4.
④ Ibid., p. 116.
⑤ Ibid., p. 117.
⑥ Ibid., p. 134.

原因，没有什么人会附和他先前的战斗号令。但是，呼吁人们注意以下事实，第三世界国家就像国内的工联主义者一样，追求的仅仅是在现有体系内提高自己的地位，而不是像国内的社会民主党人和国外的自由派所希望的那样要取代该体系，塔克此言入木三分。实际上，他的最主要和最激烈批评者霍夫曼也同意塔克的主要指控。仅在一年后，霍夫曼坦言自己的深切失望："反帝国家"，他写道，"显示了突出的翻云覆雨：它们谴责西方富国强加的不公正秩序，但自己却在同尽管不是全部也是几个富国作赢利交易，它们把发展中国家的共同阵线变成剧烈冲突的阵地，以进行自己的竞争和诉说自己的苦情。"① 他对普世主义善意的预期受益国的幻想破灭在冷战结束后进一步加深，这就撕下了原谅在国内国外不端行为的面具。对把相互依存当成是通向和谐之路的自由派的另一位严厉批评者是华尔兹。

诸如塔克一类的战后现实主义者还没有那么复杂：他们的政治观可想而知是保守主义；他们的见解肯定是愤世嫉俗的；他们谋求直接影响政策，他们中所有的美国人都云集华盛顿密切观察并在帝国心脏觅得顾问角色，尽管是非正式的顾问；他们一般喜欢哲学而非理论，喜欢政策而非社会科学。从某种基本意义上说，华尔兹的性情与个人政治见解都与标准现实主义者的形象大相径庭：同卡尔一样复杂，虽然也许风格不同，喜欢与权势保持相对的距离，喜欢伯克利的宁静而不喜欢东北走廊沿途的政治网络之喧嚣。此外，华尔兹是一位主要的理论家，他认为国际关系理论几乎没有前行一步——他在 1975 年所使用的一个词汇是"垂死的"② 这一观点和塔克一样，后者被引用最多的对理论家的一句评语是"他们打起了背包，但却从来没有离开

---

① S. Hoffmann, *Primacy or World Order: American Foreign Policy since the Cold War* (New York 1978), p. 105.

② K. Waltz, "Theory of International Relations", *Handbook of Political Science*, Vol. 8: International Politics, ed. F. Greenstein and N. Polsby (Reading, Mass., 1975), p. 1.

过车站。"① 华尔兹怎么说的呢？"我觉得结构理论至少帮助人们把心思集中在理论问题上，但我不认为理解会有多大长进。我常说摩根索所做的是把梅内克的著作从德语引入英语，如果你查查索引，却找不到提及梅内克之处。我也会把梅内克的一些东西翻译成跟摩根索《国家间政治》所使用的同一些话。然后，莫顿·卡普兰（Morton Kaplan）又把摩根索从英语翻译成写进自己书里的不知什么语言。我猜想这其中没有什么进步。许许多多的人开始对国际政治经济学产生兴趣，由此产生了很多成果，但我并没有看到有多大的进步。"②

华尔兹1924年6月8日在密歇根州安阿伯市（Ann Arbor, Michigan）出生于一个说德语的美国工人家庭。③ 他1948年毕业于奥伯林学院（Oberlin College），起初主修数学，这对他既容易又有趣，后来转修经济学。他进入哥伦比亚大学的研究生院有志成为一名计量经济学家，但发现没有什么激情，在弗兰兹·纽曼（Franz Neumann，一度属马克思主义的法兰克福学派）的影响下转入政治哲学领域，在不得不选择一个辅修领域时，华尔兹选了国际关系，因为他说自己已经学习了国际经济学。他后来又做了一次这个选择，因为做选择似乎轻而易举，也许直到精明但成果相对不多的威廉·福克斯（William Fox）主持工作后才迫使华尔兹做认真的研究。当时所发生的这些都被记录下来留给了后人：

所以，我就开始阅读、阅读和发疯似的阅读，我仍然找不到头绪。很多从事国际关系写作的人都在互相讨论过去，但其实都是在各说各话。我想我还保存着那张褪了色的黄纸，我在上面写

---

① 与作者的对话。
② "Interview with Ken Waltz", E Halliday and J. Rosenberg, *Review of International Studies* (1998), 24, p. 386.
③ "Interview...", p. 371. 其他细节来自作者与华尔兹的交谈。

下了三个意象："这就是我所阅读的那些人为什么不能彼此交流的原因：因为他们当中的一些人是从个体、或国家或国际体系的不同层次来思考主要的根源。"这是我作为研究生的最后一个月，之后开始撰写博士论文，大约花了一年半的时间。①

这篇1954年在哥伦比亚大学进行答辩的论文题目是《战争原因理论中的人、国家和国际体系》，华尔兹在此指出："在国际政治中，人们面对的不仅仅是杂乱无章的、往往也是相互矛盾的处方，还有对世界政治问题的多重意象。"② 他认为那就是这个领域不能进步的原因所在："重要的一点是在哪个国际政治意象为正确的问题达成意见一致，就可以把处方之争化解为方法问题，更重要的是，也可化解为可行性的问题。而关于哪个意象正确的分歧，至少在很大程度上使处方之争枉然无益。"③ 这就是他把国际政治学文献分解成几个核心组成部分的基本理路。他对国际政治学文献的界定十分广泛："国际政治将被视为政治理论（美国人的用语，英国人称之为'政治思想'）这一笼统标题下的一个学科。与国际政治学有关的论述将被视为不是已经阐发的适用于人和国家之哲学的纯粹延伸，而是在逻辑上与本质上和这些哲学休戚相关。"④

这篇论文开首的摘要概括了三个意象：人性中的战争根源、国家本性中的战争根源和国际体系本性中的战争根源。每一个意象都由一位政治哲学家代表：第一个是斯宾诺莎；第二个是康德；第三个是卢梭。"选择斯宾诺莎、康德和卢梭，"华尔兹评述说，"是基于我个人

---

① "Interview...", p. 372.
② Waltz, *Man, the State, and the State System in Theories of the Causes of War* (New York, 1954), p. 12.
③ Ibid.
④ Ibid., p. 17.

认为合适的判断,其他很多政治哲学家也可能一样好地用来说明这三个意象。"①

字里行间的假设是如果要结束战争这一难题,那么导致战争的原因就得加以恰当地理解。另外一个自明之理是"任何被完全归于一个意象之内的研究方法都是处理战争难题的单因法。这样的方法",他提醒论文评阅人,"在一定程度上讲是'正确的',但不可能很有用。"② 他在后面还写道:"要对国际政治有一个精确的理解,需要三个意象的某种结合而不是其中任何一个。"③ 他推理如下:"在理解战争与和平的尝试中,分析家越老到越敏锐,他就肯定越会被导向考虑更加包容性的联结关系。第三个意象描述了世界政治的框架,但若没有第一和第二个意象,就没有了行为的驱动力;第一和第二个意象描述的是世界政治的动力,但若没有第三个意象,就不可能评估它们的重要性或预测它们的结果。"④

这篇论文在进行一些修正后于1959年出版,书名是《人、国家与战争:一种理论分析》(Man, the State and War: A Theoretical Analysis),它在行为主义的框架内整理了政治哲学家的发现。华尔兹这么做的目的是谋求在新的(美国的)社会科学与旧的和经得起考验的思想传统之间架起一座桥梁。他当时仍然满心希望能够在美国人称之为"政治理论"的领域内找到一份职业。华尔兹论证起步时采纳了主流政治思想家的基本假设并"一再追问他们到底有什么不同"。⑤ 如前所述,他区分了国际关系的三个意象。按照第一个意象"导致战争的重

---

① Waltz, *Man, the State, and the State System in Theories of the Causes of War* (New York, 1954), p. 17.
② Ibid., p. 2.
③ Ibid., p. 24.
④ Ibid., p. 3.
⑤ K. Waltz, *Man, the State and War: A Theoretical Analysis* (New York 1959), p. 2.

要原因的焦点在于人的本性与行为。"① 按照第二个意象,"国家的内部组织是理解战争与和平的关键。"② 第三个意象是"国际政治环境与国家的行为方式有着很大的关系。"③ 尽管华尔兹一丝不苟地依次给每个意象都赋予了应有的分量,但在该书的末尾,华尔兹对第三个意象作为三个意象中最具决定性的意象这一偏好越来越明显:"由于存在许多主权国家,由于它们中间没有可实施的法律体系、每个国家按照自己的理性和欲望判断自己的苦情和野心——往往导致战争的冲突注定要发生。要从这些冲突中得到有利于自己的结果,一个国家只有依靠自己的战略谋划和相对效能,这应当是它永恒的关注。"④ 以他看来,"假如只有人与国家是战争的两个主要策源地,那么我们就可以肯定倾向于和平国家的出现至少不会损害世界和平的事业。"⑤ 然而,"国际政治中一些参与者和平倾向的增加,有可能增加而不是减少战争的可能性。"⑥ 根据霍布斯的逻辑,华尔兹承认政府的形成是为了防止社会内部无休止的公开冲突状态。但是在回应那些硬说国际无政府状态太过危险因而需要某种形式的世界政府的人时,华尔兹坚称"国与国之间继续占上风的自然状态常常会产生一些穷凶极恶的行为,但迄今为止并没有使无政府状态成为不可能。"⑦ 尽管乌托邦分子不相信,华尔兹却展望第三个意象能"提供一种现实路径,可以避免一些现实主义者将世界政治的必要的非道德或不道德归咎于人与生俱来的坏品质。"⑧

---

① K. *Waltz, Man, the State and War: A Theoretical Analysis* (New York 1959), p. 16.
② Ibid., p. 81.
③ Ibid., p. 123.
④ Ibid., p. 158.
⑤ Ibid., p. 233.
⑥ Ibid., p. 2.
⑦ Ibid., pp. 227-8.
⑧ Ibid.. p. 238.

他重点研究的经典哲学家包括圣·奥古斯丁、马基雅维利、斯宾诺莎、康德和卢梭，最认同卢梭（部分经过尼布尔的中介）和康德，这直接把我们导入华尔兹思想的复杂之处。因为他不仅把显见于其出版物中的过分自信的现实主义和讨论中最突出的同样自信的自由主义糅合在一起，而且把显见于他早期著作中的对传统政治理论的强烈爱好同后期著作中对国际关系中科学主义研究路径的同等爱好掺和在一起——这是哈斯一类反现实主义学者的特征。这种思想上的自相矛盾是以华尔兹从斯沃瓦斯尔学院（Swarthmore College）（1957—1957）经布兰代斯（Brandeis）转往伯克利（1971—1994）的工作调动为标志的。当然，把康德和卢梭划分在一起是因为他们都把关于世界政治状况的鲜明的现实主义形象描绘成中庸形象，同时他们还都认为有可能最终改变人性从而改变国家行为。在 1961 年写到康德时，华尔兹说"尽管很多自由主义者不这样做，但他把政治理解为斗争，这是一种认为可能的［强权］均衡不是简单的和自动的和谐，而始终是以冲突中冒险达成的某种结果。"[①]

从一开始，华尔兹就严厉对待那些不吸取显而易见的教训的人。明摆的目标有两个：功能主义者和那些钟情于相互依存理念的人。

在 1965 年相互依存理论家刚刚开始崭露头角，华尔兹就对他们发出了严厉指责。他从自己惯常的传统政治思想的框架出发，亮出了一种更有特色的个人立场，最初还像塔克一样通过批判对包括现实主义者同行在内的其他人的立场开始批评。《世界政治》中一篇题为"国际关系的争斗与管理"（Contention and Management in International Relations）的评论文章给他提供了机会。人们一定为华尔兹的冷峻态度所震撼，他写到了以下事实，"在国际关系中，由于没有节制的竞争，

[①] "Kant, Liberalism, and War"：为 1961 年 9 月在密苏里州圣路易斯召开的美国政治科学协会年会所准备的论文，*American Political Science Review*, Vol. LVI, No 2, June 1962, p. 339。

战争时有发生。尽管从一个方面说战争是国际体系内的一种调整手段，但战争的发生却常常被误认为是体系本身已经崩溃的标志。"① 华尔兹已经形成的意象是已经陷入某一种体系的国家的意象，这种体系规定了体系成员国的目的与手段。他把这种处境描述为一种"自力更生"（即塔克的"自助"），他不认为由联合国等任何其他机构对体系进行任何形式的中央管理是可行的。他用霍布斯的语言摆出了这一困境：

> 国家的自力更生意味着每个国家都必须发展和维持其安全所系的实力。每个国家对安全的追求一定会导致其他所有国家的不安全。国际政治中的这种困境是残酷的，任何一种避免这类困境的设想所造成的困难与危险丝毫不亚于国际体系中现存的困难与危险。国家不会将权力的管理信托给一个中央机构，除非这个机构有能力保护这些委托国。委托国越强大，他们每一国的实力对别国的威胁越大，交到管理者手中的权力就得越大。因而，确立强权管理机构本身就会诱使各国运用自身的权力争相控制这个中央机构。②

对于那些（诸如基欧汉）"认为霍布斯困境的棱角正在被各国越来越相互依存逐步磨平"的人来说，华尔兹没有提出什么令人惬意的东西：

> 将各国的国家利益紧紧地捆在一起以至于分离是显而易见地毁灭一切好事，这种相互依存可能会增加和平的机会。达不到那个门槛，因为划不来所以战争不会发生的老调新弹就不会带来丝毫慰藉，如果相互依存的增长速度超过了中央控制的发展节奏，

---

① "Contention and Management in International Relations", *World Politics*, Vol. XVII, No 4, July 1965, p. 729.

② Ibid., p. 733.

那么相互依存倒可能会增加战争的机会。①

在1970年的《国家相互依存的神话》一文中,华尔兹重新谈到这一话题,其论点的本质是"常常得出的日益紧密的相互依存将会改善和平的机遇……的结论"是虚妄而靠不住的。② 此外,华尔兹认为国际关系行为即使不是唯独也是在很大程度上由两个超级大国所决定的,他对"神话"的驳斥也主要是基于美国和苏联是比以往更少而不是更多地相互依赖的证据。"两个最大国家的块头赋予它们一定的控制能力,与此同时也在相当大程度上使得他们能够不受其他国家行为的影响。国与国的不平等产生了低层次相互依赖的均衡条件。在缺乏国际管制体系的情况下,大国为松散的联合和大国施加的一定数量的影响有助于促进所期望的稳定。"③

这里值得为相互依存说加个脚注,它在很大程度上已经基本上跟国际关系理论中的其他思想潮流一起逐渐被人们遗忘,它曾经被人们以巨大的热情加以接受但注定被静悄悄地埋葬。这种思想的破产在1980年被它的一位信徒不经意地承认了。詹姆斯·罗斯诺(James Rosenau)永远是国际关系领域中潮起潮落的精确晴雨表,他一直对政府坚持不断地大包大揽非国家行为体所提出的问题感到迷惑。"为什么",他写道,"我一直在想,国家政府总是成功地闯进围绕新问题所形成的权威机构中去,从而把这些问题变成他们自己的问题?"④ 一种

---

① "Contention and Management in International Relations", *World Politics*, Vol. XVII, No 4, July 1965, p. 735.

② K. Waltz, "The Myth of National Interdependence", *The International Corporation*, ed. C. Kindleberger (Cambridge, Mass. 1970), p. 205. 对华尔兹批评的一个回应见 R. Rosecrance and A. Stein, "Interdependence: Myth or Reality", in C. Black, ed., *Comparative Modernization*, pp. 368 – 91。

③ Ibid., pp. 222 – 3.

④ J. Rosenau, *The Study of Global Interdependence: Essays on the Transnationalization of World Affairs* (New York 1980), p. 33.

刻薄的回答也许是，对于一位现实主义者来说，这个问题根本不会发生。自由普世主义者（liberal universalists）听任欢欣鼓舞的希望去动摇其基本分析的趋势已大大削弱了他们自己的可信度。

肯尼思·汤普森（Kenneth Thompson）回忆华尔兹在 20 世纪 60 年代初说过他"并不满意《人、国家与战争》一书中的理论精确性，所以准备投入几年专门研究科学的历史与哲学。"① 后来，有人抨击华尔兹在其不切实际理论的基础上设定公理，他对科学方法的解读使他受益匪浅。他所采用的方法与经济学家米尔顿·弗里德曼（Milton Friedman）概述的方法一致，弗里德曼急于将经济学的研究水平提升到自然科学各学科所达到的水平，他引用自然科学里的例证来捍卫一种乍看起来是反直觉的方法。他写道："真正重要和有意义的猜想都会有'假定'，这些假定都属于对现实很不精确的陈述。一般说来，越是重要的理论，（在此意义上的）假定就越远离现实。"② 弗里德曼继续写道：

> 理由很简单：如果一个猜想能以少来"解释"多，它就是重要的，也就是说，如果它从围绕要加以解释的现象的大量复杂和琐碎的情况中抽象出共同和关键的原理，并允许在这些原理基础上作出有效的预测。所以，重要的是，一个猜想，一定要在它的假定中证明是不可靠的；它不考虑也不对其他许多的附随情况负责，因为成功的猜想表明这些猜想同要解释的现象无关。
>
> 把这一点说得直白一些，询问一个理论的"假定"是否贴切的问题不是要说明它到底是不是"符合现实"——"假定"绝不会"符合现实"——而是就手头的目的而言它们是否足够近似。

---

① K. Thompson, *Schools of Thought in International Relations: Interpreters, Issues, and Morality* (Baton Rouge/London 1996), p. 139.

② M. Friedman, *Essays in Positive Economics* (Chicago and London 1953), p. 14.

这个问题的唯一答案就是看看该理论是否管用,也就是说它是否能够产生足够准确的预测。①

弗里德曼接着抨击存在于"描述准确和分析贴切之间的混淆"。②实际上,这也是华尔兹的方法。从技术层面讲,针对说他的前提与历史现实不符这个批评的反击力度在逻辑上是正确的。但问题处在过分看重预测能力了。

卡尔在给霍夫曼的一封信中指出,"不存在什么国际关系学科,英语国家的国际关系研究仅仅是研究从实力地位出发来管理世界的最好办法。"③ 这正是华尔兹备受赞誉的《国际政治理论》被一些持有怀疑态度的批评家所接受的个中原因。布尔从高傲的牛津视角看问题,本着早已衰落的大国的特权立场,特别不礼貌地表达了直截了当的意见,说"华尔兹自己的、真正'系统的'解释证明对超级大国主导世界政治的精心辩护。"④ 人们或许可以反驳说布尔的著作在拒绝大国主导观念的同时却同样反映了英国的相对衰落。

《国际政治理论》是一部具有非同寻常魄力与严密的杰作,在本领域独领风骚几近20年。该书写作一贯清晰透彻,以华尔兹常有的宗旨恒定和充满信念感的豪情而生机勃发,与同期无论现实主义还是其他流派的绝大多数著作相比,这部著作堪称很高水平的原创性。华尔兹带来了对经典政治思想家(主要是康德和尼布尔)的严密鉴别、坚持批判地关注战略研究和对自然科学哲学方法的多年钻研。但他的核心意象是至少有五百年之久的:均势意象。华尔兹演绎的核心理论是均势论,正如他自己所解释的那样:均势论"是有关各国不协调行为

---

① M. Friedman, *Essays in Positive Economics* (Chicago and London 1953), pp. 14 – 15.
② Ibid., p. 32.
③ 参见 Haslam, *The Vices of Integrity*, p. 252。
④ H. Bull, "International Relations", *Times Literary Supplement*, 4 January 1980.

所产生之结果的一种理论"。① 他指出，正是这一理论将会对"为什么相似处境下的国家行为有一定相似性"的问题"给出普遍和有效的答案"。② 这是一种极为保守的论调，却是一位具有信仰的自由主义者所撰写。就像对待马基雅维利和康德、对待卡尔和摩根索一样，我们对待华尔兹也这样，这里所要论述的华尔兹是一位就其立场而言是出于不得已的现实主义者，他对普世主义愿景的准确性与可行性感到沮丧，但保留着对国内秩序之自由主义愿景的热情信仰。《国际政治理论》就像华尔兹在早期和其他场合所论，坚持两极体系是最稳定的，它为要不然就可能走向战争的世界创造了和平的可能，从而使超级大国主导国际政治体系合理化。该书对应对这种局面负责的两个大国进行了开脱，或多或少是为俄国人开脱，而他自己的同胞则认为俄国人要对冷战负责。华尔兹这种观察超级大国行为的客观中立态度以及他对美国带头进行军备竞赛公开表示反感，在死硬左派眼里至少同在美国权势集团眼里一样是该受到诅咒的。在绝大多数现实主义者都站在政治家的立场发展或试图发展一套世界观的时候，作为现实主义者的华尔兹的偏好也是不同寻常的；它不可避免地意味着国际关系的一种单位层次分析，而且也自然契合一些人的国家利益观。从体系的制高点研究国际关系，就是明确地是不把自己计入未来国家安全事务顾问之列。

就像摩根索那样一名严厉的工头，华尔兹很少对他同代人点头称好。他用临床诊断似的精确性应对对手："国际政治研究尤其令人沮丧的特征，是近几十年大量研究成果在解释力上小有所获。"③ 他抨击霍夫曼的门生理查德·罗斯克兰斯（Richard Rosecrance）的《世界政治中的作用与反作用》（*Action and Reaction in World Politics*），理由是

---

① K. Waltz, *Theory of International Politics* (New York 1979), p. 122.
② Ibid.
③ Waltz, *Theory of International Politics*, p. 18.

"他所描述的体系对国家的行为与互动都没有影响。"① 同样,尽管用比较友善的语调,但他还是斥责了霍夫曼自己的各种尝试,因为"体系层次的原因与单位层次的原因越来越纠缠在一起,后者似乎总是属于主导地位。"② 对于国际关系中体系论创始人莫顿·卡普兰,他更显苛求从而也更严厉:"他所提出的命题都是关于不同的决策单位和它们所遵循的规则,而不是关于不同国际体系对这些单位的影响。"③ 就这样在割完自己认定是荒原上的最后草秸后,华尔兹开始布置他自己的环境景色。

物理学当中没有一个统一的大理论,生物学家对进化论争吵不休,所以几乎也不能期望有一个包罗万象待见天日的国际关系理论。华尔兹并没有创立这样的理论。相反,他旨在提出一种能够解释一定的关键要素的理论,只有这些关键要素才同国际体系的运作有关,而不是同体系的单位有关。"我撰写了一种国际政治理论而不是一种对外政策理论",他坚持这样说。④ 对其他学者来说,是要创立解释单位驱动行为的理论。正如华尔兹自己承认的,"要解释国际政治中的国家行为,不独需要国际政治理论,而且也需要对外政策理论。"⑤ 于是在单位驱动行为还是体系驱动行为两者之间的相对重要性问题上,同华尔兹的分歧就出现了。

华尔兹的目标是对国界以内的国家行为进行全面解释。他似乎认定这些行为是促变的因素。"一个相信他能够解释国际关系变化的学者也得问问国际关系的延续性如何解释。"⑥ 他的答案是,"国际政治

---

① Waltz, *Theory of International Politics*, p. 42.
② Ibid., p. 45.
③ Ibid., p. 56.
④ Waltz, "Letter to the editor", *International Organization*, VoL 36, No 3, Summer 1982, p. 680.
⑤ Ibid., p. 681.
⑥ Waltz, "Theory of International Relations", p. 68.

中持久的无政府特性解释了千年来国际生活特性中的惊人相似之处"。① 他对行为的基本解释类似于地缘政治家的解释,即一种情境说:要解释的不是"国家的相似和它们之间如何相互影响,而是……它们如何对待相互间的关系"。② 于是,他的整个焦点都放在了"行为体个体特征和动机中找不到的行为体间集体地运作"的"原因"上。③ 他早期的经济学才能的影响在这里十分明显。华尔兹认为国际体系的运作就是市场的运作,在市场中,具体公司的个体特征与决策不如市场上公司整体之定价和生存重要:亚当·斯密的"看不见的手"。这种思想高度也相当于社会心理学家关于人作为心理学人的行为是被其他人的集体行为逐步社会化的思想高度。

  后期的华尔兹坚定地站在社会科学的传统之内,但也同样坚定地站在更古老的均势论传统之中。如前所述,这个思想流派分成了两股不同的支流:一支推测均势是政治家面对强敌时可以做出的政策选择,另一支则断言均势是一种自然力量。迄今为止,前者最为流行,从15世纪的意大利一直到20世纪的今天,其一流阐述者费奈隆(Fenelon)和博林布鲁克(Bolingbroke)曾在18世纪交替出现据支配地位。这种观念突出了政治家的决定性作用以及诸如良好判断、精明的时机选择以及审慎明达等各种主观因素。与这一说法直接对立的另一面,是波特罗(Botero)在其《威尼斯共和国的对外关系》(*Relatione della Republica Venetiana*)中首次提出,他认为国际体系的作用是最终被万能上帝所规定的一种机制。而华尔兹把这一点变成了自己的东西,也许遗漏了了万能的上帝。在这里,政治家实际被降到了机修工的地位,他们只是调适一辆汽车,而汽车的外部行走方向则是被远比机修工之力大得多的客观力量所决定。

---

① Waltz, "Theory of International Relations", p. 68.
② Ibid., p. 69.
③ Ibid., p. 70.

如同任何一位现实主义者的思想一样，国家的存在与主导是华尔兹思想的核心问题。所以他的《国际政治理论》一书同以往一样有力地斥责了相互依存和跨国主义。它们是一个大结构内部发生的进程。这个结构是由国家组成的。尽管这个结构持续存在，发生在国家层面上下的这些进程都不会占据主导地位。① 但是，正如华尔兹还指出的那样，我们没有必要探究每个国家的特性来解释明显由来已久的国家行为的连续性，是结构的性质预示了国家某些特定行为的持久性。这里再次重现了与地缘政治理念的相似之处：地缘政治中的国家地理位置既限制又鼓励国家行为的方式，而华尔兹认为，国际体系结构"作为一种对体系内互动单位的抑制性或破坏性的力量而发挥作用。②使人们得以区分国家之间性质异同的唯一因素是它们能力的差异。所以，国际政治的宏观理论"就有必要以大国为基础。"③

其理论结构开始晃动的地方是其书中存在的一些矛盾，但华尔兹酣畅淋漓之笔在某个问题上把问题作为一个或多或少的问题提出来——显然是为了争取怀疑者，而在另一个问题上——怀疑者现已丢盔弃甲或已归附——则说得绝对一点。譬如，在其《人、国家与战争》中陈述三个意象时，他告诉我们"单位层次上的原因和体系层次上的原因会互动，因为他们互动，所以单靠单位层次的解释注定是误导的。"④ 按照同样的逻辑，如果单靠体系层次——华尔兹的理论就是体系层次分析——也同样注定是误导。换句话说，尽管表面上公平对待单位层次解释和体系层次解释的优缺点，但实际上华尔兹却只对单位层次的解释套用了最严格的标准，而在该书的后面，当他面对体系层次解释的时候，却让这一标准悄悄地溜之大吉。在后来应对关于他

---

① *Theory of International Relations*, p. 95.
② Ibid., p. 72.
③ Ibid., p. 73.
④ Ibid., p. 68.

忽略单位层次行为的指责时，他辩解说，"如果政治科学家不很谙熟理论为何物或理论是如何建构的，可能就会倾向于认为一位学者没有专心致志注意的东西，他就认为是不合逻辑的。"① 但是，如果一个人只专注于等式的一边，读者就一定会认为他已经选择了自己认为最重要的东西；而当此人批评所有那些只专注等式另一边的人时，读者一定认为此人断定那些人是错的。华尔兹强调的重点是"国际结果的相似与重演"。② 从来不彻底清楚的是这到底是因为国际体系向来如此、还是因为战后的两极体系攸关。换句话说，如果这是一种体系解释，那么哪种体系最为关键，或者这只是所有体系一直如此的问题？

这把我们引向一种至关重要的缺憾，这种缺憾可能是这种理论建构所固有的，如果是这样，要问的问题是这种理论建构有没有持久的价值：忽视了时间与变化的因素，尤其是单位内部的时间和变化因素，而不仅仅是能力方面的时间与变化因素。"延续和重复的东西肯定不会不如变化的东西重要"，华尔兹坚持说。③ 但他没有问有变化的东西是不是跟延续和重复的东西不一样重要还是差不多重要。他承认不同于对外政策理论的国际政治理论只能解释国家行为"一些特定方面"。④ 但他的理论则处处暗示他所解释的方面是决定性的诸方面。此外，华尔兹还告诉我们，理论具有"解释力和预测力"。⑤ 但在对其没有预测力进行辩解时，他则否认自己试图预测而只是进行解释。

如同除摩根索这个引人注目的例外之外的绝大多数现实主义者一样，华尔兹从不接受外交决策中的理性，这是由于"人的异想天开和个体对事件反应的不可预测性"。⑥ "因为制定对外政策是一件非常复

---

① Waltz, "Letter to the editor", p. 680.
② *Theory of International Relations*, p. 67.
③ Ibid., p. 70.
④ Ibid., p. 72.
⑤ Ibid., p. 69.
⑥ Waltz, "Stability of a Bipolar World", *Daedalus*, Vol. 93, No 3, 1964, p. 906.

杂的事,"他写道:"人们不能指望政治领导人会作出'理性'这个词所示的那种精心算计的决定。"① 这样,尽管华尔兹认为分裂成两个超级大国的世界要比权重相等的多强世界稳定,或多或少是因为"在传统的多极世界中难题倍增,因为一个国家必须使自己的实力与很多其他国家相称,而且还要衡量实际和潜在条件的力度"②,因此,正是均势造就的效应保障了稳定;而不是各国领导人的用心或直觉的理性。换句话说,体系本身对行为施加了一定程度的理性,同听到与食物相关的铃声后巴甫洛夫的狗就会流口水的条件反射没有多大不同。超出这个有限范围之外的东西就留给了对外政策理论,华尔兹表示他的理论仅涵盖这一有限的领域。

华尔兹模式一个变种是斯蒂芬·沃尔特(Stephen Walt)的理论,尽管它实际上是独立的研究成果。沃尔特在伯克利曾是华尔兹的学生,沃尔特那种支撑其智力的固执独立性(也可能是其导师的影子)给华尔兹留下了很深的影响但也激怒了他。沃尔特自己的理论成于有机会认识到"国家结盟是为了平衡威胁而不只是为了平衡权力",所以他提出了一个"威胁平衡论作为比均势论更好的替代理论。"③ 他反对脱离现实的权力的作用,把读者带回到了更加传统的现实主义领域,认为国家的性质至关紧要;要不然他为什么会强调"认知"与"意识形态"和权力一样重要呢?④ 与华尔兹眼里的世界形成反差,沃尔特眼里的世界是休谟或康德的世界而不是霍布斯的世界,这既有主观主义的王国又是客观主义的王国。他还触及诸如空间一类的因素,这是地缘政治学的关键概念。但关键的变量是观察者的眼睛,他相信这一研

---

① Waltz, "A Response to my Critics", R. Keohane, ed., *Neorealism and its Critics* (New York 1986), p. 330.
② Waltz, "The Emerging Structure of International Politics", *International Security*, Vol. 18, No 2, Fall 1993, p. 73.
③ S. Walt, *The Origins of Alliances* (Ithaca and London, 1987), p. 5.
④ Ibid., p. 10.

究路径将是正确的,因为1991年苏联崩溃却没有出现对唯一超级大国的美国进行任何严重制衡的现象,"如果我们聚焦于威胁而不是权力的话,各国不去制衡美国权力这一反常现象就会在很大程度上消失。"① 由此,他建议美国即使有意手持大棒,也应缓步轻移。这一点与华尔兹的反差最大,因为对华尔兹来讲,只有拥有权力才能确保制衡,他甚至还在等待着一场平衡美国权力的抵制联合的出现。然而什么也没有发生。但沃尔特关于权力本身并不自行带有它自己的生命的假设真能经得起推敲吗?特别是就失去冷战对手的美国而言,如果凯南的信徒们认为权力势必腐蚀其拥有者的观点——沃尔弗斯亦持此说——依然有效,那么新现实主义者的愿景也许还会实现。

由于苏联的突然崩溃在表面看来牢不可破坚固不破的新现实主义阵线上打开了凌乱和出乎意料的缺口,不但在现实主义阵营内给沃尔特带来了莫大的可信度,也为自由普世主义的复兴带来了史无前例的机会。华尔兹的这些长期以来的对手现在力挺一向被人所忽视的国际制度对世界问题的贡献。例如,他们总是争辩说,联合国作为一个安全组织失败的唯一原因是苏联的否决;因此,随着苏联突然和至今令人莫名其妙的消失,现在可以找到一种全球范围内的建设性解决方案就不再不可能。持这种立场者大有人在,从耶鲁的历史学家保罗·肯尼迪(Paul Kennedy)到哥伦比亚大学的理论家约翰·拉吉(John Ruggie)。他们都以不同的方式加紧投入大量的时间和精力旨在将多边主义变成现实。在这种浮躁的热情迸发中,肯尼迪彻底改变了自己的研究方向,拉吉则以去联合国担任助理秘书长而告终。随着相互依存的悄然消失和"体制论"(regime Theory)的问世,这一群人集体被称为"新自由制度主义者",他们很快成为狂热分子、芝加哥大学约

---

① Walt, "Keeping the World 'Off-Balance': Self-Restraint and U. S. Foreign Policy", *KSG Research Working Paper Series* (Harvard), October 2000, p. 18.

翰·米尔斯海默（John Mearsheimer）的目标，此人的现实主义思想"更接近于华尔兹而不是摩根索。"① 由于过分着急地预言欧洲列强除非建立一种新的均势否则它们之间冲突必然爆发，米尔斯海默使自己遭到抨击。② 情况不是这样，欧洲也没有出现冲突，人们的关注力转向不稳定接着是南斯拉夫作为一个统一国家的分崩离析。

这一历程突出地表明新现实主义其实不是国家行为的可靠预言者。就理论而言，现实主义的真正效验往往都是到了要求做破坏工作时才彰显出来，这已不是第一次了，而这一次也差不多，对自由制度主义的信仰在政府实施后再一次表明它是谬误的。米尔斯海默在1995年发起的攻击带有某种可信度，而他六年前的苦思冥想却做不到这一点。尽管米尔斯海默版的现实主义更接近于华尔兹而不是摩根索，但他堪称罗伯特·杰维斯（Robert Jervis）所定义的"进攻性"现实主义：即更像霍布斯而不是像康德。③ 实际上，他的画面比华尔兹更具零和色彩：

> 现实主义勾画了一幅颇为严酷的世界政治图景。国际体系被描述为一种残酷的竞技场，这里的每个国家都在寻找机会利用其他国家，因而没有理由相互信任。日常的生活本质上就是争夺权力的斗争，在这一争斗中，每个国家不仅力图成为体系中最强大的行为体，而且也要确保别的国家不致达到这一高高在上的地位。④

---

① "The False Promise of International Institutions", *International Security*, Vol. 19, No 3, Winter 1994/95, p. 9, note 20.

② "Back to the Future: Instability in Europe After the Cold War", ibid., Vol. 15, No 1, Summer 1990, pp. 5 – 56.

③ R. Jervis, "Realism, Neoliberalism, and Cooperation: Understanding the Debate", ibid., Vol. 24, No 1, Summer 1999, pp. 48 – 50.

④ "The False Promise...", p. 9. 更多的参见 *The Tragedy of Great Power Politics* (New York 2001)。

不过，米尔斯海默出人头地之处在于他强调自由制度主义提供的国家行为的似有道理的解释，只限于国际关系的边缘领域——贸易和环境，而不是安全与战争——和对建构主义者的论点作出尖酸刻薄的分析，建构主义者声称，这完全是个理念问题，而后再去寻找实践的证据来支持他们的论点。然而，米尔斯海默总是夸大其词，认定诸如英国和法国这样发达的民主国家之间的潜在冲突的水平从某种基本意义上说与以色列和伊拉克之间潜在的冲突处于同一水平。新现实主义关于整个国际体系按霍布斯原则运作以及所有国家都一样的假设再一次把分析家引入死胡同。霍夫曼另一位门生、普林斯顿大学的自由普世主义学者迈克尔·多伊尔（Michael Doyle）提出了民主国家互不为战，即使他们会和别的政权开战，尽管这一论点无视宪法、文化以及意识形态而一味试图归纳国家行为而且显得凌乱无章，但肯定含有一定的核心真理。①

不至于令人惊讶的是，20世纪90年代丝毫不亚于任何其他时代，理论层面的辩论最直接反映了决策层面的辩论。苏联的泯灭不仅象征着美国安全的一个重大威胁的消除，而且也象征着美国霸权的一个核心挑战的消除，而这正是沃尔弗斯所担心的。如果没有了任何事关重大的安全问题，在逻辑上它可以在两条路之间做出选择：回到孤立主义或者把自己的价值观和利益强加给国际体系的其余成员。前者不符合美国贸易利益的全球扩展，尽管它迎合远离东海岸的国民情绪的风潮。把美国价值观强加于国际体系其余成员的另一条路则恰好同斯大林在1946年的评论相得益彰：贝奈斯现在是现实主义者，因为他没有实力，但一旦有了实力，他就成了理想主义者（参见本书第276页）。

---

① 最初的论点分别参见 Kant："Kant, Liberal Legacies, and Foreign Affairs", *Philosophy and Public Affairs*, Vol. 12, Nos 3–4, Summer and Fall 1983, pp. 205–54 and 323–53。温和一点的重申参见 *Ways of War and Peace: Realism, Liberalism, and Socialism* (New York/London 1997), pp. 258–77。建构主义者在这里有话说。

美国霸权的行使将需要有意志的行动,因为这一行动不可避免地要承受牺牲,不仅仅是物质方面的牺牲,甚至还包括鲜血和生命。在这个需要选择的奇怪新世界中,美国自由派开始力主在全球范围内的干涉主义,他们的学术领头人是斯坦利·霍夫曼,也正是他在20世纪70年代反对美国干涉海湾地区以确保美国的石油利益,而现在又力主基于道德理由几乎无往而不去的干涉,而无视安全或物质利益。

霍夫曼对20世纪70年代的事件幻想破灭,特别是因为他发现第三世界的政府是那么自私自利,亲眼看到他所支持的卡特政府的"良好用心和矛盾政策"之间的"鸿沟"①,他得知第二和第三世界多么"杀气腾腾"后,更加幻想破灭。霍夫曼和狂热的自由普世主义者们的问题在于如何把他们以为将要发生的愿景——"相互依存和全球化的经验革命,这个革命既剥夺国家大部分'操作性'的即有效的主权,还将国家先前的诸多功能转交给多半是私有的世界资本主义经济体,这个经济体不受国家控制,只处在十分微弱的国际控制之下。"② ——和那些"可能与我们长期共存的混乱与反常"③ 的显而易见的事实画上了等号。塔克对霍夫曼贬为捍卫物质性国家利益(诸如控制海外石油资源)的"美国的(美国人)免战"新主义不屑一顾而且忧心忡忡,而霍夫曼关心的是其他更高层面的普世主义原因。

对霍夫曼而言,克林顿正处在留任察看期而且有可能不被假释。国家安全事务顾问(National Security Adviser)安东尼·莱克(Anthony Lake)宣称"我们正在帮助建立一个宽容、自由和民主风靡大地的

---

① Hoffmann, "In Defense of Mother Teresa: Morality in Foreign Policy", *Foreign Affairs*, Vol. 75, No 2, March/April 1996, p. 172.

② Hoffmann, "The Politics and Ethics of Military Intervention", *Survival*, Vol. 37, No 4, Winter 1995-6, p. 31.

③ Ibid., p. 49.

世界。"① 然而，当霍夫曼看到当克林顿像卡特一样没有使自由普世主义达到他认为的逻辑结果时，痛苦地感到被出卖。雷克称自己是一名"实用的新威尔逊主义者"（pragmatic neo-Wilsonian）。② 霍夫曼在1995年发出第一次连珠炮似的抨击，以政府大肆渲染的虔诚信念来衡量政府的行动，"两年之后，"霍夫曼呵斥道，"……实用主义就比威尔逊主义更随处可见了。"③ 他尤其忧虑的是莱克说华盛顿只在那些有明确界定的美国利益的地方推进自由国际主义的议程；莱克还说，用霍夫曼自己的话来讲，"传播自由主义按事实本身并不是美国的利益"，霍夫曼认为这话是"对传统现实主义漫不经心和引人注目的让步"。④ 在这里，现实主义再一次占了上风，即便是在自由普世主义看起来有机会主导政策的问题上。卡特借口说冷战束缚其手脚，而克林顿拥有每一项明显优势。难怪霍夫曼感到不安，回头重新思考这个失败了的计划究竟有没有问题，甚至考虑"对自由国际主义困境的查究应当转向自由主义本身的问题与局限。"⑤ 毕竟，在"人权与自由贸易扩张"的需要之间存在着明显的矛盾。⑥

但是，对自由普世主义自身内在矛盾的怀疑很快就偃旗息鼓了，因为霍夫曼试图承担起督促政府回到遵从基本原则这一更加紧迫的任务上来。由此产生的宣言书是1995年末发表的《军事干涉的政治学和伦理学》（The Politics and Ethics of Military Intervention），它力主军事干涉应在"在国内动乱威胁到地区与国际安全时以及在发生大规模违反

---

① 转引自 J. DeParle, "The Man Inside Bill Clinton's Foreign Policy", *New York Times Magazine*, 20 August 1995。
② Ibid.
③ Hoffmann, "The Crisis of Liberal Internationalism", *Foreign Policy*, No. 98, Spring 1995, p. 159.
④ Ibid.
⑤ Ibid., p. 160.
⑥ Ibid., p. 159.

人权时"予以实施。① 预料到现实主义者的反对，霍夫曼一上来就争辩说"'国家利益'概念……应当扩大到包括伦理关注在内"：有点像其政治同行建议道路"只"应修成飞机跑道。这样的干涉未必一定要由联合国安理会加以合法化，也无需征得该有关国家的同意。此时的霍夫曼对更大范围的国际一体化将产生更大和谐云云感到放心，反而震惊于"众多完全或部分失败的、混乱而又杀气腾腾的国家是主权诉求或者是不可持续的或者是不可接受的。"② 他最初反对"威斯特伐利亚体系的弊病"，反对主权，反对国际体系中大国的不当举止，并说它们应当为了能有效处理国家问题的一体化世界秩序而弱化各自的独立，现在反而变成了反对只有一些特定国家来行使主权。用霍夫曼的话来说，"主权的道德利益必须服从最高原则的命令。"③ 大概这并不意味着其他国家可以为了自己的利益去捍卫那些被判死刑的黑人的人权而对美国进行干涉。因为不能指望联合国采取单边行动而且是本着"对国家利益的一种新颖、更广义、更有远见的定义。"④ 干涉的标准"将是大规模侵犯人权，包括种族灭绝、种族清洗、残忍、大规模镇压以迫使一个民族屈服包括有意的野蛮政策，以及一个'失败国家'崩溃时所发生的饥荒、法律与秩序的大崩溃、传染病、难民大逃亡等情况"。⑤ 按照这一标准，很难想象非洲和亚洲的哪个国家还能够作为一个独立的实体继续存在，这一原则简直就是沃尔弗斯对美国成为不受挑战的世界头等强国时的担忧。不过他不在这里也没有关系，因为霍夫曼已经算得上是个现实主义者，足以使他认识到"除非有明确的政治意愿来支撑，否则集体的事业是难以为继的，而这个意愿必须由

① Hoffmann, "The Politics...", p. 29.
② Ibid., p. 31.
③ Ibid., p. 35.
④ Ibid., p. 36.
⑤ Ibid., p. 38.

一个主要大国……、或者由一个联盟来提供",① 他最后力挺美国进行单边干涉的权利：这是格拉斯顿式自由普世主义的最后胜利。

在现实主义阵营内，随着塔克从现实辩论中的隐退，一度的门生而现在呆在霍普金斯大学保罗·尼采高级国际问题研究院（SAIS）、曾经是霍夫曼系里一员的迈克尔·曼德尔鲍姆（Michael Mandelbaum）很是关注政府投入自由普世主义计划的程度。这——无疑是霍夫曼重提的基本原则——促发对克林顿的成绩记录的尖酸刻薄的抨击，这篇文章的标题辛辣地标为"作为社会工作的对外政策"（Foreign Policy as Social Work）。曼德尔鲍姆谴责三次"失败的军事干涉"（波斯尼亚、索马里和海地）为1993年至他发表这篇文章的1995年底这一时期的美国对外政策"定了调并确立了大部分的议程"。② 尽管基于不太肯定的理由争辩说"历史上来看，美国的对外政策都是以美国的利益为中心，以可能影响美国公民生活的未来发展来界定"③，暗示过去对武力干涉的使用并不是以威尔逊理想主义为指导的，但曼德尔鲍姆对国家安全事务顾问安东尼·莱克的理想主义以及在"比过去60年以来任何时期的总统对国际事务都不感兴趣的一位总统"④ 领导下的后果进行了理由更加可靠的描述。莱克雷克赞同摩尼教的意识形态（Manichean ideology），这奇怪地合乎在同僚中作为一名"政工干部"（an apparatchik）的声誉，但别忘了，他在1970年由于轰炸柬埔寨的灾难性决定出于伦理原因而离开了基辛格的班子辞职不干。"现在，"曼德尔鲍姆宣称，"我觉得，我们的社会又回到了第二次世界大战时的情况，即外面出了邪恶势力"。⑤ 他接着以大量但很不准确的立论来惊醒比较冷静的人

---

① Hoffmann, "The Politics...", p. 48.
② *Foreign Affairs*, Vol. 75, No 1, January/February 1996, p. 16.
③ Ibid., p. 17.
④ Ibid., p. 19.
⑤ Ibid., p. 19.

士,他说:"特雷莎修女和罗纳德·里根都在试图做着相同的事情","一个要帮助无助的人,一个要打击邪恶帝国。"① 确定了这种显而易见的事实——也就是说他们在做着完全不同的事情——以后,曼德尔鲍姆将这一形象引向:

> 特雷莎修女是一位令人敬仰的人士,社会工作是一种高尚职业,以她为榜样来指导美国对外政策是一种代价高昂的建议。世界很大,充满了苦难的人民,据此以解,他们都有得到美国关注的诉求。要结束波斯尼亚、索马里和海地的苦难,就需要涉及导致其苦难的根源,这将意味着深深地旷日持久地和代价高昂地卷入每个国家混乱不堪的政治生活。②

简言之,曼德尔鲍姆发现,鉴于长远的目标以及没有能力动员美国公共舆论哪怕是完成部分的计划,因此,这个计划极其不可行。

没有人会被压垮,霍夫曼于是写了文章《为特雷莎修女辩护》(In Defense of Mother Teresa)。在这篇文章中,他进一步强调自己的观点,"将利益与价值观对立起来是一种托辞"(塔克大概会同意这一点,尽管会从有关那些价值观的制高点出发表示同意)。③ 但是,霍夫曼以"道德责任"④ 为由呼吁有选择的干涉,这表明了他同所有现实主义者的区别。问题是:你如何确保这能够从美国的物质利益中拆分出来?难题在于自由主义哲学难于承认:权力本身不仅仅是有很高效用的一个工具,而且还有其自身的决定性特质。可以认为,横亘于霍夫曼所支持的卡特政府和克林顿政府的良好用心和矛盾政策之间的是权力现实,而不是尝试驾驭权力的人们的集体失败。

---

① *Foreign Affairs*, Vol. 75, No 1, January/February 1996, p. 16.
② Ibid., p. 18.
③ Hoffmann, "In Defense of Mother Teresa…", p. 173.
④ Ibid., p. 174.

结语　现实主义的重要性

> 噢，这可能在实践中没有问题，但在理论方面却讲不通。①
> ——沃伦·巴菲特②

国际关系思想的谱系理应得到集中的关注，或多或少是因为对它的忽视助长了我们对当代理论创新程度的错误假设。这个谱系也披露了蕴含在那些思想产生时代所特有的思想食粮中的种种假设；这些假设产生的环境现在已经成为久远的过去，但这些假设在我们对其渊源不甚了了的情况下仍然有很大的吸引力。历史记录表明，现实主义一端与普世主义另一端之间的涨落和逆转是近代早期欧洲以来的一种周期性循环往复的现象。所以，我们必须谨防做出这一方或那一方取得最后胜利的推测。

有些人大胆地宣布了现实主义的死亡。③ 这些笔杆子之一得出结

---

① 读者会发现这是康德的 *Das mag in der Theorie richtig sein taugt aber nicht für die Praxis* 的颠倒。
② Letter to shareholders 1985: *The 1984 Annual Report of Berkshire Hathaway Inc.*
③ 参见 J. Legro and A. Moravcsik, "Is Anybody Still a Realist", *International Security*, Vol. 24, No 2, Fall 1999, pp. 5–55。

论说，欧洲联盟的出现标志着普世主义抱负通过"商贸利益"的运作取得了胜利。① 在为这种自由经济主义复兴的辩护中，他们的论据是："这些国家选择一体化的基本动机不是要防止另一场法德战争，不是要支撑其全球威望和权力，也不是要制衡超级大国。"② 此外，我们还被同样信心十足地告知，"德国之所以愿意走向经济货币联盟（EMU）并于1989年12月在斯特拉斯堡定下日期加入政府间委员会（IGC），大体上要归因于在于柏林墙倒塌后突然出现反对统一的声音。德国政府被迫提出一种交换物以打消法国的反对；还有些人说其他国家政府突然有了把德国锁在欧洲的更大动力。"我们还被明确告知，"但这些主张的基础不过是密特朗和科尔两人的公开辞令和时间上的明显巧合。"③

但是，他们秘密探讨的记录一字不差的文本现在都已经公开。惊人的是传统现实主义的用词竟然在其中反复出现，准确地证实了我们原来预想要发生的事。柏林墙的倒塌造成巴黎近乎恐慌。"一个统一的德国会标志着对欧洲的双重危险"，密特朗总统在私下里表示。"凭借它的实力，也因为它会驱使英国、法国和苏联结成同盟，这会导致21世纪的一场战争。欧洲必须以最快速度加紧建设以化解德国统一。"④ 在科尔总理事先没有进行丝毫通报密特朗就宣布联邦共和国寻求统一以后，密特朗直言不讳地告诫德国外长根舍（Genscher），如果德国统一不拖到欧洲联盟达成后，那么波恩将会不由自主地面对一个三国同盟（法国、英国和俄国），"而且会以战争了结"，但是"如果德国合并在欧洲联合之后生效，我们将会帮助你们。"⑤

---

① A. Moravcsik, *The Choice for Europe: Social Purpose and State Power from Messina to Maastricht* (Ithaca 1998), p. 3. 又见"追求经济利益是一体化的基本动力。"
② Ibid., p. 4.
③ Ibid., p. 437.
④ Entry, 5 November 1989: J. Attali, *Verbatim* (Paris 1993), p. 333.
⑤ 30 November 1989: ibid., p. 354.

在紧随其后与戈尔巴乔夫总统（President Gorbachev）专门讨论德国问题的最高级会谈中，密特朗以强烈的现实主义言词强调"欧洲共同体建设取得进展"的紧迫需要：在统一成为既成事实之前，他强调，俄罗斯和法国要一起"对均势负责"①。当欧洲经济共同体（EEC）12个国家和政府的首脑在爱丽舍宫开会议论讨此事科尔再一次作出保证时所选择的语言也同样是坚定现实主义的："对我们的大多数公民来讲，国家利益要求联邦德国呆在［欧洲］共同体之内。"②大概这个话是用来增加科尔再保证分量的。这个话出自一位德国人之口，可能很容易不合时宜地让人想起它强调国家主义作为决策最基本原则的苦涩回忆。威胁证明是徒劳的。德国统一并没有驻足来等待欧洲联盟，但若不尽可能地紧跟欧洲联盟，德国也没有什么办法避开被孤立的局面。

这样，快速的新一轮欧洲一体化的加速发展是均势思路的一种延伸，而不是抛弃均势追随一个没有领土边界的欧洲这一普世主义理想。20世纪前半期现实主义复兴的力度和在美国的全盛可以归功于不同学者的有力论述，本书中所谈到这些人当然都功不可没。但在此处，如同在欧洲一样，最终还是环境力量胜出，这本身就解释了为什么像卡尔和摩根索这些人要棒喝国际关系中的乌托邦幻想。裕仁（Hirohito）和希特勒的军队闯进了国际联盟竖立起的摇摇晃晃的篱笆墙，因此也粉碎了弥漫于战前英国和美国的过于乐观的企望（Panglossian aspirations）③。斯大林和其后继者紧接着做了余下的事情。由于这样的原因，即便是像斯坦利·霍夫曼这样痴心的道德主义者有时也不得不以令人吃惊的坦诚承认现实主义思想在打击"非现实主义"方面的

---

① 30 November 1989: ibid., p. 363.
② Entry dated 18 November 1989: ibid., p. 343.
③ Panglossian aspirations 源于伏尔泰讽刺小说 *Candide* 中的人物 Doctor Pangloss。——译者注

贡献。

在过去，现实主义一直反映同时也控制和理性化国际关系行为。也许它还同样为国际体系的力学提供了"一种有穿透力的极重要的见识"。它也从来没有远离实践的世界，至少是在这种实践维持着传统的发展路径的时候。正如一位曾是现实主义者的学者所指出，"对眼前压力与机会进行立即反应的五分之四的情况通常都来自于实际的治国之术。"① 尽管我们这个时代的政治家们在公共场合会使用一些诡辩性语言彰显一个更加理想的世界，但只要他们继续使用现实主义者所设立的范畴进行思考和决策，现实主义就依然会在国际关系的研究中占据一席之地。

但是，在争论中，人们总是习惯将一定的东西称为"现实主义理论"；这样就有意或无意地给一套松散和片断的思想组合强加了一定程度的连贯性，而这种连贯性未必能够在学理上自我证实或显得必要。所以，要将现实主义传统变成一个研究主题，就得有意识地既要去强调其思想的广阔，也要突出现实主义持久的时间跨度。它代表着一种摆脱过于简单、种族中心论和非历史观的尝试，这些东西都与国际关系中的一个特定学派相关联。现实主义传统应当被看成是由光亮到黑暗等不同色调组成的一种思想谱系，而不是在罗盘上每一点都不同于其理想主义对手且仔细界定自身而别于其他的一束焦点。正是因为这一原因，可以发现诸如卢梭和康德这样的理想主义者对当时的国际关系趋势都有着基本的现实主义分析。

正是因为这一原因，诸如摩根索和华尔兹这样坚定的自由主义者才同时能够成为国际关系中的现实主义者。对于不满的批评家特别是那些在方法以及政治意义上的理想主义者而言，这种模糊性是令人不

---

① G. Liska, "The Vital Triad: International-Relations Theory, History, and Social Philosophy", *Social Research*, Winter 1981, Vol. 48, No 4, pp. 704 and 703.

满的；它不但不是一种优势，反而被看成是缺点的根源。但我们在此面对的并不是自然科学；而即便是一些自然科学，突出的是量子力学的微观测量和宇宙学的宏观测量，其外部极限的精确度也都被减到了一种令人不安的程度。在政治科学领域，真正的研究对象最终是我们自身。所以，在精确方面付出一定的代价是不可避免的。正如凯恩斯在一篇或许还有点适合这里的文章中所言，不精确的正确好于精确的错误。

然而，这并不意味着不能在现实主义和理想主义（或"非现实主义"）之间画出一条清晰的分界线。现实主义思想基于一个普世主义拒不接受的前提：即国家的首要地位。现实主义传统内核还坚持通常用于社会内个人的道德考量绝不能适用于和其他社会发生相互关系的社会本身。审慎的法则高于道德的法则，因为国家或社会这样的主导性团体有着胜过忠诚的超然需求和支配权。恰是这一点最清晰地将现实主义者与普世主义者区别开来。此外，明显的不同还表现在现实主义思想不同代言人所采取的方法。对一些人来讲，两者之间存在的不同并不主要体现在时间上，也就是说将 20 世纪与其他世纪相比，因为很多现实主义者通常都会坚持国际关系行为在本质上并没有那么大的变化；真正的不同体现在一些基于独立发展的并行命题上的思想所发生的一些特殊组合，这些组合是通过跨越时间的渠道，不管创始人是否认识到这一过程。

譬如，我们有罗伯特·塔克，他的结盟组合回溯至马基雅维利和国际利益观的传统。另一方面，肯尼思·华尔兹立场的连线直至博特罗。塔克和马基雅维利的起点对人性持一种悲观的看法，而华尔兹和波特罗却集中研究独立于人性之外的一个由自然法决定的国家间体系。现实主义者群体的共同地方在于都把冲突看成是常态而非特例，都认为国际关系中冲突的解决办法极端地有限，都认为道德与这些问题没有什么直接的关系。他们的不同在于认为造成这些问题的准确原因的来源不同。

拒绝将个人道德当成是国际关系试金石常常使得普世主义者感到惊恐，他们担心这种非道德性会为最坏的人类行为打开闸门，他们还认为现实主义者提出诸如国家利益观和均势等概念来为之辩护。尽管在实践中也的确常常放纵了最坏的行为，但历史记录显示这些概念实际上恰恰是用来限制它们的，当然，这里的假定是对这些行为进行完全根除是超出我们的有限能力的。

国家利益观的重大成就在于为确保那些在国际体系中的初生国家的生存划定了一个清晰的优先次序。它是对其他国家制造的征服、分裂和虚弱的一种反应。它为那些反对将普世观念、个人野心以及部门利益当成是对外政策决定因素的主张设定了分量。它强调需要抵消国务活动中情感因素的负面影响，需要确保整体的国家利益占据优先地位。它还旨在确保政策要理性规划以保证服务于整体上的国家福祉的目的。远非假定治国之术中的理性，那些呼吁要加强国家利益的人把他们的任务看成是从暴烈的混乱中引出理性，提醒统治者不要沉溺于情感以及确保激情受制于理性。这可能是对现实主义思想最起码理解基础。它也成了解释国家行为的一种分析工具。但作为一种分析工具，危险是它对同时又是指导人类行为的一种规范的这种东西进行了假定。另一个既作为指南又作为宣扬的实践的弱点在于这样一种事实，就像一些其他的政治概念，其灵活性可以扩展到掩饰它自身致力于杜绝的那些实践行为。

国家利益观自然引出了力量均势。作为对国家行为的一种解释和政策的一种指南，均势也同样有着自己的优势。最为值得注意的是它强调国家的行为由整个体系所决定的程度，而国家又是这个体系的一个组成部分。它最初是用来防止最坏的情况：普世君主国的危险，不仅仅是那些诸如圭奇阿尔迪尼的早期顽固实践家（hard-bitten ex-professionals），还有诸如康德这样远离实际参与的自由主义者，他们都认为普世君主国的危险大于战争本身。他们担忧的具体问题是一个大国称霸欧洲的最终局面。只有通过让能力在不同国家均衡分布的有意尝试，才能确保所有国家的安全。这样，均势概念的基础就是对国家利益的假定：不受制衡的激情将导致灾难。在被急于丢弃的过程中，均势概念还有另一个特征被完全遗忘，那就是相信均势不仅仅构成了一个为国家福利而组成的遵守纪律的体系，而且还形成了一个国家间利益的参与共同体：自从脆弱的意大利城邦体系在法国入侵的巨大冲击下崩溃以来，这种感觉就是作为防止整个体系崩溃的一种安全机制，集体行为功勋卓著而且它本身就是一种美德。

然而，均势的主要不足在于它的机械化的形式。同于力学的类比只能解释各种各样的人类行为，但国家是社会团体的外壳，那些社会团体屈从于很大部分由意识和意图所决定的各种社会动力，而均势对这些方面没有任何涉及。实际上在任何特定的场合，它们的影响都可谓至关重要。当然，因为这些自觉和有意因素的存在并不一定意味着他们将自发地起作用。它们起决定作用的程度会随着时间和环境的不同而变化。几十年来，实际上是几个世纪以来，大国完全是对体系被动反应的程度以及抢先行动来改变体系动力的程度一直随着时间的变化而变化。任何忽视这种因素而试图预测行为的尝试，无论长期或短期，都会由于这一原因而注定失败：X 因素从社会中而来，社会的动力并不在国际体系领域之内，但社会的动力会影响到那个体系。

就像国家利益观，均势论也一样：诸如恩斯特·哈斯这样的理想主义批评者非常有力地抓住了历史上对这一词汇的不同使用和滥用，并且提出要彻底废弃这一概念。就为之辩护而言，人们大概可以争辩说政治学中没有哪个概念能够不受滥用和完全误解误传的伤害。路易十四利用均势论来为其欧洲普世君主国的努力进行辩护，以及希特勒通过民族自决的需要在欧洲建立普世帝国所进行的辩护，都一样破坏了这一概念的有效性。在我们这个时代，政治家天天滥用诸如民主与自由这些词汇。而过去正是这些词汇的权威性招致着和招致了对它们的滥用。因而，问题应当这样被提出，首先，当这些概念最初被提出来和形成时，它们是否解释了政策的导向，第二，它能否用于界定和解释政策，并允许利用这一解释作为不当行为的合法性来源。它当然肯定解释了诸如丘吉尔和尼克松的政策，但却不能解释诸如内维尔·张伯伦和卡特的政策。所以，假定一种解释体系能够定位于本身运作之上是不明智的。那就会使我们像华尔兹一样会对当今没有出现一个制衡美国霸权联盟而感到困惑和烦躁。

那些如此强有力且很有说服力地写作国家利益观以及现实主义思想的人，通常都是在情感上反感时代的严酷和反感看起来代价巨大的放纵式的幻想时才这样做的。这肯定最适用于早期近现代欧洲的马基雅维利、博丹和霍布斯；肯定也几乎同样适用于20世纪的卡尔和摩根索。记着，他们基本上都是不情愿的现实主义者：他们敏感、深刻，有时还有点乌托邦的心智，对那些戏剧性、没有任何先兆因此也难以预测的暴力的突发及其结果产生了过激反应。就此而言，现实主义思想总是在危机的时刻出现和再现，而在欢乐顺心的时候人们将之教训抛到九霄云外。也就是说，正是部分接受了更为乐观的思想范式及其他方法才造就了危机，危机又最终导致现实主义取而代之。但同样清楚的是，从来没有一个战胜另一个的完全胜利；它似乎反应了映射人的本性与人类环境之间两分法的一种辩证关系。

关于我们到底是否要从这些著作中学习或者要学习多少东西，今天的关键问题是这些时代的独特性以及它们与我们这个时代的相关程度，如果有的话。譬如，拿出马基雅维利和霍布斯结论中全权说服力应用于今天的俄罗斯与西方国家的关系，说的更可笑一点，应用于美国和其北约同盟的关系当然是荒谬的。时代完全不同，正是那个时代的具体环境将这些观点推向极端。与之对应的时代实在太简单而滑向了对立的假设：现存的这种相对良性的环境说不定会继续下去，或者现有的趋势会沿着正在行进的方向进一步发展，这种假定一些人觉得舒坦，另一些人觉得不尽舒服。

历史的唯一教益在于变化是必然的，而不是进步是必然的。因而，集中在均衡而对变化中的突变不能提供真正解释的国际关系理论是注定不会令人满意的。因此对于第一世界内以及第一世界和第二世界之间关系的进展，我们不能认定这是在任何条件下都不可逆转的。我们必须谨记存在于第三世界内及其周边地区的行为与 16 和 17 世纪欧洲的相似不少于与今天欧洲的关联，甚至更密切，谁能忘了波斯尼亚？

似乎可以得出的论点是，现在把整个国家体系看成一个同质的整体是个错误，尽管都处在一个相似的社会化过程之中，但这个体系的组成部分却有着很不一样的年龄、大不相同的政治文化和相异的经济发展水平。当然，这说明单位的特性和成熟是起作用的，而诸如将越来越趋向和平的行为等同于一种走向政治民主的线性前进的康德传统实际上可能是一种目的论。然而，引人注目的是，康德式的和平的最主要提倡者的结论好像显示只有大国的行为才会有这种结果，这真是对现实主义思想的一种古怪和无诚意的反映和一种间接的补充。

简言之，希望解释部分单位行为的一种理论能够成功解释所有单位的要求太过苛刻。显而易见的是，今天英国和法国间的相互行为与 14—19 世纪不同，而巴基斯坦和印度之间则更像上个世纪的英国和法国。比如，没有什么能比尼赫鲁在国际关系中自以为是的道德主义和他的具体政策之间的对比更直白的了。也就是说，将体系看成分层的和有差异的整体可能是有帮助的，而这个整体的部分散落在一条由时间、环境和不同程度需求组成的一个连续统一体上。

当然，这里的告诫是如果一些单位比其他单位举止糟糕或者是他们以这种糟糕的举止对待他者，那就会有一种趋势让所有的行为都下沉到应对最坏行为的公分母中去。那样的话，就不能期望第一世界和第三世界之间的关系与第一世界内部关系都呈现同样的性质。此外，就像科尔和密特朗所示，在国际关系的危机时刻，即便是在第一世界内部，现实主义传统也会占据上风。要点可能是在曾经用武器来解决分歧的西半部欧洲，现在是金钱决定均衡；古老的争斗已经被提升到一个更高的也不太致命的处理层次。这标志着国际关系中的学习是不能被回绝的，而且是一种重要的进步。但是也不能忽视它们还仍然是为分裂它们的利益进行争夺的对手，因为它们回应着不同的社会团体；在此，驯服野兽的唯一原因在于最终共同毁灭的可能前景。

在贸易平衡方面，第一世界和第二或第三世界的差别也同样明显。在刚刚从国家社会主义中解放出来的第二世界，斯密式的自由市场观念和保护主义模式之间的斗争在斯大林治下达到了高潮而且还没有得到解决。我们可以辩护说中东欧至少接受了西方民主国家偏爱的道路。俄罗斯的情况问题更大些。除了香港（作为中国的一部分）、台湾和新加坡，第三世界的情况是把贸易平衡论作为一种行为模式加以接受，是对处于不同工业化水平国家间自然的贸易不平衡的一种回答。马来西亚是科尔伯特保护主义模式的典型化身。另一些国家多多少少处于相同的阶段。就地缘政治而言，以色列、印度、巴基斯坦和中国都是可信的例证，它们证明了在制定通过领土扩张至自然边界的安全战略中地理决定因素的重要。

这就会自然而然地产生一个问题：在反对者大声抗议和道德谴责中，为什么现实主义还是取得了如此骄人的进展？不是每个人都会接受的一个答案是，他们的观点反映了他们宣称要去描述的现实。当然，引人注目的是，即便是那些有着乌托邦计划的人，不管是莫尔、卢梭还是康德，他们都不得不正视这些来自人性、社会或者初生的欧洲国家体系的阻力，这些阻力远远大于那些出自其核心信仰的阻力。但是，不管同不同意，其他的因素也发挥着作用。第一，这是巨变和动荡的时代，特别是16世纪和17世纪上半叶，附带在刚刚形成的民族国家身上有太多的东西，不管它们有多极端，它们随着这些初生的民族国家正在暴风雨的海洋中奔向一艘救生筏；不是因为救生筏有太大的吸引力，而是眼前没有其他可用的求生手段。第二，普世帝国和世界教堂（universal church）形式的这些眼前选择已经土崩瓦解，帝国完于经济变化的离心力及其政治后果，教堂则终结于其内部马丁·路德（Martin Luther）发起的革命，这场革命自身倒是产生了黏合新分裂的复兴的天主教。一个远处的选择是自由贸易与和平的世俗普遍主义，但它却在等待着工业化令人畏惧的来临，而且因为这一新生事物没有任何历史记录，所以远未被人们信任地加以接受，更谈不上是一个成功的路径。第三，不管是康帕内拉、波斯特尔、格劳秀斯、维多利亚或者实际上还有亚当·斯密，这些理想主义选择的鼓吹者都常常被沾染了太多的特殊兴趣。大概最为引人注目的，则是那些普世主义的高洁同行们与在国家棱镜下折射出他们在现实操作中愤世嫉俗的真正认识两者间赤裸裸的不一致。权势看起来不像是追求更高目标的一种中性手段，更像是从自身出发的一种决定因素，对于诸如霍夫曼这些寻求培育更高目标来消灭权势的人来说，这实在是一种莫大的特别讽刺。尽管我们有了全然的进步，而且我们今天也不能否认在经过大量流血后的确已经从中受益，但是距离康德和卢梭所展望那些满怀希望的世界范围内的乌托邦，我们仍是路途漫漫，就更不用说卡尔·马克思的理想了。

北京市版权局著作权合同登记章
图字:01－2006－3243

No Virtue Like Necessity: Realist Thought in International Relations since Machiavelli
Jonathan Haslam
© 2002 by Yale University
All rights reserved

本书简体中文版由耶鲁大学出版社授权中央编译出版社在中国大陆独家出版发行。版权所有，侵权必究。

图书在版编目(CIP)数据

马基雅维利以来的现实主义国际关系思想/(英)哈斯拉姆著；张振江，卢明华译.
—北京：中央编译出版社，2009.8
(国际政治前沿译丛)
ISBN 978－7－80211－898－0
Ⅰ.马… Ⅱ.①哈…②张…③卢… Ⅲ.国际关系－政治思想史－世界 Ⅳ.D819
中国版本图书馆 CIP 数据核字(2009)第 133455 号

马基雅维利以来的现实主义国际关系思想

出 版 人	和　龑
丛书执行	贾宇琰
责任编辑	贾宇琰
责任印制	尹　珺
出版发行	中央编译出版社
地　　址	北京西单西斜街 36 号(100032)
电　　话	(010)66509360(总编室)　(010)66509350(编辑室)
	(010)66161011(团购部)　(010)66130345(网络销售)
	(010)66509364(发行部)　(010)66509618(读者服务部)
网　　址	www.cctpbook.com
经　　销	全国新华书店
印　　刷	北京溢漾印刷有限公司
开　　本	787×960 毫米　1/16
字　　数	285 千字
印　　张	22.5
版　　次	2009 年 8 月第 1 版第 1 次印刷
定　　价	49.00 元

本社常年法律顾问：北京大成律师事务所首席顾问律师　鲁哈达
凡有印装质量问题，本社负责调换。电话：(010)66509618